# カント全集

## 15

## 人 間 学

JN159044

岩 波 書 店

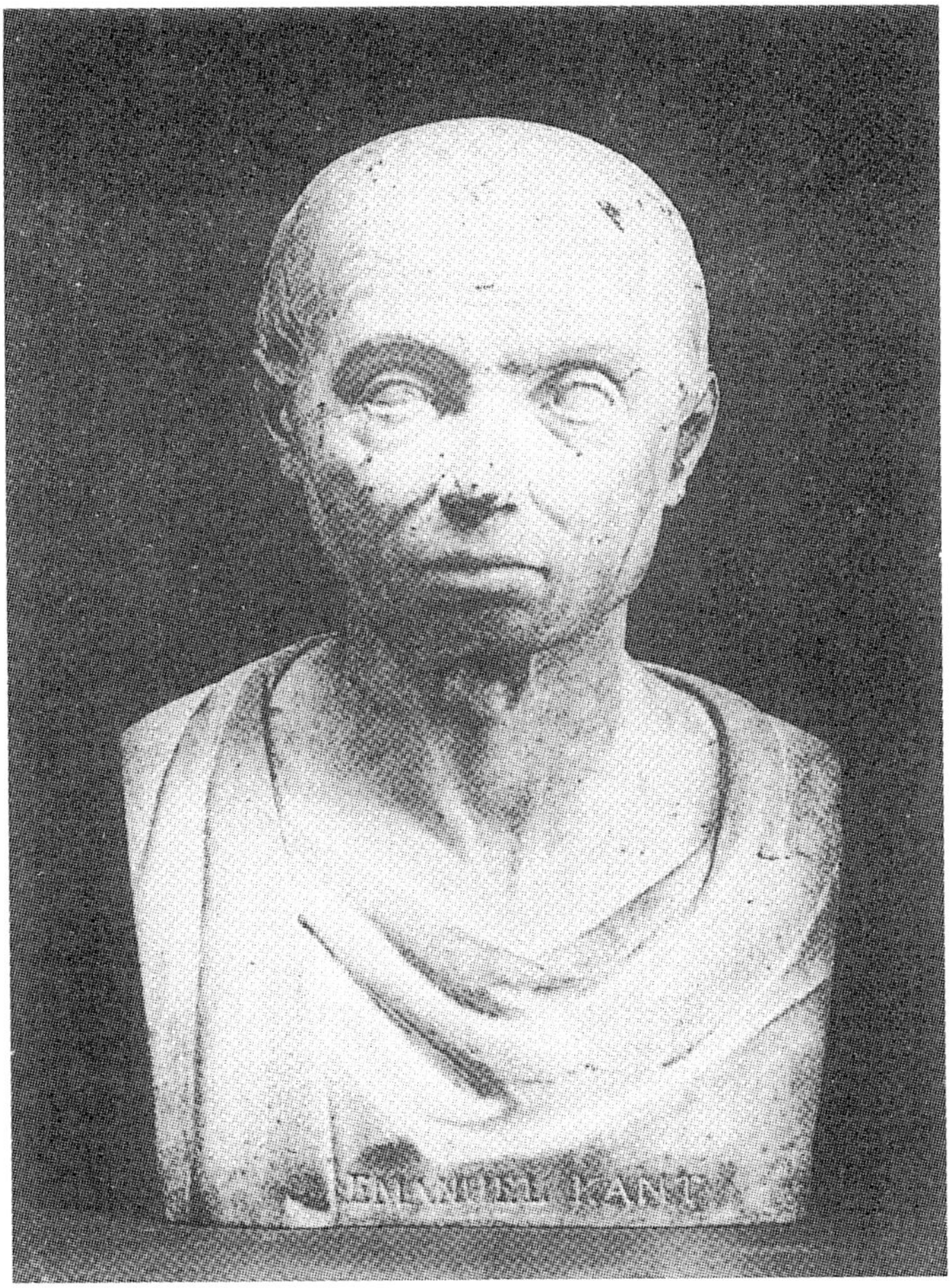

Bardouによる胸像(1798年)

# 総目次

# 凡　例

一、本書は『実用的見地における人間学』(*Anthropologie in pragmatischer Hinsicht*, 1798) の全訳、および『人間学遺稿』(*Kant's handschriftlicher Nachlaß. Anthropologie*) の部分訳である。

二、『実用的見地における人間学』の翻訳にあたっては、底本としてキュルペ編のアカデミー版(以下A版と略記)カント全集第七巻を用いた。また、必要に応じてシェーンデルファー編のカッシーラー版(C版)カント著作集第八巻、フォアレンダー編の哲学文庫旧版(V版)第四四巻、ヴァイシェーデル編のズーアカンプ文庫版(W版)カント著作集第一二巻、ブラント編の哲学文庫新版(P版)第四九〇巻を適宜参照した。

『人間学遺稿』の翻訳にあたっては、底本としてアディッケス編のアカデミー版カント全集第一五巻を用いた。

三、訳出において底本とした版ないし参照した諸版は次のとおりである。なお本文欄外に付した各版の略号に続く数字は、その版のページ数を示す。

『実用的見地における人間学』

A版　*Anthropologie in pragmatischer Hinsicht* (Herausgeber: Oswald Külpe), in: *Kant's gesammelte Schriften.* Herausgeben von der Königlich Preußischen Akademie der Wissenschaften, Band VII, 1917.

C版　*Anthropologie in pragmatischer Hinsicht* (Herausgeber : Otto Schöndörffer), in : *Immanuel Kants Werke*. Herausgegeben von Ernst Cassirer, Band VIII, 1922.

P版　*Anthropologie in pragmatischer Hinsicht* (Herausgeber : Reinhard Brandt), in : Philosophische Bibliothek, Band 490, 2000.

V版　*Anthropologie in pragmatischer Hinsicht* (Herausgeber : Karl Vorländer), in : Philosophische Bibliothek, Band 44, 1912.

W版　*Anthropologie in pragmatischer Hinsicht* (Herausgeber : Wilhelm Weischedel), in : *Kant Werke in zwölf Bänden*. Herausgegeben von Wilhelm Weischedel, Band XII, *Schriften zur Anthropologie Geschichtsphilosophie Politik und Pädagogik 2.*, Theorie-Werkausgabe Suhrkamp, 1964.

『人間学遺稿』

A版　*Kant's handschriftlicher Nachlaß. Anthropologie*, I u. II Hälfte (Herausgeber : Erich Adickes), in : *Kant's gesammelte Schriften*. Herausgegeben von der Königlich Preußischen Akademie der Wissenschaften, Band XV, 1913.

E版　E. Benno Erdmann, *Reflexionen Kants zur Anthropologie*, in : Reflexionen Kants zur kritischen Philosophie, Erster Band, Heft I u. II, 1882.

四、『実用的見地における人間学』のテキスト・クリティークに関しては、主としてA版ないしC版のテキストとカントの手稿との間で文意に重要な差異が生じると判断された場合、訳注の一環としてその異同を指摘した。他の三つの版のテキストは、この異同の幅の範囲内に収まる。

『人間学遺稿』のA版原典には、E版をはじめとする先行諸版との異同が注記されているが、本訳稿では煩わしさを避けるため、それらを特に校訂注として訳出することはしなかった。

五、本文中の（　）はカントによる挿入であり（ごくまれに〔　〕を用いている箇所もある）、〔　〕は訳者による補足である。また、（原注）はカント自身が付した脚注であり、括弧付きのアラビア数字は訳注を示す。原注は当該の段落の後に挿入し、訳注は巻末にまとめた。

六、カントの原文でゲシュペルト（隔字体）で強調されている箇所には傍点（、）を付し、まれにボールド体（太字体）で強調されている箇所は太字で表示した。

七、『人間学遺稿』の各断片（通称「覚書 Reflexion」）の冒頭に記されている番号は、A版で用いられている通し番号である。本文中の（同　）の中は、当該断片執筆と同時にカントが行なった書き足しであり、（後　）の中は、当該断片執筆時より後になってカントが行なった書き足しである。

なお『人間学遺稿』の訳文においては『実用的見地における人間学』の訳文とは異なった訳語を使用していることがあり、目次においても若干表現の異なったところがあるが、いずれも重要な術語に関するものではないと考える。細かな異同については、巻末の「索引」を参照していただきたい。

八、巻末に、人名および事項を収録した「索引」を付した。

# 実用的見地における人間学

渋谷治美訳

Anthropologie in pragmatischer Hinsicht,
abgefaßt von Immanuel Kant.
(1798)

イマヌエル・カントにより著わされた
実用的見地における人間学

| | | |
|---|---|---|
| A版 | 第 7 巻 | 117-333 頁 |
| C版 | 第 8 巻 | 1-228 頁 |
| P (PhB)版 | 第 490 巻 | 1-272 頁 |
| V版 | 第 4 巻 | 1-290 頁 |
| W版 | 第 12 巻 | 395-690 頁 |

# 目　次

# はじめに

人間は文化〔陶冶〕を通して自分を教育していくものだが、文化が進歩する場合そこにはいつでも、その進歩によって得られた知識や技術を応用して世界〔世間〕のために生かすという目標がある。ところで世界のうちにあって人間がそうした知識や技術を活用することのできる最も重要な対象は人間にほかならないのだが、それは人間が抱く目的のうち最終的な目的は人間だからである。[1]——こうした事情から、たとえ人間が地球〔世界〕の被造物のごく一部をなすにすぎないにしても、人間はその種から判断して理性を賦与された地球上の生物であると認識することは、特別に世界知と呼ばれるに値するのである。

人間に関する知識の学説を体系にまでまとめるとすると〔人間学〕、生理学的な〔物質科学的な〕見地からのものか、それとも実用的な見地からのものかの二つの類型が可能である。——生理学的な人間知は、自然が人間をどういう風に形成しているのかの究明に向かうが、実用的な人間知は、人間が自由に行為する生物として自分自ら何を形成するのか〔実用実践〕、または人間になす能力があるがゆえになすべきものは何か〔道徳〕、の研究に向かう。——例えば、想起の能力を基礎づけていると思われる自然原因について詮索する論者が、感覚を受容したあとに頭脳のうちに残存する印象の痕跡についてあれこれと〔デカルト風に〕詭弁を弄することは可能である。[2]しかしその際、彼はこの諸表象の芝居〔戯れ〕の観客にすぎないのであって自然のなすがままに任せるほかはなく、というのも彼は脳の

A119
C3
P3
V3
W399

神経や繊維の何たるかを知らないし、またそれらを彼の意図に合わせて操作するすべも心得ていないからであるが、それゆえそれらに関していくら理論的に理屈をこねてもすべて完全な失敗に帰してしまう、ということをいやでも認めない訳にはいかない。―― ――しかし同じ論者が、何か記憶を妨害ないし促進すると判明したものに関する知見を利用して記憶を拡張したり巧みにしたりするのに役立てようとする、という風に人間に関する知識を使用するならば、それは実用的な見地からの人間学の一部門を構成するであろうが、これこそがわれわれがこの本で取り組もうとする人間学なのである。

人間学が学校を卒業したのちに習得しなければならない世界知と見なされる以上、世界中の事物の認識を列挙するだけでは、例えば国ごとや気候ごとに動物、植物、鉱物に関する知見を長々と開陳するだけでは、本来まだ実用的な人間学とは呼ばれず、人間を世界市民として認識する内容となっていてこそ、人間学は実用的人間学と呼ばれるのである。――だから、人種に関する知識でさえも、人種を自然の戯れの産物の一つと見なすあいだはまだ実用的な世界知とはいえないのであって、単に理論的な世界知と見なされるにすぎない。(3)

ところで「世界を知っている〔世情に通じている〕」というのと「世界を持っている〔交際術を身につけている〕」という二つの表現があるが、意味の点で両者は相当隔たっており、というのも前者は自分が見物した芝居〔戯れ〕をただ理解するだけであるのに対して、後者はその芝居に共演したことがあるからである。――ただし人間学者は(4)いわゆる「大物の世界」つまり上流階級の内情を評価するのにたいへん不利な立場におかれているのであって、それは上流階級のお歴々は仲間うちでは親しすぎるほど親しいのに、外部の人間に対してはよそよそしすぎるからである。

人間学の対象領域を拡張する手段としては旅をするのが一番であるが、(5)さもなければ旅行記の類いを読むだけでもよい。(6)とはいえいずれにせよ、人間学の対象領域をいっそう拡張するためによその土地に何を期待すべきかを知っておきたいのなら、町の仲間であれ田舎の仲間であれ(原注)仲間との交際を通して、事前に故郷で人間知をものにしておかねばならない。こうした旅の見取図なしには(それは人間知を前提する)、これからの世界市民は〔世界市民にふさわしい〕人間学を築くうえで、いつまでも狭い視野から脱けだせないままにとどまるだろう。ところで人間学 V5
はすべからく哲学によって秩序づけられ導かれるべきだとするなら、そうした事前準備にあたっては常に大局的な P5
知識が局地的な(7)知識に先行するのであって、そうでないとせっかくものにした認識もすべて断片的なガラクタに堕してしまい、学問となることができないであろう。

(原注)　一王国政府の州議会や州の行政官庁が置かれているような王国の中心地、(学問という文化を支える)大学があり、さ P4 V4
らには海外貿易にも適しているだけでなく、内陸から流れてくる川のおかげで、言葉やしきたりが異なった近隣の奥まった
国々と往来するにも都合のいい場所に位置する大きな町、(8)――例えばプレーゲル川の河口にあるケーニヒスベルクのような A121 C5
町は、それだけですでに、人間知や世界知を拡張するのに適した場所と見なすことができ、そこに住みさえすれば、たとえ旅などしなくても世界知を拡げることができる。

＊　＊　＊ A120 V5

しかし、こうした学問を細心の注意を払いながら完成しようと試みる場合にはいつでも、人間の本性〔自然〕自身 C4 P5 W401
に根ざす侮りがたい幾つかの困難が立ちはだかっている。

一、人間は、誰かが自分のことを探ろうと観察しているのに気づくと、ある場合には当惑した(気詰まりの)様子 A121 C5

を見せ、そのため普段の自分の姿を示すことができなくなるか、そうでなければ自分を偽ってありのままの姿を意識的に知られないようにするかのいずれかである。

二、人間が自分で自分を探究しようと思う場合でさえも、彼は困った状況に陥るのであって、とりわけこういうときを除いて普段はまったく偽装の余裕などありえない興奮しているときの彼の状態に関してそれが当てはまるのだが、つまり衝動が働いているときには彼は自分を観察しておらず、観察しているときには衝動はお休みしてしまうのだ。

三、土地柄とか世相が長期間持続するとそこに習慣が形成されるが、よくいわれるように習慣とは第二の自然であって、これはまず、人間が自分のことを何者と見なすべきかという判断の邪魔になるうえに、むしろいっそう、〔習慣を異にする〕未知の交際相手をどう理解したらいいかという判断の妨げになる。というのは、運命によってそこに投げ込まれたのであれ冒険家として自ら飛び込んだのであれ、状況がさまざまに変化すると、〔それを対象として〕人間学を本格的な学問の域に高めることがたいへんに困難になるものだからである。

最後に、人間学にとって必ずしも原資料とならないが、補強材料にはなってくれるものとして、世界史と伝記に加えて戯曲や小説がある。というのも、たしかに戯曲や小説は元来経験とか真実を下敷きにしておらず単なる作り話からできているものであって、だから登場人物にあてがわれた性格とか場面設定をちょうど夢のなかの場面のように誇張することもここでは許されており、それゆえ人間知には何一つ寄与しないように見えるけれども、しかし例えばリチャードソンやモリエール級の小説家や戯曲家が描いたレベルの登場人物の性格となると、その本質的な特徴から判断して、人間の現実的な立ち居振る舞いの観察から取ってこられたに間違いないからであって、それはまたそこに描かれている性格が程度の点で誇張されてはいても、質からいえば人間の本性〔自然〕と一致したものに相違ないからである。[9]

体系的に企画され、しかも実用的な観点から(各読者が同様の例を身のまわりに見つけることのできるような実例に訴えることによって)平易に書かれた人間学には、読者世論にとっての利点があるのであって、つまり実践面での人間のあれこれの特性に観察を通して割りふることが可能となった〔それぞれの特性にふさわしい〕名称が網羅的に列挙されているのを見て、それが大いに機縁ないし誘惑として働き、読者は人間の個々の何らかの特性を自分のテーマとして取り上げ、その観察結果を人間学を構成する部門のなかに提供しようとする気になるのである。こうして人間学の研究は、一方でこの専門ではアマチュアの皆さんのあいだにも自ずと広まっていき、他方でその計画の統一性のゆえに次第に一つの全体像へと統合されてくることになる。このようにしてこの公共に役立つ学問の成長が促進され加速されていくことであろう。[原注]

A122　C6　W402

(原注)　はじめはヴォランティアで引き受け、のちに職務として私に託された純粋哲学の仕事のうち、私は世界知を狙った二つの講義を三〇年以上にわたって担当してきたが、それが人間学(冬学期)と自然地理学(夏学期)であり、二つとも平易な講話として学生以外の他の社会階層の人たちからも出席すると面白いと歓迎された。このうちの前者がまさに本書であるが、後者については、私が講義用のメモとして使っていたたぶん私以外には誰にも読めそうにない手書きの草稿をもとにしてこれと同様の本を完成するのは、いまの私の年齢〔七四歳〕からいっておそらく無理であろう。

# 目　次[10]



A123
C7
V7
W403

内的感官について
感官感覚の強度が増減する原因について
感官能力の抑止、衰弱、全面喪失について
種類の違いに応じた感性的創像能力について
構想力によって過去のことや未来のことを現在化する能力について
健康状態における意のままにならない創像、すなわち夢について
表示能力〔記号の能力〕について
悟性に根拠をおくかぎりでの認識能力について
認識能力に関するかぎりでの魂の弱さと病いについて
認識能力におけるいくつかの才能、すなわち機知、明敏、独創性または天才について

第二編　快と不快の感情
感性的な快について
A　愉快なものに関する感情、すなわち何かある対象を感覚するときの感性的な快について
B　美しいものに関する感情、または趣味について

第三編　欲求能力について

人間学 第一部

# 人間学的な教訓論

## 人間の内面および外面を認識する方法について

A 125
C 9
P 7
V 9
W 405

# 第一編　認識能力について

## 自分自身を意識すること〔統覚〕について

A127 C11 P9 V11 W407

**§1**　人間が自分というもの〔自我〕を表象することができるということ、このことが地球上の他のあらゆる生物を凌駕して人間を無限に高めるのである。これによってこそ人間は一人の人格であり、外からどんな変化が及んでこようとも意識を統一していることで人間は変わることのない同一の人格であって、人間が好き勝手に扱い管理することができる〔家畜などの〕理性の欠けた動物のようなものから、等級と価値からいって完全に区別された生物なのであるが、このことは人間が自分というものについてまだ何も語ることのできない頃でもすでにそうであって、なぜならその場合でも人間は自分を考えているからであるが、というのも、どんな言語でも一人称でしゃべっているときは、たとえその「私ということ」が何か特定の単語で表現されることはないにしても、たしかに自分というものを考えているはずだからである。いうまでもなくこの能力(つまり、考える能力)が悟性である。

それにしても、すでに少ししゃべることができるようになった幼児が、とはいえ少し間をおいて(遅くもほぼ一年後に)ようやくボク〔アタチ〕を使って話しはじめるという事実があるが、それまでは自分のことを三人称で話していたのに(カールは食べたい、カールは行きたい、等々)、ボクで話しはじめた瞬間にいわば一条の光がその子に射しはじめたかのように、その日からその子はけっしてそれまでの三人称しゃべりに戻ることはないのだが、こうした一連の事実は注目に値する。――それ以前はこの子は自分自身についてただ感じていただけなのに、いまや彼は自分自身を考えているのだ。――こうした現象の解明は人間学に携わる者にとってどちらかというと不得意かもしれない[1]。

観察によれば赤ん坊は生まれて三カ月たつまでは泣き笑いを表に出さないが、これは自我の表象の場合と同じく、外から与えられる快・不快に関する一定の表象の発達に関係していると思われるのであるが、こうした表象はまさに理性を暗示する。――乳児がこの時期に彼に差し出された光る対象を眼で追うようになるのは、知覚(感覚表象の覚知)を感性の諸対象の認識へと、つまり経験へと拡大するための、知覚の進歩の初歩的な開始なのだ。

さらに、乳児がようやくしゃべろうと試みはじめると、言葉のたどたどしさのおかげで母親や乳母はその子のことが可愛らしく思え、たえず抱きあげてキスを浴びせたくなるし、またどんな望みも思いも喜んで叶えてあげてまでも、その子を自分たちの小さな司令官として甘やかしながら育ててもいいと思うものであるが、神からの賜物が人間に成長するまでの期間のこうした可愛らしさはどこから来るかといえば、一面で、まだ間違いだらけのもののいい方がどれも無邪気でかつ素直であって、そこには隠しごとや企みめいたものが何もないからに違いないのは確かであるが、しかし他面で、こうした甘えながら他人の意志に全面的に身を委ねる被造物に何でも尽くしてあげたいという、乳母の側の自然な愛着によるともいわねばならず、それは、赤ちゃんには戯れ〔遊び〕の時間が公認されており、それが人生のうちで最も幸せな時間なのだが、育てる側は自分自身がまるで子供に帰った気になることで再びこうした快適さを楽しもうとするからである。

しかし彼女は子供の頃の記憶をたどっても赤ん坊の頃にまではとうてい遡ることができないのであって、なぜなら乳児期というのはまだ経験の時代ではなくて、客観の概念のもとに統一されていない単にぼんやりした知覚の時期だったからである。 V13

## 自己中心主義について

**§2**　人間がボク〔アタチ〕ということばで語りはじめるその日から、人間はそのいとしい自分を許されさえするならどこでも表立って主張するようになり、自己中心主義は休みなく亢進する。たとえ公然とでなくても(というのは、その場合他人の自己中心主義が抵抗するから)こっそりと亢進するのであって、つまりそれは見かけ上の謙遜と偽りの謙虚さを装うことによってその分いっそう確実に、卓越した価値ある人物として他人から判断しても P11 らえるからである。

自己中心主義には三種類のうぬぼれが見られるのであるが、その三つとは悟性のうぬぼれ、趣味のうぬぼれ、実 W409 践的な関心のうぬぼれであって、要するに自己中心主義は、論理的であるか、美感的であるか、実践的であるか、の三様でありうる。

論理的な自己中心主義者は、自分の判断を他人の悟性の観点からも検討してみることを無用なことと見なす。あたかもそうした試金石(criterium veritatis externum 真理の外的な基準)など自分にはまったく必要がないといわんばかりである。しかしこうした手立てはわれわれの判断が真であるかどうかを保証してくれるものであるから、 C13 まさかそれなしで済ますという訳にはいかないことは確かであって、それがたぶん、学問に携わる臣民がペンの自由をあれほどにも切実に叫ぶ最も核心的な理由なのである[2]。なぜなら、ペンの自由が認められないと、それはとり A129

もなおさずわれわれ一人一人の判断が正しいかどうかを吟味する貴重な手段が一つ剝奪されることを意味するのであって、その結果われわれは誤謬に身を晒すことになるからである。しかし少なくとも数学だけは固有の絶対的権威によって自説を断定する特権を与えられている、などということもけっしてありえない。というのは、恵まれた才能に加えて熱意をもってこの専門に励んでいるあらゆる数学者の判断に、測量技師の判断があらかじめ知覚のうえで十全に一致してくれているのでなかったら、数学自身がどこか誤謬に陥っているのではないだろうかという心配にたえず付きまとわれることになるからである。——他方また、例えば鐘の音がただ自分の耳のなかで鳴っているのか、それとも実際に教会で撞かれている鐘の音を聴いているのだろうかというように、自分自身の感覚器官の判断についてさえも、ただそれだけを信頼するのでなく、他人にも同じように聴こえているかどうか、どうしても確かめたくなるような場合がときおりあるだろう。とすればなおさら哲学的思索においては、たとえ自分自身の判断を確証するために、法学者が司法の専門家の判断を引証するように他人の判断を証拠として引用するのがよいという訳には必ずしもいかないとしても、やはり、誰であれいつもは意義深い見解を述べるのに今回は一人も賛同者がおらず、自説を世間に公表しっぱなしで孤立無援のままという文筆家に対しては、その理由一つで読者が誤謬の嫌疑を掛けるのもやむをえないであろう。

まさにこうした理由から、常識的な見解とだけでなく専門家の見解とさえも衝突するような主張を戯れに出版するなどは、冒険といわざるをえない。この種の自己中心主義を逆説趣味という。これは虚偽となる危険を冒してまでも何ごとかを敢えて主張してみせるという類いの大胆さなのではなくて、単に自分の主張がせめて少数の読者には受けてほしいという賭けを狙ってなされる冒険なのである。——逆説を弄するのは、他人からの追随に甘んじないで珍しい人物に見られたいという論理的なわがままなのであるが、結果としてはしばしば意に反して珍奇な輩《やから》を生むのが落ちである。しかし各人はそれぞれ独自のセンスをもち、自分の考えを主張しなければならないのであるから(たとえ父祖たちがみなそうであったとしても、私はそうしない。Si omnes patres sic, at ego non sic. アベラール)(3)、もしその逆説趣味が単に自分が目立ちたいという虚栄心からきているのでなければ、これに対する上の指摘は非難めいた意味をもたない。——逆説趣味に対置されるのは、通りのいい見解を味方とする平凡陳腐流である。しかしこの平凡陳腐流も、逆説趣味の場合よりひどいとはいわないが、説得性に欠ける点では五十歩百歩である。というのもこれは眠気を誘うからなのだが、それに対して逆説家は相手の気持ちを刺激して好奇心と探究心を呼び起こすので、それがしばしば真理の発見につながることもある。

　美感的な自己中心主義者とは、自分独自の趣味にすっかり自己満足していて、実際は彼の詩、絵、音楽等が他者の眼からみればどうしようもなく下手くそなのに、それを指摘されても、それどころかどんなに嘲笑《あざわら》われても屁の河童という者をいうのだが、もし彼が自分の判断に固執しながらひとりで悦に入り、芸術美の試金石を自分のうちにしか求めないとしたら、彼はさらに上のレベルへの進歩の道を自ら閉ざすことになる。

　最後に道徳的な自己中心主義者とは、あらゆる目的を自分自身に関係づけて、自分に役立つこと以外のものには益を認めない者のことをいうのであるが、彼はまた幸福主義者として、有用さと自分の幸福にのみ自分の意志の最上の決定根拠をすえて、義務の表象にはおかない。なぜなら、自分が幸福と見なすものについて他人は誰でも別の概念を抱く訳だから、真の義務概念の試金石なぞはまったく不要なのだ、という姿勢が極まって、自己中心主義こそが普遍妥当的な原理になるのが当然である(4)、というところまでいきつくのが、まさに自己中心主義たるゆえんだからである。――それゆえ幸福主義者は例外なしに実践的な自己中心主義者である。

自己中心主義に対置できるのは、多元主義だけであって、すなわち自分は自分自身のなかに全世界を包みこんでいるのだと思いながら振る舞うというのでなく、自分を単なる一世界市民と見なし、そのように行為する考え方である。――多元主義について人間学が語ることができるのはここまでである。というのは、自己中心主義と多元主義の違いを形而上学的な概念から云々するのは、まったく本書で論じられるはずの学〔人間学〕の領域外のことだからだ。つまり、そもそも思考する存在としての私には、私の現存在の外になおも、私とは別のしかし私といっしょに存在している諸々の存在〔他者を含む〕の全体の現存在（これが世界と呼ばれる）を仮定する理由があるか、という問いが立てられるとすれば、それは人間学の問いではなくて、純粋に形而上学的な問いだからである。

## 余談　自己中心主義的な言葉遣いの煩わしさについて

国の元首が臣民に向かって話すときのしゃべり方は、現代ではたいてい多元主義的[5]である（神の恵みから生まれたわれわれ誰それは、等々）。この場合は多元主義的といってもむしろ意味は自己中心主義的でないかどうか、つまり自分の権威の絶対性を誇示しているのではないか、だからスペイン王が「Io, el Rey 王たる朕《ちん》は」と宣《のたま》うときとまさに同じなのではないかと疑ってみる必要があるが、しかし遡って、最高権力者のこうした形式張った自称は、もともとは気さくな態度を仄めかすつもりのものだったらしい（われわれ王と大臣ないし身分代表議会は、の意で）。――それにしても古代の古典語時代にユニテリアン風に[6]互いにお前 Du と呼び掛けていた言葉が、あちこちの国民、とりわけゲルマン民族系の諸国民によって多元主義的に〔複数形で〕お前たち Ihr と呼ばれるようになったのにはど

P 14　W 412　　C 15　　V 16

ういう訳があったのか。さらにドイツ人は、話している相手を一段と持ち上げていることを仄めかす二つの表現、すなわち貴方《あなた》Er〔元来「彼は」の意〕と貴方たちSie〔元来「彼〔女〕らは」の意〕を(まるで相手に呼び掛けているのではなくて、そこにいない人のことを、それも一人なのか二人以上のことなのかには無頓着に報告しているかのように)発明したのはどうしてか。[7] 最後に、表向きは話相手を前にしてへり下ったり、自分よりも相手を持ち上げるという、およそ馬鹿げた言葉遣いの極めつきとして、人称代名詞ではなくて相手の身分の特性を示した抽象名詞が使用されるようになったのはどうしてか(慈悲深いお方よ〔閣下の意〕、恐れ畏《かしこ》きお方よ、いとも気高く高貴な生まれのお方よ、等々)。——私の推測ではこれらはすべて封建制に由来すると思われるが、封建制の下では上は君主の位階から、中間のあらゆる段階を経て、下は人間としての尊厳〔位階〕がゼロとなりかろうじて人間であるだけという状態に至るまで、つまり目上の者から一方的にお前Du呼ばわりされるだけの農奴の身分、ないしはまだ自分の意志を持つことが許されない赤ん坊の身分に至るまで、——上位の者に払われるべき尊敬の等級がゆめ疎《おろそ》かにされないように、と気配りされていたのである。

## 自分の〔感性的〕表象が自由に〔悟性的に〕[8]意識できることについて

**§3**　自分の表象を意識しようとする努力は、私が意識している表象に眼を向けること(attentio 注意)か、それから眼を離すこと(abstractio 抽象)かのいずれかである。——後者は単に前者の注意を放棄し怠ることでは全然なく(それは放心(distractio)というものであろう)、認識能力の現になされている一つの働きであって、つまり他の諸表象と一つの意識のうちで結合している状態から、私が意識するある表象を遠ざけることである。——それゆえ、

A 131　V 17

あることを抽象してくる〔分離してくる〕といわずに、あることについて抽象する〔意識的に度外視する〕、つまり私の表象の対象の何らかの規定を抽象する、というのであって、こうすることによって件《くだん》の表象は概念の普遍性を得て、悟性のうちに受け入れられるのである。

ある表象が感官を通して人間に押しつけられる場合でさえも、その表象について抽象する〔度外視する〕ことができるということは、その表象に注意を向けるという能力よりもはるかに高尚な能力であって、なぜならそれは、自分の諸表象の状態を意のままにすることができる(animus sui compos 己れを支配する魂)という思考能力の自由を、つまり心の独立性を証明するからである。——この点は〔講義している〕いま現在でもそうであって、感官の表象に関するかぎり、注意の能力よりも抽象の能力の方がずっと難しく、かつ重要である。

とにかく人間がたいがい不幸なのは、抽象することができないからである。例えば彼女の顔にいぼがあるとか、歯が一つ欠けているとかを見過ごすことができさえすれば、結婚したがっている若者もうまく望みを叶えることができるであろうに。ところが、たとえ何気なしにであれ他人の欠点にばかり注意を向けてしまうのがわれわれの注意能力のとりわけ悪い癖であって、例えばちょうど目と鼻の先にある上着のボタンが一つ取れているとか、歯が欠けている様子とかをじろじろ見たり、癖になったいい間違いに耳をぴくつかせるとかして相手をうろたえさせ、逆に自分でもその場での役どころを失してしまう、ということになるのである。(9)——肝心な点で問題がないのなら、他人のちょっとした不快な点や自分自身の幸福の小さな傷には目をつぶるというのが、正当かつ賢明な態度なのだ。とはいっても、この抽象するという能力は心の一つの熟達なのであって、ひたすら訓練によってのみ獲得することができるのである。

## 自分自身〔の内面〕を観察することについて

**§4**　自分〔の外面〕について気を使う(animadvertere 気がつく)ことは、まだ自分自身を観察すること(observare 洞察する)ではない。後者はわれわれ自身について〔内的に〕知覚されたその諸知覚を、それなりの方法に従って構成することであって、これが素材となって自己観察者の日記が書かれるのであり、さらには容易に夢想や妄想に導くのである。

自分自身に注意を向けること(attentio 注意)は、人間とは何であるかが問われているときには必要不可欠であるが、[10] 人との付き合いのなかでは目につくようであってはいけない。というのは、その場合気詰まりに(気まずく)なるか気取った(勿体ぶった)風になるか、どちらかだからだ。両者の反対はわざとらしさのないさま(air dégagé〔仏〕くつろいだ態度)であって、つまり他人から礼儀の点で後指を差されたりするはずはないと、自分自身に信頼をおく態度である。反対に、あたかも鏡の前でポーズを取っているようなつもりで、満足げに格好をつける男とか、(他人に聞かれているのを意識しているというだけでなく)まるで自分が話すのを自分で聞いているかのように〔悦に入って〕話すような男は、一種の舞台俳優である。彼は意識的に演技しているのであるから、[11] 自分の本当の人格を隠して見せ掛けで装っているのである。だからもしこの苦労がひとに気づかれてしまうと、彼は面目を失うことになるのだが、というのもこの種の技巧は、裏に他者を欺こうという意図があるのではないか、という疑惑を生むからである。[12]――こうした疑惑を全然呼ぶことのない、自分を外に表わす仕草の率直さは、自然な振る舞いと呼ばれるが(だからといってこの人が美しい技巧〔芸術〕や趣味的教養をいっさい受けつけないというのではない)、これが皆から歓迎されるのは、その自己表現の純朴な誠実さのゆえである。同じように天真爛漫から、つまりとっくに儀礼として定着してしまっているとぼけ術をまだ身につけていないことからくる打ちとけた態度が口調に表われる場合、それは無邪気と呼ばれる。

適齢期に近づいた若い女性とか、都会風なエチケットにうぶな農夫が、自分の意見を飾らずに表明するのを見て、その汚れなさと天真爛漫（外見を飾る技巧に未知であること）のせいで、すでにそうした技巧に熟達して利口になっている人々のあいだに陽気な笑いが生じることがある。それは見下した気持ちからくる嘲りの笑いではない。というのは、こうした場合やはり人々は心中では純真さや率直さを称賛しているからだ。だからその笑いは、われわれのすでに堕落した人間本性〔人間の自然〕に由来するとはいえ醜いことにかわりはない外見の技巧というものに、彼らが未だ汚れていないことに対する裏のない愛情のこもった高笑いなのだが、しかし彼らに見られるまだ堕落していない人間本性の理念と自分たちの外見の技巧とを比較してみるならば、人々は高笑いするよりも嘆息すべきところであろう。[原注] ともあれこの高笑いはほんの一瞬の快活な場面であって、それは、雲に蔽われた空につかのま一カ所だけ切れ目が生じて日光が射すけれども、たちまちまた雲に閉ざされて、利己心という、光を厭うモグラの眼をいたわることになるのに似ている。

（原注）　この点でペルシウス[13]の有名な詩句をもじって、「彼らは本性〔自然〕に気づいて、自分たちが失ったものを思って嘆くがよい Naturam videant ingemiscantque relicta.」ということもできよう。

さて本節の本来の意図に戻ると、それは上述したように、自分の思考や感情の意のままにならない流れの内的な変化を探知しようとしたり、ましてやいわばきざに学問風の記述を試みることにはけっして手を染めないようにと

A133　P17　W415　V20

いう警告であるが、その理由は、そうした試みの道をたどると間違いなく、この世よりも次元の高い霊感を得たと思い込む錯乱とか、こちらは何もしていないのにどこからともなくわれわれに流入してくる力があると思い込む錯乱に、つまり照明説〔前者〕とか恐怖説〔後者〕とかに迷いこむことになるからである。[14] というのは、こうした場合にわれわれが無意識的に犯していることといえば、われわれ自身が自分のなかに運び入れておいたものをあとになって発見したと思い込んでいるというだけの話だからだ。例えば、耳に心地よい表象を看板にしたブリニョン[15]のごときとか〔照明説〕、あるいはひとをぞっとさせ不安におとしいれる表象を撒き散らすパスカル[16]の類い〔恐怖説〕の場合がそれであり、後者の恐怖説による不安な表象には、普段は優れた頭脳の持ち主であったアルブレヒト・ハラー[17]でさえも迷いこんだのであって、彼は自分の魂の状態について、しばしば中断したとはいえ長いこと日誌をつけてきたのだが、最後になって、大学での以前の同僚で高名な神学者のレス博士に宛てて「貴兄の所蔵なさっている神学上の膨大な蔵書のうちに、私の不安な魂の慰めになるものを見いだせないものでしょうか」と問い合わせの手紙を送ったのであった。[18]

私のなかにある表象力のいろいろな働きを観察することは、私がその働きを呼び起こすのであるとすればたしかにあとでじっくり検討するに値するし、論理学や形而上学にとっても必要かつ有益である。――しかし自分をこっそり覗き見しようとし、だからこうした働きが意識的に呼び起こされなくても自ずと心のなかに姿を現わす様子を盗み見しようとすることは(こういうことは知らぬまに夢想に走る構想力の戯れによって起こる)、そういう場合思考の原理が(本来そうあるべきであるように)先導するのでなく、後から追いかけることになるのであるから、認識諸能力の自然な秩序の逆転であり、さらにいえば、それはどっちみちすでに一種の心の病い(妄想病)であるか、そのうちそれに陥って精神病院に入院するかのいずれかである。内的諸経験について（神からの恩寵についてであれ悪魔の誘惑についてであれ）べらべらと報告することのできる者は、自分自身を探究しようと探険に旅立っても、例外なくそのまえにアンティキュラの町に上陸するのが落ちであろう。[19] というのは、問題となっている内的経験については、空間における対象についての外的経験とは事情が異なるからであって、外的経験の場合には諸対象は互いに併存しつつ持続するものとして確認されることによって経験をもたらすのである。[20] ところが内的感官は、自分のなかのさまざまな規定のあいだのさまざまな関係を、ただ時間のなかでのみ、それゆえ流れゆく状態においてのみ眺めるのであって、そこには経験の成立にとって必須である観察の持続性というものの生じる余地がまったくないのだ。[原注]

（原注）　概念（思考）は内的作用（自発性）によって可能となり、知覚（perceptio）すなわち経験的な直観は感受性（受容性）によって可能となるのだが、しかしこの二つの働き、つまり反省と覚知とをわれわれが意識的に表象するならば、自分自身についての意識[21]（apperceptio 統覚）は反省の意識と覚知の意識とに分けることができる。前者は悟性の意識であり純粋統覚といい、後者は内的感官であり経験的統覚というのであって、ときおり前者が内的感官と呼ばれたりするのは間違いである。――心理学は内的感官における諸表象に基づいてわれわれ自身を〔つまり人間を〕探究する。それに対して論理学では知性的な意識が提供してくれるものに従って人間を探究する。――さてここで、私というものが二重に存在するように思われるかもしれない（もし本当にそうなら矛盾した話であろうが）。すなわち、㈠まず思考の主観としての私（論理学が扱う）があって、これは純粋統覚を意味し（純粋に反省する私）、まったく単純な表象であって、この私についてはこれ以上何も語ることができない。[22]㈡次に知覚の客観、したがって内的感官の客観としての私があって、これは内的経験を可能にする多様な規定を含んでいる。

　心には種々異なった内的変化（記憶の変容とか、心が抱く生活上の原則がいつのまにか入れ替わるとか）があるが、自分でこの変化を意識していながら、なおも自分は(魂からすると)同一の人間であるということができるか、と問うことには意味がない。[23] というのは、そもそも人間がこうした変化を意識することができるのはどうしてかといえば、彼が種々異なった状態のなかにあって自分を一にして同じ主観と表象しているからこそであって、人間の自我が二重であるといわれるのはただ形式(表象様式)から見たときの話であり、質料(内容)からするとそうではないからである。

## われわれが意識しないまま抱いている類いの表象について

**§5**　表象を抱きかつそれを意識していないというのは、矛盾しているように思われるだろう。というのも、意識していないのにそれを抱いているとどうして知ることができるのであろうか。こうした疑問はすでにロックが提出していて、そうした理由から彼はまたこの種の表象の存在を退けたのであった。[24] ——とはいえわれわれ人間は、たとえある表象を抱いていることを直接には意識していなくても、間接的に意識することは可能である。——そこでそのような表象をあいまいな〔暗い〕表象と名づける。そうでない表象は明晰な〔明るい〕表象であり、もしその明晰さが、一つの全体を構成する個々の部分表象に及んでおり、それゆえそれらのあいだの結合にまで及んでいるのであれば、それは判明な表象であるが、このことは思考の場合でも直観の場合でも同じである。

例えば私が遠くの牧草地に、たとえ目、鼻、口、その他まで見分けていると意識していなくても一人の人間を見ているとは意識しているとき、私が元来働かせていることはただ、あれは一人の人間であると推理することだけである。というのは仮に、自分は顔のこうした諸部分を(さらにはその人間の残りの諸部分を)知覚していると意識してはいないという事実を理由に、私は自分の直観のうちにそうした諸部分の表象を全然抱いていないと主張すると

C 20　V 23　P 20　W 418　A 135

すれば、私はまた、自分が一人の人間を見ているということすらできないはずだからである。というのも、こうした部分表象から(顔の、あるいは人間の)全体が構成されているのだから。

　それを抱いていると疑いなく推理できても意識はしていない感官の直観や感覚の領域、すなわち人間のうちにある(さらには動物における)あいまいな表象の領域は広大であるが、これに対して明晰な表象は意識に対して開かれているもののうち限りなく微細な場所しか占めていないということ、喩えていえば、われわれの心のどでかい地図の上のごく一部の箇所にしか光が当たっていないこと、こうした事情はわれわれ人間に特有な本質に関して感嘆の念を抱かせるに十分である。というのは、するとあたかもより高き力が「光あれ!」と叫びさえすれば[25](例えばある文献学者が彼の貯めこんでいるすべての記憶に対する関係を考えてみた場合)、即座に何の抵抗もなく彼の眼の前にいわば世界の半分が開けてくるようなものだからである。〔しかし実は〕望遠鏡とか顕微鏡を使って眼に見えるもの(例えば月の表面とかゾウリムシなどの繊毛虫類など)はすべて、肉眼でも見えているのである。というのは、そうした人工的な道具を使う前に網膜上にそれが映っていたであろうときよりも、これらの光学機器によって光が新たにたくさん発生し、そのおかげで初めて形成された像が眼に飛び込む、というのではなく、これらの機器はもともとの像をただ大きく拡大し、その結果われわれがそれを意識するようになる、というだけの話だからだ。――まさにこれは聴覚の感覚にも当てはまるのであって、オルガンの名手が一〇本の指と両足を使ってオルガンに向かって幻想曲を即興で演奏しながら、しかもその最中に横に立っている人と話をしているといった場合にも、彼の魂のうちにはあふれるほどの表象〔曲想〕がいっぺんに浮かんできて、しかもその上一つでも和声に合わない指づかいをすればたちまち不協和音が鳴ってしまうから、その曲想から一つを選んでいくたびに作曲技法上の特殊な判断が要求されていたのであるが、にもかかわらず曲が終わってみれば、いつもならどんなに努力してもおそらくこれほどうまくひけることは望めまいというので、その即興演奏者は、いま華麗に演奏し終えたばかりのいろいろな楽想を楽譜に採っておけばよかったなと思う、といった結果になることがしばしばあるものだ。(26)

という訳で、人間にとってはあいまいな表象の領域が最大の領域である。――しかしこの領域において人間に知覚可能となるものは単に人間の受動的な部分での感覚の戯れにすぎないから、あいまいな表象に関する理論はただ生理学的な人間学(27)の領分に属するのであって、本来本書で意図されている実用的な人間学には属さない。

〔とはいえその点に少し触れておくと、〕たしかにわれわれはしばしばあいまいな表象と戯れて楽しんでおり、好きなこと〔例えばセックス〕であれ歓迎しない対象〔例えば死神〕であれ構想力を駆使してぼんやりと陰に隠してしまうことに関心がある。しかし〔本当は〕われわれの方こそがあいまいな表象の戯れにされているのであって、われわれの悟性はそれが錯覚だと気づいてもあいまいな表象に翻弄されて陥ったナンセンスから抜け出すことができないことの方が多いのであるが。

〔まず表象と戯れる例を挙げれば、〕男女の愛も、もともとその狙いが相手から得られる〔肉体的〕満足にあって〔精神的な〕優しさにあるのでないかぎり、事情は同様である。そうしたことをやんわりとヴェールに包むために、これまでどれほど多くの機知が浪費されてきたことだろうか。セックスは人が大好きなことだとはいえ、人間を卑しい獣の類いとたいへん近い親戚にあるように見せてしまうので、それが恥ずかしく思われて、上流の社交界ではそれに関する表現は、たとえ見え透いていてにやにやしたくなるほどであっても、とにかく露骨であってはいけないとされている。――セックスに関しては構想力はあいまいなところをふらつくのが好きなので、あけすけな露悪趣味を避けようとしてかえって馬鹿げた言語潔癖主義に陥る危険を冒すまいと思うならば、(28) それにはたえず凡庸ならざる技巧が必要となる。

他方またわれわれは、いくら悟性がそれに光を当てても消えてくれないあいまいな表象の戯れにされることがしばしばある。死の床にある者にとっては自分の墓を家の庭に建てるかそれとも木陰豊かな木の下に建てるか、野原にかそれとも乾いた土のなかにかが、しばしば重大関心事となるのであるが、野原に墓を建てたからといって〔死んでしまえばどのみち〕素敵な見晴らしが望める訳でなく、さりとて仮に乾いた場所でないとしても湿気に当たって鼻風邪をひく心配をする理由などあるはずがないのだが。(29)

「馬子にも衣装」という諺は、聡明な人々のあいだにもあるていど妥当する。ロシアの格言に「客はその衣装に応じて迎えられ、その悟性に応じて見送られる」というのがあるのは確かである。だが招待主の悟性にしても、立派に着飾った人物が醸しだすある種の気品というあいまいな表象からくる印象を防ぐことはできず、せいぜいのところその人物についての第一印象をあとになって補正しようという意図を抱くことができるにすぎない。

それどころか、隠れた意味と周到な意図があるかのように匂わすべく、大学で身につけたあいまいさが利用され、しかもそれが功を奏するということさえしばしば見受けられる。それは例えば、たそがれどきとか霧のなかで見る対象が常に実際よりも大きく見えるのと同様である。(原注)「σκότισον〔ギ〕(あいまいにせよ!)」というのが、あらゆる神秘家が技巧によるあいまいさを使って教訓愛好家を誘《おび》きよせる際の、いつに変わらぬ至上命題である。——とはいえ一般にまた、書物のなかに謎めいた箇所があるていど点在しているのも読者にとってはありがたくもないのであって、なぜなら読者がその謎のあいまいさを解いて明晰な概念を得るならば、それによって自分自身の頭脳

A137 P22 V25

P23 V26 C22 W421

の鋭さを満喫することができるからである。

(原注)　反対に日中の陽の光の下で見ると、まわりの対象よりも明るいものはいっそう大きく見えるのであって、例えば白いストッキングを履くと、黒いストッキングのときよりもふくらはぎが少しふっくらして見える。また夜中に高い山の頂きで火を焚くと、正確に測定するよりも大きく見える。――おそらくこうした事情からまた、地平線近くでは月が見かけ上いっそう大きな形に見えるとか、同じく地平線に近い星と星との距離がちょっと見にはより大きく感じられる、という現象が説明されうる。というのは、両方の場合ともわれわれに見えている光っている対象は地平線の近くにあるので、空の高いところよりもいっそう暗っぽい〔あいまいな〕大気層を通して見られているのだが、暗いところは近くにある光のせいでまた一段と小さく判断されるからである。だから標的を立てて射撃する場合、真ん中が白く外側が黒い標的の方が、逆の標的よりも当たりやすい道理になるであろう。

P22 V25 W420　W421

## 自分の表象を意識する際の判明性と非判明性について

**§6**　ある対象を他の諸対象から区別するのに十分であるほどに自分の諸表象を意識している場合、その意識は**明晰性**である。しかしまた、諸表象の合成のされ方が明晰になるような意識は**判明性**という。[30] もっぱら後者の判明性のおかげで、諸表象の総体が認識となる。認識が成立するときには、諸表象の多様のうちに秩序が考えられているが、なぜそういえるかといえば、意識された合成はどれもが意識の統一を、したがって合成のための何らかの規則を前提としているからである。――判明な表象に対置できるものは混乱した表象(perceptio confusa 混濁した知覚)ではありえず、それには単に非判明な(mere clara 単に明晰な)[31] 表象が対置されなければならない。混乱しているものは、合成されたもののはずである。というのは、単純なもののうちには秩序も混乱もないからであ

P23 V26　A138

る。それゆえ、混乱は非判明性の原因ではあるが、定義ではない。――認識はどれもが複雑な表象（perceptio complexa 複合的な知覚）であるが（なぜなら、認識には常に直観と概念とが必要とされるから）、その複雑な表象において判明性は、諸部分表象が〔認識へと〕合成されるための秩序に基づいているのであって、その際その部分表象は（単なる形式に関しては）単に論理的な区分として上位の表象と下位の表象（perceptio primaria et secundaria 主たる知覚と二次的な知覚）とに分けられるか、あるいは〔質料に関しては〕主要な表象と副次的な表象（perceptio principalis et adhaerens 原理的な知覚と依存的な知覚）への実在的な区別に導かれる。こうした秩序によって認識は判明となるのである。――よく知られていることであるが、仮に認識の能力を一般に（語の最も広い意味で）悟性と呼ぶことにすれば、悟性には、(1)対象の直観を生むための、与えられた諸表象を把握〔覚知〕する能力（attentio 注意）と、(2)対象の概念を生むための、複数の表象に共通しているものを分離する能力（abstractio 抽象）[32]と、(3)対象の認識を生むための、熟慮する能力（reflexio 反省）の三つが含まれていなければならない。

これら三つの能力を人より抜きんでて所有している人間は秀才と呼ばれる。これに対してこれらの能力をほんのわずかしか授かっていない人間は阿呆〔絵筆〕と呼ばれる（なぜなら彼はいつも他人に導かれる〔手に取ってもらう〕必要があるから）。逆にこれらの能力[33]を駆使するにあたって独創性すら身につけている人間は天才と呼ばれる（天才はその独創性のおかげで、通常なら他人から指導されて学ばなければならないものでも、自分自身から創りだしてしまう）。

学知を修める前に学んでおかねばならない事柄について全然学ばなかった人間は無学者といわれるが、ただしそれは彼が学者の役を演じたくて、だからその事柄について学知を修めるべきだったとすればの話である。というのは、学者になりたいなどといわなければ、彼は偉大な天才なのかもしれないからである。いろいろ学ぶことはできても自分で思考しない人間は、冏《くら》い秀才[34](頭が固い)と呼ばれる。——該博な学者(自分が詰め込まれたとおりに他人に詰め込む機械)でありながら、その史料的な知識を理性的に活用するという点ではまったく頭が固い、ということがありうるのだ。——自分の学んだことを公に発表するに際して学派の強い影響を(つまり、自分で思考する自由の欠如を)悟られてしまうような態度を示す人間は、まさしく教条主義者である。ついでにいえば、こういう人は学者のなかにだけでなく、軍人のなかにも王の廷臣のなかにさえも見られる。このなかでは結局は学者の教条主義者がまだしも一番我慢ができるのであって、なぜなら、彼からは学ぶことができるのに対して、あとの二つの場合に見られる形式上のこまごまとしたこと(形式主義)は、役に立たないというだけでなく、加えて教条主義者なら例外なしに身に帯びている高慢ちきのせいで話にならないほど馬鹿げているからであるが、というのもそれが無学者の高慢ちきだからだ。[35]

また、上流社会の口調で話すとか何であれとりあえずは流行に合わせるなどの技巧、あるいはむしろ如才なさは、とりわけ学問に関係するときは平易さと呼ばれているが、それは間違いであって、というのはそれらはむしろ着飾った浅薄と呼ばれるべきだからであり、つまりそうした技巧とか如才なさは偏狭な頭脳の貧弱さをあるていど隠しているのである。とはいえこれに騙されるのはただ子供たちぐらいのものであるが。「君の持っているドラムは(とアディソンによれば、乗合い馬車の車中隣でしゃべり続けている将校に向かってクェーカー教徒はいった)君の象徴と解く。その心は、どちらも空っぽだからよく響く。[36]」

人間を認識能力(悟性一般)に従って評価するべく、共通感覚(sensus communis 常識)を備えているにちがいない人々と学問に携わる人々の二つに分類することがあるが、この場合の共通感覚〔の「共通」〕はもちろん、俗的な(sensus vulgaris 通俗の感覚) の意味ではない。前の人々は応用の局面で規則に通じており(in concreto 具体的に)、後の人々は応用以前に規則それ自体に通じている(in abstracto 抽象的に)。――前者の認識能力に属する悟性は健全な人間悟性(bon sens〔仏〕良識)と呼ばれ、後者に属する悟性は聡明な頭脳(ingenium perspicax 明るい才能)と呼ばれる。――注目すべきは、ふつうただ実践的な認識能力と見なされている前者すなわち健全な人間悟性〔良識〕には陶冶が欠けていてもかまわないと世間では語られているだけでなく、もし陶冶が十分徹底していないぐらいならかえってマイナスであるとさえ語られていることであって、こうした理由で健全な悟性は熱狂的なほどに称賛され、心の奥深くに隠された宝物殿と想像されたうえにときにはそれのお告げが神託(ソクラテスの守護霊)として受け取られることによって、大学の学問がいつも話題にするような事柄のすべてにまさって信用のおけるもの、と宣言されたりするほどである。――これと同じくらいには確かなことだが、もし仮に問題の解決が悟性のもつ普遍的でしかも先天的に備わった諸規則に依存しているのでありさえすれば(そうした諸規則を所有することは生れつきの才知と呼ばれる)、大学で学んだ技巧的に組み立てられた諸原理(学校仕込みの才知)を思い出しながらそれに頼って自分の裁定を起草するのだとすれば、それは判断を心の暗闇に潜む決定根拠の天秤の傾きに大胆に任せてしまう場合よりもよほど当てにならないのであって、というのも、後者の選択は論理的な機転と呼ぶことができるだろうが、この機転によって熟考すれば、このとき心の内奥で生じている働きを意識しないままに対象がいろいろな角度から検討され、しかも正しい結果が得られるからである[37]。

とはいえ健全な悟性は自分のこうした長所をただ経験上の対象に関してのみ証明できるにすぎないのであって、

W424　V29　A140　P26　C25

つまり経験を通して認識を拡大するだけでなくさらに経験そのものを拡張するとはいえ、しかしそれを思弁的な観点からではなく単に経験的に実践的な観点からなすのである。というのは思弁的な観点の場合、学問上のアプリオリな原理を必要とするからだ。しかし経験的に実践的な観点の場合には、試して成果を得る〔試行錯誤〕の繰り返しによって実証されるものもまた経験すなわち判断である、といって差しつかえない。

## 悟性と対照された感性について

**§7**　表象の状態についていうと、私の心は自ら働くことによって能力(facultas 才能)を示しているか、感受性(receptivitas 受容性)に基づいて何らか働きを受けているかのどちらかである。どんな認識でもこれら両面を結合した形で含んでおり、両者のうちの主要な契機、すなわち表象を結合したり分離したりする心の活動が認識能力という名で呼ばれるのも、後者の感受性を有する可能性があればこそなのである。　W425

心が何らか働きを受けることによって得る表象、つまり主観が触発されて得る表象は(このとき主観は自分で自分を触発するか客観から触発されるかのいずれかである)感性的認識能力に属し、逆に端的な作用(思考)を含むような表象は知性的認識能力に属する。前者はまた下位の認識能力と呼ばれ、後者は上位の認識能力と呼ばれる。(原注) 下位の認識能力には感覚を受け取る内感の受動性という性格があり、上位の認識能力には統覚の自発性、すなわち思考を遂行し論理学(悟性の諸規則の体系)に属する営みを純粋に意識するという自発性の性格があるが、それはちょうど、前者すなわち下位の認識能力が心理学(あらゆる内的知覚を自然法則に基づいて総括すること)に属し内的経験を基礎づけるのと対をなしている。　V30　A141 C26 P27 W426

(原注)　ライプニッツ＝ヴォルフ学派が犯した大きな過ちは、感性を単に表象の非判明性に、これに対して知性を表象の判明性に割り振ったこと、しかもこれによって意識を区別する際に単なる形式的な(論理学的な)区別を立てるだけですませて、思考の形式に加えてそれの内容にも関わるような実在的な(心理学的な)区別を立てなかった点にあるが、その結果として感性を単に(部分表象の明晰性の)欠如に、したがって非判明性に当て、逆に悟性表象の性質を判明性に当てたのである。しかし認識が生まれるには感性はきわめて積極的な契機であって、知性にとって不可欠な助っ人なのだ。――この点ではもともとからしてライプニッツに責任があった。というのは、彼はプラトン学派に与《くみ》していたのでイデアと呼ばれる生得の純粋な悟性直観を前提していたからであるが、これはいまはただ曖昧にされているが本来は人間の心のうちに見いだされるはずのものであり、だから注意を集中してこれを分析し解明すれば、その結果〈客観がそれ自体でいかに存在しているか〉という認識が手に入るはずだというのである。

補注。表象の対象のうち、〈私がそれからいかに触発されるか〉の様式を含んでいるだけであるような対象については、私はただ〈それが私にいかに現象するか〉を認識することができるだけであって、だから外的経験に劣らず内的経験も含めてあらゆる経験(経験的な認識)は、対象について〈それがいかにわれわれに現象するか〉についての認識であるにすぎず、〈対象が(それ自体として単独に観察されたとして)いかに存在しているか〉の認識ではないのである。というのは、ただ表象の客観〔対象〕の性質だけが問題なのではなく、加えて感性的直観がどんな種類の直観なのかという主観の性質、つまり主観のもつ感受性も問題なのであり、この感性的直観のあとに客観の思考(客観に関する概念)が続くのだからである。――ところでこの受容性の形式面での性質もまた感官によって探り当てることができるというのではなくて(直観として)アプリオリに与えられているに違いなく、いい換えれば、経験的なもの(感官における感覚を含んでいるもの)をすべて取り去ったとしてもあとに残るような、ある感性的な直観があ

A140 C25 P26 W425　A141 P27 C26　W427　W428 V31 W429

るに違いないのであって、直観のうちのこうした形式的なものが内的経験においてはまさに時間なのである。

経験とは経験的な認識のことであるが、しかし(認識は判断に基づいているから)認識の成立のためには熟慮(reflexio 反省)が、つまり表象の多様を統一する規則に則ってその多様を合成する〔判断する〕際の活動の意識が、要するに概念すなわち(直観とは区別された)思考一般が要求されるのであるから、意識は論弁的な意識(これは規則をもたらすものであるゆえに、論理的なものとして先立っていなければならない)と直観的な意識に区別されることになるだろう。前者(自分の心の行為の純粋統覚)は単純である。反省する私のうちには多様なものは全然含まれておらず、この私はあらゆる判断に際して常に一にして同じであり、それは反省する私は意識のこうした形式的な面を含むだけだからなのだが、これとは対照的に内的な経験は意識の質料的な面、つまり内的で経験的な直観の多様を含んでおり、覚知における私(つまり経験的な統覚)を含んでいるのである。

たしかに考える存在としての私は、感官存在としての私と一にして同じ主観である。しかし私が自分を内的で経験的な直観の客観として認識するのは、つまり感覚によって時間の内で内的に触発されるかぎりにおいて私が自分を認識するのは、その感覚が同時的であれ継起的であれ、単に〈いかに私が自分自身に現象するか〉についてだけであって、〈物それ自体として〉[38]ではない。というのは、私が自分を内的経験的直観の客観として認識するのは時間という条件に依存しているのであるが、時間条件は悟性概念(つまり純然たる自発性)では全然ないからであり、要するに私の表象能力は何らか働きを受ける(つまり受容性に属している)という条件に依存しているからだ。——それゆえ私が内的経験を通じて自分を認識するのは、常にただ〈いかに私は自分に現象するか〉についてだけである。しかししばしばこの命題は、私がある種の表象と感覚を持っていることは、さらにはそもそも私が存在しているということさえも、単に〈私にそう見える〉(mihi videri 私にそう見えている)にすぎないのだ、とまでいおうとしているのだと故意に曲解されている。――〈そう見える〉ということが根拠となって主観的な原因による誤った判断が生まれるのだが、それはその主観的な原因が間違って客観的と見なされるからだ。ところで現象はまったく判断ではなく、単に経験的な直観であって、これが反省とそこから生じる悟性概念を通して内的経験へと成長するのであり、それによって真理となるのだ。

内的感官と統覚という言葉は、前者が単独で心理学的な(具体的な)意識を示し、これに対して後者が単に論理的な(純粋な)意識を示すはずなのに、心理学者たちはたいがいの場合この二つを同じ意味の言葉として扱っていることが、前段落で指摘した誤謬の原因である。しかしわれわれが前者を通して自分を認識することができるのは、ただ〈いかにわれわれは自分に現象するか〉についてだけであるということは、次の理由から明らかである。つまり内感における諸印象の把握(apprehensio 覚知)は、主観における内的直観の一つの形式的な条件つまり時間を前提しているが、時間は全然悟性概念でなく、それゆえ単に主観的な条件としてのみ妥当するのであって、それはちょうど、われわれに内的な感覚が与えられる仕方が人間の魂の性質に左右されるのと同然であり、それゆえ〔時間という〕主観的条件によってはわれわれは、〈いかに客観はそれ自体で存在しているか〉を認識することはできないからなのである。

＊　＊　＊

上記の補注は本来人間学には含まれない。人間学では、経験といえば悟性法則に従って統一された現象のことであって、そのうえ〈いかに物が感官との関係の考察を度外視して（つまりそれ自体として）存在しているか〉に関する表象様式は、およそ問題とならない。というのは、そうした議論はアプリオリな認識の可能性を扱う形而上学に属するからである。とはいえ、思弁好きな読者がこの問題で道を踏み間違えないよう配慮するためだけにも、右の程度には立ち帰ってみる必要があった訳だ。――それはそうとして、人間は他者を判断するのにたいてい内的経験を手がかりにするものだから、内的経験を通して人間を知ることはきわめて重要となるのだが、と同時にそれは、いざ自分の内面を探究しようとすると、ひたすら観察する代わりに簡単にいろんなものを自己意識のなかに詰め込むものだから、他者を正しく判断するよりもおそらくはるかに困難なことでもあって、そこでお薦めなだけでなく必要とさえなるのは、まず自分自身のうちで観察された現象から開始して、そのあとにはじめて人間の本性に関わる確実な命題の主張へ、すなわち内的経験へと進んでいくことである。

## 感性の弁護

**§8**　上位の認識能力という名称からすでに明らかであるとはいえ、悟性に対しては誰もがあらゆる敬意を表明する。だから敢えて悟性を称賛しようとすれば、徳への賛辞を打《ぶ》とうとしたあの演説者に浴びせられたのと同じ嘲りに見舞われることになるだろう（「馬鹿め！　これまでに誰が徳を非難したというんだ stulte! quis unquam vituperavit」[39]）。これに対して、感性は評判が悪い。彼女〔感性〕については多くの芳しくないことがいい触らされていて[40]、例えば、㈠彼女は表象力を混乱させる[41]。㈡彼女には大言壮語癖があり、悟性の侍女にすぎないはずなのに、まるで女王のように頑固で制止するのが難しい。㈢しかも彼女は欺くのであるから、彼女に関して人はとこ

P 30　W432　V 33　A 143

とん用心した方がいい、等々。――他方感性にも賛美者がいない訳ではなく、とりわけ詩人や趣味人がそうであるが、彼らは悟性概念の感性化を感性の功績として高く賛美するだけでなく、さらには、概念はそれほど細心・綿密にその構成要素へと分析される必要はないはずだから、まさに感性化という点にこそ、含蓄(思想の豊かさ)、言葉 C29 の力強さ(強調)、イメージの説得力(意識における鮮烈度)を認め、裸の悟性をあけすけに貧弱だと宣言するのである。(原注) V34 だがここでわれわれが感性のために必要としているのは、こうしたおべっか詩人ではなく、ただ告発者に対する弁護人だけである。

(原注)　この前後で話題になっているのは(快・不快の感情でなく)単に認識能力とそれゆえ表象とだけであるから、感覚といっても、A144 V33 V34 一方で概念(思考)と、他方で(空間と時間の表象の)純粋直観と区別された感官表象(経験的直観)以上のものは意味しないこととする。

感性における受動的な契機はどうしてもわれわれが切り捨てる訳にいかないものであるが、元来これこそが感性 W433 についてひとがいい触らすあらゆる害悪の原因である。人間の内的完全性とは、人間が自分のあらゆる能力を自由な随意志の支配のもとに意のままに使用することである。そのためには悟性の支配が必要とされるが、かといって感性(これは思考しないからそれ自体としては下層民である)をいじめてはいけないのであって、なぜなら感性なしには立法的悟性を駆使する際に素材となってくれるものが何一つ見当らないことになるだろうからである。

## 第一の告発に対する感性の正当化

**§9**　P31 感官は混乱を引き起こさない。与えられた多様を把握〔覚知〕しはするがまだ秩序づけはしない感官のことを、その多様を混乱させると中傷することはできない。感官の知覚(意識された経験的表象)はただ内的現象と呼ばれるにすぎない。悟性がここに加わって思考の規則のもとにその現象を結合する(多様に秩序をもたらす)のだが、この悟性がはじめて現象から経験的認識を、いい換えれば経験を形成するのだ。だからもし悟性が感官表象を事前に概念に従って秩序づけるのを怠ったまま軽率な判断を下しておいて、あとになってその表象の混乱は感性的に性質づけられた人間の本性に責任があるはずだなどとわめくとしても、それは自分の責務をなおざりにしている悟性の方の罪なのである。こうした指摘は、内的表象の場合と同様に、外的表象の混乱を感性のせいにしようとする根拠のない苦情についても当てはまる。

いうまでもなく感性的な表象は悟性の表象に先行し、しかも大挙して現われる。とはいえもし悟性がその指令と知性的な形式をたずさえて加勢し、例えば概念には含蓄に富む表現を、感情には力強い表現を、意志決定には興味をそそるイメージを意識にまでもたらしてくれるのであれば、収穫はいっそう豊かなものになる。――修辞学や文学などの精神的な所産が悟性に向かって一度に(大挙して)押しよせてくると、たしかにそのあまりの豊かさに、しばしば悟性はそれをどう理知的に扱ったらよいか当惑するし、またその際悟性があいまいにとはいえ現に働かせている反省の働きを全面的に判明にし説明してみろといわれれば、たいがい混乱に陥るだろう。ではあるけれども、この場合感性には何の科《とが》もなく、むしろ豊かな素材を悟性に提供したことは感性の功績であり、それに比べれば悟性の抽象的な概念は、たいがいぼんやりとした貧相なものであるにすぎない。

A145　C30 V35 W434

## 第二の告発に対する感性の正当化

**§10** 感官は悟性に命令しない。反対に自分の奉仕を自由に使いこなすよう悟性に身を委ねるのみである。感官がとくに日常の〔共通の〕人間感官(sensus communis 共通感官)と呼ばれているものにおいて発揮している重要性を見くびられまいとするとしても、だからといって感官は不遜にも悟性を支配しようとしていると判定することはできない。なるほど判断のなかには、判決を下してもらうために必ずしも正式に悟性という判事の前に出廷しない種類のものが存在することは確かである。それらは直接感官によって口述筆記されているように見える。そうした判断を含んでいるものとしては、いわゆる警句の類いとか神託めいた発作(例えばソクラテスが自分の守護霊からのお告げに伴うものだと称していたような)が挙げられる。つまりその場合、何らかの事態に直面してどう対処するのが適切でありまた賢明であるかについては通例第一感がそのまま正しい判断であって、下手にあれこれ思案を加えるとかえって技巧にすぎて的はずれになってしまう、と考えられている。ところが実はこうした判断も感官から生じるのでなく、悟性による、あいまいではあっても現に作動している熟慮〔反省〕によって生じるのだ。——感官は判断に関しては口を出すことはしないが、普通の平民と同じように、ということは下層民(ignobile vulgus 賤しい民衆)ではないのだから[42]、自分より身分の高い悟性に素直に従いつつも、自分のいい分は聞いてほしい、というところである。しかしもし〔先述した例のように〕ある判断や洞察が(悟性を媒介せずに)内感から直接に生じるものと受け取られたり、内感は独力で命令するものでありしたがって感覚は判断として通用するのだと見なされるとすれば、それは純然たる夢想であって、感官の錯誤と同類である。

## 第三の告発に対する感性の正当化

**§11**　感官は欺かない。この命題によって感官に向けて投げつけられる最も重要な、しかしよく考えてみると最も下らない非難が退けられる。それはつまり、感官は常に正しく判断するからというのでなく、感官はまったく判断しないからだ。それゆえ判断の誤りはもっぱら単に悟性の責任である。——とはいえ悟性にとって感官の仮象(species 外見、apparentia 現われ)は、正当化にはならなくてもいい訳ぐらいにはなってくれる。つまり感官の仮象のせいで人間はしばしば、自分の表象様式の主観的なものを客観的なものと見なし(例えば角がまったく見えない遠くの塔を丸いと見なしたり[43]、海の沖の方が手前より明るい光に照らされて目に映るので、海の方が岸より高い(altum mare 高い海〔沖のこと〕)と思えたり、満月の出は靄がかった大気を通して地平線に見えるので、同じ視角で見つめているはずなのに中空高くに掛かっているときよりもいっそう遠くにあるように、だからまたより大きく見えるように)、その結果現象を経験と見なしてしまう場合がある。とはいえこうした誤謬に陥るのは感官の過失なのではなくて、あくまで悟性の過失である。

＊　　＊　　＊

論理学が感性に投げつける小言の一つに、感性に左右される類いの認識には皮相性(個別性、個々のものに限定されていること)という非難が当たっているというのがあるが、これに対して、普遍性を目指すがゆえに否応なしに抽象に携わらなければならない悟性には、無味乾燥という非難がぴったりである。だが〔本書のように〕平易さを第一の旨としながらも趣きをもって論を進める場合には、これらの欠点を二つとも避けうるような道を選びながら歩むとしよう。

## 認識能力一般に可能なこと〔のあれこれの程度〕について

**§12** 前節は〔感官が悟性を欺くという〕誰にもできないこととの関連で仮象能力を論じた訳であるが、その延長線上で次にわれわれは簡単なことと難しいこと(leve et grave 軽くと重く)という概念を吟味してみると、この二つの概念は文字からすればドイツ語として物体の性質ないし力を意味する〔軽いと重い〕にすぎないが、ラテン語の場合と同じくある種の類比によって実行可能なもの(facile 容易に)と比較的に実行不可能なもの(difficile 苦労して)とを意味するのである。後者をなぜこう呼ぶかといえば、何とか可能なものであっても、それを実現するに必要な能力が自分にどのていど備わっているか自信のない主観〔人間〕からは、事柄の一定の状態ないし事情に照らすと主観的には実行不可能であると見なされるからである。

何かをすることが簡単であること(promptitudo 素早いこと)を同じ行為における熟達(habilitas 練達[44])と混同してはならない。前者は機械的な能力のある種の程度を意味しており、「しようと意志すれば、することができる」ということであって、主観的な可能性を示している。これに対して、後者は主観的‐実践的な必然性を、すなわち習慣を、それゆえ意志のある種の程度を示しており、それは自分の能力をひんぱんに反復して使用しているうちに獲得されるものであって、「義務がそれを命じるので、しようと意志する」ということである。だからといって、徳とは自由で合法的な行為における熟達のことであると解釈することはできない。それは、そうすると徳は力の使用の単なる機械にすぎないことになるからである。徳とは逆に自分の義務を遵守するときの道徳的な強さであり、この強さはけっして習慣とならず、常にまったく新たに、つまり考え方の奥底から根源的に生まれるはずのものである。

簡単なことは難しいことと対比されるが、しばしばまた面倒なこととも対比される。簡単であるとは、ある主観にとって、それを実行するに必要な力の使用を大きく凌駕して自分の能力に余裕があることが自分にも自覚されているような、そういうものについていわれる。表敬訪問とかお祝いごととか弔問とかの儀礼を果たすこと以上に簡単なことがあるだろうか。ところがまた忙しい人間にとってこれ以上に煩瑣なものがほかにあるだろうか。[45] これらは交友関係からくる煩わしさ(煩雑さ)であって、これは誰もが一方で慣例にもとることをためらいつつも他方ではまた心から免れたいと望んでいるものである。

宗教と見なされているが、しかしもともとは教会のしきたりに取り入れられたにすぎない外面的な慣習のうちに、およそ考えられうる限りのすべての煩わしさが存在しており、そこではまさにそうした慣習が何の役にも立たないという点にこそ、つまり信者が儀式や戒律、懺悔や禁欲(厳しければ厳しいほどよい)によって忍耐強く己れを苛《さいな》むべくひたすら服従する点にこそ、彼の敬虔さが称賛に値するものであることの証しが認められるのである。こうした苦役はたしかに機械的には簡単なのだが(なぜならその際、それまでのふしだらな素行はまったく犠牲にされなくても済むから)、しかし理性的な者にとっては道徳的にきわめて煩瑣でかつうんざりであるに違いない。――それゆえかの偉大な道徳的な民衆教師〔イエス〕が「私の命令は難しくない」といったとき、[46] この言葉を通じて彼がいいたかったことは、その命令を満たすにはほんの取るに足らない力の消費で間に合うのだということではなかった。

というのは実際にはそうした命令は心の純粋な信念を要求するものとして、およそ命じられうるもののうちで一番難しいものだからである。とはいえそれは理性的な者にとっては、多忙な無為[47](gratis anhelare, multa agendo nihil agere 無駄にあえぎ、いろいろやるんだが、何も実現しない)の命令よりも無限に簡単なのだ。というのも、まさにユダヤ教が創設した律法はそうした多忙な無為だったのであるが、このような機械的に簡単なことというのは理性的な人間にとって、もし彼がそれに費やす苦労が結局は何の役にも立たないと見通した場合にはこの上もなく難しく感じられるからである。

何か難しいことを簡単にやってしまうことは称賛に値することである。自分ではそれをやる能力がないのに、難しいことを簡単なようにいい触らすのは詐欺である。もともと簡単なことをやりとげたからといって、それは称賛に値しない。生産方法と機械とが、またこれらのもとに労働を分割し職種の異なった技術工たちに割り振ること(工場式の労働)が、道具を使わずに自分の手に頼るだけだと実行するのが難しいだろうと思われる多くのものを簡単にしてくれる。

行動の開始を指示する前にその困難さを示すことは(例えば形而上学の探究の場合とか)たしかにいったん尻込みさせるかもしれないが、しかしその方が困難さを隠すよりずっといい。自分が取りかかることすべてを簡単だと見なす者はお調子者である。なすことすべてが簡単に感じる者は器用という。骨折りを悟られてしまう者は無器用という。――社交上の会話(談笑)は単なるお遊び(戯れ)であって、そこではすべてが簡単で(軽く)なければならず、また簡単に(軽く)感じるようでなければならない。それゆえそこでの礼儀(堅苦しさ)は、例えば宴席から退出する際のもったいぶった挨拶は、父祖の代のものとして廃止されてしまった。

人間が何か事を開始しようというときの気分は、気質の相違に応じて異なる。ある者は困難なこと、気になるものから開始するが（鬱質）、反対に、真っ先に希望が膨らみまた実行は簡単だろうという思い違いが最初に頭に浮かぶ者もいる（躁質）。

しかし押しの強い人の「人間はしたいと意志することは、することができる」という自信たっぷりのいい分は単に気質に基礎づけられているだけとはいえないのだが、こうしたいい分をどう評価すべきだろうか。人間は自分の道徳的に命令する理性のいいつけに基づいてなそうと意志するものはなすべきであって、その結果それはまたすることができるのであるが（というのは、理性は人間に不可能なことを命令することはないから(48)）、上のいい分はこのことを高慢ちきに同義反復しているにすぎない。だが数年前「意志することはできる」ということを物理的な意味にも取ったうえで、自分たちこそそうだと自賛し、あげくに世界襲〔撃〕民(49)と名乗った自惚れ連中がいたが、しかしこういう輩はとっくに舞台から退場してしまった(50)。

最後に、習慣になること（consuetudo 習慣）についていうと、これはまさに同じ種類の感覚が変わることなく長い時間持続して注意力を感官から逸らしてしまい、それでもはやその感覚がほとんど意識されなくなることを意味するので、こうした習慣は一方で災いを忍ぶことを簡単にするが（これはその後まちがって一つの徳の名、すなわち忍耐という名でもって誉めたたえられている）、他方またそれは他人から受けた善意をしかと意識し記憶に留めることをいっそう難しくするのであって、通例その後ここから忘恩（一つの現実的な背徳）が導かれるのである。

〔これと似て非なるものとして〕くせ（assuetudo 習癖）とは、これまで振る舞ってきたのと同じ仕方で今後もさらに振る舞う、という物理的な〔身体的な〕内的強制である。そうした強制によってくせは善なる行為からさえもそ

C 34　V 40　A 149

の道徳的な価値を剝奪するが、なぜならくせは心の自由を蝕《むしば》み、ついにはまったく同じ動作を何も考えずにただ繰り返す結果となり(単調)、それでもって笑うべきものとなるからである。——くせとなった虚辞(思想の貧困をただ埋めるためだけの決まり文句)を聞かされると、聞く方はそのたびに、無意味な言葉をまたもや聞かねばならないのかと気が重くなるのであるが、他方話し手の方はおしゃべり機械となる。他人のこうしたくせがわれわれを刺激する結果催される吐き気の理由は、まさにここでは人間が動物に堕する様があまりにひどいからであり、本能的に躾《しつ》けの規則に導かれる様子はあたかも何か別の(非人間的な)被造物のようであって、だから人間が家畜とまったく同じ部類に陥る危険を冒しているからである。——しかしある種の躾は意図的に生むことができるし、これは自然が自由な随意志に助力を拒むようなときには容認することができるのであって、例えば歳を取ってから飲食の時間やその質と量、あるいはまた睡眠時間に慣れていき、そのようにして徐々に機械的になっていく場合がそうである。しかしこれはただ例外としてのみ、かつ必要やむをえない場合に限って許されることだ。通常はあらゆるくせは非難されるべきものである。

P 37
W440
C 35
V 41

## 感官の仮象をめぐる技巧的な戯れについて

**§13**　感官表象によって悟性がひっかかる眩惑(praestigiae ぺてん)には、自然なものかもしくは技巧的なものの二つがありうるが、前者が錯覚(illusio 幻想)で、後者が欺瞞(fraus 瞞着)である。——悟性が何かあることについてそれはありえないことだと明言しているのに、同じ主観の目の証言を信じればどうしてもそれは現実であると見なさざるをえないといった場合、こうした眩惑を目《め》眩《くら》まし(fascinatio 幻惑)[51]と呼ぶ。

幻想〔錯覚〕とは、思い込まれた対象が現実のものではないと分かっていながら、どうしても消えない眩惑である。――心のなかで感官の仮象とこのように戯れることはとても心地よく、また愉快でもあって、例えば聖堂の内殿の間取りが遠近法になっている場合とか、ペリパトス学派を描いた絵(私にはコレッジョの作と思われる)についてラファエル・メングスが「じっと眺めていると、彼らが歩いているように見えてくる」と語っている例とかがある。[52] あるいはまた、アムステルダムの市庁舎のなかに描かれている、半分開かれた扉の奥に階段がのぞいている壁画を見ると、誰でも昇ってみたいという気にさせられる、等々。

他方感官の欺瞞とは、当の対象の状態がどうなっているかが知られてしまうと、たちまちその仮象が瞬時にして消えてしまう場合のことをいう。さまざまな手品のわざがこれに当たる。――色具合が見る目に際立った印象を与えるような服装は幻想である。だが化粧は欺瞞である。ひとは衣装によって惑わされ、化粧によって騙《だま》される。――だから、人物であれ動物であれ自然のままに彩色された立像が不意に目に入ると、そのつど一瞬それが生きているかと欺かれるので、このようなものは好まれない訳だ。

心の状態が、いつもは健全なのにまれに陥る魔法(fascinatio 幻惑)とは、そんなことは自然の物ごとについて起こるはずがないと誰もが語るような類いの感官の一種の眩惑であって、それは、ある対象(あるいは対象のある性質)があるという判断が、その対象によく注意を向けてみると、それはない(あるいは別の状態である)という判断にどうしようもなくすり替わってしまい、――それで感官が自己矛盾をきたすように見えるところからくるのである。例えば鳥が鏡に自分の姿が映っているのを見て、鏡に向かって羽をばたつかせ、本物の仲間かと思うと次にはいやそうじゃないと惑っているようなものである。自分自身の感官が信じられないというこの種の戯れは、人間の

C 36　V 42　P 38　A 150　W 441

場合、とくに情念におぼれて衰弱した連中に生じやすい。（エルヴェシウスによると）[53]別の男に抱かれているところを自分に夢中の男に見られてしまったのだが、女は断固としてそれを打ち消したうえで、「浮気な方ね、もうあなたは私を愛していらっしゃらないんだわ、だって私がいうことよりもご自分の目の方を信用なさるんですもの」といって済ませてしまったという。――これより深刻で、少なくともいっそう害を撒き散らしたのが、ガスナー一派やメスマー[54]の輩といった腹話術使いたち、その他同類の、自分を魔術師と思い込んだ連中が使った欺瞞であった。以前、何やら超自然的なことができると思い込んだ哀れで無知な女たちは魔女と呼ばれたものだが[55]、今世紀に入っても、そうしたことが可能だという信仰はまだ十分に根絶されていなかった訳だ。(原注) 頭の弱い人間にとって、それまでに聞いたことのないようなことに抱く摩訶不思議な感情がそれ自体とても魅惑的なのはなぜかというと、そういうときには突然彼〔女〕の眼前に新しい希望が広がるからというだけでなく、それによって、自分は理性の使用という面倒な仕事から解放されたのであって、反対に無知という点で他人も自分と同じなのだとする錯覚に惑わされるからだと思われる。[56]

（原注）　スコットランドのプロテスタントのある聖職者は今世紀に入ってなお、こうした訴訟の公判の場で証人として判事に向かって次のように述べた、「判事さん、神に仕える職にあるものの名誉にかけて断言しますが、この女は魔女であります」。これに対して判事はこう応じた、「でしたら、法に仕える職にあるものの名誉にかけてあなたに断言しますが、あなたは断じて魔法使いではありません」。今日ドイツ語となった魔女 Hexe という単語は、聖体 Hostie〔イエスの肉〕を聖別するミサの典礼文の出だしの言葉に由来しており、信者はこの聖体を肉体の目からは一切れの小さなパンと見るのだが、出だしの文句を発音したあとは精神の目によってそれを一人の人間〔イエス〕の肉として見させていただく訳である。これが Hexe〔魔女〕の語源であるというのは、hoc est〔これは～である〕という言葉はすぐ次に corpus〔身体〕という単語に続かなければな

らないところを、hoc est corpus〔これは聖体である〕というかわりに「hocuspocus にする」、と変更されたからであるが、[57] たぶんそれは、お題目を正確に唱えることでかえって偶像崇拝に堕するのを敬虔な気持ちから憚ったからであろう。これは今日でも迷信家たちが非自然的な対象について、それを侮辱するまいとしてやっていることと同じである。

## 許すことのできる道徳的な仮象〔ふり〕について

**§14** 人間は全体として、文明化が進むほど役者ぶりが上達する。気が合うふり、相手を尊敬するふり、おしとやかなふり、まずもって他者に配慮するふりを人間は文明化とともに身につけるのだが、しかもそれで誰も欺かれることがないのは、こういう場合必ずしも心の底からなされているのでないことは相手も承知の上だからであるが、また世の中がそうなっていることはとても好都合でもある。というのは、長いあいだずっと人間はただ徳があるふりを技巧的にしていただけだったのが、こうした役どころを演じているうちに最後にはその徳が何と次第に本物へと生まれ変わるからであり、つまり徳が〔仮象から〕真情へと変じるからである。——ところで、われわれ自身のうちなる欺瞞者は傾向性であるが、これをさらに欺くことは徳の法則に従う態度へと再び還ることであるから欺瞞ではなく、自分自身に対する罪のない錯覚なのである。

例えば心がひたすら熱望している感覚が少しも心に満たされないと、その空虚さに起因して自分自身の存在〔人生〕への吐き気〔嫌悪感〕が催されるが、これはあまりの退屈さからくる吐き気であって、その際人はこの退屈さと同時に、怠惰の重荷、つまりあらゆる忙しさを厭《いと》うことからくる重荷も感じている。ところで忙しいことは労働と呼ぶことができるが、労働は労苦と結びついているから、上の吐き気は労働によって追い払うこともできるであろうが、この種の〔両義的な〕吐き気はこれ以上ないほどの呪わしい感情であって、その原因はまさに、のんびりしたい(労働による疲労も忙しさを厭う倦怠も、どちらもいっさい伴わない休息がほしい)という自然な傾向性にある。[58]――だがこの傾向性は理性が人間に法則として立てる目的〔道徳的善〕に関してさえも欺瞞的であって、つまり人間がまったく何もしない(目的もなく無為に過ごす)ときにはたしかに何も悪いことをしていないのだからという理由 A152 で、自己満足をもたらすのである。だからこの傾向性をもう一度欺くことは(芸術と戯れることによるか、あるいはたいていは社交的な会話によって可能となるのだが)時間を紛らす(tempus fallere 時を欺く)と呼ばれる。その際この表現がすでに、仕事のない休息を取りたいという傾向性そのものを欺くという意図を仄めかしているのであるが、例えば芸術と戯れることで心は慰められるし、またほんのちょっと平和的な闘い〔社交〕の席でこれといった P41 目的なしにたわいなく戯れるだけでも、少なくとも心の洗練には役立つであろう。もしそうでないと、時間を殺すと呼ぶ事態に陥ることだろう。――――傾向性にどっぷりと浸かった感性に力づくで逆らっては何もできない。そこで傾向性には罠を仕掛けなければならず、スウィフトがいうように、船を救うためには鯨に大樽を戯れ相手として与えておかなければならないのである。[59]

自然は賢明にも人間に、錯覚に陥ると喜ぶという性癖を植えつけたが、それは徳を救うためだったとさえいえる V45 W444 だろうし、それがいいすぎなら、ともかく徳に導くためだったのだ。善良できちっとした立ち居振る舞いは(野卑に思われたくないので)他人に自分に対する尊敬の念を抱かせようとする外面的なふりである。男性が女性たちの C38 〔性的な〕魅力にあまり関心を示さないふりをすると、たしかに女性たちにとっては面白くないであろう。しかし控え目であること(pudicitia 慎み深いこと)、情念を隠す自制は、異性を単なる享楽の道具としてだけ認めることのないようにするために両性のあいだに必要な距離を確保するという意味で、幻想としてたいへん効能がある。――およそ一般的に、礼儀にかなった振る舞い(decorum 優美さ)と呼ばれているものはすべてこれと同じであって、つまり美しいふりにほかならない。

礼儀(丁重)とは相手に親愛の念を抱かせる、如才なさというふりである。会釈(お辞儀)と御婦人方への完璧で優雅な仕草は、変わらぬ友好を誓うこの上もなく熱い言葉ともども、必ずしも真実でないことは確かであるが(私の愛する友人諸君、友人なんてこの世に一人もいないのだ！　アリストテレス)(60)、しかしこれらはだからといって欺いている訳ではなく、というのは誰もがそれをどう受け取ればいいのか承知の上なのだし、何といってもこうした親切や尊敬も、はじめは空々しいお義理にすぎなくても時の経過とともに本当にそうした真情に導くからである。

人間関係における交際上の徳は、すべて補助貨幣である。補助貨幣を本物の金貨と思い込むのは子供だけだ。――とはいってもこうした手段をまったく欠くよりも、補助貨幣を通貨の流通過程に組み入れるほうが好都合だし、相当程度減価を伴うとしても、最後には補助貨幣は純金と交換できるのである。これを、まったく価値のないただのルーレット用のチップにすぎないとけなしたり、嫌味なスウィフトに口を合わせて「誠実とはぬかるみのなかで底に穴が開いちゃった一足の靴である」などといったり、あるいはマルモンテルの『ベリゼール』を論駁したホフステーデ師に与《くみ》して、誰も徳など信じないようにという目的で、あろうことかソクラテスさえもこきおろすといったことは、人間性を覆そうとする大逆罪である。(61)他人に対して善人ぶることさえもが価値のあることに違いないのは、本当はたぶん人からの尊敬に値しないだろうのに、このように戯れにそれをせしめるようなごまかしをしているうちに、最後には本気が生じることも十分可能だからである。――ただしわれわれ自身のうちにある善人のふりは容赦なく一掃せねばならず、つまり利己心がわれわれの道徳的な軟弱さを隠すのに用いるヴェールは剝ぎ取らなければならないのはなぜかといえば、道徳的な内実がひとかけらも含まれていないものによって自分の罪が消えたかのように思い込んだり、あまつさえまさに道徳的な内実を放棄することによって、自分には何の科もないのだと納得しようとするといった場合、そこではふりは自分を欺くからであるが、例えば臨終の間際に過去の悪業を懺悔することが本物の改悛だと自分にいいきかせたり、故意に悪いことをしておいて、これが人間の弱さなのだと自分で得心するといった場合がそれに当たる。

## 五つの〔外的〕感官について

**§15**　認識能力のうち、感性(直観における表象能力)には二つの部門が含まれており、それは感官と構想力である。――感官は対象が現存しているときの直観の能力であり、構想力は対象が現存していないときにも働く直観の能力である。――ところで感官はさらに、外的諸感官と内的感官(sensus internus 内部感官)とに区分されるが、外的感官は人間の身体が物体的な物から触発されるときに働く感官であり、内的感官は人間の身体が心から触発されるときに働く感官である。ここで注意すべきは、内的感官は単に(経験的直観を)知覚する能力なのだから、快・不快の感情とは異なったものとして、いい換えればある種の表象の状態をそのまま保つのかそれとも避けるのかをその表象によって規定されるといった主観の感受性とは異なったものとして考えられているということであるが、快・不快の感情の方は内面感官(sensus interior 内奥感官)と名づけることができるかもしれない。――感官を通して一つの表象を受け取り、しかも同時にその表象による感覚によって主観の状態に対する注意を触発されているということが意識されている場合、そうした表象は特別に情緒感覚と呼ばれる。

**§16**　身体感覚を司る感官は、まず生命感覚(sensus vagus 不定感覚)の感官と器官感覚(sensus fixus 固定感覚)の感官とに区別することができるのだが、感官は総じて神経が走っている箇所にだけ見いだされるから、次にこれら二つの感官を、神経系全体を触発するのか身体の特定部分に来ている神経だけを触発するのかで区別することも可能である。――暖かいとか冷たいという感覚は、心によって触発される類いのものも含めて(例えば急に膨らんでくる期待とか恐怖などによって起こる(暖かさや冷たさ))生命感官に属する。このうち恐怖の種類としては、崇高なものを表象するときでさえも人体に走る身震いや、乳母たちが夜遅くお伽話をして子供たちをベッドに追い立てる際に利用するぞくっとする感じが挙げられる。これらは身体に生命が通っているかぎり身体のすみずみを通り抜けるのである。[62]

他方、器官感官は外的感覚に関係しているのだが、とするとその数は実際五つより多くも少なくもないことになる。

そのうちの三つは主観的である以上に客観的であって、つまり触発された器官の意識を呼び覚ますことよりもいっそう、経験的な直観として外的対象の認識に貢献する。――逆に他の二つは客観的である以上に主観的である。つまりその二つの器官を通して得られる表象は外的対象の認識に資する表象というよりも、いっそう嗜好に資する表象なのである。それゆえ前の三者に関しては他者と了解しあうのが容易に可能であるが、反対にあとの二者についていうと、対象とそこからくる外的経験的直観とを何と呼ぶかはお互いに一致していても、主観がその対象からどう触発されていると感じるかは千差万別でありうる。

最初の種類の感官は、㈠触覚(tactus 触れること)の感官、㈡視覚(visus 視ること)の感官、㈢聴覚(auditus 聴くこと)の感官の三つである。——あとの種類としては、(a)味覚(gustus 味わうこと)の感官、(b)嗅覚(olfactus 嗅ぐこと)の感官の二つである。総じて器官感覚をもたらす感官ばかりであって、その器官感覚は自然が動物に〔外界の〕さまざまな対象を区別するために用意してくれたいわば外に向いた入り口なのであって、それがちょうど五つなのである。

## 触覚の感官について

**§17** 触覚の感官は指先に、つまり指先の神経突起(papillae 乳頭)にあるが、これは固体状の物体の表面に接してその物体の形状を探るためにある。——自然は人間があらゆる側面から触れることによって物体の形状の概念を形成することができるようにと、この器官〔指先の神経突起〕を人間にだけあてがってくれたように思われる。というのは、昆虫の触角は物体があるかないかの感知だけを狙いとしていて、その形状の探知は目的としていないように思われるからだ。——この感官はまた直接的な外的知覚の唯一の感官である。まさにそれゆえにこれは感官のうちで最も重要なものであり、いちばん確実に〔外界について〕教えてくれる感官であるが、反面最も粗っぽい感官でもあって、なぜなら、その形状を接触によって表面から察知される物質は、固体に限定されているからである。(表面が触ってみて柔らかく感じられるかそれともざらついて感じられるかとか、ましてや暖かいと感じられるか冷たいと感じられるかといった生命感覚はここでは問題となっていない。)——仮にこの触覚という器官感官をもっていなかったら、われわれはそもそも物体の形状について概念を形成することなどまったく不可能だったであろうが、それゆえ第一種に属するあとの二つの〔聴覚と視覚の〕感官が経験知を得るためには、それらはそもそもはじめから物体の形状についての知覚とつながっていなければならない。

## 聴覚〔の感官〕について

**§18**　聴覚の感官は単に間接的な知覚を司る感官の一つである。――われわれを取り囲む空気を通して、つまり空気を媒体として遠くにある対象が広範囲に認識されるのであり、また発声器官や口の運動から可能となるいま現在使っているこの手段〔声〕によって人間は、とりわけ相手に聞いてもらう声が明瞭に発音されまた悟性によって法則的に結合された話し方をしさえすれば、この上なく易々《やすやす》としかもこの上なく完璧に他者と思想や感覚を共有することができる。――対象の形状は聴覚によっては与えられないし、また言語の音声は直接には対象の表象をもたらさないが、しかしまさにそれが理由となって、つまり言語音声はそれ自体では何も意味せず、少なくとも何らかの客観を意味するのではまったくなく、せいぜいただ内的な感情を意味するにすぎないという理由から、言語音声は概念の表示の最も巧みな手段なのであり、したがって耳が不自由な人たちは、それゆえまた話が不自由であらざるをえない（言語を欠いた）人たちは、けっして理性の類比物より以上のものに達することができないのである。

だが生命感官に関していうと、音楽とは聴覚の感覚の合法則的な戯れなのだが、これを聴くと生命感官は言葉に表せないほど生き生きとあらゆる風に感動させられるだけでなく、またさまざまに生きる力を鼓舞されるのであって、それゆえ音楽はいわば（概念をいっさい抜きにした）むき出しの感覚の言語である。ここでは音声は音色であり、それが聴覚にとって意味するものは、色が視覚にとって意味するものと同じである。すなわち音楽の音色は、ある

C41
P45
W448
V50

空間のなかにいる人々にひとり残さずすみずみに至るまで伝わる感情の伝達であり、だから社交の場で多くの人々が分かちあっても少しも減ることのない一つの社交的な楽しみである。

## 視ること〔視覚〕の感官について

**§19** 視覚もまた間接的な感覚を司る感官の一つであって、それは一定の器官（目）によってのみ感受されうる一つの運動する物質、つまり光によっているが、光は音響のように単にある流動的な成分が空間のなかをあたり一面あらゆる方向に拡がっていくような波状の運動にすぎないのでなく、〔粒子の〕放射であって、この放射のおかげで空間中の客観の位置が確定され[63]、また光を媒体とすることによって世界の構造が測りがたいほど広範囲にわたって知られることになるので、とくに自分で光っている天体〔恒星〕のような場合、われわれがその距離を地球上の尺度で測ろうとすると、桁数がめちゃくちゃ多くなってうんざりしてしまうのであるが、その際対象（世界構造）の大きさに驚嘆する前に、こんなにも弱々しい痕跡を知覚しているこの器官〔目〕の感度の繊細さの方に驚嘆するべきところであって、それはとりわけ、例えば繊毛虫類のような微細なものの世界を顕微鏡で覗き込みその様子を窺うような場合を例として思い浮べてみれば分かる。――視覚を司る感官は聴覚の感官と比べていっそう必要度が高いとはいわないまでも、感官のなかで最も高貴な感官であって、なぜならば、知覚を制約するのが最も狭い範囲に限定された器官としての触覚の器官から離れている度合いが〔他の四つの〕すべてのうちで最大なのは視覚の感官であって、これは空間中に知覚の最大の領域を占めているだけでなく、自分の器官が触発されていると感じる度合いが最も少ない（そうでないと純粋に見つめるということがなくなるだろう）からであり、さらには、それゆえ視覚の器官は

〔他の〕目ぼしい感覚によって混濁することなく所与の客観を直接に表象する）一種の純粋直観に接近することになるからである。

＊　　＊　　＊

以上の三つの外的感官に反省を加えることによって、主観は対象をわれわれの外にある物として認識するに至る。 P47 W450 ——しかし感覚が強すぎると、外的な客観との関係を意識するよりも、その器官の興奮の方により強く意識が向いてしまうことになり、その結果外的表象が内的表象に変じてしまう。——〔触覚に〕触れるものがすべすべしているかざらざらしているかを感知することと、〔触覚から得た〕外的表象を通して外的な物体の形を知ることとはまったく別のことである。同じように、他者の話し声が鋭すぎて、よくいわれるいい方をすれば耳が痛くなるといった場合、あるいは誰かが暗い部屋から戸外に出て明るい陽の光のなかに立つと目をしばたかせるといった場合、後者でいえば光が強すぎたり突然すぎてしばらくのあいだ目が見えなくなるだろうし、前者でいえば相手のきんきん声の A157 せいで耳が聴こえなくなるだろうが、どっちも感官の感覚が強烈すぎて客観の概念を形成することができず、注意が主観的な表象〔内的表象〕にのみ、つまりその器官の変状のほうにばかり向いてしまうのである。

### 味覚と嗅ぐこと〔嗅覚〕の感官について C43

**§20**　味覚と嗅覚の感官は二つとも、客観的である以上に主観的である。味覚は舌、喉、口蓋の器官に外的対象 W451 が接触することによっており、嗅覚は空気と混ざって外から入ってくる発散性の物質を吸い込むことによるのだが、後者の場合、その発散性物質を出す物体そのものは嗅覚器官から離れていてもかまわない。二つの器官はお互いにごく近い親戚関係にあって、だから嗅覚が鈍い人は例外なく味覚も鈍感である。――両者に共通していえることであるが、二つの感官とも(固形および揮発性の)塩類に触発されるのであって、その際固形の塩類は口のなかで液化して分解される必要があり、揮発性の塩類は空気によって分解されなければならず、いずれにせよ塩類に特有な感覚が器官に伝わるためには、塩類は当該の器官に滲み込まなければならない。

V52

## 外的諸感官に関する一般的な注

**§21**　外的諸感官の感覚は機械的な影響による感覚と、化学的な影響による感覚とに部門を分けることができる。機械的な影響を受ける感覚には三つの上位感官が所属し、化学的な影響による感覚には二つの下位感官が属する。前者は知覚の感官(表面的)であり、後者は嗜好の感官(最も親密な摂取)である。――だから吐き気、つまり食べたものを食道の最短経路をたどって外に吐き出す(嘔吐する)という刺激衝動が一種の強烈な生命感覚として人間にもあてがわれているのだが、それはこの親密な摂取がかえって動物にとって危険となりうるからである。

P48

しかしまた思想の伝達に本質をおく精神の嗜好というものも存在するのだが、それが強制されたうえに精神の栄養物として役に立たないとすれば、心はそれを不快に感じるものであるから(例えば洒落や冗談のつもりの着想も何度となく繰り返し聞かされると、代わり映えのなさそのものが理由となって聞く側にとって白けたものになることがある、など)、そこから脱れたいという自然の衝動は類比によって同じく吐き気と名づけられるが、ただしこの場合の吐き気は〔外的感官ではなく〕内的感官の方に属する。

A158
W452

嗅覚はいわば距離を隔てた味覚であって、好きか嫌いかにお構いなく他者もいっしょに享受するよう強制されてしまうので、嗅覚は自由に反するものとして味覚よりも社交性に劣るのに対し、味覚の方は同じものを嗜好するよう他者に強制することがなく、客は色とりどりの料理や酒のなかから自分の好きなものを一つずつ選ぶことができる。——不潔なものに吐き気を催すのは、目や舌に不快だからという理由によるだけでなく、むしろその汚物から出たと推測される悪臭によるところが大きいと思われる。というのは嗅覚による(肺にまで到達する)摂取は、口とか食道といった吸入管による摂取よりさらに親密だからである。

感官に生じる刺激の度合いがちょうど同じである場合には、自分が触発されていると感官が強く感じれば感じるほど、感官は役に立たないことが多い。逆にいえば、感官にしっかり役立ってもらわなければならないときには、感官はほどほどに触発されなければならない。強烈な光のなかでは何も見え(区別でき)ないし、ステントール[64]ばりの大音声は耳を聾する(思考を抑えつける)。

生命感官が印象に対して敏感であればあるほど(過敏かつ神経質であるほど)、人間は不幸である。人間が器官感官に対して敏感であればあるほど(鋭敏であるほど)、かつ生命感官に対しては反対に平然としていられればいられるほど、人間は幸せである。——私は「いっそう幸せである」というのであって、必ずしも「道徳的にいっそう善である」といっているのではない。——というのはこの場合人間は、自分の健康の感情をより多く自分の支配下に置いているからだ。主観の強さからくる感覚の性能(sensibilitas sthenica 活発な感受性)は繊細な鋭敏性と名づけることができ、主観の弱さからくる感覚の性能は過敏な神経質(sensibilitas asthenica 無力な感受性)と名づけることができるが、後者は感官への刺激が意識に押し入ってくることに十分に耐えることができない、つまり意志に反してその感官への刺激に注意が向いてしまう主観の弱さである。

## いくつかの問題

**§22** 〔第一の問題。〕五つの器官感官のうち報いが最も少なく、したがってまた一番なくてもいいと思われる感官はどれだろうか。それは嗅覚の器官感官である。これを洗練しようとしても無駄であるし、ましてや匂いを嗜好するためにこれを改善しようとしてもまったくの骨折り損に終わるばかりである。というのは、この感官が提供できるのは快適さの対象よりも吐き気の対象の方が多いのであって(人が多く密集した場所ではとくに)、また仮にこの感官が快感をもたらしたとしてもこの感官によって得られる嗜好はいつも儚く一瞬で消えてしまうからである。――しかし有害な空気(かまどの煙とか、はきだめや動物の腐乱死体の悪臭とか)を吸い込まないようにとか、または痛んだものをうっかり食材に使わないようにというように、健康を守るための消極的な条件としてならこの感官も役立たない訳ではない。――ちょうどこれと同じような重要さが第二の嗜好感官である味覚の感官についてもいえるのだが、この場合には味覚の感官に特徴的な長所が指摘されうるのであって、すなわち、嗅覚の場合にはなかったことだが、味覚は食事の席での会食者同士の交流を促進してくれるし、それだけでなくさらに、ご馳走が消化器官に下っていく入り口のところで、それが健康にいいかどうかを前もって判定してくれるのである。というのも、贅沢が過ぎたり食道楽が過ぎたりしてかえって味覚の感官が麻痺してさえいなければ、健康にいいかどうかは味覚の嗜好による快適さとうまく一致しており、その快適さが相当程度その判定の確実な予知として働いてくれるからである。――病人の口に合うようなものは、彼らにとってもまた概して薬同然に効き目があるものである。――〔こ

W453　V54　A159　C45　P50

れに対して〕ご馳走の嗅覚はあたかも味覚の前座(65)であって、空腹のときは好物のご馳走の匂いがすると嗜好へと誘惑され、満腹のときは匂いを嗅いだだけで顔を背けるのである。

〔第二の問題。〕感官に代打が効くだろうか、つまりある感官の役の肩代わりに別の感官を使うことができるだろうか。耳の聴こえない人については、彼が以前は耳が聴こえていた場合には、相手の身振りによって、ということは当人の目を通して平常の言葉を引き出すことができる。その際また相手の唇の動きの観察も助けになるだけでなく、さらには暗いところでは相手の動いている唇に触ってみて、その感触でちょうど同じ効果を得ることができる。しかし生まれたときから耳が聴こえない人の場合には、まず当人に声が出るように訓練しておいて、視る感官が相手の発声器官の動きを見て、相手の声を当人自身の発声器官の筋肉の動きの感じに変換しなくてはならない。ただしそうしても彼は現実的な概念を得ることはけっしてないのであって、なぜかといえば、発声を習得するために彼が利用する信号によっては〔概念の本質である〕普遍性に達することができないからである。――単なる身体上の聴覚には問題がなくても音楽を聴く耳を欠いている場合には、つまり音声は聴けても音程を聴きわけることができず、だから話すことはできても歌うことができない場合には、そうした欠陥は一つの説明困難な発育不全である。ちょうどそれは、視力は抜群なのに全然色を識別することができない人々がいて、その人たちにとっては対象がみんな銅版画のようにモノクロに見えるのと同じである。

〔第三の問題。〕聴覚と視覚とで、それが初めから欠けているにせよ〔事故や病気で〕失くすにせよ、どちらの欠損の方が深刻であろうか。――もし生れつき聴覚を欠いている場合、それを補うことは五感のうちで一番困難である。逆にただあとになってから聴覚を失ったのだとすると、身振りの観察であれ本を読むというもっと間接的な方法によるのであれ目の活用が身に付いたあとならば、こうした喪失はとりわけ裕福な家庭では、間に合わせとはいえ視覚を通してそこそこに償うことが可能である。とはいっても歳を取ってから耳が聴こえなくなった老人の場合、仲間との交際のこの手段を失って嘆くことは尋常でなく、また目の見えない人々が多くの場合多弁で仲間同士かたまって食卓で楽しそうにしている様子が見られるのに比較して、聴覚を失った者が社交の席で不機嫌に疑り深く不満げにしていないということはめったにない。こういう人は食卓仲間の顔色から心の動きの微妙な表れを窺ったり、あるいは少なくともいま何が話題になっているのかの手がかりを探ってその意味を読み取ろうとするのだが徒労に終わるので疲れはて、結局は一座の真っ只中で孤独のまま置き去りにされるのである。

＊　＊　＊

**§23** なお、あとの二つの(客観的である以上に主観的な)感官には、特殊な種類の外的な感官感覚をもたらすような特定の物品に対する敏感さが関与しているが、どういう特殊な感官感覚かといえば、それは単に主観的であって、嗅ぐと味わうの二つの器官にある種の刺激感をもたらすのだが、その刺激感は嗅覚でも味覚でもなくて、ある固形の塩類からの働きかけと感じられるが、その塩類が二つの器官を刺激して独特の排泄感をもたらすのである。だからこの物品は実際に飲み食いされて器官に最も親密に摂取されるというのではなく、ちょっと器官に接触したあと間もなく吐き出されることになる。まさにだからこそ、日がな一日(食事の時間と睡眠時間を除いて)飽きることなく嗜《たしな》むことができるのである。――こうしたもののうち最もありふれた材料は煙草であって、これは鼻で嗅ぐのでもいいし、口のなかの頬と歯ぐきの間に詰めこんで唾液を刺激するのでもいいし、あるいはまた〔ペルーの〕リマではスペインからきた御婦人方でさえも葉巻を嗜むのにならって、煙草をパイプに詰めて喫うのでもよい。[66] 喫うという方法でいえば、マレー人は煙草の代わりにびんろうじの実をキンマの葉で巻いて(キンマびんろうじ)常用しているが、これがちょうど煙草と同じ効果をもたらすという。――こうした刺激渇望(Pica)は、二種の器官における唾液と鼻の粘液の分泌が結果としてもたらすかもしれない医学上の効用ないし害を別にしていえば、単に感官の感情一般を奮い立たせるものとしてなら、いわば注意力を再び思考状態に集中させるために何回も繰り返し利用される刺激因としての役を務めるといえるが、これがないと思考状態は人を眠りに誘うか堂々巡りして単調に陥り退屈なものになるかのどちらかであって、上記のいろいろな手段はそうならないよう注意力を常時ちくちくと刺激して繰り返し覚醒してくれるのだ。人間が自分自身を相手とするこの種の楽しみは、[67] 常に新たに喚起される感覚によって、つまり素早く過ぎ去るがまた常に更新される刺激によって空虚な時間を会話の代わりに満たすことで、社交の代理を務めてくれるのである。

## 内的感官について

**§24**　内的感官は純粋統覚、つまり人間が何をしているかについての意識ではないのだが、なぜかといえば後者の意識は思考能力に属するからであって、これに対して内的感官は、人間が(触発されるにしても、外界からでなく)自分自身の思考の戯れによって触発されているかぎりで自分がどのように働きを受けているかの意識である。内的感官は内的直観に、したがって諸表象の時間関係(諸表象が時間のなかで同時にあるか、前後してあるか、といった)に基礎をおいている。内的感官の諸知覚およびそれらを結合することで合成される(真のまたは仮象の)内

W 456　P 52　A 161　C 47　V 57

的経験はただ人間学だけが扱う対象であるのではなくまた心理学の対象でもあって、つまり人間学の方では人間が魂なるもの（一つの特殊な非物体的実体としての）をもっているかどうかは問題とならないが、心理学の方ではそうした魂が自分の内に知覚されると信じられており、したがって感覚しかつ思考する純粋な能力として表象されている心が人間の内に存する特殊な実体と見なされるのである。——ところでその際人間が自分を内的に感覚するのに幾つか異なった器官によるということはないのであるから、内的感官はただ一つしか存在しないのであって、そこで魂とは内的感官の器官であるといっていいのかもしれないが、ただし内的感官についていうと、これは錯覚にも捉われるのであって、その実態は、人間が内的感官の現象を外的現象と見なす、いい換えれば構想〔想像〕されたものを感覚と見なしてしまうか、さもなければ内的感官の現象を霊感としてさえも扱ってしまう点にあり、後者については まったく外的感官の対象にはなりえないある他の存在〔神やダイモーンなど〕がその霊感の原因だという訳なのだが、するとこうした幻想は夢想狂かまたは視霊狂かであって、どちらにしても内的感官の欺瞞というべきものである。これら二つの錯覚はともに心の病いであって、〔第一に〕内的感官の諸表象の戯れを経験認識と信じ込んでしまう性癖である。〔第二に〕それらはしばしばまた自作自演で人工的な心の情緒に浸っていたいという性癖でもあるが、これはおそらくそうした情緒が〔精神衛生上〕有益であるうえに感官の表象の卑しさから超然としていると思い込まれるからであり、したがってこれはそうした情緒に合わせて形成された直観（白昼夢）によって自分を騙すという性癖であるといえよう。——というのは、人間は次第次第に、自分自身があらかじめ意図的に心のなかに持ち込んでおいたものをすでにそれ以前から心のなかに隠れていたものなのだと見なしたり、自分で自分にあてがったものなのに魂の奥深く潜んでいたものをたまたま発見しただけなのだと信じたがるからである。

A 162 C 48　V 58　P 53 W 457

ブリニョンの場合のような夢想的に魅惑的な内的感覚とか、パスカルの場合のような夢想的に恐怖を呼ぶ内的感覚とかがこういう欺瞞の事例であった。[68] こうした心の調子はずれは理性的な表象によってはまともに直すことはできない(というのも、盲信された直観に逆らって理性的な表象に何ができるというのだろうか)。自分自身に閉じこもろうとする性癖は、そこから生まれる内的感官の錯覚ともども、人間が外的世界へと回帰し、それによって外的感官の前に広がる事物の秩序のなかに復帰することによってのみ正気に戻ることができるのである。

## 感官感覚の強度が増減する原因について

**§25**　感官感覚の強度は、(1)対照、(2)新鮮、(3)交替、(4)漸増によって増加する。

### a　対　照

対極(対照)とは、方向が逆向きの二つの感官表象を一つの同じ概念の下に並置して注意力を喚起することである。これは、互いに対立する二つの概念を組み合わせることを本質とする矛盾とは区別される。——荒涼とした砂漠の真ん中に見事に手入れされた一角の緑地帯があるとすれば、その緑地帯の表象は〔砂漠の表象との〕単純な対照によっていっそう引き立つ。そのいい例がシリアのダマスカス一帯に点在する楽園と呼ばれる諸地帯である。——王宮の、あるいはまた単に大都会の賑わいや栄華の傍らに、農夫の静かな生活、素朴でしかも満ち足りた生活があるとしよう。そして藁ぶき屋根の農家のなかに入り、そこに趣味のいい快適な部屋があるのを発見したりすると、まず表象が蘇りついでそのおかげで感官が元気づけられて、誰もがそこに泊めてもらいたくなるものだ。—— ——これと反対なのが、貧しいくせに虚栄を張る輩とか、宝石類であたりを眩惑するほどに派手に着飾っていながら下着は不潔といった御婦人方である。――あるいは以前にポーランドの大貴族のところで見られたように、食卓ごとに豪勢に配膳され傍らには数多くの給仕たちが畏《かしこ》まっているのだが、彼らの靴を見ると〔革製でなく粗末な〕草履《ぞうり》風のものだったといった光景は、対照とはいわずに矛盾というのであって、つまりある感官表象が背反する感官表象を一つの同じ概念の下に統一しようとするがそれが不可能なので、結局後者〔の表象〕によって前者〔の表象〕が否定されるか弱められるのだ。――とはいえまた〈滑稽に対照される〉ということもありうるのであって、明らさまに矛盾することを真理の口調で語ったり、あるいは何か露骨に鄙猥なことを称賛の言葉で述べたてたりすることがあるが、それはもともとナンセンスなことをなおさら際立たせるためであり、例えばフィールディングが『怪物ジョナサン・ワイルド』で、あるいはブルーマウアーがウェルギリウスのもじりのなかでやっているのがこれに当たるし、別の喩えでいえば『クラリッサ』のように読者の心を痛める物語を陽気に茶化して効果を挙げることもできるのであって、[69] その結果感官を元気づけることが可能なのだが、それは不実に加えて破滅的な概念〔強姦〕によって感官に持ち込まれた不調和から感官を救いだす効果のおかげである。

### b　新　鮮

珍しいものとかいままで隠れていたものも含めて、新しいものは注意力を呼び覚ます。というのは、新しいものとは丸儲けだからだ。それゆえ感官表象は新しいものに出会うとぐっと強度を増すのである。これに対して身の回りのものとか見慣れたものは注意力を眠り込ませる。ところで万象の自然な成り行きに従って推測すれば時間の暴威がとっくに破壊しさっていると思われて当然な事象が古代の遺物の発見によって、それに触ったりそれを公開したりすることで眼前に蘇るのであるが、しかしこうした発見や公開などまでも新しいものとの出会いに含めて理解することはできない。たしかに(ヴェローナとかニメスの)古代ローマの劇場跡地の崩れた座席に坐ってみるとか、多くの世紀〔一七世紀〕を経たのちに溶岩の下から発掘されたヘルクラネウム[70]の遺蹟から古代ローマ人の使っていた日用品を拾って手に取ってみるとか、あるいは古代マケドニアの王たちの像が刻まれたコインを一つ、古代の彫刻にはまっていた宝石を一つ、と見せびらかすことができるとか、その他こういった類いのことはその道の通《つう》の感官の注意力を最大限惹きつける。というのも通には知見を広めたいという性癖が見られるからであるが、それはその知見の新鮮さ、珍しさ、今まで知られていなかったということだけに理由があるのであって、こうした性癖は珍しがりと呼ばれるのである。このような傾向はただ表象と戯れるだけであって、それ以上に表象の対象には関心を向けないのであるが、とはいえ、もともと他人が関心を抱いていたものをあれこれ詮索しようと狙っているのでさえなければ、別段咎めるほどのことでもない。——〔話を元に戻すと、〕単なる感官印象に関していえば、毎日朝のうちは感官の全表象のどれをとっても(感官が異常でありさえしなければ)朝の感覚の新鮮さによって、夕方にありがちな感官の状態よりもずっと明晰で瑞々《みずみず》しいものである。

### c　交　替

単調さ(感覚がまったく一様であること)は最後には感覚の無力症(自分の状態に対する注意力の衰弱)を引き起こし、感官感覚は麻痺する。その感官感覚を蘇らせるのが転換〔交替〕である。例えば絶叫調であれ、穏やかだが単調

W460
C50 P56
A164 V61

な声で朗読するのであれ、全会衆を眠りに陥らせるような説教の一本調子がようやく転換してくれたときがいい例である。——労働と休息、都市生活と田園生活、交友の場での談話とゲーム、孤独を慰めるのにあるときは歴史をあるときは詩歌を、また哲学を一つまみしたあとには数学を、といった交替が心を元気づける。——諸感覚の意識を賦活するのは、まったく同一の生命力である。しかし感覚のそれぞれ異なった器官は、活動する際に互いに入れ替わる。だから長い時間歩行を楽しむ方が(脚の)一方の筋肉が他方の休んでいた筋肉と入れ替わるので、ずっとひと所に休めの姿勢で立っていて一方の筋肉がしばらく緊張したまま働いていなければならない場合よりも楽なのだ。 W461
——それゆえに旅はあんなにも魅力的なのである。ただし残念なことに、怠惰な連中がたまに旅をしても、家に引き籠もった生活の単調さの落し子である空虚さ(無力症)が払拭されることはない。

　ところでたしかに人生は自然によってあらかじめ自ずと秩序づけられていて、感官を快適に楽しませてくれる感覚と感覚とのあいだに呼ばれもしないのに苦痛の感覚が割り込んできて、しかもそれで人生を面白くしてくれるという風にできているものだ。とはいえ故意に気分転換を狙って苦痛を混ぜ自分から悲しい目に会うとか、眠りに落ちるところをことさらはっきりと感じてみたいという目的で〔わざわざ〕起こしてもらうとか、あるいはフィールディングの小説(『捨て子』)にまつわる話だが、この本の編集者が著者の死んだあとに転換を目的として、結婚(物語 P57
はここで終わっている)にさらに嫉妬を持ち込むためになおも終章を付け足した事例[71]などは、不粋《ぶすい》の極みである。というのは、感官がある状態に興味を向けている場合、その状態が悪化したからといって感官の興味が増すわけではないからである。ちょうど逆のことが悲劇作品の場合にもいえる。いずれにせよ結末は〔終わりであって〕転換で V62
はないのだ。

## d　〔感覚の〕充足状態に至るまでの漸増

感官表象は強度が少しずつ異なりながら互いに隣接している連続的な系列をなしているのだが、仮に後続する感官表象が先行する感官表象よりも絶えず強くなっていくとすると、この系列には緊張(intensio[72] 緊迫)の極限があって、そこに近づくあいだは感覚は覚醒していくが、そこを過ぎると再び弛緩する(remissio 緩和)のである。ところで二つの状態が分岐する地点には感覚の充足状態(maximum 最大)が存在して、これが無感覚状態を、したがって無気力状態をもたらす。

感官能力を生き生きとした状態に保とうと思うならば強い感覚から始めるべきでなく(というのは、強い感覚は後続する感覚に対してわれわれを無感覚にするから)、感覚の強度を徐々に高めていくことを可能にするためにはむしろ最初は強くしないでおいて、ついで少しずつ強めるようにする必要がある。教会の説教者は説話の導入部では義務の概念を肝に銘じるよう指示する悟性の冷めた忠言から始め、中間部で道徳的な関心を誘発しつつ彼が当日取り挙げる聖書の言葉の解釈に入っていき、最後にその解釈を応用して、道徳的関心に活力を吹き込むことのできる諸々の感覚に訴えながら人間の魂がもつ全動機を感動させて締め括るものである。

青年よ！　(娯楽であれ、食道楽であれ、恋愛その他何であれ)満喫を我慢しなさい。たとえそれがそうしたものをまったく無しで済まそうとするストア派的な意図からでなく、抜け目のないエピクロス派的な意図から徐々に膨らんでいく楽しみを将来に見込んでのものであっても構わない。君の生の感情の持ち金をこうして節約すると、たとえ人生の終着点でその持ち金の使用を大部分諦める結果になろうとも、君は楽しみを延期することによって真に

豊かになるのである。理想的なものはみなそうなのだが、楽しみを自分のコントロールの範囲内に保っているとい V63
う意識は、感官を満足させると同時に消耗させその結果楽しみの全体量から差し引かれてしまうような類いの楽しみをすべて束ねたうえでそれと比べたとしても、ずっと豊かな実りを秘めており、またはるかに広い領域を包含しているものだ。[73]

## 感官能力の抑止、衰弱、全面喪失について C52

**§26**　感官能力は衰弱したり抑止されたり、全面的に停止したりすることがある。つまり酩酊、睡眠、失神、気絶（仮死）、本物の死といった状態である。

酩酊とは度を越して嗜好品を摂りすぎた結果生じるのであるが、感官表象を経験法則に則って秩序立てる能力を W463
失った反自然的な状態である。

睡眠とは語義からいえば、健康な人間の、外的感官から得る諸表象を意識することができないという無能力状態 A166
のことである。事柄のこれ以上の解明は生理学者に委ねるとして、睡眠というこの弛緩状態はまた同時に、外的な感官感覚を更新するために必要な力を貯えているのであるが（人間はそのおかげで〔目覚めたとき〕生まれ変わったかのように世界を見まわすのであり、だから睡眠のために人生の約三分の一の時間を無意識のうちに費やしても惜しいとは思わないのである）、――この弛緩状態を解明するのは、本当にできるかどうかは疑問だとしても、生理学者の仕事であろう。

感官諸器官の麻痺という反自然的な状態は酩酊に類似した状態であって、自分自身に対する注意力の強度が自然 P59 W464

状態におけるよりも低下するという結果を伴うが、だから熟睡している最中に急に起こされたときの状態を〈まだ
眠りで酔っ払っている〉〔寝呆けている〕と呼ぶのである。——意識がまだはっきり戻っていないのだ。——しかし V64
起きているときでも突然何か思いがけない状況に陥って狼狽し、どうしたらいいのか判断がつかなくなることがあ
るのだが、これは反省能力の正常かつ平常の作動が抑止されたためであって、感官表象の戯れ〔芝居〕の途中で台詞
に詰まって立ち往生、といった体《てい》たらくに陥ることもありうる訳で、こういう狼狽状態を〈あいつは上がっている〉、
〈呆然としている〉、〈喜びのあまり、あるいはあまりの驚きに〉〈愕然としている〉、〈呆気にとられている〉、〈唖然
としている〉、〈トラモンターノを見失った〉(原注)等々と呼ぶのであるが、こうした状態は感官感覚の貯えを必要として
瞬間的に襲う睡眠のようなものと見なせばよい。突然強烈な興奮(驚き、怒り、さらにはまた喜びといった)が生じ C53
ると、よくいわれるように人間は呆然としてしまい、(まるで自分が感官の直観とは異なった別の直観に捉われて P60
いるのでは、と思われるほど恍惚とした境地のうちで)自分自身のコントロールを失い、ほんの短いあいだあたか
も外的感官の作動が麻痺したかのようになるのである。

(原注)　トラモンターノあるいはトラモンターナとは〔イタリア語で〕北極星のことである。perdere la tramontana、つまり C52 P59
〈船乗りにとっての目印である〉北極星を見失う、という言い回しは、〈取り乱す〉〈気を確かに保つことができない〉というほ
どの意味である。[74]

**§27**　失神はめまい(さまざまに異なった多くの感覚が理解力を越えるほどにぐるぐるとめまぐるしく反復しな C53 P60 W465
がら交替すること)に続いて起こることが多いが、これは死の前ぶれである。感覚が残らず全部抑止された状態が
仮死ないし気絶であるが、外から知覚しうるかぎりでいえば、これは推移を見た結果からしか本当の死と区別する V65

ことができない(溺死や絞首刑や煙に巻かれて窒息死する場合のように)。

死ぬことそれ自体は誰一人として経験することができず(というのは、何であれ経験するためには生きていなければならないから)、可能なのはただ他人の死を知覚することだけである。死ぬときに苦しいかどうかは、臨終の人が喉をごろごろ鳴らしたり身体を痙攣させるのを見ただけでは判断できない。そうした様子はむしろ単に生命力の機械的な反応であるように見えるし、ひょっとすると人生のすべての苦しみからゆっくりと解放されていく際の穏やかな感覚であるかもしれないのだ。――人間は例外なしに死を恐れ、だから不幸のどん底にある人たちでさえも、逆にまた賢者中の賢者であっても、死を恐れることは自然なことなのだが、しかしこの恐れは上記の理由から死ぬことに対する恐怖ではなく、モンテーニュ[75]が正しくもいっているように、死亡したあとの(いい換えれば、死んでしまっている)状態で何を考えるだろうか、という恐怖なのである。つまり死の候補者は死んだあとにも思考力が依然として働いているだろうと想像する訳であるが、例えばもはや彼本人ではなくなった死体のことを薄暗い墓のなかに、あるいはどこか別の場所に横たわる自分自身であるかのように考えてしまう、といった具合である。[76]――とはいえ死を巡ってのこうした錯覚は取り除くことができない。というのは思考するとは自分自身のことを自分自身に語ることなのだが、この錯覚もそうした思考の本性に根ざすものだからだ。私はいないと考えることは現実のこととしてはありえない。というのはもし私がいないとすれば、また〈私はいない〉ということを私が意識することもありえないからだ。たしかに私は、〈私は健康でない〉ということができるし、同様の述語を私自身のこととしていくらでも否定形で考えることはできる(あらゆる空言 verba に見られるように)。しかし一人称で語りながら、主語(語っている主観)自身を否定することは、そのさい当然その否定が否定すること自身を無効にするから矛盾である。

## 構想力について

**§28** 構想力(facultas imaginandi 想像力)とは、対象が現存していなくても〔ある対象を〕直観する能力のことであるが、これは生産的であるか、つまり対象を根源的に表示する(exhibitio originaria 根源的呈示)能力であってそれゆえその表示は経験に先行するというものであるか、さもなければ再生産的であって、対象を派生的に表示する(exhibitio derivativa 派生的呈示)能力であるかのいずれかであるが、後者の表示は以前から持っていた経験的な直観を心に呼び戻すのである。――純粋な空間直観と時間直観は前者の表示に属する。他のあらゆる直観は経験的な直観を前提としているが、経験的な直観は対象の概念と結合しており、だから経験的な認識となるかぎりで経験と呼ばれる。――逆に構想力が勝手に想像を生み出すかぎり、空想と呼ばれる。空想を(内的もしくは外的な)経験と見なすことに慣れてしまった人間は、ただの空想家という。――(健康の一つの状態である)睡眠中に構想力が勝手に戯れることを、夢を見るという。

(別の言葉でいえば)構想力は創像的(77)(生産的)であるか、単に回想的(再生産的)にすぎないかである。しかし生産的構想力は創像的とはいっても必ずしも創造的ではなく、つまりわれわれの感官能力に事前にはけっして与えられていなかった感官表象を生み出す能力ではなく、〔この場合でも〕感官表象の素材は常に追確認されうるのである。七つの色のうち赤色を一度も見たことのない者がいたとして、その人は他人によってこの赤色の感覚を教えてもらうことはけっしてできないし、さらに生まれつき目の見えない者は七色の感覚とも教えてもらうことは不可能であ

C 54



P 62　A 168
V 67

る。二色の混合から生じる中間色の場合であっても同じことがいえる。例えば緑色を考えてみよう。黄色と青色を混ぜると緑色になる。しかし構想力といえどもこの二色が混ざるところをいつか見たことがなければ、この色の表象をちょっとでも思い浮かべる訳にはいかないだろう。

それぞれ特殊な五つの感官のどれについてもこれと同じ事情が指摘できるのだが、つまり感官から得た感覚を組み立てる仕事は構想力にはできないのであって、そのような感覚も最初に感官能力から巧みに拝借しておく必要がある。以前、光の表象に関して白と黒以外の色彩については視覚能力に欠けている人たちがいたが、この人たちにとって目に映る世界は、たとえよく見えていたにせよまるで銅版画のようにしか見えなかった訳だ。同じく、思われている以上に多く存在するのが、耳がいいどころか最高に鋭敏な聴覚を持ちながら、音楽だけはからきしだめという人たちであるが、こういう人たちのメロディに対するセンスSinn〔感官〕は、それを聴いてまねる（歌う）のがまったく苦手というどころか、そもそもメロディと単なる物音とを区別することさえお手上げなほどなのだ。――同じことが味覚と嗅覚の表象についてもいえるのであって、つまり〔人によっては〕味とか匂いの嗜好の素材がもたらす感覚のうち多くの感覚についてのセンスが欠けているから、自分は味覚や匂いのことであいつのいうことは分かると思っていても、それぞれの描いている感覚は強度の点だけでなく種類の上でも実は全然違っているかもしれないのである。――嗅覚のセンスが完全に欠落している人々もいて、この人たちはただの空気を鼻から吸い込むときの感覚が嗅覚だと思っており、そのため彼らに匂いとはどういうものかをいくら説明しようとしても、この点に限って彼らは少しも利口になれないのである。嗅覚が欠けている場合にはまたよく味覚にも欠陥があって、もともと味覚がないとすると、それを教えこむとか解らせようとか骨折っても無駄である。といっても、空腹感およびそ

V68　C55　W467

れを満たすこと(満腹感)は、味覚とは全然別の話である。

という訳で、構想力がどれほど偉大な芸術家であり、さらには魔術師だとしても、それは創造的ではなく、その構想のための素材は感覚 Sinn〔感官〕から取ってこなければならない。ところがこの感覚はこれまで述べてきたことからわかるように、悟性概念のようには普遍的に伝達可能ではない。ところで構想力の表象を伝達する際の鋭敏さを(本来の語義ではないのだが)ときとしてまた一種のセンス〔感官〕と呼ぶことがあって、「この人にはしかじかの点でセンスがない」といったりするのだが、しかしそれは感官の無能力というよりも、一部は伝達された表象を把捉して思考において統一する悟性の方の無能力による。何かのセンスに欠ける人はそのことについてしゃべっている際にも自分自身では何も分かっておらず、だからまた聞いている方も彼のいうことが理解できない。結局彼のしゃべることは無意味 Unsinn〔無感官〕(non sense ナンセンス)なのだが、ただしこの欠陥は思想 Sinn の空虚さとはまた別であって、後者の場合思想〔考え〕がごたまぜにされていて、聞く方としては相手の話から何を汲み取ったらいいかさっぱり分からないのである。――このように〔第一に〕感官 Sinn という単語はたびたび思想 Gedanke という言葉の代わりを務め(ただし単数形でのみ)、しかもなんと、思考よりもさらに高いレベルを示しているとされるのである。また〔第二に、〕ある格言についてそこには含蓄豊かで深い味 Sinn がある(ここから金言 Sinnspruch という単語が由来する)と評されたり、〔第三に、〕常識〔健全な人間悟性〕がまた共通感官 Gemeinsinn と呼ばれ、後者の表現は元来認識能力の最も低い段階を表わしているだけなのにそれが上位に置かれたりするのだが、こういった三つの事情は、悟性概念が(認識のための)内容を得るのは構想力が悟性にあてがう素材に依っているうえに、その(創像された)直観が現実の知覚に類似している結果、一見悟性概念に実在性を供給するのは構想力であるかのように見える、ということに起因しているのである。

**§29**　構想力(原注)を刺激したり静めたりするために、酩酊を誘う嗜好品を嗜《たしな》むという物質的な手段があるが、そのうちの幾つかは毒であって、生命力を弱める（ある種の茸、磯ツツジ、野生のアカンサス、ペルー人のキカ、南太平洋のインディアンのアヴァ(78)、阿片）。それ以外は生命力を強めるか少なくとも生命力の感情を高揚させるのであるが（発酵飲料、ワインとビール、あるいはそれらから蒸留したスピリッツ類、ブランデー）、しかしいずれにせよ反自然的で作為的である。こうした嗜好品を摂取しすぎて、経験法則に則って感官表象を秩序づけることがしばらくのあいだでも覚束なくなった人を、酔っているとか酩酊しているという。さらに自分から進んで、つまりわざわざこういう状態に身を浸すことを〔酒などに〕溺れるという。しかしすべてこうした品々は、人生全般に人類の起源の時代から付きまとっていると思われる心労(79)を人間に忘れさせてくれるという役割を果たしているともいわれる。――こうした品々がきわめて広範に愛好されていること、またそれが悟性使用にどのような影響を及ぼすかは、とりわけ実用的見地における人間学〔本書〕のうちで考察されるのがふさわしい。　A170 P64 W469　V70　C57

（原注）　誰であれある種の状況に置かれるともっぱら構想力の働きによって平静心が失われるものであるが、本節では意図的に使用される物剤でなくてそうした事情から自然に帰結してくる現象は省略する。その例としては、垂直に切り立った崖の縁から（また時として欄干のない狭い橋から）下を見下ろすときに感じるめまいとか船酔いとかがある。――自分は気が弱いと自覚している人間が板の上を歩くとしても、もしその板が地上に横たわっているというのなら彼は全然恐怖を感じることはない。ところがこれが深い谷の上に架かった吊り橋だとすると、足を踏み外すかもしれないという考えが頭をよぎっただけで、渡っている途中で本当にその災難に陥ることがあるのだ。――船酔いは（これについては私自身ピラウからケーニヒスベルクに戻る船旅で、あれでも船酔いと呼べるものなら、ちょっとした体験を味わっている）嘔吐の発作を伴っていたが、　A169 C56 P63 V69 W468　P64 W469

私が自分で観察したと信じるところによれば、私の場合それはひたすら目から襲ってきた。というのは、船が揺れているときに客室から外を眺めると、海岸湖の水面が目に入ったかと思うと次には入江の高台が目に入るといった具合に船の上下の揺れが繰り返されるので、構想力が働いて、腹部の筋肉が内臓の蠕動《ぜんどう》運動に逆らう刺激を受けたからである。

物もいわずに酔いつぶれているのは、つまり社交の場やお互いの意見の交流を生き生きとさせることのない酩酊には、例外なしにそれ自体何かしら恥ずべきものがある。阿片やブランデーによる酩酊はこの種のものである。ワインとビールでは、前者はひたすらその味に魅力があり、後者は味もさることながら栄養たっぷりでしかも食事同然にお腹を満たすのであるが、これら二つは社交的な酩酊に役立つ。ただ違いは、ビールでの酒宴の方はどちらかというと夢心地となって無口でありまたしばしば粗野となるが、ワインでの酒宴は陽気で騒がしくまた冗談が飛びかうといったところである。

社交の席で意識〔感官〕が朦朧となるほどに飲みすぎるのはもちろん男子として醜態であるが、それは社交を楽しんでいる仲間に対してというだけでなく、加えて席から退出するときにふらついたり少なくとも不確かな足取りだったりすると、あるいは単にろれつが回らないというだけでも、自敬という観点からいって醜態である。しかしまたこうした過失については批判を緩らげるために、正気を保つ境界線はとかく見失われがちだから度をすごすことはよくあるものだという具合に、主人からいろいろと代弁される。というのも、やはり主人としては客が社交でのこうした一幕を通して十分に満足して(ut conviva satur 満ち足りた客として)帰宅の途についてほしいと望むからだ。

酔っぱらうと憂いを忘れ、加えてまた無警戒になるのは、増大した生命力の錯覚の感情である。自然は休むこと

A170
C57
P65
V70
W470

V71

なく生命の障害を克服するようにかかずらっており(とはいえこれが健康というものなのだ)、実際いまも自然は酩酊者の身体のうちで彼の身心の力を少しずつ上昇させ、それで彼の生命が徐々に再び回復するよう努めているのだが、当人はいまやその生命の障害を感じることなく身も心もだらしのないまま幸せな気分に浸っているのだ。――女性、聖職者、ユダヤ人は普段酒に酔うことはないし、少なくとも酔った素振りは見せないよう細心の注意を払うが、それは彼〔女〕らが市民として弱者であるからであり、したがって何事にも控えめであることが大事だからである(加えてあくまで厳粛であることが要求される)。というのは彼〔女〕らの外面的な価値はひたすら他人から自分たちが貞淑であり、敬虔であり、政教分離の見地から律法を守っていると信じられるかどうかに掛かっているからだ。ユダヤ人に関していえば、政教分離主義者、つまり公的な国法を遵守するだけでなく特異な(この宗教に合致した)律法にも従っている人たちは皆まわりから変人と見られ、かつ自らも選民と称することでとりわけて社会からの注視と厳しい批判の目に曝されているのである。それゆえまた彼らは自分自身に対する注意を怠る訳にはいかないのだが、それは酔っ払ってそうした用心を忘れてしまうと彼らは恰好な嘲笑の的とされるからである。

カトーについてストア派の賛美者が「彼の美徳はワインによって鍛えられた(virtus eius incaluit mero 彼の男らしさは大酒によって熱くなった)」といっているし[80]、また古代ゲルマン人について近代のあるドイツ人は「彼らは(宣戦布告のための)評決は酒盛りの場で決めたが、それは自分たちが弱腰にならないためであり、他方その決定についての熟慮はそのあとのしらふの場に回したのだが、それは自分たちが悟性を失わないためであった」といっている[81]。

飲酒によって舌は弛まる(in vino disertus ワインで能弁)。――また飲酒は人々の心を開いてくれるので、お酒はある一つの道徳的な特性を呼びよせる物質的な運搬手段ともいえるが、それは〈腹蔵のなさ〉という徳目である。――純朴な心にとって自分の考えをいわずに我慢するというのは息苦しい状況であり、[82]だからまた陽気な酒飲みからすると誰であれ宴席で酒を飲まないでいるというのは許しがたいのであって、それはなぜかというと、そういう奴は見張り役を任じているのであって、他人の失敗に注意を向け自分自身の失策は用心するからである。[83]またヒュームは「いつまでも覚えている社交仲間は不愉快である。というのは、ある日の愚行は翌日の愚行に席を譲るために忘れなくてはいけないからだ」といっている。[84]思慮分別の境界線をちょっとのあいだ少々踏み越えることは座が盛りあがるからという口実で男どもには許されているのだが、その際互いにお人好しであることが前提とされている。この点で狡猾だったのは半世紀前に流行っていた北欧の王室が使った政治術で、自分は大酒を飲んでも酔うことがなく、相手を酩酊させて本音をいわせたりいいくるめることのできる男を大使として派遣したのだった。しかし当時の粗野な習俗が収まるとともにこうした政治術も消えてきたから、このようなずるいやり口に対する警告を使徒の書簡風[85]に垂れるのは、文化を身につけた身分の人たちに関してはいまは余計なことかもしれない。

ところでまた酒の席では、酔っている人間の気質あるいは性格がうまく見抜けるだろうか。私はそうは思わない。液状のものが新たに血管を流れる体液と混ざり、かつ神経にも新しい刺激が加わるが、だからといって自然な気質がいつもより明らさまになる訳ではなく、別の気質が忍び込むのだ。――だから酒を飲むとある者は猥雑になり、別の者は大言壮語に走り、第三の者は喧嘩腰になり、第四の者は(とりわけビールの場合)涙もろくなるか急に信心深くなるか無口になるかである。しかしこのうちの誰もが、一晩寝て酔いが醒めたあと前の晩に自分のしゃべったことを〔同席していた者に〕思い起させられると、その気分のでたらめさと分別〔感官〕の狂いぶりに自分で笑ってし

C59　V73　A172　P67　W472

まうことだろう。

**§30**　構想力による独創（模倣された産出でなく）が概念に一致している場合、それは天才と呼ばれる。それが概念に一致していないとすれば、夢想と呼ばれる。——われわれが理性的な存在者を思い浮べようとすると、人間の姿以外にしっくりくる形態を考えつくことができないという事実は、注目に値する。人間以外のどんな形態も、たしかに場合によっては人間の特定の性質の象徴とはなるかもしれないが——例えば陰湿なずる賢さの化身としての蛇——、しかし理性的存在者そのものを眼前に描いてはくれない。こうしてわれわれは、構想力を駆使して地球以外のあらゆる天体に人間そっくりの格好をした生きものを住まわせる訳だが、本当は彼らを支えかつ養う大地や、彼らを構成する元素の違いから、彼らはまったく異なった姿をしている可能性の方が高いのである。だが彼らに人間以外の形態を与えようとすると、それはすべて妙ちくりんな漫画にしかならない。(原注)

(原注)　それゆえに聖なる三位、すなわち一人の老人と一人の若者と一羽の鳥（鳩）はそれぞれの対象〔父なる神、子なるイエス、精霊〕に実際に似ている姿としてでなく、単に〔そうした対象の〕象徴として表象されなければならない。まさにこのことを意味しているのが、〔イエスの〕天国からの降誕と昇天を描いた絵である。理性的存在者についてのわれわれの概念に直観をあてがうとしても、われわれにできることはそうした存在者を擬人化する以外にない。その際象徴的な表象が地位を高められて事柄それ自体の概念として受け取られるとすれば、それはお門違いであるし子供じみている。

生まれたときからある感官（例えば視る感官）が欠けている場合、その身体障害者はできるかぎり代理役を務めてくれる他の感官を開拓するし、また生産的構想力を徹底的に訓練する訳であるが、そこで例えば外界の物体の形の場合には手で触れることによって知ろうとし、またそれが大きさのせいで（例えば家の広さ）手に負えないときには別の感官、例えば聴覚の感官によって、つまり部屋のなかで音が反響するのを聴いてどれほど広大かを自分なりに理解しようと試みるのである。しかしついに幸運な手術によってその器官が自由に感覚できるようになったとしたら[86]、真っ先に彼に必要なことは視ることと聴くことに習熟することであって、すなわち自分の知覚をその種の対象の〔それまでに形成されていた〕概念の下に当てはめようと試みることである。 A173

対象の概念はしばしば思わず知らずのうちに、(生産的構想力によって)自発的に創像される[87]形像を自分に合わせるように誘導する。才能とか偉業とか身分とかの点で偉大な人物の生涯や行跡を読んだり聞かされたりすると、通 C60
例、構想力の働きでその人物に堂々とした体格を想像し、反対に、書いてあるものによれば繊細で優しい人格には小柄でほっそりとした姿を想像しがちである。ところが聞いた行跡から判断して英雄と思っていた人物が平凡な小 W474
男だと判明したり、逆に繊細で優しいヒュームががっちりした体格の男だと聞かされたりすると、農夫にとってだけでなく世界を十分に知り尽くした者にとってさえも奇妙な感じがするものである。――それゆえ何かを期待するときには期待しすぎないようにする必要があるのだが、それは構想力には自ずと極端に走る傾向があるからである。そもそも現実を導く手本の役を務めてくれる理念よりも、現実の方が常にいろいろと欠陥があるものである。――

社交仲間にある人物を初めて紹介しようとする際に、事前に彼について大いに吹きこむのは賢明なこととはいえ P69
ない。むしろそれは、意地の悪い奴が彼のことを笑い者にしようとして仕組んだたちの悪いいたずらの可能性がある。というのは、構想力は期待が高いものについての表象を持ちあげるが、それがあまりに過ぎると当の人物が V75
〔初対面の際〕事前に抱かれたイメージと比較されてしまって面目丸潰れとなるほかはないということが起こりうるからだ。まさに同じようなことが、文学、演劇、その他芸術と呼ばれるものが大げさな賛辞でもって予告される場合に起こる。というのは、こうした場合いよいよ話題のものが人前に現われたときには、評判を落とすしか可能性が残っていないからである。優れた演劇であっても、台本を読んだことしかなかった人がその劇を実際に舞台で観てしまうと、とたんに印象が弱まってしまうものだ。――さらには前評判のよかったものが、期待が寄せられていた点でまさに正反対のものだったとすれば、他の点に問題がないとしてもその上演された出し物は世間の最大の物笑いの種となるのである。

動きのなかにあって一定しない形象は、注意を牽きつけることができるほどの意味をそれ自体としてはもともと何も持っていないのだが、――こうしたものとしては暖炉の火のゆらゆら燃えるさまとか、小石の上をさらさら流れる小川の水があちこちと方向を変えたりそこに泡が浮かんでは消えるさまとかがあるが、こうした形象は、〔上の例でいえば目から入る表象とは別の〕心のうちで戯れたり物思いに深く沈むといったような、まったく異なった種類の夥しい表象によって構想力を楽しませてくれるのである。素人向けに演奏される音楽でさえも、詩人とか哲学者がじっくりと聴いているとある種の気分に浸ることができて、その結果それぞれの専門や得意なものに応じてあれこれアイデアを追っ掛けたり、ついにはそれをものにすることができるのであるが、これが自分の部屋に一人でぽつんと座っていたとすると、これほど運よくそのアイデアを捉えることはなかったであろうと思われるのである。こうした現象の原因は、感官がそれ自体ではまったく注意を牽きつけないある多様な表象〔例えば炎とか水の流れ〕のおかげで、何か他のもっと強く感官に飛び込んでくる対象〔本とか白鳥とか〕に向ける注意がその分散漫になることによって、思考が軽やかになるだけでなくまた生き生きとしてくる、という点にあるように思われるが、つまりそれは、思考がその悟性表象の下に種々の素材を取り込むためには、構想力をいつも以上に冴えた状態にしかつ持続させる必要があるからである。――イギリスの『スペクテイター』紙がさる弁護士について報じているところによれば、彼は法廷で弁護に立つたびにポケットから結び紐《ひも》を取り出し、それをたえず指に巻いたりほどいたりするのが癖になっていた。さてそこで相手のいたずら弁護士がその紐をこっそりポケットから失敬しておいたところ、かの弁護士はすっかり落ち着きを失ってしまい、ただ無意味なことをしゃべるばかりだったので、巷では「奴さん、話の糸口を失くしてしまってさ」と評したという。[88]――一つの感覚に固定された感官は(習慣のせいで)他の異なった感覚にはまったく注意を向けないから、他の感覚のせいでぼんやりすることはない。ところが構想力は感官がぼんやりしてくれればくれるほど、いっそう快調に活躍することができるのである。

## 種類の違いに応じた感性的創像能力について

**§31**　感性的な創像能力には三つの異なった種類がある。それは空間における直観の造形的な創像能力(imaginatio plastica 彫塑的な想像)、時間における直観の連想的な創像能力(imaginatio associans 組み合わせる想像)、表象相互の共通の起源に由来する親和の創像能力[89](affinitas 親和性〔の想像〕)である。

### A　造形の感性的創像能力について

工芸家は物体による形像を(いわば手に触れるように)表現することができる前に、その形像を構想力のうちで仕上げ終わっていなければならず、それゆえこの形像は一種の創像であるが、もしこの創像が不随意的なものだとすれば(例えば夢のなかでのように)空想と呼ばれ、工芸家とは無縁である。逆に随意志によって制御された創像だとすれば、構成、発明と呼ばれる。いま工芸家が自然の産物に似ている形象を想い描いて仕事をしているとすれば、彼の作ったものは写実的といわれる。反対に彼が経験では生じえないような形象を想い描いてそのような形態の作品を制作するとすれば(例のシチリアのパラゴニアの王子のように)[90]、それはグロテスクな、不自然な、漫画もどきの、と評されるのだが、そうした思いつきはあたかも目覚めたまま見る夢の像のようである(velut aegri somnia vanae finguntur species 病中に見る夢のように空しく像を描く)[91]。——われわれはしばしば構想力と戯れるしまたそれを楽しむ。だが(空想としての)構想力の方もまた同様にしばしばわれわれと戯れ、しかも時にそれが迷惑の極みとなるのである。

空想が睡眠中に人間と戯れるのが夢であり、これは健康な状態でも起こる。これに対して、目が覚めているのに夢に陥るのは、どこかが病気だという徴候である。——睡眠とは外的知覚の能力のすべてと、とりわけ随意志的な運動との中休みであるが、これはすべての動物と、さらに植物にとってさえも(植物を動物に類比させていえば)、覚醒時に消費した力を再び貯えるために必要なものと思われる。しかしまさにこのことはまた夢の場合にもいえそうであって、つまり生命力が睡眠中に夢によって常に生き生きと養われているのでないとすると生命力は弱まってしまうに違いなく、だからこれ以上ないというほどの熟睡は、同時に死の様相を帯びているに違いない。——自分は夢も見ないでぐっすり眠れたという人がいたら、実際にはそれは目が覚めたとき夢をまったく覚えていないといっているのと同じなのだ。妄想がめまぐるしく変転している場合はこれと同じことがたしかに覚醒時にも生じうるのであって、つまり放心状態にあるとはそういうことであり、その場合いっとき呆然とした眼差しで一つのところに目が釘づけになっている男に、いま何を考えているのかと問えば、自分は何も考えていなかったという答えが返ってくる。もしも目が覚めるときにわれわれの記憶のうちに多くの隙間(前後を連結しているのに不注意から見落とされた中間表象)がないとするなら、われわれは次の夜、前の晩に中断した場面から再び夢を見始めることになってしまい、するとわれわれは二つの〔昼と夜との〕異なった世界のなかに生きているのだと妄想することにならないとも限らない。――夢を見ることは自然の賢い配慮であって、随意志に基づいた身体運動すなわち筋肉の運動が停止しているあいだに、〔夢のおかげで〕不随意的に創像されたとりどりの情景によって呼び起こされるそれぞれの興奮が生命力を刺激してくれているのである。――ただし夢に出てくるお話を、目に見えない世界からの啓示であるなどと受け取ってはならない。

## B　連想の感性的創像能力について

連想の法則とは、しばしば前後して継起した経験的諸表象は心のうちに〔事実として〕前の表象が生じればそれがまた後の表象を生じさせるという習慣をもたらす、ということである。――この法則に関して生理学的な説明を求めることは無駄である。それにしてもよくこの点でいろんな種類の仮説を施したがるのだが(その仮説自身が再び一つの創像である)、デカルトのいわゆる脳のなかの物質的な観念という仮説もその一つである。[92] 少なくともいえることは、そのような説明は一つとして実用的でなく、つまりそうした説明は技術工芸の現場には一向に役立てることができないのであって、なぜならわれわれは脳の知識を全然持っていないからであり、したがって諸表象によって刻まれる印象の痕跡と痕跡がいわば互いに(少なくとも間接的に)触れあって相互に共鳴しあいながら調和に至るはずの場所が脳のなかのどこにあるのか、という知見をまったく持ちあわせていないからである。[93]

こうした前後関係はかなり頻繁に、きわめて長い間隔をあいだに挟むことがあって、構想力は百番目の表象から千番目の表象にしばしば素早く跳び移るので、表象の連鎖における中間の環が、ただそれに気づいていなかっただけなのかもしれないが、まったく省略されてしまったように思われ、その結果、私は何のことを話していたんだろう？　話の出発点は何だったっけ？　どのような経路をたどっていま話している話題にたどりついたんだろう？　と自問しなくてはならないことがたびたび起こるのだ。(原注)

（原注）　だから社交の席で会話を切り出そうとする者は、話を自分に身近でかつ現在のことから始める必要があり、そののち話題が関心を呼ぶことができるように徐々に本題へと導いていかなくてはいけない。互いに会話を楽しもうと集まった社交仲間に加わろうとして外の通りからやってきたばかりの者にしてみれば、悪天候の話題がその場に適した差し障りのない当座の話題となってくれる。というのは、部屋に入ってくるなり例えばちょうど新聞を賑わしているトルコのニュースから切り出すなどは、どうして彼がその話題を思いついたのか分からない先客や主人の構想力に暴力を加えることになるからである。心は思想を伝達する際にはいつでもある秩序を要求するのであって、説教の場合と同様に、談話の席でも導入の表象と本題の切り出し方がきわめて重要なのだ。

## C　親和の感性的創像能力〔について〕

私の理解では、親和とは多様なものが一つの根拠に由来することによって結合することである。――社交の場での会話で一つの話題から全然異質な〔異種的な〕話題に脱線することがあるが、その混乱の元は、根拠が単に主観的にすぎないような諸表象の経験的な連想にあるのであって（というのは、表象が連想される仕方は人ごとに異なるから）――もう一度強調すれば、この種の連想が脱線に誘うのであるが、こうした脱線は一種の形式上の非常識で

V 79　P 73　A 177　A 176　W 479　A 177　C 64

あって、どんな歓談でも中断させたうえにぶち壊してしまう。――話が一区切りついてちょっと間《ま》が訪れたときにかぎって、誰であれ他の興味深い話題に話を移すことが許されるのである。構想力は規則を無視してあちこちとさ迷うので、諸表象が変転し、そのどれもが客観的にどこに焦点が定まっているということもないので、その結果頭が混乱してしまい、この種の社交の席から帰宅してみると、まるで自分が夢のなかにいたような気分になっているものである。――多様なものがどこを焦点として絞られるのか、ということが静かな思索においても思考の伝達〔社交〕においても常に念頭に置かれなければならず、それ故その際また悟性が働いているのでなければならない。しかし後者〔社交〕の席では構想力は自分に素材を提供してくれる感性の側の諸法則に従って戯れるのであって、したがってその素材から連想するときは規則を意識しないままにしかも規則に適って、それゆえたとえ悟性から導かれた産物としてではないにしても、悟性に適って連想するのである。

　ところで親和(affinitas 親和性)という言葉から、本項の冒頭に述べたような悟性結合に類比的な化学用語としての相互作用、すなわち種類のうえで異なりつつも互いにきわめて密に作用しあって一体化しようとする二つの物質的な元素間の相互作用を連想するのだが、この化合によって第三のものが産出され、これが二つの異種の元素の化合によってだけ生み出すことができるような性質を持つのである。ところで悟性と感性はわれわれの認識を産出するために、両者の異種性にもかかわらずまるで一方が他方から、あるいは二つが一つの共通の幹から起源を発しているかのように、進んで義兄弟の契りを結ぶ。しかし両者が本当の兄弟ということはありえないことであって、少なくともわれわれには一つの同じ根から異種的なものがどのようにして生み出されうるかは、理解しがたいのである。(原注)(94)

P 74
V 80
W480

（原注）　表象の合成のうちはじめの二つ〔造形的と連想的〕は数学的合成（拡張的合成）と呼び、これに対して第三の合成〔親和的〕は力学的合成（産出的合成）と呼ぶことができるかもしれない。第三の力学的合成によって、一つのまったく新しい物（例えば化学における中性塩のような）が生まれる。無生物の自然界であれ生物の世界であれ、また魂のなかであれ物体の力であれ、力の戯れは異種的なもの(95)の分解と結合に基づいている。たしかにわれわれは力による作用を経験することで力についての認識を得る。しかし究極原因とか、力の素材をそこへと還元することのできる単純な元素については、われわれとしてはどうしようもない。――――われわれの知っている有機的な存在〔生物〕のすべてが二つの性（雄と雌と呼ばれる）の結合によってのみ種を繁殖させるのはどうしてか、その原因はいったい何であろうか。しかし創造主が単にもの珍しさのために、つまり彼にたいへん気に入るような仕組み〔摂理〕をわれわれの地球上に据えるためだけに、いわばただ戯れなさったのだと想定することはできない。むしろ、もしも地上に二つの性が〔はじめから〕創られていなかったならば、〔創造主といえども〕われわれの地球上の物質から有機的な被造物を他の繁殖方法によって生まれさせることは不可能であったに違いないと思われる。――――しかしここで性の起源を究明しようとか、ただそれを推測しようという企てを心に抱いただけでも、人間理性はどんな迷路のうちに踏み込むことになるであろうか。

**§32**(96)　とはいえ構想力はよくいわれるほどには創造的でない。われわれは理性的存在者にふさわしい形態としては人間の姿以外に考えることができない。だから彫刻家とか画家は天使や神を制作するときはいつでも人間を象《かたど》るのである。彼には人間以外の姿形はイメージからいって理性的存在者の体つきにぴたっと一致しない部分（翼、鉤《かぎ》爪《つめ》、蹄《ひずめ》といった）を含むように思われるからだ。これに対して、大きさについては彼の望むがままに〔大きくも小さくも〕創像することができる。

　人間の構想力の強さからくる錯覚が嵩じると、しばしば頭のなかにだけあるものが自分の外に見えかつ触れていると信じるほどになる。だから崖下を覗いている人間は、まわりにまだ十分広い余地があって落ちる心配はないの

A178
C65
P75
V81
W481

に、あるいは頑丈な手摺りにちゃんと摑まっているのに、めまいに襲われるのである。――奇妙なのは、少数ながら精神病の人が抱く、いっそ自分から一思いに身投げしたいという内的な衝動に駆られる恐怖である。――吐き気を催す物を赤の他人がうまそうに飲み食いしているところを見ると（例えばツングース人が自分の子供たちの鼻から鼻汁を一息に吸って飲み込むところとか）、見てしまった方もまるで自分自身がそれと同じ嗜好を強制されたかのように思って嘔吐感に襲われるのである。

スイス人が〔傭兵として〕外国に派遣されたときに陥る郷愁病は(97)（私が一人の経験豊かな将軍の口から聞いたところではウェストファーレンとポンメルンの一部の地方の出身者もこれに罹《かか》るそうだが）、自分が幼いころ村の悪がき連中と無邪気に暮らしていた情景を何かの拍子に思い出し、それに刺激されて、ごく素朴な人生の喜びを味わっていた故郷に戻りたいと憧れる結果であるが、ところがあとで故郷に戻ってみると期待は見事に裏切られ、その結果またふと気がつくと郷愁病も癒されているのである。これは故郷の様子がすっかり変わってしまったせいだという説もあるが、実際には故郷で少年時代をもう一度繰り返すことなどありえないと悟るからである。ついでに一つ何か理由がありそうなのは、お金には恵まれないけれどもその代わりに兄弟、従兄、親戚に恵まれた地方の農民たちの方が、金儲けを商売としていて〈幸福なところに祖国あり〔住めば都〕patria ubi bene〉を自分のモットーとしている人たちに比べて、ずっと頻繁にこうした郷愁病に罹るという事実である。

あの男は〔手癖の〕悪い奴だと前もって聞かされている場合、当人に会うとその顔つきから企みを読み取ることができるように思うものだが、その場合特に恋愛感情が絡んでくると創像と経験とが混じりあって、ある一つの感覚となる〔嫉妬の苛だたしさ〕。エルヴェシウスによれば、さる貴婦人が望遠鏡で満月の顔に二人の恋人同士のシルエ

W482　A179　C66　P76　V82

ットを楽しんでいたところ、続けて同じ望遠鏡を覗き込んだ主任司祭はこういったという、「いや違いますね、奥さん。あれはさる大聖堂の左右に建っている二つの鐘楼ですよ」(98)。

これに類したものとしては、構想力による共感の作用を付け加えることができる。全身を痙攣させている、あるいはまさに癲癇《てんかん》の発作の最中にある人間を見ていると、見ている方も似たような痙攣の動作を覚える。これと同じように、他人があくびをするところを見るとつられてあくびしてしまうが、医師のミハエリス氏の紹介するところによれば、北アメリカの軍隊で一人の男が猛烈な逆上状態に陥ったとき、周りにいた二、三人の男たちもこれを見て突然同じ状態になったが、ただしこの発作はすぐに治まったという(99)。だから神経衰弱の人(心気症の人)に、珍しくて面白いから精神病院に行ってみたら、などと勧めてはいけない。もっとも彼らはたいがい、自分の頭のことを慮ってこのようなことは自分から避けるのであるが。——またよく見られることであるが、活力あふれる人柄の人物に誰かが自分の体験したことをとりわけ怒りの感情をこめて語り伝えると、彼は集中して聞いているうちに話に合わせて顔を歪めたり、知らず知らずのうちに怒りの感情にふさわしい表情の動きに変わっていく。——またよく聞くいい分に、互いに仲良く暮らしてきた夫婦を観察すれば分るが、二人は次第に人相まで似てくるものだという話があり、その原因の説明として、その夫婦は〔もともと顔の〕似た者同士(similis simili gaudet 類は類を悦ぶ(100))で結婚したからだといわれたりする。しかしこの解釈は間違いであって、というのは自然は男女両性の本能を促してむしろいろいろな点で違っている者同士がお互いに惚れ合うようにしたからであって、それはまた二人がまだ蕾だったころに自然が植えつけておいた多様性がすべて開花し実を結ぶようにという配慮からなのだ。という訳で、二人きりで語らいながらぴたっとくっついて何度となく長い時間互いに目と目を見つめあっているうちに、二人の親密さと愛情のせいで心の通いあったそっくりな顔つきになってくるのであって、これが固着してくるとついには不動の人相にまで至るのである。

最後に、結局空想と呼んでもいい生産的構想力のこうした悪意のない戯れの類いとしてもう一つ無邪気に法螺《ほら》を吹く癖を取りあげることにすると、この癖は子供にはいつでも、またこの癖以外では善良な成人でもときたま見られるのであって、それはときにほとんど遺伝的な病気ではないかと思えるほどであり、法螺を吹きはじめると雪崩が滑り落ちるに従って大きくなっていくように、構想力にまかせていろんな事件や眉唾の冒険話が繰りひろげられるが、本人は何かそれで得をしようと図っている訳ではなく、単に自分で面白がっているだけなのだ。それはシェイクスピアに出てくる騎士のジョン・フォールスタッフと同じで、彼の場合〔襲ってきた相手は〕羅紗にくるまった二人の男から始まって、話が終わるころには五人にまで水増しされていったのである。[101]——

**§33**[102]　構想力は感官よりも表象が豊かなうえにどんどん膨らんでいきやすいものであるから、そこに情念〔恋愛感情〕が絡んでくると、相手を目の前にしたときよりもいないときの方が構想力はいっそう生き生きと働くのであって、例えばしばらくのあいだ気が逸らされて消えてしまったと思われた恋人の表象〔面影〕が何かの拍子に再び心に蘇ってくるといった場合がそうである。——という訳で、かつてあるドイツの侯爵の場合、普段は武骨な軍人であったが名門出身でもあったので、自分の城下町に住む庶民の娘に惚れ込んでしまったのを忘れようとしてイタリアへ旅立ったのだが、戻ってきて彼女の住まいを一目見るなり、仮にずっと交際していたと仮定して推測されるよりもはるかに強く構想力が目覚まされ、そのため彼はこれ以上迷うことなく結婚を申し込む決意をせずにはいられなくなったのだが、幸いその申し込みは受け入れられたのであった。[103]——こうした病気は創像する構想力の産物であるから不治の病いであるが、結婚すると治るのだ。というのは、結婚は真実だからである(eripitur persona, manet res. 仮面ははがれ、真価のみが残る。ルクレティウス)。[104]

創像する構想力は自分本人を相手にして一種の深い関係に浸るが、これは単に内的感官の現象にすぎないのに外的現象のそれと類似している。〔とりわけ〕夜になると構想力は活発になり自分の実際の真価〔虚しい空想〕以上に舞いあがるのであるが、それはちょうど空の月が明るい日中はただ目立たないちぎれ雲と見間違えられるのに、夕方になると大きく見えるのと似ている。夜の静寂のなかで本にかじりついている者、あるいはまた夜中に架空の論敵とやりあう者、さらには部屋のなかをあちらこちらしながら頭に空中楼閣を描く者、こうした連中が夢想に耽るのは構想力の仕業である。しかしどんな夢想であれそのときには重要だと思えても、睡眠をはさんで朝が訪れると最初の重要さは影も形もなく消え去ってしまっている。だがこうした不健全な習慣に時間を費やしているあいだに、彼らが心の諸力の倦怠を感じていることも確かである。だからこそ朝早く再び目覚めることができるよう、早めに寝床について自分の構想力を抑制することが、一種の心理学上の養生としてきわめて有効な規則である。しかし貴婦人たちとか心気症患者たちはどちらかといえばこれと正反対の生活態度を愛する(通例まさにそうした習慣から彼らは自分たちの災いを抱え込むのだ)。——怪談は夜遅くでもなお喜んで聞かれるのに、朝目覚めてすぐに話されると誰にとっても詰まらなく、だから話の題材としてまったくふさわしくないと思われるが、それはなぜであろうか。反対に朝は、家事やお国の政治に何か新しいことが起こったかどうかが話題にされたり、昨日の仕事の続きに取り掛かったりするのはなぜか。その理由は、それ自体どこまでも戯れにすぎないものは一日中酷使されてきた身心の諸力の緊張を緩めるのに適しており、逆に何か仕事といえるものは夜の休息のあいだに力を貯えていわば生まれ変わった人間に適しているからである。

構想力による創像は、ただ奔放なだけであるかそれともまったく規則を無視したものであるか(effrenis aut perversa 手綱なしの、あるいは転倒した)のどちらかであるが、構想力の罪(vitia 欠陥)はここにある。とりわけ後者の欠点は極めてたちが悪い。前者の創像はたしかにまだ可能的世界(寓話の世界)に居場所を見いだすことができるだろう。しかし後者の創像は自己矛盾を犯しているから、どんな世界にも居場所を見いだすことはできない。——リビア砂漠のラス・セム遺跡[105]から夥しく発掘することのできる人間や動物の形態をした石の彫り物は、アラビア人から気味悪がられているが、その理由は彼らはこうしたものをかつて呪いによって石にされた人間たちと見なすからであって、これは第一の類いの想像であり、つまり奔放な構想力に属する。——ところが同じアラビア人たちの考えによれば、これらのうちで動物たちの彫像の方は、あまねく世界が復活する日に当の工芸家を睨みつけ、せっかく自分たちを製作したのに魂を籠めることに失敗した科《とが》を問い詰めるだろうというのだが、これは矛盾である。——奔放な空想はいつでもまた本道に戻ることができる(エステ枢機卿が自分に献呈された詩集を受け取るときに、「アリオスト師匠よ、呆れたものじゃ、貴殿はいったいこんな馬鹿げたたわごとをみんなどこから手に入れるのじゃ」と質問なさった相手の、かの詩人の空想のように[106])。奔放な空想は構想力の豊潤さから溢れでた贅沢品である。だが規則を無視した空想の方は精神錯乱と紙一重であって、そうなるとどこまでも空想が人間と戯れることになり、哀れな犠牲者は自分の表象が暴走するのをまったく制御することができなくなる。

ところで政治的芸人も芸術家とまったく同じように現実の代わりに構想〔空想〕を現実と思わせる術を心得ており、だから例えば国民の自由という構想(イギリス議会におけるように)とか、あるいは(フランス国民議会におけるような)階級や平等という構想もそうだが、単なる形式にすぎないような構想によって世界を導き支配することができるのだ(mundus vult decipi 世間は欺かれることを欲す)[107]。とはいえ、たとえ彼らが自分たちは人間性を高尚にするこうした善を体現しているのだというふりをしているだけであっても、はっきりとそうした善を奪われていると感じる状況に比べれば、それでもまだましである[108]。

## 構想力によって過去のことや未来のことを現在化する能力について

**§34** 過去のことを何かの意図をもって現在化する能力が想起能力であり、何かを未来のこととして表象する能力が先見能力である。二つともに感性的能力であるが、これらは主観の過去および未来の状態の表象を主観の現在の状態と連想させることであって、両者ともそれ自身は知覚ではないのだが、時間における知覚の結合に奉仕するのであって、これはもはや存在しないものとまだ存在しないものとを現在存在するものを間にはさむことによって一つの連綿とした経験に結合することである。二つは後望と前望(もしこのような表現が許されるものなら)を司る想起能力と予覚能力と呼ばれるが、これによって表象は、まるで過去の状態のうちで出会った表象もしくは未来の状態のうちで出会うであろうような表象であるかのように意識されるのである。

### A　記憶について

記憶は以前の表象を意のままに再生産する能力であり、それゆえこの場合心は構想力による単なる戯れではないという点で、単なる再生産的構想力から区別される。空想すなわち創像的な構想力は記憶に紛れ込んではならない。

A182　V87 W486　P81　C70

というのは、そうなると記憶は事実に忠実でなくなるからである。——何かを速やかに記憶に収める、それを易々と思い出す、その記憶を長く維持する、という三つが揃えば、形式的に完全な記憶といえる。しかしこれらの特徴が三つとも重なることはめったにない。何かに関してたしかに記憶にあるはずなのに思い出すことができないとき、「それが意識に昇ってきてくれない」という(自分が意識に昇ってこない、ではなく。というのは、後者だと意識を失うという意味になってしまうから)。こういう場合それでも思い出そうと無理をすると、その骨折りは脳味噌にたいへんな負担を掛けることになるので、一番いいのはしばらく別のことを考えて気を逸らしておきながらときどきほんの漠然とその件に戻ってみることであって、そうするととかく連想でつながった諸表象のうちから一つの表象を不意に思いついて、それを糸口にして当の表象が呼び戻されることがあるのである。

何らかの方法によって何かを記憶に組みこむ(memoriae mandare 記憶に刻む)ことを暗記するという(学問するではない。例えば、牧師は次の日曜日に話す予定の説教をただ空で覚えこむだけなのに、庶民は彼のことを〈学問している〉といったりするけれども)。——この暗記の作業としては、機械的、技巧的、判例的の三つがありうる。機械的な暗記術は、ひたすら几帳面に繰り返し反復することに掛かっていて、例えば九九を練習するとき学習者は、前後あの通りの順序に並べられた数字の連鎖全体をはじめから通して声に出し、求めている答を見つけなければならないのである。例えば生徒が「3×7はいくつ?」と聞かれたら、3×3から始めてうまく21にたどりつくだろう。ところが「7×3はいくつ?」と聞かれると、今度はすぐには考えつかなくて、いつもの順序に直すためにまず数字をひっくり返さなくてはいけない。これから覚えこもうとするものが一つとして表現をいじることのできない儀式的な決まり文句であって、いわゆる淀みなく一本調子で唱えなければならないものだとすると、たしかに記

A183　W487
V88

憶力が最高に勝れた人たちでさえもそれだけに頼っていいか心配になってきて(というのも、この心配そのものが本番で彼らを固くしてしまうかもしれないから)、結局これはやはり〔原稿を見ながら〕朗読する必要があると思う P 82 に至る。こういうことは例えば大ベテランの牧師たちもやっていることであって、なぜならちょっとでもいい間違えるとその場が可笑しさでぶち壊しになるかもしれないからである。

技巧的な暗記術は、ある特定の表象を記憶する際に、この表象を(悟性にいわせれば)それ自体としてはまったく互いに親和性を持たない別の副次的な表象と連想させるという方法であって、例えばある言葉の発音をその言葉とはまったく関係のない、しかし発音とは対応していそうな形像と連想させるとかがこれにあたる。この術を使おうとすると、何かを少しでも簡単に記憶に収めようとしてかえって元の表象を別の余計な表象で煩わすことになる。V 89 W 488 C 71 だからこの方法はまずもって不合理であり、同じ概念の下に一つの全体をなすことができない二つのものを、構想力が規則を無視して対として一緒にしようとするやり方なのだ。そのうえそれは手段と意図とのあいだに矛盾をきたすのであって、というのは記憶の仕事を軽減しようと図っておきながら、しかし事実としては、大きく乖離した二つの表象を記憶にとって必要もないのに連想させることで、記憶の仕事をかえって邪魔しているからである。[原注] 駄洒落を好む人の記憶が正確だったためしは滅多にない(ingeniosis non admodum fida est memoria 巧みに話すからといって、記憶が完全に忠実だとは限らない)という事実は、こうした現象を説明してくれる一つの忠告であ A 184 る。

(原注)　だから、例えば絵入りの聖書とか絵付きで解説されている『ローマ法典大系』などがまさにそうだが、絵入り入門読 A 183 本の類いは幼稚な教師の「覗き眼鏡」であって、生徒をそれまでよりもいっそう幼稚にしてしまうのが落ちである。それは、

後者の『ローマ法典大系』のなかに収録されている「自権相続人と法定相続人について de heredibus suis et legitimis」というローマ法のタイトルがどのように絵入りで記憶に委ねられているかを見ると分かる。すなわち、最初の単語〔heredibus 相続人〕は南京錠がたくさんぶらさがっている箱の絵によって、第二の単語〔suis 自権の〕は一頭の雌豚によって、第三の単語〔legitimis 合法的な〕はモーゼの二つの石板によって具象化される、といった具合なのだ。[109]

判例的な記憶術とは他でもなく、ある体系(例えばリンネの体系[110])の分類一覧表を頭に入れる記憶術のことである。これによると、もし何かの項目を忘れてしまったという場合でも、銘記している項目の一覧を脳裏に思い浮べてみさえすれば、しかるべき箇所にまたそれを見いだすことができる。また全体を目に見える形で区分けする記憶術もそうであるが(例えば、一国のなかで北の方とか西の方とかに散らばっている行政区を一枚の地図の上で区分けするとか)、なぜこの方法が可能かといえば、この記憶術には悟性も加担しており、悟性と構想力とが互いに助け合っているからである。この種の記憶術の中で一番目にすることが多いのは、トーピク[111]すなわち諸概念全体のための枠設定であり、これは共同空間と呼ばれるが、例えば図書館でさまざまな分類項目のラベルを貼付した棚ごとに本を配置していくのがそうであって、この枠設定という方法は部門ごとに分類することによって記憶を軽減してくれるのである。

一般的な学説としての記憶術(ars mnemonica 記憶のこつ)というものは存在しない。記憶術に数えられる特殊な技法の一つとして韻文による格言(versus memoriales 格言詩)があるが、韻律には規則正しい音節の抑揚があって、これが記憶のメカニズムにとてもプラスになるからである。——世の中にはピコ・デラ・ミランドラ、スカリゲル、アンゲルス・ポリティアヌス、マリアベッキなどといった驚くべき博覧強記の人たちがいて[112]、この連中は学問のための資料としてラクダ百頭分の積み荷に匹敵するほどの書物を頭のなかに詰め込んでいたのだが、しかし彼らはこうした知識全体から目的にかなった利用のために選択する能力にふさわしい判断力をおそらく持っていなかっただろうという理由で彼らのことを軽蔑して語ってはならない。というのは、たとえ彼らのあとに判断力によってその資料を活用する別の頭脳〔人間〕が続かなくてはならないとしても、生の資料をあり余るほど調達してくれたというだけですでに十分な功績だからである(tantum scimus, quantum memoria tenemus われわれはちょうど記憶をもっている分だけ知っている)[113]。古代人の一人は、「文字を書く技術が記憶を地に堕としてしまった(記憶の一部を無用にしてしまった)」と嘆いた[114]。この言葉には一片の真実が含まれている。というのは、自分に任された雑多な仕事を何の苦もなく順番に整理した上でちゃんと思い出すという点で、たいがい庶民の方が〔学者よりも〕勝れているのはどうしてかといえば、まさに彼らにとって記憶は〔文字に頼ることなく〕機械的であり、理屈が干渉することがまったくないからなのだ。これに対して〔書物から得た〕いろいろ余分な思想がたくさん頭のなかを去来する学者の場合、いわれた仕事や家事にまつわる用件の多くは、一つ一つそれに十分な注意を向けることができずに気が散っているうちに忘れてしまうのである。そうはいっても、覚えておこうとして頭に納めておいたものはどんなものであれ、ポケットにメモ帳を入れておくとまったく確実にかつ易々と思い出すことができるというのは何といってもたいへん便利であり、どれほど広い領域を正確無比に覚えられる記憶力をもっているとしても、書く技術はその記憶力の代わりを務めるし、また記憶に欠落があればそれを補うことができるのであるから、たとえ自分の知識を他人に伝えるためというつもりでなくても、この筆記術はいつまでも卓越した技術として残るに違いない。

A 185
P 84

V 91
W 490

これに比して、何回詰め込まれても穴だらけの樽のように頭のなかがいつも空っぽ、という健忘症(obliviositas 忘れやすいこと)はなおさら大きな災いである。この災いは老人に見られるように、時として無邪気なものである。老人たちは自分の若かったころの出来事はしっかりと思い出すことができるのに、つい最近起こったことはいつも頭から消えてしまう。だがこの災いはまた、とりわけ小説好きの女性たちによく見られる習慣化した気晴らしからも生まれる。というのもこうした乱読の場合、中味は単なるフィクションだと知りつつ、読書の目的はただ当座楽しければそれでいいというものであるから、当の女性は読みながら自分の構想力が駆けめぐるがままに創像する〔空想する〕自由にどっぷりと浸っているが、それが彼女にとって気晴らしとなるのは当然として、さらには放心状態(現在に対する注意力の欠如)が常態化し、そのせいで記憶力が弱められるのは必然的に避けがたいからである。――このように時間を浪費し、自分を世間に無用な人間に仕立て、しかもあとから人生の短さを嘆くという、そういう芸術趣味に嵌《は》まるのは、そのおかげで心が空想的な気分に浸れるということはあるにしても、記憶力に加えられる最も敵意に満ちた暴虐の一つである。

## B　先見能力(Praevisio 予見)について

**§35**　この先見能力を人間が備えているという事実は他のどんな能力の場合にもまして興味深いことであって、なぜならこの能力を備えているということがあらゆる可能的実践の条件であり、つまり人間が自分の諸力を動員して目的の実現を目指すときの条件であるからだ。あらゆる欲望は、人間の力によって実現可能な事柄についての(あいまいであれ確実であれ)あるていどの予見を含んでいる。過去を回顧すること(想起すること)は、何事かを決定するあるいは覚悟するために、現在の立場から自分の周り全体を見回すことによって未来の予見を可能にする、という意図の下でのみ生じるのである。

経験的に予見するとは似た事態を予想すること(exspectatio casuum similium 類似した出来事の期待)であって、原因と結果に関する理性認識を必要とせず、必要なのはいろいろな出来事が通例どのように前後して継起するかについて過去に観察したことを想起することだけであるから、経験の繰り返しによってこの経験的予見は熟練の域に達するものである。風向きとか天気がどう変わるかは船乗りや農夫の関心の的である。だがこの点でのわれわれの予報は、予言が少しでも当たれば感心され外れたら忘れられるのでいつまでもあるていどは信用を保っていられるいわゆる農民の暦《こよみ》〔天候などの占いが記入されている〕からさほど進歩していない。——天候の戯れがこんなにもでたらめにもつれているのは、天候の変化に応じて必要となる用意をどんなときにもあらかじめ整えておくことなどそう簡単には人間に許さないという、そしてそれはまた人間がいかなる事態にも対処できるようにいやでも悟性を使わざるをえないようにという〔自然の〕摂理〔あらかじめの配慮〕のなせる意図的なわざなのだと信じてほぼ間違いないだろう。

日がな一日(予定も心配もなく)漫然と暮らすのは、人間悟性にとってはたしかに必ずしも名誉とはいえない。それは、例えばカリブ人は朝自分のハンモックを売り飛ばして、夕方になるとどうやってその晩寝たらいいか分からずに途方にくれるというが、この暮らしぶりが彼にとって名誉とならないのと同じである。だがこうした生活ぶりであってもそこには道徳性に対する違反がまったく見当らないのでありさえすれば、何事が起ころうとも泰然自若としている人間は、いつも漠然とした望みを頼りにしてばかりいて人生の楽しみを自分から減らしている人間に比

C74

べてずっと幸せだと見なすこともできる。しかしもしある者が現在の自分の道徳的な境地から判断して今の状態が今後継続していくだけでなく、さらに善に向かってはるかに進歩を続けていくと期待して当然であるとすれば、その望みこそたしかに、人間だけが抱くことのできるあらゆる望みのなかで最も慰めに満ちた望みである。これとは反対に、ある者が今日から新しくてより善い生活態度に改めるのだと勇気をふるって決心しながらもその一方で自分に向かって、「でも多分何も変わりはしないだろう、なぜならお前はこれまで(延期のせいで)何回も同じ決心を立ててきたが、いつもそのつど今回限りは例外として、という口実で破ってきたではないか」と語らねばならないとすれば、これも先ほどと似た事態を期待している点で変わりはないが、しかし慰めようのない状態である。

他面、われわれに及んでくるかもしれない運命に左右されていてわれわれの自由な随意志の勝手にはならない場面では、未来に対する見込みは予覚すなわち予感[原注](praesensio 予知)であるか、それとも予期(praesagitio 予測)である。前者はいわば現在まだ現前していないものについての隠れた感覚〔感官〕を示唆しているが、後者は相前後する出来事が継起する際の法則(因果性の法則)を反省することによって生まれる、未来についての意識を示唆している。

(原注)　近ごろ何かに感づくAhnenと何かを予感させるAhnden〔復讐する〕とのあいだに区別が設けられるようになった。しかし前者はドイツ語ではなく、後者だけがドイツ語である。[115]　――予感させるの意味は思い知らせるということである。〈私に予感が走る〔虫が知らせる〕〉という表現は〈何かが私の記憶の前にぼんやりとちらつく〉という意味である。これに対して〈何かを予感させる〔思い知らせる〕〉というのは〈誰かに災いを加えて、彼に自分がやったことを思い知らせる〉(つまり、その行為を罰する)という意味なのである。二つの表現は概念が同じでも、向きが逆なのである。

P86 V93　W492　A187

あらゆる予感が幻影にすぎないことは簡単に分かる。というのは、まだないものをどうやって感覚することができるのだろうか。しかしもしそれについての因果関係に関するぼんやりした概念から判断が生じるというのなら、それは予感ではないはずで、その判断に導いた概念を展開し、その判断にはどのような正当性があるのかを説明できるはずである〔これが予期〕。――予感はその本性からしてたいがいの場合不安を招く。この心配は恐れの対象が何であるか不確かなまま先走るのであるが、それには身体的な原因がある。しかしまた夢想病者の抱く愉快で大胆な予感というものもあって、彼らは人間の感官ではまったく感じることのできないある秘密がすぐにも顕わになりそうな気配を感じるのであり、また彼らが信じているところによれば、秘儀の会員[116]だけに許された神秘的な直観によって自分たちが待望してきたことがいままさにヴェールを脱ごうとしているところを目のあたりにしているのだという。――高地スコットランド人が主張する〈第二の視覚〉もこれと似たようなもので、それのおかげで一人の男がマストに吊るされているところが見えると信じ、実際遠く離れた港に走っていったらそいつが死んだというニュースを聞いたといい張る連中が何人もいるが、これもまた夢想病者の類いと同じ魔法がかりの一つである。

C75
P87
V94

## C　占い師の天分(Facultas divinatrix 予言者の能力)について

W493

**§36** 予言と占いとお告げは次の点で区別される。すなわち、予言とは経験法則に従った予見であり(それゆえ自然的である)、占いとは周知の経験法則に反した予見である(反自然的)のに対して、お告げというのは自然とは別種の原因による霊感であり(超自然的)、あるいはそう見なされているものであって、この霊感の能力は神様からの影響に由来すると思われるから、この能力が本来の予言能力と呼ばれる(というのは非本来的には、未来につい

A188

てのさまざまな鋭い推測もまた予言といわれるから)。

誰それはあれやこれやと運命を占うといわれるとしても、その場合まったく自然についての熟達した予報のことをいっている可能性がある。しかしその場合超自然的な洞察を述べ立てる者については、彼は占い師であるといわねばなるまい。例えばインド人に起源をもつジプシーがそうであって、彼女らは手相による占いのことを運命の星を読むと称する。また占星術師や宝探しの連中、それと錬金術師もその仲間であるが、彼らのどれよりも上をいくのが古代ギリシアのピュティア〔アポロン神殿の巫女《みこ》たち〕、現代でいえばぼろをまとったシベリアのシャーマンである。鳥の翔び方や獣の腸によるローマ人の占いは、この世の出来事の隠されている推移をあらかじめ暴くというよりも、むしろ彼らが自分たちの宗教に合わせて服さねばならなかった神々の意志を読み取ることにその狙いがあった。——しかしどうしてここに詩人たちまでが加わって、自分たちもまた霊感を受けて(霊感に憑かれて)占っているのだ(vates 予言する詩人)と誇り、詩人特有の陶酔状態(furor poeticus 詩作に熱中)の中で閃きを受け取るのだと自慢することが可能なのかといえば、それは、詩人というものは注文仕事をのんびりと仕上げていく散文演説家とは違って、ある感覚気分が自分の内面に湧いてきたその天恵の瞬間を逃さず捉えなければならないのであり、その瞬間のうちで自ずと生き生きとして力のこもった形像と感情が彼に湧いてくるのであって、そこでは詩人はいわばひたすら受け身に立たされているのだ、という事情からのみ理解できるのである。いうまでもなく昔から存在する観察であるが、天才にはあるていど狂気が混じっている。有名な(いわば閃きに駆り立てられた)詩人の詩集から当てずっぽうに選んだ詩句によって推測される神託(sortes Virgilianae ウェルギリウス風の託宣)を信じる[117]のも、また最近の信心家の天の意志を解明しようという小さな宝石箱に似せた道具立てなども、こうした狂気のうえに成り立っているのである。あるいはまたローマ人たちに前もって国運を告げたといわれる『神託の書』の解読も同様であるが、惜しいかな！〔タルクィニウス王の〕悪評高いしみったれた出し惜しみのせいで、ローマ人はこの書の一部分〔三分の二〕を失くすことになったのであった。(118)

お告げは一国民の不可避的な運命を前もって告げ知らせるが、予知されたことがその国民にとって逃れることのできないものであるならばそもそも予知などはその国民にとって余計であるという点は問わないとしても、どんな運命を被るかはその国民自身に責任があるはずであり、したがって国民の自由な随意志によって招かれるはずなのであるから、どんなお告げにもそれ自体不合理なところがあるのであって、つまりこうした無制約的な宿命(decretum absolutum 絶対的な決定)というものによってある種の機械論的自由論が考えられているのだが、となると概念自体が自己矛盾に陥る。

占い師という点でいえば、たしかに不合理もしくは欺瞞の最たるものは、狂人が(見えない物の)透視者扱いにされたという事実であった。あたかも一つの霊がとっくの昔に肉体という住みかからおさらばしている魂の代わりに彼の口から話しているかのようにいい触らされたのであった。ギリシア人の場合その哀れな精神異常者(あるいはまた単なる癲癇症の者)は魔に憑かれた者 Energumenus(憑依者)として扱われ、もし彼女に取り憑いた魔が善良な霊と見なされるときには彼女のことを神がかりと呼び、彼女のいうことを解釈して伝える者を預言者と呼んだが、これもその一例である。——未来を予見することは大いにわれわれの興味をそそることであるが、その未来を、悟性が経験を通して未来へと導くのに踏まねばならないはずの全段階を一挙に跳び越えて手に入れようとして、これまでにあらゆる愚行が試し尽くされてきたに違いない。おお、人間の心労よ！(119) O, curas hominum!

天体の運行を無限に予測する天文学という学問ほど、確実でしかも広い範囲にわたって占うことのできる学問はほかにない。しかしそれでも一つの神秘説がすぐにそこに浸入してくるのを防ぐことはできなかったのであって、その主張によれば、世界を時代区分する際の数字は理性が要求するように事象に依拠して確定されるのではけっしてなく、反対に事象の方が一定の聖なる数字に従属させられるのであるが、その結果どんな歴史にも不可欠な条件である年代記そのものが寓話と化してしまったのである。[120]

## 健康状態における意のままにならない創像、すなわち夢について

**§37**　睡眠とは、夢とは、夢遊病とは、(さらに睡眠中に大声で話す症状も含めて)その自然的な特性からすると何であるかを探究する仕事は、実用的人間学の守備範囲外にある。というのは、こうした現象からは夢を見ている状態での挙動の規則を見いだすことは全然できないからである。そもそも挙動の規則は起きている人にだけ当てはまるものであって、彼らは夢を見るつもりもなくまた眠るなら何も考えずに眠りたいと思っているのだ。だから、皇帝を暗殺する夢を見たと友人たちに漏らした人物に、「起きているときに暗殺を企てていなかったとすれば、そのような夢を見るはずがないではないか」[121]という口実で死刑を宣告したあのギリシアの皇帝の判決は経験に反していて残酷である。「われわれは起きているときには一つの世界を共有しているが、眠ると銘々が勝手な世界を持つ」[122]のである。――もし夢が眠りに訪れないで、したがって構想力を駆使して内的な生命器官を自然につまり知らないまに興奮させる役割を担ってくれないとすると、睡眠は死と同じことになるだろうが、〔そうなっていないところを見ると〕夢が睡眠に伴うのは必然的なことだろうと思われる。ここで私は、自分が少年のころ遊びに疲れて寝る

A 190　W 496　　P 90　　V 97　　C 77

ために横になると、寝入った瞬間に自分が水に落ちて溺れそうになり水流にぐるぐると巻き込まれている夢を見てはっと目を覚ますのだがすぐにまた前より安らかな眠りに落ちたそのさまを鮮明に思い出すのだが、思うにこれは、全面的に随意志に依存している呼吸作用に必要な胸の筋肉の活動が衰え、それに伴って必然的に呼吸が間遠《まどお》になってきて心臓の運動が妨げられ、それによってまた必然的に夢の構想力が戯れるように促されるからであろう。――この点でさらに、いわゆる悪夢(incubus 夢魔)の衛生上有益な作用が認められる。というのは、われわれに襲いかかる危険から〔身を避けるべく〕他の姿勢に変わろうとしてあらゆる筋肉を緊張させるこうした恐ろしい想像がないとすると、血液の停滞が速やかに生命を終息へと導きかねないからである。まさにこうした理由から自然は、圧倒的に多数の夢が困ったことと危険に満ちた場面を含むように按配したと思われるのであって、なぜならこうした表象によって、〔夢のなかで〕すべてが望みどおり意志どおりに進んでいるときよりも魂の諸力がいっそう鼓舞されるからである。よく見る夢としては、足で立ち上がることができない夢、いつどこに自分がいるのか分からない夢、説教の途中で言葉に詰まる夢、持ってくるのを忘れたために大きな会合でかつらを被る代わりに頭にナイトキャップを載せている夢、さらには、思うままに空中をあちこちと飛び回ることができる夢、なぜだかは分からないけれど楽しげな笑いのなかで目覚める夢、などがある。――夢のなかでしばしばとうに過ぎ去った時代に戻っているとか、ずいぶん前に亡くなった故人と話しているとか、これは本当は夢なんだと思い込もうと試すのだけれどもやっぱりその想像〔夢〕が現実なのだとどうしても思うしかない感じがするといったことは如何にして起こるのだろうか、という問題はたしかに今後もずっと解明されないままに残るだろう。だが夢を見ない睡眠はありえないこと、だから夢を見なかったと妄想する連中はただ自分の見た夢を忘れただけであること、の二つは確実であると認めることができる。

## 表示能力(Facultas signatrix 記号の能力)について

**§38**　現存するものを、先見されるものの表象と過ぎ去ったものの表象とを結合する際の〔媒介〕手段として認識する能力を表示能力という。――こうした結合を生む心の行為が表示(signatio 記号化)であって、これはまた符号化とも呼ばれ、そのなかでもよりていどが高いものは特記化と呼ばれる。

物の形態(直観)は概念による表象化の手段として役立つかぎりでのみ象徴であり、この象徴を通しての認識は象徴的ないし比喩的(speciosa 標本による)と呼ばれる。――文字はいまだ象徴ではない。というのは、文字もまた単なる手段的な(間接的な)記号でありうるのだが、それ自身では何も意味せず〔アルファベット〕、ただ横に繋がることで直観に導き〔単語〕、ついでその直観によって概念に導くという間接的な記号だからなのだ。それゆえ象徴的な認識は直観的な認識にではなく比量的な認識に対置されねばならないのであって、後者の認識のうちでは概念をそのときどきに再生産するために、〔直観ではなく〕記号(charakter 文字)がただ番人(custos 番兵)として概念につき従うのである。このように象徴的認識は(感性的直観による)直観的認識にでなく(概念による)知性的認識に対置される。象徴は悟性の単なる手段であり、しかも特定の直観との類比による間接的なものにすぎないのだが、悟性の概念〔例えば平和〕をこの特定の直観〔例えば鳩〕に適用することは可能なのであって、それは一つの対象〔鳩〕を表示することで悟性に意味〔平和という概念〕をもたらすためなのだ。

いつもただ象徴を用いてしか表現できない者はまだ悟性概念を少ししか持ち合わせていないのであり、また未開人が（ときにまた、いまだに武骨な国民のうちで賢者と信じられている人々が）その話の中で聞かせてくれる生き生きした叙述〔表示〕にはしばしば感嘆させられるが、しかしこれは概念の貧困以外の何ものでもなく、それゆえまた概念を表現する言葉の貧困でもある。例えばアメリカの原住民が「われわれは戦いの斧を土に埋めようと思う」という場合、それは〈われわれは和睦を結びたい〉という意味である。またホメロスからオシアンまで、あるいはオルフェウスから〔旧約聖書の〕預言者たちまでの古代の詩歌を見てみると[123]、実際彼らの文体の輝きはただ単に自分たちの概念を表現する手段の欠如による、いわば怪我の功名であることは明らかである。

感官の前に広がる現実の世界現象は（スヴェーデンボルクに倣って[124]）遠慮深く隠されている叡智的な世界の単なる象徴なのだといいふらすとしたら、それは夢想である。しかしあらゆる宗教の本質を担っている道徳性に関係する概念を、したがって純粋理性に関係する概念（理念と呼ばれる）を表示するときに、象徴的なものを叡智的なものから（ミサの礼拝を宗教〔そのもの〕から）区別すること、つまり実際問題としてここしばらくは有用だし必要なヴェール〔例えばミサ〕を事柄それ自体〔宗教と道徳〕から区別することが啓蒙であるが、なぜならばこの区別をしないと、ある（純粋実践理性の）理想が一つの偶像と取り違えられるし、究極目的が逸せられるからだ[125]。――もし仮に諸国民の指導的聖人たちがその聖なる書物を作成した際に彼ら自身実際に何を考えていたのかが問題である場合、彼らの言葉を歪曲することは不正直な扱いとなるから、その書物は象徴的にでなく字義どおりに解釈されなければならないことはいうまでもないが、地上のすべての国民が最初はこうした取り違えから出発したということにも論争の余地はない。したがって単にその指導的聖人たちの誠実さだけでなく加えて本質的にその教説の真理が問題であるときには、その教説は、習慣化した形式と慣例によってあの実践的な理念に付きまとう単なる象徴的な表象形式にす

P 93　W 499　C 80　A 192　V 100

ぎないものとして読み解くことができるし、またそうするべきであって、なぜならそうしないと究極目的を本質とするその知性的な精神が見失われてしまうだろうからである。[126]

**§39**　記号は随意的記号(人工記号)、自然的記号、不思議の記号〔前兆〕に区分することができる。

A　第一の記号に属するものとしては、㈠身振りによる記号(部分的には次の自然的記号でもある物真似も含む)、㈡文字記号(音声のための記号であるアルファベット)、㈢音符(楽譜)、㈣銘々のあいだで取り決めた、もっぱら視覚による記号(暗号)、
V101 ㈤世襲的な優先権を賜った、自由階級に属する人間の職能記号(紋章)、㈥規則に定められた服装による職掌記号(制服ないしお仕着せ)、㈦勲功に対する名誉の記号〔勲章〕(勲章を付ける綬《じゅ》も含めて)、
W500 ㈧恥の記号(烙印、等)。——その他に、文章における参照記号[127]、問いの記号〔疑問符〕、感動とか驚きの記号〔感嘆符〕、(さらには〔コンマ、ピリオド、コロンといった〕種々の句読法)がある。

言語はすべて思想の記号化〔表示〕であり、また逆に、思想の記号化のなかで最も卓越したものが、自分自身と他人を理解するための最大の手段つまり言語による方法である。考えるとは自分自身と語りあうことであり(タヒチ島の原住民は、思考を〈腹のなかの会話〉と呼ぶ)、だからまた心のなかで(再生産的構想力によって)自分に耳を傾けることでもある。生れつき耳が聞こえない人にとって、喋るということは自分の唇、舌、顎の戯れによる感情であり、だから彼が喋るといっても本来的な概念を形成できないまま、それゆえ思考しないままに身体的な感情と戯
A193 れる以上のことをしていると想像することはほとんどできない。——だがちゃんと話せて聞くことのできる連中であっても、だからといって自分自身や他人を理解しているとは必ずしもいえないのであって、とりわけ理性が関わ
C81 P94 ってくる話題となると二人の人間が言葉は一致していても概念の上ではお互い天地ほどにも隔たってしまうという

場合、それは記号化の能力の欠陥か、それともこの能力のずさんな使用（記号を事柄と、また逆に事柄を記号と取り違える、[128]といった）か、いずれかに起因するのである。しかしこのことは偶然に、つまり一方の人間が自分の概念に即して何か行為してみて初めて明るみに出るのである。

B　第二に自然的記号に関していうと、記号化される事象に対する記号の関係は、時間を基準にして、現証的か、再証的か、予証的（医者の予後判断）かである。

脈拍は医者にとって熱病患者の現在の様態を示してくれる記号であるが、それは煙と火の関係と同じである。化学反応剤は化学者に水中の隠れた成分を発見させてくれるが、それは風見の旗と風の関係と同じである、等々。しかし誰かが顔を真っ赤にしたからといって、それが罪の意識の表われなのか、それともむしろただ恥ずかしいことをやれといわれて内心それに耐えねばならないというだけでさえも傷ついてしまう繊細な名誉の感情を表わしているのかは、外から見える症状だけからは不確かである。

墓塚とか王廟は死者の追憶のための記号である。同様の、というよりはむしろある王の往時の偉大な権力を永遠に記念するための記号がピラミッドである。――海から遠く離れた内陸地帯の貝殻の出る地層とか、険しいアルプス山中で発見される穿孔《せんこう》貝の掘った岩の穴、あるいはもはや地底から火を噴かなくなった死火山とかは世界の昔の状態をわれわれに示してくれる記号であり、自然考古学の基礎なのだが、ただしはっきり痕が残っている軍人の戦傷ほどに一目瞭然という訳ではない。――パルミュラ、バールベク、ペルセポリス[129]の遺跡は古代国家がどのていどの技術水準にあったかを能弁に示してくれる記念記号であるが、またすべての事物に栄枯盛衰があること（諸行無常）の虚しい証拠の記号でもある。

W501　V102

予証的な〔予後判断的な〕記号があらゆる記号のなかで最も興味深いのはなぜかといえば、変化の系列のなかで現
在はただ一瞬であって、欲求能力の決定根拠はただ未来における結果という視点から(ob futura consequentia 将 P95
来の帰結のために)のみ現在に着目する、つまり主に未来の結果に注意を喚起するからである。——未来の世界の
出来事に関して最も確実な予証は天文学に見られる。しかし星座の形、星の組合せ、惑星の位置の変化を人類の差 V103 W502
し迫った運命を天空から寓意的に予証する文字記号として受け取るならば(占星術 Astrologia iudiciaria におけ
る)、天文学も子供じみて空想的なものに堕してしまう。
　自然な予証的記号のうち、病気が潜伏している、全快に向かっている、死が迫っている(ヒポクラテス式の顔〔死 A194 C82
相が現われている〕facies Hippocratica のような)といったことに関する記号は、医者にとって長年繰り返してき
た経験からしても、また現象の因果的連関の洞察からいっても、治療の判断材料として有益な現象である。同様の
ものとして、女性の更年期症状がある。しかしローマ人が政治的な意図で行なっていた鳥占いや腸占い[130]は国家によ
って公認された神聖な迷信であったが、この迷信の狙いは危機的な時局に直面して国民の進むべき方向を定めるこ
とにあった。
　C　不思議な記号〔前兆〕(物の自然な秩序に逆らう出来事)に関していえば、今日では問題とされなくなったこと
(人間や家畜に見られる奇形)を除いて、彗星とか、光りながら空高くよぎっていく天体〔流星〕とか、オーロラ、そ
れから日食や月食まで含めて、天空の記号つまり不思議な異変は、とりわけそれらが幾つか連続して起こったとき
とか、ちょうどそれに戦争やペストとかが重なったときには、それに驚いた群衆にとってはもはや遠からぬ日に訪
れる最後の審判を、つまりこの世の終わりを前もって告げ知らせる禍《まが》ごとに思われるのである。

# 追記

構想力は記号と事象を混同している人間をからかって、記号の内にはあたかも事象は必ず記号のいうままに秩序づけられるかのような秘めたる実効性が内在しているのだと思わせるという不思議な戯れを仕掛けるが、この点はここでさらに吟味してみる価値がある。——月の運行は四つの暦相(新月、上弦、満月、下弦)に従ってぴったり二八日という整数に分けられ(それゆえまたアラビア人は黄道の一二宮を月の二八の宮に分割する)、この日数の四分の一が七日になるのでそこから七という数字が神秘的な重要性を帯びるようになったのだが、その結果また神の天地創造もこの数字に合わせて生起しなければならなかったという訳だ。何よりもこうしたいきさつから(プトレマイオスの体系に従えば)惑星は七つ存在すべきだったのであり、同様に一オクターヴには七つの音程が、虹には七色の原色が、また金属は七種類ということに決まったのである。[131]——もちろん七年ごとの厄年というのもここから生じたのであり(七年ごとに七回、ちなみにインド人はまた九を神秘的な数字と考えるので七年ごとに九回、ついでに九年ごとに九回)、この七×七＝四九の最後の年に人間の人生は大きな危機に直面するといわれ、さらにまた実際ユダヤ・キリスト教の年代区分法では、七年の七〇倍(四九〇年)という数字が最も重要な異変の起きる節目を〔たまたま〕なしている(アブラハムの召命からイエスの誕生まで)というだけでなく、完全に厳密に、いわばアプリオリにこの節目を決定しているのであって、[132]それはあたかも年代区分が歴史に従ってではなく、反対に歴史が年代区分に合わせて生起しなければならないかのようである。[133]

しかしまたこれ以外でも、〔日常生活で〕数字を優先して事を決める習慣が見られる。召使いを通して患者から謝礼を受け取った医者が封筒を開けてみると一一ダカット[134]しかなかった場合、彼はきっと召使いが一ダカットくすねたんだろうと疑うはずだ。というのも、なぜ一ダースきっかりではないのか、という訳である。また競売で陶磁器をセットで買う者は、もしそれが一ダースに欠けているなら安めに値をつけるだろうし、また仮に皿が一三枚あったら、「一枚割ってもまだちゃんと一ダース残りますよ」といわれてその気になってからようやく一三枚目の皿にもなにがしかの値をつける気になるだろう。しかし客を一二人の倍数ずつ招待することなどめったにないのにこの数字を特権扱いするのは、習慣という以外に何か理由があるのだろうか。ある男が遺言によって彼の縁者に銀製のスプーンを一一本贈ったうえで、「なぜ私が彼に一二本贈らないのかは当人が一番よく知っているであろう」と書き加えたという(その若い遊び人の縁者はその男のところで食事をしたときにスプーンを一本こっそりとポケットに忍び込ませたのだが、男はちゃんと気づいていたにもかかわらずその場では彼に恥を掻かせたくなかったのである)。遺言を聞いたとき、書き手の意図がどこにあったかを人々は即座に推測できたのであるが、しかしそれはただ、ちょうど一ダースが過不足のない数字であるという通りのいい先入見を根拠にしただけの話である。――先に触れた黄道の一二宮もこうした神秘的な意味を含んでいた(この数字からの類推で、イギリスでは判事は一二人とするという数字が採用されたように思われる)。イタリアでもドイツでも、またたぶん他の国でもそうだろうが、ちょうど一三人の招待客からなる晩餐会は不吉だとされており、なぜかといえば、その場合誰かは分からないが一三人のうちの一人がその年のうちに死ぬのだという迷信があるからだが[135]、それは一二人の判事が着席している大テーブルがあって、そこにもう一人坐っている一三番目の人間はこれから判決を受けるはずの被告以外ではありえないのと似た話である。(私自身かつてこのような食事の席に居合わせたことがあって、そのときその家の奥さんが腰を降ろそうとしてこの縁起が悪いといわれている事態に気づき、すでに着席していた息子をそっと立たせて別の部屋で食事するようにいい付けたが、それはその場の楽しい雰囲気を壊さないようにと配慮したからだと思われる。）——しかしまた何らかの事象に関してただ単純に数字が大きいというだけで人々がその事象に満足する場合であっても、数えてみるとその数字が十進法に合致した桁数にぴたっと合っていないと（つまりもともと気まぐれな切り方だと）それだけで怪訝《けげん》な気持ちを起こすものである。だから中国の皇帝が九九九艘の舟からなる艦隊を建軍することになったとき、人々はこの数字について秘かに、なぜもう一艘増やさないのだろうと訝《いぶか》しがったのである。たとえ、それはちょうどこの数の舟で皇帝のご使用には十分だからであるという類いの返答がありうるにしても、そもそも疑問の眼目は使用目的にあるのでなく、ただ一種神秘的な数字にあったのだ。(136)——誰かがけちとペテンで九万ターレルの財産を現金で築きあげたのにまだ安心できず、一〇万ターレルをちゃんと貯めるまでは一銭も使わないことにし、そのために絞首台そのもので儲ける訳にはいかないにしても、たぶん少なくとも絞首台を利用するぐらいのことはするだろうという話は珍しいことではないとはいえ、やはり不愉快な話である。

人間は熟年に達してさえもし感性の手綱に牽きずられっぱなしだとすると、どんなに子供っぽい状態に落ち込むことであろうか。われわれとしてはそろそろ、人間がどこまでも悟性の光に照らされて道を歩むとしたらどのていど人間は進歩するのか、それとも大して進歩しないものなのかをこの目で確かめてみたいところである。

# 悟性に根拠をおくかぎりでの認識能力について

## 分　類

**§40**　思考する(何かを概念によって表象する)能力としての悟性はまた上位の認識能力と呼ばれるが(下位の認識能力としての感性と区別するために)、それは、直観(純粋直観であれ経験的直観であれ)の能力がただ諸対象における個別的なものを含むだけであるのに対して、概念の能力は諸対象の表象における普遍的なもの、つまり規則を含んでおり、客観の認識の統一を生み出すためにはこの規則の下に感性的直観の多様が従わなければならないからである。――それゆえもちろんたしかに悟性の方が感性よりも身分が高いのであって、悟性を欠く動物は親から受け継いだ本能に従いつつ感性だけで何とか間に合わせることができるのだが、それはちょうど元首のいない国民と似ている。これと反対に、国民のいない元首(感性のない悟性)には何もなす能力がない。それゆえ両者のあいだには一方が上位で他方が下位と名づけられてはいても、順位争いは起こらない。

しかしまた悟性という言葉は特殊な意味でも使われるのであって、というのは別の分類法によればこの悟性は特殊な一構成員として他の二つの構成員と合わせて、普遍的な意味における〔広義の〕悟性の下に組みこまれるからだが、こうして上位の認識能力〔広義の悟性〕は(実質的にいえば、いい換えれば、能力そのものを切り離して見るのではなく対象の認識との関連で考察するならば)悟性、判断力、理性から成り立つ。――さてこのあと、人間に関する考察を進め、こうした心の才がどう配分されているか、あるいは通常それをどのように使ったり誤用したりし

V 107　C 85 P 99　A 197 W 506

ているかという点で人間のあいだにどんな相違があるかについて、まず健康な魂の場合を、ついで心の病いの場合を考察してみよう。

## 上位の三つの認識能力相互の人間学的な比較

**§41** 的確な悟性とは、概念の豊富さをひけらかすような悟性というよりも、むしろ概念が対象の認識にぴったっとはまるという点で光っており、それゆえ真理を把握する能力と手際よさを含んでいるような悟性をいう。頭のなかに概念をいっぱい詰め込んでいて、それらが人々が彼から聞きたがっていることと大枠で似たところに落ち着きはするが、しかし客観と適合していない、つまり客観の規定としてはまっていない、という輩《やから》はけっこういるものだ。広い範囲にわたって概念を蓄え、さらにはそれを巧妙にこなすことさえできるのはこうした連中なのだ。的確な悟性は、通常の認識に必要な概念が足りている場合、健全な(家庭生活に間に合う)悟性〔常識〕と呼ばれる。こうした悟性はユヴェナリスに出てくる警官に賛同して、「分別があるというだけで私には十分であって、それ以上に――アルケシラオスや悩み多きソロンのようでありたいとは望まない Quod sapio, satis est mihi, non ego curo―esse quod Arcesilas aerumnosique Solones.」というだろう。[137] このように、ひたすら素直で的確な悟性という自然な天分は自分に任された知識の範囲内でおとなしくしているだろうし、またそういう悟性に恵まれた人間が謙虚に振る舞うだろうことはいうまでもない。

**§42** 悟性という言葉で、規則を認識する(つまり概念によって認識する)能力一般が考えられ、したがって悟性が上位の認識能力全体を包括している場合には、その下に理解されるべき規則は、自然の本能に駆り立てられる動物に見られるのと同じように人間が振る舞っている際に従っているような、自然によって人間が導かれるときの規則ではなく、ただ人間が自力で作る規則だけである。単に覚えてあとは記憶に委ねるといったことは、ただ機械的に(再生産的構想力の法則に則って)なされるにすぎず、悟性なしでできる。一定の決まり文句によって挨拶しなければならないだけの召使いは悟性を必要としないのであり、いい換えれば自分で考える必要がないのだが、しかし主人が不在で、彼が主人の家の家事家計のいっさいを切りもりしなければならなくなると、たしかに彼にも自分で考える必要が出てくる。そういう場合には、前もって杓子定規に指図しておけないような臨機応変の規則がいろいろと必要になるだろうからである。

的確な悟性、熟練の判断力、深遠な理性の三つが知性的な認識能力の外延全体を構成する。とりわけ知性的な認識能力がまた実践的なものを促進するにも役立つ、つまり目的実現にも役立つと評価される場合には、これらの点が大事となる。

的確な悟性は、その働きによって概念が使用目的にぴたっとはまるかぎりで健全な悟性である。とすると実は、十分であること(sufficientia 充足)と正確であること(praecisio 鮮明)とが統一して適合性〔ぴたっとはまること〕を形成する、つまり概念が対象の要求するよりも多くもなく少なくもない規定を含むという状態(conceptus rem adaequans 事象に適合した概念)を形成するのであるから、的確な悟性こそが知性的な諸能力の中で第一の、最も主要な能力であるということになるのであって、それはまた悟性が最小の手段で自分の目的を満足させるからである。

悪巧みの才、つまり陰謀にたけた才覚はしばしば、悪用されたケースであるとはいえ偉大な悟性だと見なされる。

だがこの才覚は本当はきわめて視野の狭い人間の思考法にすぎないのであって、一見するとそのように思考すること自体が利口であるように見えるけれども、悪巧みと利口との間には雲泥の差がある。というのも誠実な人間を欺くことができるのは一回かぎりであって、そのあとはずるい人間のもともとの意図からすると事態はきわめて不利になるからである。

規則ずくめの指示に縛られている召使いや国家公務員は、悟性を持ってさえいれば済む。(138) これに対して将校は、自分に課された任務に対してただ一般的な規則を前もって指図されているだけであり、眼前の事態に直面して何をなすべきかは自分で決定するよう任されているのだから、判断力を必要とする。これに対して将軍は、様々な可能的事態を考慮してそれぞれに適した規則を自分で考案しなければならないので、理性を持っていなければいけない。――対応の中味が種々異なるに応じてそれに必要な才能も種々異なってくるのだ。「補佐役としては光彩を放っていても、トップに立つとくすんでしまう器の者が少なくない。」(Tel brille au second rang, qui s'éclipse au premier.)(139)

利口ぶるのは悟性を持っている証しにはならないし、スウェーデンのクリスティーナ女王(140)のように知ったかぶって様々な格率を並べたてるのに行動はこれと矛盾している、というのは理性的であるとはいえない。――これと似たような事情がイギリス国王チャールズ二世とロチェスター伯爵のやりとりに残されていて、伯爵がひどく物思いに沈んだ様子をしているところに王が通りかかって「貴殿はいったい何をそんなに真剣に憂えておるのか」と質問なさったとき、伯爵は王にこう答えたのであった。――「陛下の墓碑銘を思いついたところです。」――「それはどんな風じゃ。」――「ここに国王チャールズ二世永眠す。彼は生前多くの賢いことを口になさったが、何一つ賢いことをなさらなかった。(141)」

社交の席でずっと押し黙っていてごくたまに至極平凡な意見しかいわないのは、一見すると分別〔悟性〕ありげに見えるのだが、それは(古風なドイツ人の)ほどほどに粗野な態度が質実さと勘違いされるのと大差ない。

＊　＊　＊

さて自然な〔狭義の〕悟性は教えこんでいけば〔経験〕概念をさらに豊かに蓄えることができるし、また様々な規則を開拓することが可能である。しかし第二の知的能力、すなわち何かが規則の事例であるのかどうかを判別する能力、つまり判断力(iudicium 判別力)は教えこむことができず、ただ訓練することができるだけである。それゆえ判断力の成長は成熟と呼ばれ、また年月を経ないうちは身につかない〔転義の〕悟性と呼ばれるのである。第二の知的能力がこのようなもの以外ではありえないのは、また容易に理解することができる。というのは、教えこむことは規則の伝達によって成立するからである。つまりもし判断力のための教則があるというのであれば、何かが規則の事例であるかどうかを判別することができるための普遍的な規則が存在しなければならないことになるが、これでは無限に問いを繰り返すことになるからである。だからこそ第二の知的能力は、年月を経ないうちは身につかない悟性ともいわれるのだ。こうした悟性は個々人の長年の経験に基礎をおいており、そこでこうした判断はフランス共和国のような国でさえもいわゆる元老と呼ばれる人たちから構成される議会〔元老院〕に仰ぐほどである。

この判断力という能力は、何か実行可能なもの、何か調和を感じさせるもの、さらには何らかの作法に叶う態度(それぞれ技術的判断力、美感的判断力、実践的判断力に対応する)を問題とするだけであって、拡張をこととする能力〔理性〕のように人間を眩惑するようなことはしない。(142) というのは判断力は健全な悟性をひたすら側面から援助して、悟性と理性が連携する際の仲介者の役を務めるだけだからである。

**§43** 悟性が規則の能力であり、判断力がこの規則の事例に当るような特殊なものを発見する能力であるとすれば、理性とは、普遍的なものから特殊なものを推論し、それゆえこれを原理に則りながら必然的なものとして表象する能力である。——だからまた理性は、原則に従って判断し(実践的な局面では)原則に則って行為する能力〔判断力〕を通して解明することができる。いかなる道徳的判断においても(それゆえまた宗教においても)人間は理性を必要とするのであって、教会法とか定着している慣習とかを頼りとすることはできない。——理念とは、経験のなかにそれに適合した対象をまったく見いだすことができないような、〔純粋〕理性概念である。理念は(空間的時間的直観のような)直観でもなく、(幸福論が求めるような)感情でもないが、それはこれら二つが感性に属するからである。正しくは理念は何らかの完全性に関する概念であって、完全性とは人間にとって、どこまでも接近することができるがけっして十全には到達できないものなのである。

詭弁を弄する(健全な理性なしに)のは究極目的から外れた理性の使い方であって、一部は無能力に起因し、一部は視点の立て方のずれに起因する。理性的に狂う(143) というのは、考え方の形式からするとたしかに原理に則ってやっているが、しかし実質あるいは目的から見ると目的にまったく反した手段を用いる、という意味である。

部下が詭弁を弄する(理屈をこねる)ことは許されないのであって、それは、行動が準拠すべき原理はしばしば部下には隠しておかなければならないからであり、少なくとも漠然としたままにしておく必要があるからである。反対に司令官(将軍)は理性を持っていなければならないが、それは、生じる可能性のあるすべての事態に対して対処できるような訓令をあらかじめ将軍に授けておくなどということは不可能だからである。しかし宗教の局面でいえば、いわゆる平信徒(Laicus 在俗信者)は宗教を道徳と見なして尊重しなければいけないから、自分自身の理性を使うのでなく配属された牧師(Clericus 聖職者)に、それゆえ他人の理性に従うべきだというとしたら、それは不当な要求であって、というのは道徳的な事柄では各人は自分のなすことには自分で責任を負わなければならず、また牧師は平信徒たちの行ないについて自分自身に責任が及ぶのを覚悟の上で弁明を引き受けてまではくれないだろうし、たとえそういうことがたまに見られるとしても、先の事情に変わりはないからである。

ところが道徳が問題である場合でも、人々は自分一個人の問題としていま以上に確実な安心を手に入れるために、理性を自分で使用することをすべて放棄して聖職者が語る慣習的な教会法に唯々諾々と受動的に服するという態度に傾きがちである。しかし彼らがそうするのは、自分たちに見識力が欠けているという感情からというよりも(というのはあらゆる宗教に本質的なものはやはり道徳であって、道徳はどんな人間にもただちに自ずと分かることだから)、むしろずるい考えからであって、それは一つには、ひょっとして道徳的にいって自分たちに何か疚《やま》しいところがありそうな場合にその罪を他人になすりつけることができるようにという魂胆から、また一つにはとりわけ道徳という、偶像崇拝よりはずっと気の重い本質的なもの(心を入れ替えること)を、お茶を濁して何とか回避するためなのだ。

賢知とは理性を実践的に、法則にかなって完全に使用する境地を指す理念であるが、これを各自に要求するのは人間にとってたしかにいささか酷な話である。しかしこれを他人から授けてもらうことはたとえ最小限度であってもできない相談であって、人間はこれを自分自身の内から形成するのでなければならない。賢知に達しようと決めたとすると、そこに至るまでを導いてくれる格率が三つある。それは、㈠自分で考える、㈡(他者と交流する場合には)その他者の立場を考える、㈢常に自分自身に矛盾するところがないように考える、の三つである。

人間が自分の理性を十全に使いこなすようになる年齢は、熟練(任意の企てを達成するための技術的能力)の点からいうとだいたい二〇歳が目安であり、利口(他人を自分の企てのために利用する)という点では四〇歳、最後に賢知に達する年代はほぼ六〇歳と設定することができる。(144) とはいえ第三の段階に達したとしても賢知は多分に消極的であって、せいぜいその前の二つの段階がすべて愚かの連続であったと達観するのが関の山である。ここに至って人はようやく「自分は正真正銘善く生きるべきであったといま初めて自覚したとたんにそろそろ死なねばならないとは、残念なことだ(145)」と口にできるようになるのだが、しかしこうした反省ですらもまた滅多にはなされることはない。というのも、仕事の面でも飲み食いの面でも人生から価値が薄らげば薄らぐほど、かえって人生に対する執着が強くなるからである。

**§44** (規則における)普遍的なものに対応する特殊なものを発見する能力が判断力であるのに対して、特殊なものに対応する普遍的なものを考案する能力が機知(ingenium 才知)である。(146) 第一の能力は、多様であって部分的に同一であるものに隠れている相違に気づくことを仕事としている。第二の能力は、多様であって部分的に異なっているものに隠れた同一性に関わる。――両者に共通して一番目立つのは、どんなに小さな類似点にも、あるいはどんなに小さな相違点にも気づく、という才能である。そうした能力は識別力(acumen 鋭敏さ)といわれ、この種の察知は緻密と呼ばれるが、これがしかし認識を拡げてくれない場合には空虚な揚げ足取りとか無駄な拘りすぎ(vanae argutationes 虚しいお喋り)と呼ばれ、(147) 必ずしも悟性一般を不正使用しているとはいえないまでも、悟性一般を無駄に使っているという罪に問われることになる。――それゆえ識別力は単に判断力に関わっているだけでなく、当然また機知の方にも含まれている。ただしこれが功績ありと認められるとすれば、判断力の場合はどちらかといえば正確さ(cognitio exacta 精確な識別)のためという理由が大きく、機知の場合はむしろ秀でた頭脳の豊穣さのためであって、それゆえまた機知は花盛りとも形容されるのである。そして自然は花の季節には戯れに励んでいるように見え、対照的に実りの季節には仕事に勤《いそ》しんでいるように見えるのと同じように、機知に見られる才は判断力に含まれている才よりも(理性の目的に照らして)一段地位が低いと見なされる。――平凡で健全な悟性〔常識〕は機知にも識別力にも縁遠く、両者が一種の頭脳の贅沢を提供してくれるのに比して、本当に必要なものだけでやりくりして済ます。

## 認識能力に関するかぎりでの魂の弱さと病いについて

### A　一般的な分類

**§45**　認識能力の欠陥は、心の弱さであるか心の病い〔精神病〕であるかのどちらかである。認識能力に関する魂の病気は二つの主要な種類に分類することができる。第一の種類は鬱病(心気症)であり、第二の種類は狂気(躁病)である。前者においては患者は自分の思考の流れが正常に運んでいないことをちゃんと自覚しているのであって、それは自分の理性が自分自身に対して思考の進行を正し、それを抑止したり鼓舞したりする力を十分に発揮していないのが分かるからである。場違いな喜悦と時を外した落胆とが交互に訪れ、それゆえ変化する天気をそのまま受

P105　C90　V114　A202　W513

容せざるをえないのと同じで、気分が自分の中で交替するのである。——後者〔狂気〕では自分の思考が勝手気ままに流れ、そこには自分固有の(主観的な)規則があるにはあるのだが、この規則が経験法則と調和した(客観的な)諸規則に逆行しているのである。

感官表象に関していうと、狂気は狂乱か狂想かのどちらかである。判断力が不合理な場合の狂気は錯乱と呼ばれ、理性が不合理な場合の狂気は気違いと呼ばれる。構想〔空想〕するごとに経験法則との比較が常習的に中断する(目覚めながら夢を見る)者は、空想病者(妄想病者)である。空想病者が興奮を伴ってくると、熱狂病者といわれる。空想病者が不意に発作に襲われることを、空想の襲来と呼ぶ(raptus 劇的発作)。

愚か、愚鈍、馬鹿、阿呆、頓馬、間抜けは程度の点からだけでなく、心の変調の質の違いの点でも狂人から区別され[148]、どこかおかしいのは確かだが、まだ精神病院に収容するほどではないのであって、というのは精神病院というのは年齢からして成人であり身体も頑強なのに、最低限の身の周りのことを整えるためにも他人の理性に頼らなくてはならない人たちの入るところだからである。——興奮にかられた狂想は癲狂であり、しばしば独創的であることもあるが、しかし思わぬときに急に襲ってくることがあり、そうすると詩人の恍惚状態(furor poeticus 詩作に熱中)と同様に、天才すれすれになる。これよりは軽いが不規則にさまざまな想念が湧いてくる発作は、それが理性を巻き込むかぎり、夢想と呼ばれる。もはや実現の可能性はないのに同じ一つの想念に囚われてぼんやり考え続けるのは、無言の精神異常であって、例えばもうこの世に呼び戻せるはずもないのに死んだ夫のことを想い続けて、苦悩すること自体に慰みを求めている女性の場合とかがこれにあたる。——迷信はどちらかといえば狂想と、夢想は錯乱と同じと見るべきであろう。この錯乱という頭の病気はまた(表現を和らげて)興奮症とか、奇人と呼ばれることも多い。

高熱にうなされてうわごとをいうとか、ときおり暴れる狂人をじっと見つめるだけで強い構想力が働いて引き起こされる、癲癇症に似た共感性の狂暴な発作とかは一過性のものだから、まだ精神異常には入らない(だからまた恐いもの見たさに訴えて、神経がとても繊細な人にこうした不幸な人々の閉じこめられた部屋を訪れるよう勧めてはいけない)。――しかし偏屈屋と呼ばれる者は(これは心の病いではない。というのは偏屈屋は普通、内的感官がひねくれて気難しくなった状態と理解されるから)、大部分が狂想と紙一重の高慢であって、こういう人間は、自分以外の連中は自分と比べて皆恥を知れ、と罵るのだが、これは彼本来の(精神異常者のものと似ている)意図にまったく反している。というのも、いわれた方としてはまさにこの馬鹿げた要求に刺激されて、彼の自惚れをあらんかぎりの方法でへし折り、彼をいじめ抜いて曝し者にし、その侮辱的な愚行を物笑いの種にしてしまう結果となるからである。――これよりも軽症なのが妄念〔こおろぎ病〕(marotte こおろぎ)といわれているもので、当人にはまるで一匹のこおろぎが頭のなかでころころと鳴いているように思われるのに、本人以外には誰にも聴こえないのであって、この虫は誰もが自分で飼っているなどとは思慮深い人の誰からも〔経験認識の〕原則として認知されないけれど、世間には流布している原則であり、その例としては予感の才とか、ソクラテスの守護霊と同様の一種の霊感とか、言葉ではいい表わせないが経験によって確証されていると称されるある種の感知とかがあり、これらは順番に、交感、直感的禁止、特異体質的嫌悪感(qualitates occultae 隠れた性質)とも呼ばれている。――健全な悟性の限界を越えたあらゆる逸脱のなかで最も罪の軽いものは、道楽〔おもちゃの馬〕[149]であり、つまり悟性としては慰みのためにただ戯れているだけの対象に、構想力としてはあたかも仕事に対するかのように精を尽くして没頭するという得意芸であって、いわば〈多忙な無為〉といったところである。[150] すでに隠退して金もあるといった老人にとって、いわば憂いのない幼年時代に再び戻ったようなこうした心の境地は、ただ生命力を常に生き生きと保つための健康的な刺激として有効であるというだけでなく、加えて微笑ましくもありつい笑ってしまうこともあるが、笑われた方も機嫌よく一緒に笑うことができるのである。――しかしまた若者や仕事に忙しい人々にとってもこうした素人馬術〔道楽〕は気晴らしとして役に立つのであって、このように少しも罪のない愚行を真顔になってやかましく咎《とが》めるような石頭には、スターンの次の忠告が役に立つ。「誰かがおもちゃの馬にまたがって町の通りをあっちこっち乗り回しているからといって、お前に後に乗れよって強制しないかぎりは放っときなさいよ。[151]」

P108　A204　V117

## B　認識能力における心の弱さについて

**§46**　機知に欠ける者は鈍感な頭脳(obtusum caput 鈍い頭)である。ところがその彼が、悟性や理性が主役となる局面では、きわめて優れた頭脳となることがある。だからこういう人間に詩人を演じるよう期待してはいけないのであって、そのいい例がクラヴィウス[152]であった。彼はまったく詩を書くことができなかったので、学校の先生の判断によってすんでのところで鍛冶屋に丁稚として預けられるばかりであったのだが、数学の本を手にしたとたん偉大な数学者に変身したのである。――理解がのろい頭脳も、それだけではまだ頭が弱いとは決めつけられない。逆に概念のさばきが敏捷な頭脳といえども必ずしも深遠な頭脳とは限らず、しばしば驚くほど浅薄であったりする。

W516

判断力が欠けていてそのうえ機知もないという場合を馬鹿(stupiditas 蒙昧)という。判断力は欠如しているが機知はあるというのはたわけという。――商売で判断力を発揮する人を如才ないといい、その際同時に機知もあると

C93
V118

すれば、その人は利口なと形容される。――駄洒落を連発するのであれ詭弁を弄するのであれ、こうした特性の一つを単に装うだけの人間は、不快な輩である。――人は損をして利口になっていく。だが他人に損をさせそれでもって利口にしてあげることができるほどにこの方面での教育に成果を積んだ人間は、あくどいという。――ある学者が「馬は夜も餌を食べるのでしょうか」と質問したとき、さるご婦人は「あら、これほど学のおありな方がこうもお馬鹿でいらっしゃるなんて」と返事をしていたが、無知は馬鹿とはいえない。ふつうは〔自然か他人から何かを教えてもらうために〕どのようにうまく質問すべきかを弁えてさえいれば、それだけでその人間が優れた悟性の持ち主であることの証明となるのである。

愚かとは自分の悟性によってそれほどたくさんは理解することができない人をいう。だからといって、彼が誤って理解しているのでないかぎり、彼のことを馬鹿ということはできない。誠実だが馬鹿だ、というい方は〔失礼にもポンメルン地方出身の召使いのことをそのようにいう者がいるが〕間違っているし決定的に咎められるべき判断である。これが間違っているというのは、誠実〔原則から義務を遵守すること〕[153]は〔認識能力の領域でなく〕実践理性の話だからである。これが決定的に咎められるべきだというのは、この判断には、人間は人を欺く才能が自分にあると感じさえすれば他人を欺くだろうし、誰かが他人を欺かないのは単にその能力が欠けているからにすぎないはずだ、という考えが前提になっているからである。――だから、「彼は火薬を発明しなかった、だから祖国を裏切らないだろう、だから魔法使いではない」という諺は、「われわれが知っている人間の意志が善であると前提しても安心できず、彼らには〔裏切る〕能力がないと知って初めて安心できる」という反人間的な原則を洩らしているのである。――そこでヒュームのいうところによれば[154]、トルコのスルタンが自分のハーレムを見張り役に任せるのはその連中の徳を信頼してのことではなく、彼らの(黒人の宦官《かんがん》ゆえの)不能に安心しているからなのである。——概念の容量がきわめて限られて(偏狭で)いてもまだ馬鹿とはいえないのであって、大事なのは概念の特性(原則)である。——人々が宝探し、錬金術師、宝籤売りの類いに騙されるのは、騙される連中が馬鹿だからではなく、それに見合った苦労を自分でしないで他人の褌《ふんどし》で金持ちになりたいという彼らの意志が邪悪だからである。ずるいこと、悪賢いこと、抜け目がないこと(versutia 狡猾、astutia 老獪)は、他人を騙す技能をいう。問題は、騙す側はすぐ騙される側よりも利口に違いなくしたがって後者は馬鹿であるのかどうか、というところにある。人を疑わない人間はすぐに他人を信用する(信頼し、信用貸しを許す)が、たしかにまた時として彼が詐欺師にとっていい鴨なので、きわめて無礼ではあるが間抜けと呼ばれ、諺にも「間抜けが市場にくると商人たちは喜ぶ」といわれる。私のことをいえば、これは誠実でかつまた利口なやり方であるとも思っているが、一度私を騙した人間は二度とけっして信用しないことにしている。[155] というのは、その人間は彼の〔実践的な〕原則に関して〔道徳的にいって〕腐っているからである。とはいっても、一人に騙されたからといって他の人間もいっさい信用しないことにするのは、人間嫌いという。本来からいえば騙す人間こそ間抜けである。——ところでもし詐欺師が突然大きな詐欺に引っ掛かって、もはや他人を信じるのも自分を信じるのも糞食らえだ、といった心境に変わるとしたらどうであろうか。この場合彼の外見上の性格はたしかに変わるだろうが、しかし中味はせいぜい、詐欺師の自分が騙されて嘲笑されたお返しとして相手の幸せな詐欺師を軽蔑するぐらいが関の山であって、彼の回心がこのあとずっと続くという保証は全然ない。[原注]

(原注)　われわれのあいだに混住しているパレスチナ人〔ユダヤ人〕は、〔紀元一世紀末のパレスチナからの〕追放以来身につけ

た高利貸し精神のせいで、彼らのほとんど大部分がそうなのだが、欺瞞的だという、根拠がなくもない世評を被ってきた。さて詐欺師からなる一民族というものを想像するのはどこか奇妙な感じがする。かといって商人だけからなる一民族があって、彼らのうちの大多数の者が、自分たちのいま住んでいる国家に容認してもらっている古くからの迷信〔ユダヤ教〕によって団結しながら、その国の市民としての栄誉を求めるのでなく、その点での不利を、保護を受けている国の国民を欺いたり、ときに自分たち同士をさえ欺くことによって得る利益によって償おうとする、というのも同様にまた奇妙な感じがする。ところが現実には(例えばポーランドのユダヤ人の社会がそうであるように)、社会における非生産的構成員としての商人たちだけから成り立つ一民族全体を見ると、事情はまったくこの通りである。しかしたとえ彼らがわれわれキリスト教徒との取引で「客よ、〔お前の方こそ〕気をつけろ」という格言を自分たちの道徳の最上原則としているにしても、彼らの古くからの教義によって神聖視された体制は、彼らといっしょに暮らしている(一定の聖なる書物〔『旧約聖書』〕を共有している)われわれ〔キリスト教徒〕によって認知されさえしている訳だから、〔奇妙だからといって、〕言行不一致を犯すのでないかぎり廃めさせる訳にはいかない。――そこでこの民族を欺瞞と誠実という観点に関して道徳化するという無駄な計画を練るかわりに、私はむしろこの風変わりな体制(つまり商人だけからなる民族という)の起源について自分なりの推測を述べてみたい。――――古代最初期においてインドとの交易によって、富はインドから陸路を経て地中海の西岸まで、つまりフェニキア(ここの一画をパレスチナが占める)の港へと運ばれてきた。――ところで富はこれ以外にも、例えばパルミュラとか少しあとにはティルス、シドンといった他の土地を経由し、あるいはまた多少回り道をして海〔紅海〕を渡ってエジオン・ゲベルやエラテといった町を通ることができたし、さらにはアラビアの海岸から大テーベに向かい、その後エジプトを通ってかのシリアの海岸へとその経路をたどることもできた。しかしエルサレムが首都であったパレスチナはその場合にもキャラバン交易にきわめて有利な位置にあった。思うに昔日のソロモン[156]の栄華の奇跡もその結果であって、この国の界隈にはローマ時代に下ってさえも商人が満ちあふれていたが、パレスチナ人たちはこの町が破壊された[157]あと、同じ言語と信仰を抱く他国の商人たちとすでに以前から広範な取引関係を結んでいたので、自分たちの言語と信仰を携えて次第にはるか遠く隔たった国々へと(ヨーロッパへと)拡散していきながら彼らとの連携を保ちつづけ、流れついた国々からは自分たちの商売による利便さと引

W518　A206　V120　C95 P111　W519

き替えに保護を受けることができたのであった。――こうして彼らは宗教と言語によって統一しながら全世界へと散らばっていったのだが、[158] それをこの民族に降りかかった呪いのせいとするべきではまったくなく、むしろ祝福と見なさなければならないのであって、それはわけても現在彼らの富を個々人で評価すれば、人口が同じくらいの他のいかなる国民の富をもほぼ間違いなく凌駕しているからである。

**§47** 気が散る(distractio 分散)とは、注意力が分割されて、今意識を支配している何らかの表象から他の異種の表象へと注意が逸らされる(abstractio 奪去)状態をいう。これが意図的な場合、気分転換と呼ばれる。しかし不随意的な場合は、心ここにあらず〔放心〕(absentia 不在)という。

再生産的な構想力が働いて、何か一つの表象に心が釘づけにされ、そこに注意力をじっと集中し、その表象から離れることができない、つまり構想力の向きを再び自由に変えることができないというのも、一つの心の弱さである。こうした症状が常習化し、いつも一つの同じ対象に心を奪われるようになると、それが昂進して妄念となることがある。社交の席で放心するのは礼儀に悖《もと》るし、またしばしば滑稽でもある。御婦人たちは書物の世界に浸っておられるのでないかぎり、[159] 通常はこうした発作に襲われることはない。食事の際召使が放心状態で給仕している場合、通例彼は頭のなかで何か悪いことを企んでいるか、それとも企みの成り行きを心配しているかのどちらかである。[160]

しかし気分転換すること、つまり固着した再生産的構想力を意図的に方向転換しようと図ることは、例えば聖職者が説教をそらでやり終えたあと頭のなかに残っている興奮を沈めようとするときなど、心の健康のために必要な、あるていど技巧的な予防対策である。同じ一つの事柄について長時間熟考していると、いわば残響のようなものがあとを引くものであるが(ちょうどダンスのために同じ曲が何回もアンコールされるような場合、パーティから帰宅する人たちの耳の底にいつまでもその曲が鳴っているのと同様に、あるいは子供たちが一つの同じいい回しbon motを、とくにそれが調子よく聞こえる場合、飽きずにずっと繰り返すことがあるのに似て)、――この残響は私の場合本当をいうと頭に煩わしいものであって、例えば[161]新聞を読むなどして注意力を他の対象に転じることで気分転換してようやく直すことができるのである。――何か新しい仕事に取り掛かる準備としていったん気を取り直すこと(collectio animi 元気の回復)は、魂の力の平衡を回復してくれ、ひいては心の健康を促進してくれる。それには社交での――演劇と同じように――変化に富んだ話題でいっぱいの歓談が最も有効な手段である。とはいえ話題は、前後の着想の自然なつながりが見失われるほどあっちこっちと脈絡なく変転するのではいけない。というのは、そうなるとその社交は各自放心状態のうちにお開きになるからで、つまりその晩の百番目の話題と千番目の話題がごっちゃになって話の統一性が完全に見失われ、その結果自分の心が混乱していることに気づいて、さきほどまでの気分転換から脱するために何か別の新しい気分転換が必要となるからである。

　ここから、仕事に忙しい人たちが心の諸力を集中するために気分転換を図ろうとする場合、彼らはそれぞれ一つずつ心の養生法と称すべき(並大抵でない)技法を身につけていることが分かる。――しかし、自分の思考力を集中する、いい換えればそれを任意の意図に従って活用する準備を整えるといっても、不適切な場所で、例えば所用で他人と接しているときにその場に構わず一心不乱に自分の考えに没頭し、そのあいだまわりの状況のことになどまったく注意を払わないといった場合、その場の者としては彼にミスターぼんやりとあだ名をつけて大目に見るどころではなく、できることといえばその心ここにあらず状態を厳しく咎めることしかないのであるが、これが社交の

V 122
W520
P 113
A 208

席の話であってももちろん相当に不作法の部類に入る。——このように、気分転換を図りながらしかもけっして放心状態に陥らないということは、並大抵でない技法なのである。放心が常態化すると、この症状に陥っている人間には夢見る人の外貌が認められるようになり、社交の席では鼻つまみ者扱いされることになるが、というのも、そうなった人間は理性的な秩序らしきもののかけらすらない構想力に盲目的に身を委ね、自分勝手な戯れ〔遊び〕に浸っているからだ。——小説を読み耽ると心に様々な変調をきたすだけでなく、また放心が常態化するという結果を生む。というのは、本当の話を伝える場合には必ず何らかの意味で筋が通っているのでなければならないが、小説を読む場合は、(多少の誇張が入るにしても)現にいそうな様々な人物模様が描写されているのでたしかにまるで本当の話の場合のように一つの筋が想像されていく一方、しかし同時に、読んでいるあいだに心はついでに脱線を楽しむ余裕も与えられている(つまりストーリーとは関係のないことを思い巡らす)せいで頭のなかの想像の流れが断片的となり、その結果同じ一つの対象についての表象が散漫に(sparsim ばらばらに)なって、悟性の統一に則って繋ぎ合わされる(conjunctim 一致して)のでなくて心のなかで戯れることになるからである。説教壇に登った牧師とか講義室に立った大学教師、あるいはまた検事とか弁護士が(即席で)自由に説教ないし講義ないし弁述する場合、ときおり話の途中で落ち着きを取り戻す必要が生じるものであるが、その際に守らなければならない留意点が三つある。第一に、話を明確に思い浮べるために、自分が現在話していることに注意を払うよう留意すること、第二に、自分がそれまで何を話したかを振り返るよう留意すること、第三に、自分がまさにこれから何を話すつもりでいるかをあらかじめ見通しておくよう留意すること。というのは、これら三カ条のうちの一つでも怠ると、つまり三つの留意点をこの順番どおりにきちっと守るのでないと、自分自身も聞き手もしくは読者も放心状態に陥ることになり、いつもなら優れた頭脳の持ち主であっても、〈あいつ今日は頭が混乱しているな〉といわれても仕方がないはめに陥るからである。

**§48** それ自体としては(心の弱さのない)健全な悟性にも、それの執行という点から弱さ〔無能力〕が伴う場合があり、この場合相応の成熟段階にまで成長するための猶予期間を与えられるか、もしくは市民としての資格用件に関して自分の人格を他人の人格によって代理してもらうかのいずれかが必要となる。他の点では健全な人間が市民社会生活を送るうえで自分の悟性を自分で使いこなす段になると(自然にまたは法律上)無能力となる場合を、未成育という。これが年齢の未成熟による場合、未成年(未丁年)といわれる。しかしそれが市民としての用件に関わる法律制度に基づく場合は、法的未成育、あるいは市民的未成育と呼ぶことができる。

子供は当然未成育であり、自ずと彼らの両親がその後見人となる。女性は年齢に関係なく市民として未成育であると宣告されている。したがって当然妻の財産管理人は夫である。しかし妻が夫とは別に財産を持って生活している場合には、彼女の財産管理人は別の男が務める。――なぜなら、たしかに女性には女という性の本性からして弁才が物をいうとなったらたとえ法廷の場でも(私のものと君のもの〔私的所有権〕に関して)自分と夫の弁護をするほどであり、したがって女性は文字どおり成育過剰であるとさえ宣告することもできるぐらいであるが[162]、にもかかわらず、戦争に出掛けるのは女という性の仕事でないのと同じように、女性たちには自分の権利を自分自身で守ることができず、また国家市民としての用件も自分自身ではなくただ代理人を通してしか処置することができないからである。ただしこの公的な弁護に関する法律上の未成育の見返りとして、女性は家庭内の事柄全般に関してはその分大きな権限を持つ。なぜならば家庭内ではより弱い者の権利〔弱者の権利〕が生じるからであって、男性は本性からしてこの権利を尊重し擁護することが元来自分の天職であると弁《わきま》えているからである。

ところでいかにそれが自分で自分の尊厳を汚すものであるにしても、自分から望んで未成育となることはきわめて安楽なことであって、すると他方で当然のごとく、群衆のこうした御し易さ（彼らは自分自身の手で団結するのが苦手なのだ）を利用する術を弁えており、他人の指導なしに自分の悟性を自分で使うことがどんなに大きな危険でありまさに致命的なものかと彼らにいい聞かせるすべを知っているほどの頭脳の持ち主が必ず控えているものである。[163] 国家元首は自分を国父と自認するが、その理由は、彼はどうしたら自分の臣民たちが幸せになることができるかを当人たちよりもよく理解しているからという点にあるといわれる。他方民衆は民衆自身の福利を口実として永久に未成育状態にとどまるよう宣告されているのであって、たとえアダム・スミスが国家元首について、彼こそが例外なしに全人類中最大の浪費家であるなどと無礼なことをいっているとしても、[164] 幾つかの国で〔民衆にむけて〕発布された贅沢禁止法（賢明な！）によってこの言葉は力強く反証されているのである。

聖職者は平の信者をその未成育状態に強力かつ永遠に引き止める。それは、天国に行くのにたどらなければならない道に関して民衆には一切発言権がなくまた判断もできないから、という理由による。天国に行くためには民衆自身が人間の目を働かせることは不必要なのだ。というのも、人類はすでに〔イエスによって〕導かれることになっているからだが、たとえ彼らに自分の目で確認せよと聖書が手渡されるにしても、同時に彼らはその指導者から、「私どもが聖書にこうありますと保証する以外のことを聖書のなかに読もうとしてはいけません」と警告されているのだ。一般に、他人の支配の下に人間を機械的に管理することが、法秩序を守るに最も確実な手段なのである。

学者は家事全般については通常妻に任せきりで、自分は喜んで未成育状態に甘んじているものである。本に埋も

W523　V125　A210　C99 P116

れていたどこかの学者は、召使いが駆け込んできて、どこそこの部屋が火事ですと叫んだとき、「そういうことは家内の仕事だということぐらいお前も知っているだろうに」と返事したそうだ。——最後にまた、成育状態に達して久しくても、浪費家の場合国家の手によって市民としては未成年状態に戻す措置をとるという事態が発生しうるのであって、例えばこの浪費家が法律上は成年に達したあとも、自分の財産管理の面で悟性の脆弱さを露呈してしまい、その点で彼がまだ子供である、ないし白痴同然であることがばれてしまう、といった場合である。しかしこの件に関しての判断は人間学の領域外の話である。[165]

**§49**[166]　愚か(hebes 鈍い)とは、焼きを入れてないナイフとか斧に似て、何も教え込むことのできない者、つまり覚える能力のない者のことである。ただ他人を真似るのが巧みなだけの者は猿真似小僧と呼ばれる。対照的に自分自身が精神的ないし技術的な作品の創作者となることのできる者は、才人と呼ばれる。天真爛漫 Einfalt(きざの反対)は愚か einfältig と〔単語は似ているが〕全然別であって、これについては「完全な技巧は再び自然に戻る」[167]といわれ、歳を取ってからしか到達できない。つまりこれは、手段を省いて——回り道しないで——まったく同じ目的に到達する能力なのだ。こうした才の持ち主(聖者)は、天真爛漫だからといって愚かとはまったく別者である。

馬鹿というのはとくに、判断力をまったく持っていないので仕事を任すことのできない者をいう。

頓馬とは無価値な目的のために価値のあるものを犠牲にしてしまう者のことで、例えば家の外で名声を得ようとして家庭の幸福を犠牲にするとかがこれにあたる。周りを侮辱するような頓馬を、浅はかという。[168]——逆に誰かのことを侮辱することなく頓馬と呼ぶのは可能であって、そもそも本人が自分でそうと認めることもあるぐらいだ。しかし面と向かって(ポープ流にいえば)悪人の手先の浅はか野郎と呼ばれたら、誰にしても平然と聞き逃すことはできない。(原注) 高慢は浅はかである。というのは第一に、他人に対して「私に比べてお前の方が劣っていると認めよ」と要求するのは頓馬であって、すると相手はいつも私の意図を挫くような反撃を私に仕掛けてくることになるからである。これはしかし結果としてただ嘲笑されるだけで済む。しかし第二に、この不遜な要求にはまた侮辱が含まれているから、それ相応の憎悪をもたらすことになる。女性に対して浅はかちゃんという言葉が使われるが、これには上記のようなきつい意味は含まれていない。なぜなら、男は女性の見栄っぱりな自惚れによっては侮辱されていたと感じないからだ。という訳で、浅はかというのは単に男の高慢という概念とだけ結びつくと思われる。――(一時的にであれ一生にわたってであれ)へまをして自分に不利を招く者(頓馬)を、彼に侮辱された訳でもないのに浅はかと呼ぶ、つまり彼を軽蔑するだけでなく彼に憎悪まで感じさえするときには、その憎悪の加わった軽蔑はまず人間性一般に対する侮辱であって、それがある他人に対して適用されたものと見なさねばならない。だがまたときに、当人自身の天下公認の得意芸がかえって仇《あだ》に働いた者が、たとえその結果本人だけに不利が及ぶのだとしても、浅はかと呼ばれることもある。ヴォルテールの父親のアルウェは、自慢にしていることが世間に知れわたっている二人の息子たちについてさる人から誉められたとき、次のように語った。「私は浅はかな奴を二人も息子に持ちまして、兄は散文で、弟は韻文で浅はかにもしくじったんです」(長男はジャンセニズムに身を投じて迫害を受け、次男はその風刺詩のためにバスティーユ監獄で罪滅ぼしをしなくてはならなかった)[169]。一般的にいうと、理性的なやり方でことを運ぶべきときに事物にいっそう大きな価値を置くのが頓馬で、自分自身により大きな価値を置くのが浅はかである。

(原注)　これとは違って、誰かの冗談に応じて「お前、利口じゃないよ」というとすれば、それは「君は冗談をいっているん

C100 A211 V127 W525
P118 V128
A210 P117 V126 W524

だね」とか「君は分別がないね」というい方に代わるちょっとくだけた表現である。——分別のある人間とは正しくかつ実践的に、しかしごく自然に判断する人間のことである。もともと分別のある人間が経験を積むと利口に、つまり悟性を技巧的に使いこなすのが巧みになるということは実際に見られることだが、しかし彼が分別のある人間に生まれたのはひたすら自然のおかげである。

A 211
V 127

ある男をお調子者とか阿呆と名づけるときにもまた、その基本に彼らは浅はかであって利口でないという概念が存する。前者は浅はかな若者のことで、後者は浅はかな老人を指すのであるが、両者ともやくざやごろつきの真似をしているのであって、その際両者の違いは、お調子者の方はまだしも同情を身に受けるが、阿呆の方は辛辣な冷笑を呼ぶというところにある。哲学者兼詩人であったある気の効いたドイツ人[170]は、フランス語でしゃれ者 fat とめかし屋 sot という呼び方(きざな奴 fou という共通の名で括られる)について一つの理解しやすい喩えを残してくれた。「前者は」と彼はいう、「これからパリに出掛ける前のドイツ人の若者のことで、後者はまさにパリからドイツに帰ってきたばかりの当人である」。

P 118
V 128
W525
W526

＊　　＊　　＊

心の能力が極端に弱くて、生命力を動物的に使用するのも覚束ないか(ヴァリス地方でのクレチン病患者たちのように[171])、あるいはまた、(鋸《のこぎり》を挽くとか、穴を掘る、といった)動物にさえ可能な外的行為を単純に機械的に真似するのもやっとといったていどである場合、いずれも白痴と呼ばれるが、これは魂の病いというよりもどちらかというと魂の欠如と名づけた方が当たっている。

A 212

## C　心の病いについて

**§50**　心の病いはすでに前に述べたように、[172]最も基本的には鬱病(心気症)と狂気(躁病)に分類される。鬱病〔こおろぎ病〕の名のいわれは、夜静かなときにこおろぎ(えんまこおろぎ)がころころと鳴く声に神経が集中してしまうこととの類比からくるが、あの鳴き声によって眠ろうとする際に必要な心の落ち着きが邪魔される〔狂わされる〕のである。ところで本質的にいって心気症のどこが病気かといえば、ある種の内的な身体感覚を感じても現実的に身体のなかに疾患が発見される訳ではないのに、むしろそういう欠陥があるかもしれないとむやみに心配するというところであり、こうした病人の本性が(動物にはない)特殊な性質のものであって、普通なら局所にその種の印象が湧くとしても意図的に無視するか、それとも気分転換をもたらす別の仕事によって無視すればその印象は薄らぐし、また無視することが習慣になればまったく訪れなくなるものなのに、逆にその印象に注意を集中してしまい、その結果その印象が強まってしまう、さらには永続的なものになってしまうのである。(原注) このようにして心気症すなわち鬱病は身体的な疾患を想像する原因となるのであって、当人もこれは想像に過ぎないと分っているのに、時おりどうしてもこれは何か現実のことだと感じてしまうことを避けることができず、あるいは逆に(例えばお腹を膨らます料理を食べたせいで、食事のあと胸焼けがする弊害のように)何か現実にもっている身体的弊害からありとあらゆる怪しげな外的事件を想像したり、自分の仕事に差し障りが生まれないだろうかと心配することが避けられないのであるが、それらは、例の腹の膨らみが完全に消化されたあとには止むのと同じように、まもなく消えるのである。――――心気症患者の妄想病者(空想病者)ぶりはこのうえなく哀れむべきものであって、自分の妄念を人から諫《いさ》められても強情にそれに固執するので、いつも医者はうんざりしながら彼を持て余し、結局彼は子供と同じなのだと見なして(薬の代わりにパンの中味を丸めた錠剤もどきを種にして)あやす以外に手がない(173)。またこの種の患者は不断に病弱気味でいるのでかえってけっして病気になることなどないのだが、医学書を開いたりすると、その本で読んだ症状が残らず自分の身体のどこかに感じられると思い込むので、もう完全に耐えられなくなるのだ。――こうした想像力〔構想力〕の病いの徴候としては、異常なほどの快活さ、冴えわたった機知、楽しげな高笑いが挙げられるが、患者は時おり自分がこうした状態に翻弄されているような感じに陥るもので、つまり絶えず筋が変わる芝居を演じている感じが彼の気分なのである。加えて、死ぬかもしれないという妄念に捉われて、いても立ってもいられないほどの子供じみた恐怖を抱くことが、この病気を助長する。こうした妄念を男らしく勇気をもって無視できない者は、人生を本当に楽しむことがけっしてできない。

A213 V130 C102 P120

(原注)　他の文献で注意したのだが(174)、ある種の苦痛を伴った感覚とそこからくる緊張から注意力を、何でもいいから思考のなかで適当に思い浮べた他の対象にずらすことがそういう感覚を防ぐのにたいへん効果的であり、その結果そういう感覚から発病に至るということが食い止められるのである。

A212 C101 P119 V129 W526 W527

さらには、狂気の限界ぎりぎり手前のところに位置するのが気分の突発的な転換(raptus 劇的発作)であるが、誰も予期しないところで一つの話題からまったく別の話題へと不意に脱線するのがこれにあたる。ときおりこれは上述した錯乱状態に先行し、あの症状の予告を務めることがあるが、しかし頭はすでに何度も逆立ちしているのだから、彼の場合こうした発作の無規則性が規則になるのである。――自殺はしばしば劇的発作の単なる結果として起こることがある。それは、興奮のあまり短気を起こして喉を掻き切った人物が、そのあとすぐに辛抱強く喉を縫

A213 C102 P120 V130 W528

い合わせてもらったりするところから分かる。

憂鬱症(melancholia 気鬱症)もまた不幸を単に狂想しているにすぎず、ふさぎ性の(悲嘆にくれる傾向が身についた)自虐的な人間が創作した狂想である可能性が高い。だから憂鬱症自体はたしかにまだ狂気ではないが、狂気に至ることもある。――余談だが、間違っているのによく耳にする表現の一つに、(例えばハウゼン教授[175]のことを)憂鬱な〔深く感じる、の意もある〕数学者といったりするが、あれは単に、深く考える数学者のつもりでいっているのである。

**§51** 熱性の病気にかかって目を覚ましたままうわごとをいう(delirium 譫妄《せんもう》)のは身体的な病気の一つであって、医学的な治療が必要である。医者がそうした身体的な病気からくる症状を全然認めないのにうわごとをいう者だけが、精神異常といわれる。狂っているという言葉はただそれのソフトな表現にすぎない。したがって、仮にある人間が故意に凶悪犯罪を起こしたとして、その行為のゆえに彼に罪を帰すかどうか、帰すとしたらどういう罪名を着せるかが目下問題であり、それゆえ彼が犯行当時狂っていたかどうかをあらかじめ判定しなければならないような場合には、裁判官は被告を医学部に付託することはできないのであって、(裁判所の権限外のことなのだから)哲学部へ行くよう彼に命じる義務がある。というのは、被告がその犯罪をなす際に彼本来の悟性能力ないし判断能力が彼にあったかどうかという問題はどこまでも心理学の問題であるから、たしかにときに魂の器官の身体的な混乱が原因となって(どんな人間でも内にもっている)義務の法則にわざと違反するということが起こるかもしれないからであるが、他方医者や生理学者はそもそもそうした凶行の発作を解明したり、(身体的な解剖を施さずに)その発作を予見したりできるほどに人間における機械面に深く通じるまでには、遠く及んでいないのである。ましてや裁判官の処方箋(medicina forensis 法医学)は――犯行者の心の状態が狂っていたのかそれとも健全な悟性〔常識〕をもちながらなされた決心だったのかという点が問題である場合には――裁判官が何も理解していない他人の仕事に対する干渉であって、だから裁判官は少なくともその仕事を自分の職権には属さないものと認めて〔たとえ医学部にであろうとも〕別の学部に引き渡さなければならない。(原注)

(原注)　ある男が懲役刑の判決を受けて自暴自棄に陥り一人の子供を殺したという事件に対して、この男は狂っているとしたうえで死刑に該当しないという判決を下したある裁判官は、ここでの恰好の例となる。――判決の理由は、間違った前提から本気の結論を推論する者は狂っているから、というものであった。さてまずその男は、懲役刑は死ぬよりもおぞましい拭いがたい不名誉であるいう命題(これはしかし間違っている)を公理として仮定し、ついでそこから〔殺人を犯せば死刑になるはずだと〕推論を経て死のうと企てるに至ったのである。――ゆえにこの男は狂っていたのであって、狂っていたからには死刑を免れさせるべきだった、という訳である。――こういう議論のうえに立つならば、どんな犯罪者であっても狂っていたと易々と認定することができるであろうし、彼らは同情されたうえで治療を受けるのが当然であって、罰せられる必要はないということになるだろう。

**§52**(176)　秩序が根本的に壊れ、しかも治る見込みのないものを体系的に分類することは難しい。またこうした試みに力を注いでもあまり益があるとも思えないのは、この種の分類は当人の悟性使用を通してのみ目的が達せられうるのだが、その際(身体的な病気ならたしかに可能なのだが)当人の主観の諸力が協力してくれないので、分類によって何らかの治療を促進しようという意図は無駄に終わってしまうに違いないからである。人間学はこうした病気に関しては単に間接的に、つまりただ中止〔麻薬類の。後述〕を勧告するといったていどに実用的でありうるだけなのだが、とはいえ人間性がこれほどに最奥から、しかも人間の本性に起因して失墜する病気に関して、少なくともその全体の見取り図を作ってみる必要はあるだろう。精神異常は総じて、騒々しいもの、理路整然としたもの、体系的なものに分類することができる。

（一）狂乱(amentia 無精神)とは、自分の表象を経験の可能性のために必要な脈絡にはめこむことさえもできない無能力のことである。精神病院にいる女性患者はたいがい女性特有のおしゃべり好きのせいでこの病気に罹っているのだが、つまり彼女らはしゃべっている最中、活気に満ちた構想力から湧いてくる想念を途中にあまりにたくさん挿入するので、誰も彼女らが元来何をいおうとしているのか理解できないのである。このように第一の精神異常は、騒々しい。

（二）狂想(dementia 精神麻痺)というのは、精神異常者のしゃべることが形式上はすべて経験の可能性のための思考法則に適合しているのに、構想力がとんちんかんに創像したお手製の表象を〔客観的な〕知覚と受け取ってしまう、という類いの心の狂気である。この種のものとしては、自分の周りは敵だらけであると信じるような人々がいる。こういう人々は、他人のあらゆる表情、言葉、その他何でもない仕草を自分に向けられたもの、自分に仕掛けられた罠と見なすのである。――彼らは不幸な狂想のなかにありながら、他人のごく自然な行為が自分を当てこすったものに違いないと解釈するその説明が感心するほど筋の通ったものであるため、その証拠が真実でありさえすれば彼らの悟性はこの世で最も称賛に値するとさえいえる。――私はこれまで、この種の病気の者が治ったという話を一度も見聞きしたことがない(というのも、理性的に狂うというのは特殊な天分であるから)。しかし彼らを病院に収容しなくてはならないほどの狂人として扱う必要はないだろう。なぜなら、彼らは自分のことだけを案じているにすぎないので、誤解による彼らのかんぐりはただ彼ら自身の保身を目的にしているだけであって、他人に

W530　A215 C104　V133　P123

害を及ぼす心配はなく、それゆえ治安を考えて監禁するには及ばないからである。この種の第二の精神異常は、理路整然としている。

(三) 錯乱(insania 精神錯乱)とは、〔事象のあいだの〕類推と互いに類似した事物の概念とを混同した上で、そうした類推によって心を養う、という判断力の一種の狂った状態であって、その結果構想力が、隔たった事物を結びつけるという悟性に類似した戯れを演じ、それによってあたかも普遍的なものを生み出したかのような手品をやるのであって、その普遍的なものに当の事物の諸表象が含まれていたのだというのである。魂のこの種の病気はたいがいたいへん楽しげであり、馬鹿げたことを創像した上で、当人の考えでは互いにつじつまが合っている諸概念の茫洋とした類縁性の王国に遊戯三昧するのである。――この種の狂想も治癒しないが、それはこれが詩作と同じように創造的〔つまり創像的〕であり、多様性のなかで楽しんでいるからである。――この第三の精神異常も理路整然としているが、ただし断片的にそうであるにすぎない。 W531

(四) 気違い(vesania 常軌逸脱)とは理性が狂った病気である。――この種の魂の病人は経験の梯子《はしご》を全部取り外してしまい、経験の試金石にまったく縛られない原理を追い求め、把握できないものを把握したと空想する。 C105 V134
――例えば円と等しい面積の正方形を作図する方法や永久機関を案出するとか[177]、自然の超感性的な諸力を暴くとか、 A216
三位一体の秘密を把握するとかが彼らのお家芸である。彼らは入院患者のなかで最もおとなしく、また自分のうちに閉じこもった思弁のせいで狂暴な振る舞いからは最も遠く隔たっているが、それは彼らが自己満足に浸りきっていて、いっさいの研究上の困難から超然としているからである。――この種の第四の精神異常は、体系的な精神異常と呼ぶことができるかもしれない。

というのは、この最後の種類の狂気のうちには理性の使用規則に関する無秩序や逸脱が存するだけでなく、また積極的な反理性が存するからであって、つまりいわば魂が別種の規則ないしまったく異なった見地へとずらされ、そこからは魂はあらゆる対象を別様に眺めるので、（動物の）生存の統一に必要な共通感官 sensus communis からはるか離れたかなたに転居させられているからである（それで〔場所を〕狂わせるという言葉ができたのだ）。それはちょうど山の風景を鳥の視点から描くとすると、その一帯について麓から眺めたときとはまったく違った印象をもたらすのと同じである。たしかに魂は自分が空間的に別の場所にいると感じたり眺めたりはしない（というのも、魂が自分自身を空間中の場所に関して知覚することができるとすればそれは矛盾だからであって、それはまた、もしそれが可能だとすると魂は自分を外的感官の客観として直観することになるが、しかし魂それ自体は単に内的感官の客観でありうるだけだからである）。(178) しかし右のように譬えてみると、いわゆる狂気〔場所の狂い〕なるものがまるで可能であるかのように納得されてしまうのである。――ところで意外に思われるのは、錯乱した心の諸力が一つの体系に秩序づけられているということであって、自然は反理性のなかにさえも魂の諸力を統合する原理を持ちこもうと努力するのであり、それによって思考能力は、たとえ物ごとの真の認識のために客観的に働いているというのでなくても、主観的には動物として生きていくのに役立つようともかく仕事をしていない訳ではないのである。

これに対してわざわざ物質的な手段を用いて狂気に近い状態を作りだしたうえで、自分自身を観察し、それによってまた意のままにならない心の状態をいっそうよく洞察しようとする試みには、現象の原因を探究しようとする理性が十分に窺える。とはいえ心を観察しそこに見いだされるかもしれない現象を通して心の本性を探ろうとして心を実験に掛け、あるていど病気になってみるというのは、危険である。——かくしてヘルモント[179]はナペル(毒を含んだ根菜の一種)を一定量服用したあとに、まるで胃の中で思考しているかのような感覚を覚えたと主張している。別の医者で、徐々にカンフル[180]の投量を増やしていった結果、まるで何もかもが街頭で大騒動を起こしているかのように思われるに至ったと報告する者がいる。比較的多くの体験者がいるのは、阿片を長らく実験的に吸引した結果、思考を活性化するこの医薬をそれまでどおりに使用するのを中断したら、心の衰弱感に陥ってしまったというケースである。——人為的な狂想から本物の狂想に転化することも簡単にありうることなのだ。

## 雑注

**§53**[181]　母体の胎児が成長していくのと同時に、精神異常の萌芽も成長していく。つまり精神異常もまた遺伝性のようだ。そうした人物がただ一例でも以前にいたという家系の人〔女性〕と婚姻関係を結ぶことは危険である。というのは一組の夫婦から生まれる子供たちでいえば、例えば全員がその父親に似るとか、父親の両親つまり父方の祖父母に似ることがあるから、この歓迎しない遺伝を免れた者がたくさんいるということはありえても、しかしもし母親側の家系にたった一人でも精神異常の子供がいたという事実があるならば(たとえ彼女自身はこの災いを免れていようとも)、いつかはこの夫婦にも、母方の家系に属ししかも(姿形にはっきり現われるのと同じように)遺伝的に最初から心の狂気を持った子供が生まれてくるからである。[182]

　ときおりこうした病気には偶発的な原因を挙げることができると主張されるが、とするとこの病気の原因は遺伝的なものとしてでなく、まるで当の不幸な者自身に責任があるかのように、自分で招いたものとして受け取られる

V 136　W 533　P 125　A 217

べきであるということになる。「奴は恋患いが原因で頭がおかしくなった」とある男についていわれるかと思うと、別の男について「あいつは高慢ちきのせいで狂ったのだ」といわれ、第三の男に関しては何と「彼は勉強のし過ぎで気が変になった」といわれる始末である。――その人との結婚を期待するなど最大級の間抜けであるような身分の高い女性を熱愛してしまうのは、気がふれる原因ではなくてもともと気がふれていた結果であるし、高慢に関していえば、何も見所のない人間が他人に対して自分にお辞儀せよと要求したり、相手に対して威張り散らすというのは、すでに頭がおかしかったことが前提となっているのであって、そうでなかったらそんな振る舞いに陥ることなどなかったはずである。

C 107

しかし勉強のし過ぎに関して(原注)いうと、若い連中にそれを戒める必要などまったくない。勉強については若者には手綱よりむしろ拍車が要るのである。たしかにこの点で死に物狂いに辛抱強く集中して取り組むとかえって心を疲弊させ、それがもとで学問がまったく嫌いになるということはありうるが、しかしそれ以前にすでに心が軌道から逸《そ》れていて、そのせいで健全な人間悟性を超えた神秘的な書物や啓示の類いに趣味を求めていたというのであれば、極度の勉強が心の調子を狂わせたことにはならない。逸れているという点ではまた、ある種の聖なる熱弁で満たされた書物〔聖書〕を読む際に同時に道徳的なものを考慮することをせず、ただひたすらその文字面《もじづら》だけを追うことに没頭する類いの偏愛もその一つに数えられるが、これに対してはある著作家が「彼は書物〔聖書〕気違いです」という表現を発明した。

A 218　P 126
V 137　W 534

(原注)　商人が取引過剰になったり、自分の資力を顧みずに壮大な儲け話に夢中になったりするのはよく見られる現象である。しかし若者が学問に過度に熱中する場合には(それまで彼の頭がまともだったのでありさえすれば)、気掛かりな両親として

W 534　A 217
V 136
W 533

は何も恐れることはない。というのは自然が知識のこうした詰め込みすぎに対してはすでに自ずと対策を立ててくれている A 218
からであって、その若い研究者がある研究課題に頭が割れるばかりに取り組んだが何も成果を得られずに空しく終わった場
合、その研究課題を聞くと彼は吐き気を催すようになるのである。

一般的に頭がおかしい(delirium generale 譫妄《せんもう》一般)というのと、特定の対象に固執した頭のおかしさ(delirium V 137
circa obiectum 対象に関する譫妄)とのあいだに違いがあるのかどうかは疑わしい。反理性(これは積極的なもの
であって、けっして単なる理性の欠如ではない)は理性とまったく同様にただの形式であり、これにはどんな客観
も適合することが可能なのであって、それゆえ両者はともに普遍的なものに照準を合わせているのである。ところ
で精神異常の素質が発症する場合(これは通例突発的に現われる)、彼は心が最初に出くわすもの(偶発的に出会っ
た素材であって、あとからそれについて譫言《うわごと》がいわれる)についてそれ以降夢想することになるのだが、その理由
は〔気が狂ってから最初に出会ったという〕印象の新奇さのせいで、それがそのあとに続いて起こった他の事柄より
も強く彼の心に固着するからである。

病気が頭の方に転移してしまった者についてはまた、「あいつは赤道を越えてしまった」といわれることがある。
まるで熱帯地方の赤道を初めて越えた人間は、悟性を失う危険があるかのようである。だがそれは他愛のない誤解
である。この表現でいいたいことはただ、事前の苦労もなくインドへの一回の航海で一挙に金貨を釣り上げようと C 108 P 127 W535
目論む阿呆がいるとすれば、そういう計画を立てる時点でそいつはすでに間抜け〔浅はか〕なのだ、ということであ
る。ところが最初は青二才だった頭のおかしさも計画を実行に移しているあいだにすくすくと育っていき、彼が帰
還する頃にはたとえ幸運が彼に微笑む結果となったにせよ、それはすっかり成長して完成の域に達している、とい

う次第である。

自分に向かって大きな声で話し掛けている人物とか、部屋に一人で閉じこもって何かしきりと身振りをしている ところを見られてしまった人の場合、それだけですでに彼は頭が正常ではないのではないか、という疑惑は免れがたい。――ましてや自分は霊感を特別に授かっている、ないし霊感によって試練を受けていると信じたり、自分は天上にいましますお方とお話しができ、お付き合いまでしていると信じている者の場合はなおさらである。だが自分以外の神聖な人々にはひょっとしてこうした超感性的な直観の能力があるのかもしれないと認めつつも、自分自身についてはそうした直観に恵まれているなどとは妄想せず、それどころか白状するとすれば実はそのようなものは一度たりとも望んだことすらない者、その点で著しい例外といってもいい者については、必ずしもうえのような嫌疑をかけるには及ばない(183)。

精神異常に見られる唯一つの普遍的な徴候は、常識(sensus communis 共通感官〔共通論理〕)の欠如とそれと入れ代わりに現われる論理的強情(sensus privatus 個人的な感官〔個人的な論理〕)であるが、例えば真っ昼間、その場にいる別人には何も見えないのにある人には自分の机の上で光が輝いているのが見えるとか、他人には聞こえない音が聞こえるとかである。これが精神異常の徴候といえるのは、われわれの判断が正しいかどうか、それゆえまたわれわれの悟性が健全かどうかを一般的に吟味する試金石は、われわれが自分の悟性をまた他人の悟性と照らし合わせ、反対に自分の悟性に閉じこもって自分の私的な表象にすぎないものを基にして公的であるかのような判断を下したりはしない、という点に存するからである。それゆえ、単に理論的な意見の表明に当てたにすぎない著作を発行禁止とすることは(とりわけこの著作が法律にまつわる行状に何ら影響を及ぼさない場合には)、人間性を侮辱するものである。[184] というのは、この措置はわれわれからわれわれの私的な思想を正すための、唯一という訳ではないにしても最大にして最も有効な手段を奪うからであるが、その手段というのは、自分の思想がまた他の人々の悟性と合致するかどうかを知るために、自分の私的な思想を公的に表明することにほかならない。なぜなら、そうしないと何らか単に主観的なもの(例えば習慣とか好み)が容易に客観的なものと見なされてしまうが、まさにそこに仮象の本質があるからであり、仮象については仮象が人間を欺くといわれたりするが、むしろ〔右の場合は〕ある法規の適用に際して仮象につられて自分で勝手に欺かれている[185]〔というべきであろう〕。——こうした試金石をまったく気にすることなく、共通感官を顧慮しないで、あるいはこれに逆らってさえも個人的な好き嫌いだけで十分通用すると思い込んで恥じないような者は、思想の戯れの手中にあるのであって、この者は他人と共通の世界でなく(夢のなかでのように)自分の私的な世界の中で自分を眺め、振る舞い、判断しているのである。——しかしいつもは頭脳明晰な人物が自分の外的な知覚が共通感官の原理と折り合おうとしないと主張し、しかも彼としては自分の感官に固執するということがときおり起こるが、その場合彼がその外的知覚を他人に伝達しようとする際の表現に問題がある可能性が高い。一例として『オセアナ』の才知豊かな著者であるハリントンは、[186] 自分の体臭(effluvia 流出物)が蝿の形をして皮膚から飛んでいった、という妄想を抱いたのであった。しかしこれはその種の成分が過剰となった身体に起こる電気的な作用だった可能性がたしかにあり、これについては他の人々も体験したことがあるというだろうし、ハリントンにしてもあの表現でもっていいたかったのは、たぶん蝿が飛び立つときと似た感触を彼が感じたということであって、その蝿を見たとまで述べたかったのではないであろう。

(本物であれ想像されたものであれ、ある対象に対する)怒りからくる一種の興奮によって外からのどんな印象も感知されなくなってしまうことがあるが、この種の興奮すなわち激怒(rabies 憤怒)を伴った精神異常はただ単に狂気もどきにすぎず、しばしば結末よりも外見の方が恐ろしげに見えるものであり、ある種のヒステリー症の病気の発作と同じで、心に起因するというよりもむしろ物質的な原因によって引き起こされ、だからたいがいは医者が薬を一服投与すれば直ってしまうのである。

## 認識能力におけるいくつかの才能について

**§54**　才能(天賦の才)という言葉によって理解されるのは、教え伝えることができず、もっぱら主観の自然素質に基づく認識能力の卓越性のことである。それには三つあって、生産的な機知(ingenium strictius s. materialiter dictum より厳密にないしはより実質的に言明する才能)、明敏、思考における独創(天才)である。

機知には比較する機知(ingenium comparans 比較する才能)と詭弁を弄する機知(ingenium argutans 屁理屈の才能)[187]とがある。機知はしばしば、構想力の(連想の)法則に照らしていえば相互に遠く離れた異種の諸表象を組み合わせる(同化する)という卓越した類比能力なのであって[188]、悟性が対象を類の下にもたらすかぎりで、(普遍的なものの認識能力としての)悟性に属する。悟性はこのあと、特殊を普遍の下に規定し思考能力を認識に向けて適用するために、判断力を必要とする。[189]——(会話や文章で)機知に富むというのは、学校での杓子定規のカリキュラムや暗記によっては学ぶことができない特殊な才能であって、互いに思想を伝達する際の心構えの闊達さを意味する(veniam damus petimusque vicissim われわれは互いに許しを与えあい、また求めあう)[190]。闊達さとは説明の難しい悟性一般の特性の一つ——いわば悟性がもつ魅力——であって、この闊達さは普遍を特殊へと(類概念を種概念へと)適用する際の判断力(iudicium discretivum 識別の判断力)の厳密さとは対照的であるが、というのは後者の判断力は同化の能力を制限するだけでなく同化しようとする気持ちまで萎縮させるからである。

## 比較する機知と詭弁を弄する機知との種別的な差異について(191)

### A　生産的な機知について

**§55** 異種的な事物に潜む類似性を発見し、それによって悟性概念を普遍化するべく悟性に素材を提供することが機知の任務なのだが、この任務は心地よく魅力があって、気持ちを快活にする。これに対して、概念の拡張のためというよりもそれの是正のために概念を制限する判断力は、十分に敬意を払われ信頼されていることはたしかであるが、何しろ生真面目で厳格であり、また思考の自由という観点からいうと足枷となるので、人気がないのである。比較する機知の場合なすことすべてがどちらかといえば戯れ〔遊び〕であるのに対し、判断力の方はむしろ職務である。——前者が青春の花であるとすれば、後者は老年の熟した果実である。——この両者を精神的な作品のなかで巧みに生かせる者は、才気がある(perspicax 煥発な)といわれる。

機知は思いつきを機敏に捉えるが、判断力は洞察を得ようと苦労する。思慮深いということは市長の徳の一つである(192)(城砦の司令官の軍事指揮の下にあって、与えられた法規に従って城下町を守り監督する)。これと反対に判断力の慎重さをそっちのけにして大胆に(hardi〔仏〕思い切って)否認することは、幾分厚かましさ(無礼)からくる無鉄砲のように見えるにしても、自然の体系の偉大な編纂者であったビュフォンは(193)その点であっぱれな奴だと彼の同

A221 P130 W539
V141

国人から評価された。――機知が探求するのはたわいであり、判断力が追求するのは栄養である。だが機知に富んだ言葉(bons mots〔仏〕洒落)をあさることは、(194) 例えば修道院長のトリュブレが際限もなくそうした洒落を並べ立てて機知を拷問にかけた例のように、(195) 相手の頭を浅はかにするか、あるいは見識のある者には次第に吐き気を催させるか、どちらかである。〔こうした詭弁を弄する〕機知は、流行つまりいっときだけ通用する決まり文句を生み出すのがうまいのだが、しかしそれはただ新奇さによって気に入られるにすぎず、習慣として定着することなく次の形式に取って替わられる運命にあるのだが、これもこれでまた一時的にはやるにすぎない。

言葉と戯れる〔語呂合わせ〕だけの機知は陳腐である。虚しく詮索するばかり(煩瑣学)の判断力は狭量である。気紛れな機知というのは、逆説に流れる頭の持ち主の気分から生まれるもので、一見純真で無邪気な調子のうしろに、誰かを(あるいはまたその見解を)世間の笑いものに仕立てようとする(意地の悪い)いたずら者の顔が見え隠れするのである。例えば『詩におけるスウィフト流へつらいの技法』とかバトラーの『ヒューディブラス』のように、(196) およそ称賛に値せずむしろその正反対のものを、うわべだけの賛辞を並べ立てて持ち上げるといった類いである(あてこすり)。軽蔑の対象を逆に誉めることでいっそう軽蔑するというこの種の機知は、予期しない物いいで不意打ちにするからとても受けるのだが、しかしこれは常に(ヴォルテールの機知のように)ただの戯れであり、軽薄な機知にすぎない。これとは対照的に、(ヤングの風刺詩のように)誠実で重要な実践的原則をそのいい回しの中に籠めた機知は千鈞の重みをもつ機知と呼ぶことができるが、それはこれが一つの職務であって、読んでにやっとするというよりもなるほどと感嘆するからである。(197)

ことわざ(proverbium 格言)は機知に富んだ言葉(bon mot 洒落)とは全然いえないが、それは、たしかに最初に口にした者にとっては機知に富んだ言葉だったかもしれないが，繰り返し口真似されるうちに広まってしまった思想を表現する月並みに堕した決まり文句がことわざだからである。それゆえことわざを連発するのは庶民に特有な言葉使いであって，もっと上流の社交界と交わるとたちまちそこには機知がまったく欠けていることがばれてしまうのである。

蘊蓄のあるなしはたしかに機知の核心には関わらない。しかし機知を用いて思想に具体的な喩えを添えることで，それが理性のオブラートないし包装紙の役を果たしてくれるというのであれば，つまり道徳実践的な理念を自覚するよう理性を働かせることが機知を使って可能だというのであれば，蘊蓄のある機知というものを(浅薄な機知と区別して)考えてみてもいいであろう。〔浅薄な機知といえば，〕サミュエル・ジョンソン(198)の女性に関する箴言は感嘆に値するという評判であるが，その一つが『ウォラーの生涯』に出てくる。それは「ウォラーは自分としては結婚するのをためらったであろうような女性でも，多くの場合ためらうことなく褒めたたえたが，おそらくその彼でさえも褒めるのが恥ずかしかったであろうような女性と結婚するはめになった」というものである。ここで感嘆に値するといわれる要因は挙げて対句の戯れの妙にあるのであって，そこから理性が得るところは何もない。——逆に理性にとって譲ることのできない問題〔道徳〕が話題となった場になると，ジョンソンの友人であったボズウェル(199)は，この男がのべつ幕なしにこじつけた御託宣のなかにちょっとでも機知の才を仄めかすようないい回しをついに一つも聞き取ることができなかったという。むしろ反対に，宗教や統治の正義に関する論争点で批判的な立場に立つ人たちに関しての，あるいはただちょっと人間の自由が一般的に話題になったときのジョンソンが口にした言葉は，彼の生来の何にでもけちを付けるという専横な態度のせいで，加えてまた追従者のおべっかによってこれが増幅した結果、ことごとく剝き出しの粗野に堕していたのであるが、彼の崇拝者はこれを激辛批評[原注]と呼んで喝采した。だがそれは、同じ考えをいうにしても、蘊蓄を加味した機知の能力が彼には大きく欠落していたことを証明していた A223 にすぎない。――事実また、ジョンソンの取り巻き連中が彼を国会で抜群の能力を発揮する人物として推薦したのに、当時の有力者たちがまったく聞き入れようとしなかったのは、彼の才能をしっかりと見極めていたからだと思われる。P133 V144 ――というのは、ある国語〔英語〕の辞書を編纂するにはうってつけの機知であっても、だからといって重大な職務にまつわる洞察に必要とされる理性理念を呼び覚まし、それに生気を吹き込むにはまだ十分といえないからである。―― ――そうした職務を天職と自覚している者の心のなかには謙虚な態度が自ずと備わってくるものであるが、自分の才能を盲信せずに、したがって自分一人で決定するのでなく他人の判断も(場合によっては密かにでもいいから)考慮に入れるという姿勢は、ジョンソンにはけっして縁のない特性であった。W542

(原注)　ボズウェルが物語るところによれば、ある貴族がジョンソンのいる席で、洗練されたたしなみを身につける機会が彼になかった点について残念がったところ、バレッティ[200]が「いえいえ閣下、おたくがお望みになるように彼をどうこうしようとなさったところで、彼はずっと熊のまんまだったはずですよ」といった。「それもきっと〔芸を仕込まれた〕見せ物の熊なんじゃないのかい」と別の男がちゃちゃを入れたところ、第三の、ジョンソンと親しい者の一人がこの言葉の毒を和らげようとして、何を思ったのかこういったという、「あの方には、皮膚以外に熊に似たところは、少しもありませんよ」。A222 P132 V143 W541 A223 W542

## B　明敏または探究の才について

P133 V144

**§56**　(われわれ自身のうちであれ別の場所にであれ隠れているものを)何か発見するためには、多くの場合どのようにうまく探したらよいかということに通じているという特別な才能を必要とする。それは恐らく真理が見つか C113

るだろう場所をあらかじめ判断する(iudicii praevii 前もっての洞察)一種の自然の才である。いい換えれば、探究しているものを発見ないし発明するために、事柄の筋道をたどり、関係のありそうな最小の手掛かりを見逃さない才である。この点では学校で教わる論理学は何の役にも立たない。ところがヴェルラムのベーコン[201]のような人が彼の『新機関』で、実験によってどのように自然事物の隠れた性質を暴くことができるかについて輝かしい模範を示してくれた。だがこの実例でさえも、どうしたら幸い探り当てることができるかを一定の規則に則って教え導くにはまだ十分ではない。というのはこういう場合には常に、一歩踏み出そうとするとまず最初に何かその出発点となってくれるものを前提しなければならないが(一つの仮説から始めるということ)、それは原理に則って何かある徴候を手掛かりにしなければならず、さらにどのようにしてその徴候を嗅ぎつけたらいいのかはまさに前提された出発点に掛かっているからである。というのも、石に躓いて鉱石のかけらを見つけ、それでまた鉱脈を発見するといった具合に、敢えて盲目的に幸運を当てにして探究を始めよというのでは、探究のための助言としてはまったくお話にならないからである。とはいえある種の才能に恵まれた連中がいるものであって、彼らはいわば〔鉱脈を探る〕魔法の棒を手にしているかのように、学んだ訳でもないのに認識の宝庫の足跡を嗅ぎつけることができるのである。いうまでもなくこの連中はそれを他人に教えることはできず、ただ他人の前でやってみせることができるだけであるが、それは彼らの術が一種の自然の才だからである。

## C　認識能力の独創性または天才について

P134 A224 V145 W543

**§57**　何かを発明することは、何かを発見することとはまったく別のことである。というのは、発見されるものはそれ以前に、例えばコロンブスの発見以前のアメリカのようにすでに存在するものとして想定されているからであって、ただまだ知られていなかったというだけなのである。これに対して発明されるものは、火薬の例で分かるように、これを作る技術者[原注]より以前にはいっさい知られていなかったのである。両者とも功績といってよい。しかし全然当てにしていなかったものが見つかることがあるが(錬金術師が燐を発見したように[202])、これは功績とはいえない。——さて、発明の才能が天才と呼ばれる。しかしこの呼び方は常に技術者〔ないし芸術家〕に授けられるのであり、つまり何かを作る心得のある者についていうのであって、単にいろいろなことに精通し知っているというだけの者に対してはいわない。さらに〔前者のうちでも〕ただ模倣するだけの技術者ではなく、作品を一から生み出す気骨のある技術者に限られる。つまり制作したものが典型となる場合、いい換えれば作品が模範(exemplar 手本)として模倣されるに値する場合に、その技術者が天才と呼ばれるのである。——それゆえある人間に備わった天才とは、(技術の産物のあれこれの流儀に関して)「その人間の才能にひそむ典型を生む独創性」のことである。しかしまたそうした素質を持った頭脳の持ち主もまた天才といわれる。つまり結局この言葉はある人物の自然の才だけでなく、その人物自体を意味するということなのだろう。——(レオナルド・ダ・ヴィンチのように)多くの専門分野にまたがって天才を発揮する者は、超天才という。

C 114　V 146　P 135　W 544

(原注)　火薬はシュヴァルツ修道士[203]の時代よりはるか以前に、アルヘシラスの攻城戦ですでに使われていたが[204]、その発明は中国人の功績に帰すると思われる。とはいえこの粉を入手した上記のドイツ人がその成分の分析実験を試み(多分まずこの粉に含まれている硝石を析出して取りのぞき、次に炭素を洗い流し、最後に硫黄を燃やす、というふうに)、その結果発明したのではないにしても火薬を発見したということはできる。

C 113
P 134
V 145
W 543

本来天才が活躍する場は構想力の領域であるが、それは構想力が創像的だからであり、他の諸能力よりも規則の強制に服することが少なく、それゆえその分独創性を発揮できるからである。――伝授はいつでも修業者に模倣を強いるから、そうした機械的な伝授の仕方は天才が花開くためには、つまり天才の独創性の面からするとたしかにマイナスである。しかしどんな技術も一定の基本となる機械的な規則を必要とするのであって、それは出発点におかれた理念に作品が精確に合致していること、つまりまず頭のなかで考えられた対象が実際に出来上がったときに真実性を発揮することが要求されるからである。ところがこれは訓練の厳密さによって身につけねばならないのであって、たしかに模倣の成果なのである。逆にいえば、こうした強制から構想力を解放し、独得の才能を自然に逆らってさえも無規則に振る舞い夢想するに任せると、おそらく独創的な倒錯が生まれるであろうが、もちろんこれは典型とはならないし、それゆえまた天才の仲間に加えてもらえない。

精神は人間にとって生命の息吹を吹き込む原理である。精神と機知はフランス語では esprit〔エスプリ〕という同じ単語で表現される。ドイツ語では事情が違う。演説、文章、社交の場における女性、等々について、美しいが精神に欠けるといわれたりする。この場合機知がどのくらい備わっているかは重要な意味をもたない。というのは、機知からは効果としてあとにずっと残るものを何ももたらさないので、かえって嫌悪感を呼ぶ場合さえあるからである。先ほど挙げた事柄〔演説等〕であれ個々の人物であれ精神が豊かだといわれるためには、人々に何か関心を呼び覚まさなければならないのであって、それも何らかの理念を通してでなければならない。というのは、関心によって構想力が目を覚まし、そうした概念〔理念〕が眼の前で縦横無尽に戯れるさまを眺めるからである。そこでフランス語の génie〔天才〕という単語をドイツ語に移すときには〈卓越した精神〉と表現してみたらどうだろう。というのも、フランス人は天才という言葉を自分たち固有の言語から得ているが、ドイツ人は自分の言語にそれを見いださないのでフランス人から借りてこなければならないのだ、とわれわれの国民はまことしやかに語っているが[205]、実はフランス人もこの言葉をそっくりラテン語から借りてきたのであって（genius 天分）、しかもこのラテン語はそもそも〈卓越した精神〉という意味だからである。

しかし才能の典型を生む独創性がどうしてこのような神秘的な名で呼ばれるのか、その理由は、これを備えた人間はどうしてそれが発揮されるのか自分でも説明することができない、あるいはどうして習得する機会がなかった技術を身に付けたのか自分自身でどうしても納得がいかない、というところにある。というのは、（ある結果の原因につきまとう）不透明性は、精神〔守護霊〕（genius 守り神。これはすでに生まれるときから才能豊かな人にぴったり付き添っている）の付帯概念であって、この守護霊の呼び声にあたかも彼はただ付いていくだけであるからである。その場合心の諸力は構想力によって調和的に発動されなければならないが、それはもしそうでないと、諸力が互いに生命力を与えあうかわりに、互いに衝突してしまうからであるが、他方調和的に働きあうのは主観の自然によって起こるに違いなく、それゆえまた天才のことを「自然が技芸に規則を与えるにあたって用いる[206]」才能である、と名づけることもできる。

**§ 58** 天才はしばしば新しい道を切り開いて新しい光景を開拓する訳だから、大局的に見て世界は偉大な天才たちの格別な貢献のおかげが大きいのか、それとも機械的な頭脳の方がたとえ画期をもたらすことはないとしても経験の杖と導きに頼りながらゆっくりと前進する平凡な悟性によって技術と科学の成長の大半に貢献してきたのか（こうした頭脳の人々が、たとえ一人として驚嘆するほどのことをなさなかったにせよ、反面一つも無秩序をもたらさなかったのであるから)、どちらであるかはここでは保留しておこう。——しかし天才のうちの一変種として天才ビトと呼ばれる連中(天才ザルという方が当たっていると思う)が天才という見せかけを使って出しゃばってきたことがあったが、この連中は特別に自然から恵みを受けた頭脳の人々の言葉使いを拝借して操り、苦労の多い修業や研究を指して要領が悪いと公言し、あらゆる学問の精神を一挙に会得した上でそれを少量の投薬に濃縮し、効き目を高めて提供するのだとほざくのである。この珍種はもぐりの医者やいんちき商売の変種と同じで、連中が宗教、国際関係、道徳に関してまるで専門の大家ないし実力者ででもあるかのように、賢人の座から見下ろしながら断定的な調子で論難し、それによって精神の貧弱を隠すすべだけは心得ているといった場合、学問ないし道徳の形成ないし進歩にとってきわめて有害である。これに対する態度としては、この大道商人どもには目をくれず、ただ笑って勤勉、秩序、清廉をモットーにわが道を忍耐強く前進する以外に何か方法があるだろうか(207)。

**§59**　天才はまた国民のタイプの違い、天才が生まれた土地柄の相違に応じて、もともとはじめから異なった胚種を秘めていて、それをそれぞれ別のところに発育させるように見える。例えばドイツ人の場合天才はよりいっそう根の方向に向かい、イタリア人の場合は樹木のてっぺんに向かい、フランス人は花に、イギリス人は実に向かう。

ちなみに、普遍的な頭脳(あらゆる異分野の学問に通暁している人)は、発明を担う頭脳としての天才とは区別される。こういう人々が天才でありうるのは習得されうるものの範囲内での話であって、つまり彼らはあらゆる科学に関してこれまで蓄積されてきたものの史料的な知識を所有している人間(博識家)であり、その代表例がユリウス・カエサル・スカリゲル(208)である。これに対して発明を担う頭脳の方は精神の外延が広いというよりも精神の内包が深いのであって、企てることすべてが時代を画するようなものばかりという天才である(例えばニュートンとかライプニッツ)。建築学的な頭脳とはあらゆる学問がどう連関しているか、どのように互いに支えあっているかを方法論的に洞察している人間のことであって、これは天才としては一段下に位置づけられているが、しかし並の天才ではない。(209) ――ところで博識といってもときおり巨人族(210)のようなタイプもいるのであって、この連中にはキュクロプスのように目が一つ欠けていて、つまり駱駝百頭分の積荷に匹敵する大量の史料的な知識を持っているのに、いかにそれを理性によって合目的的に使いこなすかという真の哲学の目が欠けているのである。

生粋の博物学的な頭脳(élèves de la nature〔仏〕自然の生徒、autodidacti 自力で学んだ者)はいろいろな方面でまた天才に準じるといえるが、それは、彼が知っていることは多くの場合他人から習得することもできたのに独力で考案したからであり、それ自体では天才の仕事とはいえないことについて天才だからである。例えば機械的な技術に関していえば、スイスにはそういう技術を発明した人間がたくさんいる。しかしリューベックのハイネッケとかハレのバラティエル(211)のような一過性で終わってしまった早熟の神童(ingenium praecox ませた天才)は自然がその規則から逸脱した事例であり、博物標本室向きの珍品であって、そのあまりに幼い早熟ぶりはなるほど驚嘆に値するが、またしばしば彼らを後援した人々をとことん落胆させる結果に終わるものだ。

＊　＊　＊

最後に、能力自身を向上させるために認識能力を全体として使用しようとする場合、理論的な認識の局面でさえもどうしても要求されるのが理性であって、つまりまず理性が規則を与え、ついでその規則に従ってのみ認識能力は向上することができるのであるから、ここで理性が認識能力に課す要求を、認識能力の三つの階層に応じて三つ

A 227　W547　P 138　V 150　C 117

の問いにまとめることができる。

私は何を意欲するか？(と悟性は問う)(原注)。

肝心なものは何か？(と判断力は問う)。

結局どうなるか？(と理性は問う)。

(原注)　ここでは意欲するとは単に理論的な意味で、つまり私は何を真理として主張したいかという意味で理解されたい。

これら全部で三つの問いに答えようとする場合、それぞれの能力に応じて〔必要な〕頭脳は大いに異なってくる。――第一の問いに答えるには、自分自身を理解する明晰な頭脳だけでよい。主としてこの問いに注意を向けるならば、あるていど文化の発達したところではこうした自然の才は比較的よく目にすることができる。――これに比べて第二の問いに答えるとなると、うまくいくことは滅多にない。というのは、当面する概念を規定しようとすると、あるいは課題を解決しようとすると、正しそうなやり方が多種多様に湧いてきて、さてどれが課題に厳密に適合している唯一の解決なのか(例えば訴訟の場とかあるいは商売を始める際に、目的は同じだがいくつかの有力な策を前にしたときなど)、という訳だからである。この点で、ある一定の局面でまさに適切な選択肢を選ぶことのできる才能というものが存在するものであって(iudicium discretivum 分別の申し立て)、それは喉から手が出るほど望まれているのだが、また滅多に手に入らないのである。弁護士が自分の主張を立証するために証拠をあれこれたくさん持ち出すと、かえって裁判官が判決を下すのに大きな妨げとなるのだが、それはその弁護士自身がただ手当たり次第に弁じているにすぎないからである。しかしもし彼が、弁護しようと望む事柄に関して肝心な点に的《まと》を絞ることができさえすれば(というのは、的はただ一つしかないから)、彼の望みは即座に解決し、理性による判決が

V 151　A 228　W 548　P 139

自ずと得られるのである。

悟性は積極的であり、無知の暗闇を駆逐する。——判断力はどちらかというと消極的で、対象がぼんやりした光のなかで現象することが原因となって生じる誤謬を予防する。——理性は誤謬(先入見)の源を塞ぐことによって、原理の普遍性を通じて悟性の安全を図る。—— ——机上の学問はたしかに知識を増やしてくれるが、そこに理性が加わってくれないと概念や洞察を拡げることはできない。なお、理性は詭弁を弄すること、つまり理性の法則を無視した上で理性を応用しようと試みるだけの戯れとは、別である。〔例えば〕幽霊を信じるべきかどうかということが問題であれば、私は幽霊の可能性に関してありとあらゆる詭弁を弄することができる。しかし理性は現象の可能性を、迷信を信じるようにして、つまり経験法則に従って現象を説明するという原理なしに想定することを禁じるのである。

複数の頭脳が同じ対象を観察する仕方には大きな食違いが生じるし、また同様に自分たち同士が互いに相手を観察する仕方も大きく食い違うが、自然はその食違いを通して、あるいは頭脳と頭脳が互いに磨きあい分かれたりくっついたりすることを通じて、限りなくさまざまに異なった観察者や思想家を観客とする劇場で、見応えのある演劇を演出してくれているのだ。思想家用の客席では次の格率が(これらは知恵に導く格率として、すでに一度言及したのであるが)[212]変わらぬ戒めとされることであろう。

(一)　自分で考える。

(二)　(他の人間と交流する際に)自分を一人一人の他人の立場に移しかえて考える。

(三)　常に自分自身と一致して考える。

最初の原理は消極的であり(nullius addictus iurare in verba Magistri 師の言葉を盲信する義務はない)[213]、強制から自由な思考様式の原理といえる。第二の原理は積極的であり、寛大な、他人の概念を受けとめることのできる思考様式の原理である。第三の原理は首尾一貫した(矛盾のない)思考様式の原理である。人間学はこれらのどの思考様式についても、さらにはその反対についてならいっそうのこと、豊富な事例を示すことができる。

人間の内面における最も意味深い革命は、「人間が自分に責任のある未成年状態から跳び立つこと」である[214]。それまでは他人が彼の代わりに考えてくれ、彼は模倣するかよちよち歩きを助けてくれる紐《ひも》に摑《つか》まるかしていればよかったのだが、今や人間はそれを断ち切って、当分はよろめきながらかもしれないが、あえて経験という大地のうえを自分の両足で前進し始めるのだ。

V 152　A 229

# 第二編　快と不快の感情〔について〕

## 分　類

快はまず、㈠感性的な快と、㈡知性的な快に分類される。前者はA感官を通して得られる快（快感）か、またはB構想力を通して得られる快（趣味）に分かれる。後者（すなわち知性的な快）は(a)表示可能な概念を通して得られる快か、または(b)理念を通して得られる快に分かれる。[1]——快の反対である不快もこれと同様に分類される。

## 感性的な快について

### A　愉快なものに関する感情、すなわち何かある対象を感覚するときの感性的な快について

**§60**　快感とは感官を通して得られる快であり、感官を快くするものは愉快なと形容される。苦痛とは感官を通して得られる不快であり、苦痛をもたらすものは不愉快といわれる。——快感と苦痛の両者が対立する様は、蓄積と欠如（＋と0）のようにでなく、利益と損失（＋と－）のような関係であって、つまり一方は他方にただ相反（con-

A230
C119
P141
V153
W550

tradictorie s. logice oppositum 矛盾対立または論理的対立)としてだけでなく、それに加えて敵対(contrarie s.
realiter oppositum 反対対立または実際的対立)としても対立している。――　――〈気に入るもの〉あるいは〈気に V154
入らないもの〉、さらには二つの中間としての〈どちらでもないもの〉という表現はあまりに漠然としている。というのも、これらの表現はまた知性的なものにも使われるが、その場合それは快感と苦痛という対立とは重ならないだろうからである。

　この二つの感情はまた、われわれの身心の状態の感覚が心に及ぼす作用〔の結果〕から説明することもできる。私 A231 P142 C120
の今の状態を放棄するように(今の状態から脱出するように)直接的に(感官を通して)私を突き動かすものが、私にとって不愉快なのであり、――これが私に苦痛を感じさせる。同様に、私の今の状態を維持するように(今の状態に留まるように)突き動かすものが、私にとって愉快なのであり、これが私に快感を感じさせる。だがわれわれは時間の流れのなかを、つまり時間に沿って諸感覚が変化するなかを絶え間なく流れている。だからある時間点を放棄することと別の時間点に進入することとは(変化という)同じ一つの作用であるのだが、しかしわれわれの思考のなかでは、つまりこの変化を意識するときには、一連の時間継起が存するのであって、これは原因結果の関係〔因果
律〕に従っている。――するとわれわれに快感の感覚を呼び起こすのは、現在の状態を放棄する意識なのかそれと W551
も未来の状態へ進入するという予期の方なのかが問題となる。前者である場合快感とは苦痛の廃棄にほかならず、何か消極的なものとなる。これに対してもし後者の場合だとすれば、快感は何か愉快なことを予感することであり、それゆえ快の状態の増加の予感であって、何か積極的なものとなるであろう。しかしすでに前もって推測されうるように、実際に生じるのは前者だけである。というのは時間は現在から未来へとわれわれを連れ去っていくのであ

り(逆ではない)、われわれはとりあえずまず現在から脱出するよう強要されているのであって、どういう状態へ入っていくのか不確かなままただ何となくそれは今とは違った状態だろうということだけで、愉快な感情の原因となるからである。

快感は生命が促進されるという感情であり、苦痛は生命が阻止されるという感情である。しかしすでに医者が述べているように、(動物の)生命は二つの感情の対抗関係の絶え間ない戯れなのである。

それゆえどんな快感の前にも苦痛が先行するに違いない。つまり常に苦痛から始まるのである。というのは、生命力を途切れることなく促進しつづけていくと、生命力を一定の度以上には上昇させることはできないのだから、その結果は歓喜の極みでぽっくり逝く以外に何が考えられるだろうか。

つまり一つの快感が他の快感に直接続いて訪れることはありえない。快感と快感のあいだには苦痛が介在しなければならない。生命力のちょっとした抑止がいくつもあって、その間に生命力の促進が挟まるのであり、これが健康な状態というものを意味する。われわれは健康状態とは途切れなく快楽を感じていることであると思ってしまうが、これは誤りである。というのは、健康状態は(常にあいだに介在する苦痛を挟んで)愉快な感情が互いに間欠的に継起することから成り立っているからである。苦痛は活動を刺激する刺《とげ》であって、刺に刺激された活動のなかではじめてわれわれは生命力を感じるのであるから、この刺がなかったら生の沈滞が訪れることであろう。

(病気からゆっくり回復するとか、いったん損失した資本が再び徐々に蓄積されていく場合のように)徐々に沈静化する苦痛は生き生きとした快感をもたらさないのはなぜかといえば、それはその経過が気づかれないからである。——ヴェリ伯爵(2)のこの命題に私も全幅の確信をもって賛成する。

## 具体例による解明

なぜゲーム Spiel〔戯れ〕は(とりわけお金を賭けたゲームは)あれほどに面白く、長時間考えごとで緊張を強いられたあと漫然と何もしないでいるのではゆっくりとしか回復しないのに、損得に大きく影響するのでなければどうして賭け事が最高の気晴らしとも休養ともなるのだろうか。(3) その理由は、ゲームでは勝つか負けるか、当たるか外れるか、と期待と心配とが絶えず交叉するからである。おまけに、ゲームのあとの食事はいつも以上に美味しいし消化にもよい。――(悲劇であれ喜劇であれ)演劇 Schauspiel〔見せ物の戯れ〕があれほど人の心を惹きつけるのは何によるのだろうか。その理由は、どんな演劇においても何らかの難局が――希望と喜びのあいだに不安と苦境が――途中に訪れるので、そのために観客の心は相矛盾する情動の戯れによって大きく揺さぶられることになり、劇の結末に至って観客は生命の充実感を覚えるからである。(4) ――恋愛小説はなぜ結婚で大団円となるのであろうか。またどういう理由で、(フィールディングの例のように)あとから付け足された続編は、それが能無しの筆によってその後の二人の夫婦生活の描写にまで及んでいる場合、不粋で不快となるのであろうか。(5) それは、嫉妬は恋に狂っている者にとっては歓喜と希望とのあいだに闖入する苦痛なのだから、これが結婚前の話であれば読者にとって薬味となるのに、結婚後となると〔後に希望がないので〕毒にしかならないからである。ロマン語系のもののいい方でいえば、「恋の苦しみの終わりは同時に恋のおしまい」(6) なのである(興奮とはそういうものだ)。――どうして労働が人生を味わう最善の形態であるのであろうか。それは、労働が骨の折れる(それ自体では不愉快であって、成果によってのみ慰められる)仕事だからであり、長い労苦が単に消えてくれたことから生まれる安堵感が快として感

V 156　P 144

知され、喜びとなるからである。そうでもなければ、労働は楽しみとはまったく無縁のものであろう。――
煙草は(喫うにしても嗅ぐにしても)最初は不愉快な感覚に襲われる。しかし(唾を吐くか鼻水をかむかすると)この C 122 W553
苦痛は自然のおかげで即座に消えるので、(とくに喫う方の)煙草は一種の社交仲間となってくれるのであって、こ
れで間《ま》が持つようになり、感覚だけでなく考えごとさえもが常に新たに覚醒されるのである。ただしこの場合考え
ごとといっても、ただ朦朧とたゆたうばかりであるが。――最後に積極的な苦痛によってさえもまったく活動へと V 157
刺激されない人間の場合であるが、そうはいっても何でもいいから何かによって生存欲求を満たしたいという気は A 233
あるので、意外にも消極的な苦痛によって、つまり感覚の交替に慣れ切った人間が自分のうちに知覚する感覚の
空々しさとしての退屈によって触発され、何もしないでいるよりは害になってもいいから何かしてみたいと駆り立
てられるような気になることがときおり見られる。

## 退屈と気晴らしについて(7) P 145 W554

**§61** それゆえ、自分が生きていると感じる、つまり人生の快感を味わうとは、絶えず現在の状態から抜け出る
よう急《せ》き立てられている気がする、ということと違わない(それゆえ現在の状態には必ず快感と同じ頻度で苦痛が
繰り返し訪れる)。このことからまた、自分の人生と時間とに注意を怠らない人々(洗練された文化人)にとって例
外なく、退屈がいかに気の重い、不安に満ちた厭わしいものであるかが理解できる。(原注) 退屈がつのると、今われわれ
が生きている時間点を一つ一つ棄てて次の時間点に移らねばならない、という重圧と衝動が加速されていき、つい V 158
には自分の人生に結末をつけたい〔自殺したい〕という決意にまで成長しかねないのであるが、それは、贅沢な人間

はあらゆる種類の享楽を味わい尽くした末にもはやそれ以上新しい楽しみを見いだせないからである。例えば〔パリで自殺したイギリス人の〕モードーン卿について、パリ中が「イギリス人は暇つぶしに首を吊るんだって」と噂いたように。[8]——自分のうちで感覚の空々しさを知覚することは一種の恐怖を呼ぶのであって(horror vacui 空虚の恐怖)、それはいわば緩慢な死を先取りするような感覚であり、運命が寿命をさっさと断ち切る場合よりもいっそう耐えがたいもののように思われるのである。

C123　W555

(原注)　カリブ人は生来の無気力のおかげで、退屈のこうした厭わしさを知らずにすんでいる。彼らは一匹も獲物が釣れないまま何時間でも釣り竿を差して座っていられる。無思想とは活動を促す刺が欠如しているということであり、この刺はいつも苦痛を伴うものであるが、彼らはそうした苦痛とは無縁なのだ。[9]——これに対して洗練された趣味を誇るわが読書界は、一過性の短命な書物の氾濫のせいで、教養を身に付けるためでなく楽しみたいという食欲を絶え間なくそそられ、それどころか乱読(これは一種の無為である)という過食症に悩まされている始末である。とはいえこれに巻き込まれた頭脳はいつも空っぽのままなので、食べすぎの心配はない。どうして空っぽかというと、こうした頭脳は自分たちの多忙な怠惰に労働の外観を与えることによって、その怠惰のうちで自分は有意義な時間の過ごし方をしているのだという自己催眠にかかっているからであるが、しかしこの怠惰は『豪華流行新聞』[10]が読者に提供する怠惰と甲乙つけがたい。

C122　V157　W554

このことからまた、なぜ時間が短く感じられることが快感と同一視されるのかがよく理解できるのだが、それは、われわれは時間をやり過ごすのが速ければ速いほど、ほっとした気分になるからである。例えば社交仲間が馬車に乗って遠足に出掛け、三時間の道のりをずっと会話を楽しんできたのは確かだとして、いざ車から降りたときに仲間の誰か一人が時計を見やってうれしげに〔反語として〕「時間はどこに消えちゃったのかな」、あるいは「私たちにとっては時間がとっても短かったわね」というような場合である。[11]というのもその場合同じ時間への注意といっ

A234　P146　C123　V158　W555

ても、我慢しようと努力してきた苦痛〔お尻の痛さ〕に対するものでなく、反対に快感〔会話の楽しさ〕に対するものであったならば、時間が刻一刻と失われていくことを残念に思うのが当然であろうからである。——話題が少しか転換しないような談話は退屈〔長い暇〕と呼ばれ、まさにそれゆえに、耐えがたい、とも形容されるが、他方快活な〔短い暇〕男が部屋に入ってくるだけで、彼が重要人物というのでなく愉快な男と見なされているだけだとしても、即座にその場の客たちの顔が皆明るく輝くのであって、それはちょうど苦難から解放されて楽になったときと同様である。

だが、人生の大半を退屈に悩まされつづけ毎日が長く感じられた人間が、いよいよ人生の店じまいという段になると人生の短さを嘆く、という現象をどう理解したらよいであろうか。——その理由はこれと類似した観察事実から類推すれば分かることであって、それはドイツ・マイルが（きちっと測量されているわけでなく、またロシア・マイルの場合のように里程標によって整備されているのでもないのだが）[12]首都に（例えばベルリンに）近づけば近づくほど短く感じられ、逆に首都から離れれば離れるほど（例えばポンメルン地方のように）長く感じられる、という事実である。これはどうしてかといえば、目に入る対象が豊富だと（首都近郊の村落や別荘など）、回想するときに相当長い距離を経過してきたはずだと錯覚して推理し、したがってまたそれに要した時間を実際より長めに推測することになるからである。反対にあとの場合のように風物が乏しいと、目にしたものの記憶がほとんど残らず、そのために実際の道のりよりも短く、したがって時間も時計で計るより短く推論してしまうのである。——これとまったく同様のことが人生の最期にもいえるのであって、それが様々な変化に富んだ仕事の回想シーンの連続によって顕彰されたものであったならば、その老人は暦の年月に従って信じてきた年齢よりも自分はもっと長く人生を生きてきたのではないかと思うものである。つまり企てに沿って仕事を進めることで充実した時間を持ち、しかもその目的が計画どおりの大成果を収めることになるならば(vitam extendere factis 人生を行為によって延ばす)、これこそが人生を楽しみ、しかも同時にまた、もう人生は十分だと思える唯一確実な方策なのである。「君がそれまでに思索を重ねたことが多ければ多いほど、なしとげた仕事が多ければ多いほど、君は(一人で悦に入っているだけだとしても)いっそう長く人生を送ったことになるのだ。[13]」―― ――人生をこうした結末で終えることができれば、やはりそれは満足〔大往生〕というものだろう。

だが人生の途上での満足(acquiescentia 安楽)はどうであろうか。――それは(善の貫徹という点で自分自身に満足するかどうかという)道徳的な観点からいっても、(熟練と利口とによって手に入れようと企てる類いの快楽に満足するかどうかという)実用的な観点からいっても、人間には高嶺の花である。というのは、自然は人間に活動を刺激するための刺として苦痛を植えつけたのであって、絶えずよりよい状態へと前進するために人間はこの苦痛を避ける訳にはいかないからである。さらにいえば、人生の最期の瞬間において人生の終わりごろの局面に満足を覚えるといっても、それはただ比較的な満足といわれるべきであって(一面で他人の不甲斐ない人生に比べて、他面で自分自身の若い頃の人生と比べて)、けっして純粋で完全な満足ではないのである。――人生に(絶対的に)満足するということがあるとすれば、それは何もなすことのない静寂であり、衝動の休止であろうし、あるいは感覚とそれに連動した活動が麻痺した状態であろう。だがそうした静寂は人間の知性的生活と両立することはできず、それは動物の身体でいうと心臓が停止した場合、もし(苦痛によって)新たな刺激が加わらなければそのまま死んでいくのは避けがたいのと同じである。

注記。第二編のこの節あたりでまた興奮について、これが快・不快の感情であって、人間の内的な自由の境界線を踏み越えるものであることに言及するべきなのかもしれない。しかしこの興奮についてはしばしば次の欲求能力に関する編で論じられる情念と混同されることがあるし、また実際両者のあいだには親縁性もあるから、私としてはこれの解明は次の第三編に入ってから果たそうと思う。

**§62** いつも快活でいられるというのはたいがい気質からくる性格であるが、それ以外にしばしば原則から生まれる成果である場合も存在する。エピクロスの快楽原理がその例であって、この呼び名は批判者が名づけたものであるから聞こえが悪いのであるが、元来は賢者が常に快活な心持ちを保つことを意味しているはずなのだ。[14]――平静でいられる人というのは、何事にも喜ばず何事にも悲しまない人のことであるが、これと、人生の偶発事に無関心な人つまり感情が鈍い人とではたいへんな隔たりがある。――平静さと対照的なものとしてむら気な launisch 性格があるが(臆測によればこの言葉は元は「夢遊病の lunatisch」と発音していたのだろう)、これは気紛れで喜怒哀楽に走る素質のことであって、当人自身この気紛れの根拠を示すことができないので、とりあえず心気症のせいにしておくのである。このむら気と(バトラーとかスターンの)諧謔的な launicht 才とは〔また〕まったくかけ離れているのであって、[15] 後者は機知に富んだ頭脳の持ち主が茶目っ気たっぷりに対象をわざとあべこべにして(いわば逆立ちさせて)述べたてることによって、聞き手や読者にそれを自分で正しく戻し直す快感を与えるのである。――鋭敏さ〔多感さ〕は先ほどの平静さと対立しない。というのは、鋭敏とは快的な状態であれ不快な状態であれどちらにしても受容するかそれとも逆に両者いずれにせよ心に近づけないこともできるという能力であり強さであって、それゆえ選択権を持っているからである。逆に神経質〔過敏〕とは一種の弱さであって、[16] いわばそういった涙もろい人間のオルガン〔器官〕を意のままに奏でる〔戯れる〕ことのできる他人が傍らにいると、その他人の状態に同情してしまい、心ならずも感極まってしまうのである。鋭敏さは男性的であって、それは、男は女性や子供を煩わしいことや苦痛から守ろうと望んでおり、他人の感覚を自分の強さを基準にして測るのでなく相手の弱さに即して判断するのに必要とされるに過不足のない繊細な感情を持たねばならず、それゆえ寛容には男の感覚の優しさが必要だからである。これに対して、交霊術のように他人の感情に自分の感情を共鳴させることによってただひたすら受け身に感動してしまうといった、感情によるだけで実行の伴わない同情は、軟弱であり子供じみている。――そういう訳で朗らかな神信仰というものがありうるし、またあるべきであろう。(17)同じく、煩わしいが避けがたい労働も朗らかに遂行することができるしまたそうあるべきである。それどころか、死ぬときでさえも朗らかに死ぬことができるしそうあるべきなのであって、というのもこのようなことはすべて、鬱々と気難しい気分でなされたり耐え忍ばれたりすると、その価値を失うからである。

苦痛は人生が終わるまで止むはずはない、と固く思い込まれているのであるが、その苦痛について「誰それは何か（ちょっとした災い）を苦にしている」といわれたりする。――だが何であれ苦にしてはならない。というのは、そうである以外にはありえないものについては念頭から追い払うほかはないからであるが、それはまたなぜかといえば、起こってしまったことを起こらなかったことにしようとすることほど不条理なことはないからである。自分で自分を改善するのは結構なことであるし、また義務でもある。だがすでに自分の力の及ばないところにあるものをなお都合のいい方向に改善しようとするのは理屈に合わない。だが、同じ何かに執着するといっても、その何かが何らかの意味で善い忠告ないし教訓と考えられるものであって、人々がいつまでも大事にしようと決心するようなものである場合には、それは一つの慎重な思想態度であって、それに執着する態度のおかげで、自分の意志をその忠告や教訓を守ろうとする十分強い感情に結びつけることができるのである。——自分の心構えを直ちによりよい人生態度に向け直そうとせずに自分を苛《さいな》む者の後悔はどこまでも無益な骨折りであり、しかもさらに卑劣な効果を狙っているのであって、つまりただそれだけで(悔い改めによって)自分の罪の記録が帳消しになったと見なし、その結果今からでも理性に導かれながら改善に向かって積み重ねていくべき努力を回避しようとしているのである。

**§63**　快感を求めるといっても二通りあって、一つは同時に文化の蓄積ともいえるような種類のものであり、その種の快感をもっとたくさん楽しむ能力を拡充していく型である。この型に属するものとして学問や芸術に伴う快感がある。他方これとは別に、消耗というべき快感の求め方もあり、これは回を重ねるにつれて享楽の度合いがますます低下していく。しかしどのような方法で快感を求めるにせよ、すでに述べたように[18]最も肝心な格率は、あとになればなるほど快感が高まるように快感を少しずつ味わうよう調整することである。というのは快感に飽きてくるとそのせいで、贅沢三昧の人間が人生を重荷とさえ感じるときのような、あるいはまたふさぎ虫 Vapeurs〔仏〕という名の〔フランスの〕女性たちが陥るようなむかむかする〔不快な〕状態が訪れるからである。[19]——若者よ！（繰り返しまたいうのだが）労働が好きになりなさい。快感を諦めるというのでなく可能なかぎり多くの快感を将来に担保するために、快感を慎みなさい！　若いうちに快感に対する敏感さを享楽によって鈍らせないように！　年齢を積み重ねてくるとどんな肉体的な享楽であれ少しも未練なく節制できるようになるのだが、年齢的な成熟によるこうした放下《ほうげ》そのものが、君に運不運や自然法則に左右されないで人生に満足できるための資本を確保してくれるからである。

W560　A237 P150 V163

**§64**　しかしまたわれわれは快感と苦痛に面して、それを拒むべきかそれに身を委ねるべきかをいっそう高い次元で、自分自身に満足するかそれとも不満を感じるかによって(つまり道徳的に)判断する。

(一)　事柄は快いものであっても、その快感に浸るにはわだかまりを残す〔不満を感じる〕ものがある。そこから苦い喜びという言い方が生まれる。――誰であれ破産寸前のところで親から、あるいは立派で気前のいい親戚から遺産を譲り受けたならば、その人が死んでくれたことを喜ぶ気持ちになるのは避けることができない。しかしまたそのように喜ぶ自分を内心咎めることも避けがたい。[20] ちょうどそうした思いが、日頃尊敬していた恩師が亡くなり、埋葬の儀式に心から悲しい思いで加わっている後継予定の助教授の心にも湧くのである。

(二)　事柄は快いものでなくても、それに苦しみを感じることには得心〔満足〕がいくということがありうる。そこから甘い苦痛という表現が生まれるのだが、例えば夫がいないという以外には遺産で何不自由なく裕福に暮らしている未亡人が、なかなか再婚話を受けつけない、というのがこれに当る。この場合しばしば〈高嶺の花を気取っている〉と噂されたりするのだが、それは無礼というものである。

反対に、快感を感じることが加えて意に適うということもありうるのであって、すなわち何かある事柄に携わることが名誉となり、しかも事柄自体に快感を感じるようなときがそうであって、例えば、単なる感官の享楽でなく芸術を嗜みつつ、しかもそれに加えて、自分が(趣味の洗練された人物として)こうした快感を味わうことができるということに満足を覚えるといった場合である。――ちょうど反対に人間には、苦痛を感じるに加えてそのうえそれが心を咎める、ということもありうる。誰にとっても侮辱されたときの憎悪は苦痛である。しかしその汚名が濯がれたのちでさえも依然として相手を恨む気持ちが残っているという場合、思慮深い人間にとってはそれを咎めないで済ますという訳にはいかないものである。

**§65** 自分で(合法的に)手に入れた快感は二倍に快く感じられる。まず利得として、ついで功績として(利得の創始者であるという内的な自足感として)。——働いて得たお金は快感をもたらすが、この種の快感は少なくとも賭けごとで得たお金の場合よりも長続きする。というのも宝籤にまつわる一般的な害悪を度外視していうとしても、それで儲かった場合思慮深い人間にとっては何かしら恥じねばならないと感じるものが宝籤にはあるからだ。——他人に責任のある災いには苦痛を感じるが、自分に責任のある場合は悲しみに心が沈む。

しかし他人から災いを被ったとき、二通りのいい方があるのはどう説明し両立させたらいいのだろうか。——つまり、例えば被害者の一人は「少しでも私にも責任があるというのなら、まだしも納得がいくのに」といい、もう一人は「自分にはまったく責任がないということが、私にとってせめてもの慰みだ」という具合に。——罪なく災いを被ると憤激を催す(前者)のは、それが他人からの侮辱を意味するからである。——自分に科《とが》があると自覚すると心がくじけるのは、内的に咎めるからである。——という訳で、二人のうち後者の方がいっそう善い人間であることが容易に分かる。

**§66** それほど可愛げのあるとはいえない人間観察であるが、他人の苦痛と比較するとこちらの快感が増し、また自分と同じような苦悩に、あるいはもっと深い苦悩に他人が陥っているのを目撃すると自分の苦痛が軽減されるのは事実である。しかしこのような作用は単に心理学的なものであって(相反するものは互いに横に並べられるといっそう鮮明に際立つ、opposita iuxta se posita magis elucescunt という「対照の定理」に則った)、例えば自分の今いる状態の居心地をもっとよくしたいという魂胆で他人の苦悩を願[21]うといった道徳問題とはまったく関係がない。われわれは構想力の働きのおかげで他人に同情しはするが(例えば、誰かが身体の平衡を失って今にも倒れそうになるのを見ると、思わず知らず何の意味もないのに、まるで彼を真っすぐに立たせようとするかのように、自分の身を反対側に反らす、ということがあるように)、それはただ自分が同じ運命に巻き込まれなかったことを喜んでいるだけなのだ。(原注) V166 W562 だから民衆は演劇を観にいくようなつもりで、死刑囚が町を牽き回されて晒し者にされたうえで処刑される様子を見物しようと、息急《せ》き切って走っていく。(22) というのは、顔の表情とか挙動から伺える死刑囚の心の動きや感情が見物人に同情心を催し、また構想力(これは厳粛な雰囲気の中では働きが強まるものである) A239 によっていったん恐怖心が煽られたあとには、穏やかな、しかし身の締まるような安堵感に浸ることができるからであるが、それがこのあとに続く生活の楽しみをいっそう味わい深いものにしてくれるのである。

(原注)　沖で嵐が海面を波立たせている最中、
陸から同胞の困苦を眺めるのは快い。
見知らぬ他人の苦難が常に心踊らす快感だからというのでなく、
自分はあの災難から免れていると実感することが快いからだ。
ルクレティウス(23)

Suave, mari magno turbantibus aequora ventis,
E terra magnum alterius spectare laborem;
Non quia vexari quenquam est iucunda voluptas,
Sed quibus ipse malis careas quia cernere suave est.
Lucret.

A238 V165

またいま味わっている苦痛を、自分の身のうえに被るかもしれない別の苦痛と比較してみるだけでも、その苦痛 A239 V166

はたしかに我慢しやすくなってくれる。脚を折った者にその不幸を我慢させるには、「不運は首に来ていたかもしれんのだぞ」といってやればいいのだ。

どんな苦痛にも効く最も基本的でしかも一番手軽な鎮痛剤は、理性的な人間になら十分に期待することのできる次のような思想である。つまり、人生は一般に、安楽かどうかに左右されるような生の享楽の面からいうとまったく固有の価値を持たないのであるが、とはいえ、どのような目的に向かって人生を営むのかという人生の歩み方の面から見れば価値を持つのであって、だからその価値は幸福ではなくてひとり知恵だけが人間にもたらすことができるという思想である。とすれば、人間はこの価値を現に〔自由に〕支配していることになる。[24] 逆に自分の人生の価値が見失われるのではないかと心配のあまり気が気でない者は、けっして人生を楽しむことはないであろう。

P 153

## B　美しいものに関する感情、すなわち反省された直観における一部は感性的で一部は知性的な快について、または趣味について

**§67** 言葉の元来の意味からすると、すでに前に述べたように、[25] 趣味〔味覚〕とは、食べたり飲んだりするときに(舌、口、喉といった)器官がある種の分解された物質によって種別に触発される、という性質である。趣味〔味覚〕という言葉を使うとき、単に味の識別力という意味で理解されるか、または、それに加えて味の好みという意味でも理解される〔例えば何かが甘いか苦いかという意味でか、それとも味わっているもの(甘納豆かブランデー)が快いかどうか、という具合に〕[26]。前者はある物質〔の味〕がどのように呼ばれるべきかという点で一致に達することができるのに対して、後者はけっして普遍的な判断を、つまり私に快いもの(例えばブランデー)はまた誰にとっても

C 129
V 167
W 563

快いものであろう、といった判断をもたらすことができない。その理由は明瞭であって、快・不快は客観に関する認識能力の埒《らち》外にあり、主観の規定であって、それゆえ外的な諸対象に属するとは認められないからである。――それゆえ味の好み〔趣味〕は、対象を知覚または構想〔想像〕するときその対象の表象に満足するか不満足か〔の判断〕と同時にその対象を識別する概念を含んでいる。

ところでまた趣味〔味覚〕という言葉は感性的な判定能力とも見なされるが、それも単に私自身が受けとる感官感覚に従って決めるのでなく、誰にでも当てはまるものとして表象される一定の規則に従って〔よしあし等を〕決める能力と見なされている。この場合の規則は経験的であってても構わないのだが、しかしそうするとその規則は真の普遍性を、それゆえまた(味の好みをいうときに誰であれ他人の判断が私の判断と一致するに違いないといった)必然性を要求することはまったくできない。という訳で食事時の趣味の規則としては、ドイツ人の場合スープから始めるのが普通であるが、イギリス人の場合はこってりした料理から始めるのである。なぜならば、繰り返し前例を真似するうちに次第に一つの習慣が定着して、食事の配膳の順序についての規則がこのように形成されてしまったからである。

しかしまた味の好み〔趣味〕のなかにも、ある対象の表象が快・不快の感情からいってどのように判定されるかという点で、その好みの規則が必然性を、したがってまた誰にでも当てはまる妥当性を示しているものがあり、そこからするとアプリオリに根拠づけられているに違いないと思われる規則も存在する(とすると、たとえそのさい必然性とか妥当性の判断を理性原理から導出したり理性原理に則って証明したりはできないにしても、そこには理性が秘かに役を演じて〔戯れて〕いるのである)。こうした類いの趣味を、感官の趣味である経験的な趣味と区別するために、準理性的な〔理性の混じった〕[27]趣味と名づけることができるかもしれない（これを反省された趣味 gustus reflectens というとすれば、経験的な趣味はさしずめ反射した reflexus〔趣味〕となろうか）。

自分自身の人格〔人柄〕や自分の技芸を趣味によって表現するときにはいつでも、（その趣味を披瀝する）社会的な状態が前提されているが、その社会状態は常に（他人の快に共感する）打ち解けたものであるとは限らず、むしろ最初はたいがい野蛮で非社交的であり、ともかく互いに張り合った雰囲気であることが多い。——まったく他人から隔絶した状態で暮らしていれば、誰も着飾ったり住居を掃除したりしないだろう。[28]つまり人間がそうするのは身内（妻や子供たち）の手前だからというのでなく、やはりもっぱら他人を意識してのことであって、それは自分を引き立たせるためなのである。だが（選択の）趣味、すなわち美感的判断力の場合、感覚（対象の表象の質料）が対象に対する満足を直接生むのでなく、満足を生むものは、自由な（生産的）構想力が質料を創像しながら統合する仕方、つまりその形式なのである。というのは、快の感情を普遍的に規制する規則となる資格があるものは、ただ形式だけだからだ。他方、感官感覚はそれぞれの主観の感官能力の違いに応じてきわめて差異が大きいものであるから、そうした普遍的な規則をこれに期待することは許されない。——以上のことから趣味は次のように定義することができる、「趣味とは美感的判断力が持つ、普遍妥当的に選択する能力のことである」と。

それゆえ趣味は、外的対象を構想力のうちで社会的に判定する能力である。——このとき心は構想力の戯れのうちで（それゆえ感性の戯れのうちで）自分は自由であると感じる。というのは、他の人間たちとの交わりは自由を前提しており、——この自由の感情こそが快だからである。——ところで（美しいものを）趣味によって選択することが、単なる感官感覚を通してつまり愉快という感官感覚を通して（もっぱら主観的に気に入るものを）選択することから区別されるのは、前者による快が誰に対しても普遍的に妥当することによるのだが、この普遍妥当性は一つの法則の概念を伴っている。というのは、判定する者にとって妥当する満足のその妥当性が同時に普遍的でありうるのは、ただ法則に従うことによってのみ可能だからである。ところで普遍的なものを表象する能力は悟性である。それゆえ趣味判断は美感的判断であるとも悟性判断であるとも考えられるが、要するに両者が一体化したものとして考えられるのである(それゆえこの場合の悟性判断は純粋ではない)。――趣味によって対象を判定するとは、構想力の自由な戯れと悟性の合法則性とが共鳴しているか、それとも不協和音を奏でているかを判断することであって、それゆえ(感官の諸表象のこうした一致を)美感的に判定する形式にだけ関係しており[29]、構想力と悟性との共鳴が感知されるような作品を産み出すこととは無関係である。というのは、〔そういう作品を産み出す〕天才は、〔逆に〕その溢れかえる生気を趣味の上品さによって抑制し緩和してもらう必要がしばしば生じるものだからである。

ひとり美だけが趣味というにふさわしい。たしかに崇高も美感的判定の一つではあるが、趣味というのは不適当である。とはいえ崇高なものの表象がそれ自体として美しいことがありうるし、またそうあるべきでもある。でなかったら、その表象は殺伐、野蛮、悪趣味となる。(例えばミルトン〔の『失楽園』〕に出てくる擬人化された「死」の姿形の叙述のように[30])どんなに悪いものや醜いものを描写するときでも、それもたとえテルシテスのような者であったとしても[31]、いったん対象が美感的に表現されるべきだとなったら、それは美しく描きうるしまた美しく描かねばならない。というのは、そうしないとその描写は〔鑑賞者に〕気まずい思いをさせるか吐き気を催させ、いずれにしてもせっかく楽しんでもらうために提供されたはずの表象が門前払いを食らうのが落ちだからであるが、これに対して美は、描かれた対象とこれ以上ないというほど親密に一体化したい、つまり直接その対象を味わいたいと誘いかける概念〔想い〕を帯びている。——美しい魂〔の人〕という表現は、われわれがある魂とこの上なく内面的に一体化したいと思い、その人を目的にしようと自分にいい聞かせたくなるような魅力を一語でいい尽している。(32) というのは、魂の大きさとか魂の強さが質料（ある目的のための道具）に関わるのに対して魂の善さ(33)〔魂の美しさ〕はあらゆる目的が統一される際に基づかねばならない純粋な形式のことをいっているのであって、それゆえに魂の善さに本当に出会うとすれば、その純粋形式はギリシア神話における愛の神エロスに似て正真正銘創造的でありつつしかしやはりあくまでこの現世のものだからである。——ともかく趣味判断はこうした魂の善さ〔という理念〕を中心に据えたうえで、感性的な快のうち悟性の自由と一致しうると判断したものをすべて結集するのである。

補注。ところでとりわけ近代語において、美感的な判定能力が単に一定の感覚器官（口の内部）を指す表現、したがってまたそうした器官によって飲食物を識別し選り好みする事態を指すにすぎない表現（gustus 試食、sapor 味覚）によっていい表わされてきたのにはどういう訳があったのだろうか。——感性と悟性とが一つの楽しみのなかで一体化し、それが長く持続し、皆が満足して再び三たび繰り返されるということが可能な状況設定は、——善良な社交仲間たちと美味しい食事を共にすること以外には考えられない。——しかしその際、食事はただ社交仲間の団欒の手段と見なされているにすぎない。さて主人の美感的な趣味のよしあしが示されるのは、いかにご馳走を普遍妥当的に用意するか、その手腕の熟練度に掛かっている。だが彼は自分の嗜好〔感官〕に頼ってそれを実行することはできない。なぜなら、多分客たちは客たちで自分の嗜好〔感官〕に従って料理や飲み物を選ぶだろうからである。だから主人は、各人がその嗜好に従って選ぶにしても何か好みのものが見つかるようにと、バラエティに気を配っ

A 242　C 132　V 171　P 157　W 568

て用意させるのであり、それによってその場にそれなりの普遍妥当性が確保されるのである。熟練といえばもう一つ、客同士が全体として〔普遍的に〕お互いに打ち解けて楽しめるようにするためにはそもそも主人は客をどういう顔合わせで選んだらいいか、という点での熟練もあるが(これもまたたしかに趣味の一つといわれることがあるが、本来は趣味に適用された理性と呼ぶべきものであって、やはり趣味とは別のものである)、こちらは目下の話題の文脈では問題とならない。以上がある特定の感官によって起こる器官感情〔味覚〕が理想的な感情の名称を、つまり感性的に普遍妥当的な選択一般という感情〔趣味〕の名称を提供することが可能だった事情である。——これよりももっと奇妙に思われるのは、何か〔飲食物〕がある一人の同一人物にとって好物となるのかどうかを〔実際に〕感官によって試す〔試食ないし試飲する〕(sapor 味見〔する〕)という点(彼の選択が普遍妥当的であるかどうかではなく)での熟練が、あろうことか知恵(sapientia 英知[34])の名称にまで格上げされてしまった、という事実である。おそらくこれは、無制約的に必然的な目的[35]は熟慮や試行錯誤を待たずに、いわば滋養物は味見したとたんにすぐそうと分かるのと同じように、直接に魂の内に入りこむからであろう。

**§68**[36]　**崇高なもの**(sublime 気高い)とは、広がりと程度からして畏怖の念を起こさせる**雄大さ**(magnitudo reverenda 尊敬すべき偉大さ)であって、(力の及ぶかぎりこれと肩を並べようとして)近づくよう誘われるのだが、しかし同時にこれに対してはもし比較されると自分自身の価値が無と化してしまうという恐怖が湧いて足がすくむのである(例えばわれわれの頭上を襲う稲妻と雷鳴、あるいは高く切り立った山脈がそうである)。こうしたとき人間自身が安全でありさえすれば、そうした現象を捉えようとして全力を傾注するよう促されるのだが、同時にその雄大さにはどうしても手が届かないというもどかしさが付きまとうのであって、結局そこには**不可思議な驚き**(苦痛

P158　C133　A243
W569　V172

を不断に克服することによって得られる快い感情)が生じるのである。

崇高なものはたしかに一面で美しいものの反対側に位置してこれに対抗しているが、しかし相互否定の関係にある訳ではない。なぜなら、一方で対象〔崇高なもの〕を把握(apprehensio 覚知)しようとして自分を高めようと努力し試みることによって、その人間には自分自身の偉大さや力を自負する感情が目覚めてくるからであり、他方でその対象についての思考表象を記述したり表現したりする場合、その表象は常に美しいものでありうるしまた美しくなければならないからである。というのも、さもなければ上述の〈不可思議な驚き〉は脅威に変じてしまうが、感嘆とは〈不可思議に驚く〉という以外ではありえない種類の一つの判定であるから、脅威と感嘆とは大きく異なるからである。

どんな目的も受けつけようとしない雄大さ(magnitudo monstrosa 奇っ怪な偉大さ)はぞっとするものである。それゆえロシア帝国のだだっ広い雄大さを讃えようとして、ロシアはとてつもなく広い〔ぞっとする〕と形容した文筆家連中はまずいことをしたものである。というのは、そこにはまるで、ロシアはただ一人の統治者が支配するには広すぎるといわんばかりの非難が感じられるからである。——怪奇趣味というのは、まともに説明してもまるで小説仕立てになってしまう類いの出来事に自分から首をつっこみたがる傾向の人間を指していう。

それゆえ崇高なものはたしかに趣味の対象ではないが、心を揺さぶる感情の対象ではある。だが崇高なものを芸術的に表現しようとする場合には、(説明文ないし余禄 parerga〔希〕によって)美しく描写したり美しく飾ることができるし、またそうするべきであって、というのは、さもないと崇高なものは野蛮で粗野で反感を催すものとなり、結局趣味に逆らうものとなるからである。

V 173

## 趣味は道徳性を外から促進する傾向を含んでいる

**§69**　趣味には自分の快あるいは不快の感情を(いわば形式的な感官として)他人と分かちあおうとするところがあって、つまり趣味には、そのように快・不快を分かちあうこと自体に快を覚えることによって、当の趣味に対する満足(complacentia 気に入ること)を他人といっしょに(社交的に)感覚したい〔味わいたい〕という感受性が潜んでいるのである。ところである満足が、それを味わっている当の主観にとってというにとどまらず、またあらゆる他人にとっても満足であるという場合、つまりそれが普遍妥当的なものと見なされうる場合、そう見なされるためにはその満足に(そのように満足することの)必然性が、それゆえ満足に関するアプリオリな原理が備わっていなければならない。とするとこの満足は〔実は同時に〕当の主観の快が普遍的な法則に従ってあらゆる他人の感情とも一致することの満足でもある。そしてこの普遍的法則は、味わっている当人による普遍的な法則定立から、それゆえ理性から生まれてくるに違いないから、つまり結局こうした満足は、形式面からすると義務の原理に基づいて選択されている訳である。[37] それゆえ理想的な趣味には、道徳性を外から促進する傾向が備わっている。——人間をそれぞれの社会的な状況にふさわしく品よくさせることが必ずしも彼を人倫的に善い(道徳的な)人間に教化するとはいえないにしても、それはそうした状況のなかで他人に気に入られたい(好かれたい、敬われたい)と努めているうちに、人倫的に善い人間となる準備をしているのである。——こう考えてくると、文字通りには矛盾を含んだいい方であるが、趣味とは道徳性が外的に現象したものである、と称することができるかもしれない。というのも、品がいいということにはすでに人倫的な善の体裁ないし礼儀作法が含まれているのであって、さらには人倫的な善自身

値も存在しないから、虚栄という項目に分類される。同じくそこには、多くの人々が社交の席で示す単純な先例に卑屈に身を任すという束縛を指摘することができるから、流行は愚行という項目にも入る。流行に乗るというのは、一応趣味に関わる事柄ではある。流行から外れて以前の慣習の肩を持つような人間を、流行遅れという。流行に乗らないことにこそ価値を置く人間は、変人である。とはいえ流行という虚栄一般を阿呆という辛辣な名称で呼ぶとするならば、この名称は流行から外れる阿呆よりも流行に乗る阿呆の方に当たっていることは間違いなく、流行狂いの連中が本当に役立つことや義務さえもそのような虚栄のために犠牲にするような場合、この連中には阿呆という称号が実際のところ似合っているのである。——流行といえばすべて、すでにその概念からして儚《はかな》い運命にある。というのは、もし模倣の戯れが固定されればそれは慣習となって、そこではもはや趣味などまったく問題とならなくなるからだ。それゆえ新奇さという一点に流行を人に受け入れられるようにするこつがあって、外的な形式の点でありとあらゆる工夫に富んでいるということが、たとえその形式がしばしば珍奇に流れ、部分的には醜悪に堕すことがあるにせよ、宮廷人やとりわけ貴婦人たちの作法に要求されるのである。するとそうした形式に他の者どもがよだれを垂らしながら追随し、宮廷人や貴婦人たちがとっくに止めたあとにも身分の低い人々のあいだでは相当長い期間にわたってその形式が踏襲され続けるのである。——という訳で、流行は本来的には趣味に関わる事柄ではなく(というのは、流行は極端に下品となる場合があるから)、単に上品ぶってみたいという虚栄に関わる事柄であり、またその点で互いにどちらが優るかという見栄の張り合いに関わる事柄なのである。(宮廷の上品な男女 élegants de la cour〔仏〕や、ないしはきざな若者 petits maitres〔仏〕と呼ばれる連中は、風船のように中味が空っぽなのだ。)

真の理想的な趣味には壮麗さが、それゆえ何か崇高なものが伴っているものであるが、それは同時に美しくもある(例えば満天の星空の荘厳さとか、あるいは崇高というには俗悪すぎると受け取られないとすれば、ローマのサン・ピエトロ寺院など)。だが豪華に走り〔美術品などを〕これ見よがしに自慢げに陳列するとなると、たしかに趣味につながることもあるだろうが、しかし没趣味なところがないとはいえない。なぜかというと、豪華絢爛は多くの下層民を含む民衆のために仕組まれたものであって、この連中の趣味は愚鈍であるうえに、判定能力よりも感官感覚を要求するからである。

## B　技芸の趣味について

私はここでは語りの技芸だけを、つまり雄弁術と詩的文芸だけを考察の対象とするが、それはこの二つの技芸が心を直接活動へと喚び起こすようなある気分に狙いをつけており、したがってまさに、人間から何が形成されるか[40]に即して人間を知ろうと探る実用的な人間学の考察対象だからである。

理念によって生命を吹き込む心の原理が**精神**と呼ばれる。[41]――趣味とは、多様なものを結合する際の形式に関して単に統制的に判定する能力であって、構想力に内在する。これに対して精神は理性の生産的な能力であり、つまり構想力に対してアプリオリに、上記の形式にとっての標準をあてがう能力である。精神と趣味の二者のうち、前者は理念を生み出す役割を果たし、後者はその理念を生産的構想力の諸法則に合致した形式に合うように限定し、それによって(模倣するのでなく)根源的に造形する(fingendi 制作する)役割を果たすのである。精神と趣味の両方に基づく産物を一般に詩と呼ぶことができ、その作品は目ないし耳を通して直接に感官に提供されるにしても一つの美的技芸[42]〔いわゆる芸術〕であって、また芸術には絵画、庭園芸術、建築、あるいは音楽、作詩術(poetica in sensu stricto 狭義の作詩法)があるなかで、それは詩的文芸(poetica in sensu lato 広義の作詩法)と呼ぶこともできよう。ところで詩的文芸が雄弁術と対比されてこれと区別されるのは、ただ悟性と感性との相互の従属関係がどうなっているかという点だけからであって、つまり前者は感性の戯れであるが悟性に規制されており、これに対して後者は悟性の職務であるが感性から生命を吹き込まれるという関係にあり、いずれにせよ演説家も(広義の)詩人も両者ともに文芸家であって、彼らは新しい形象(感性的なものをあれこれ組み合わせたもの)を彼らの構想力を舞台にして自ら生み出すのである。(原注)

(原注)　芸術が文芸家に一番肝心なものとして求めるものは、たとえ概念自身は新しいものでなくても、その概念の叙述の新味である。——ところで(趣味のことは別として)悟性が新たな知覚によってわれわれの知見を拡大する仕方を表現する言葉として、次のようなものがある。——〈何かを発見する〉つまりすでに前からあったものを初めて知覚すること、例えばアメリカ大陸、北極南極を示す磁力、空気中の電気。——〈何かを発明する〉つまりそれまで現存していなかったものを現実にもたらすこと、[43]例えば羅針儀、軽気球。[44]——〈何かを見つける〉つまり失くしたものを探して再発見すること。——〈工夫し考案する〉(例えば工芸家用の道具とか機械)。——〈仮構する〉つまり真実でないものを意識的に真実らしく語る〔騙《かた》る〕こと、例えばただ娯楽のためというのであれば、小説がそうである。——しかし真実と称された仮構がやっぱり嘘であることに変わりはない。

(上半身が美しい女体でも、下[45]半身が魚のしっぽだったら、形なしである。Turpiter atrum desinit in piscem mulier formosa superne.　ホラチウス)

文芸家としての天分は技芸の才であり、趣味と結びついた場合には芸術の才能でもあるが、芸術は(甘美であっても、また間接的には為になることも多いとはいえ)部分的に錯覚を狙っているのであるから、文芸家としての天

A 247　C 137　V 177　W 574　P 163

分を人生においては多用しないこと(また頻繁に害を与えることのないようにすること)がどうしても重要となる。――だから文芸家の性格について、あるいはまた彼の職務が本人や他人に与える影響について、さらには文芸家の性格をどう評価するかについて若干の疑問を述べ、かつ診断を下しておくことにも十分意味があるであろう。

(語りの)芸術のうちどうして詩が、目的はまったく同じなのに雄弁術よりも高い称賛を得ているのであろうか。――それは、詩が同時に(歌うことのできる)音楽であり音調であって、それ自体単独で快い声の響きであるのに対して、単なる喋りはそうしたものとはいえないからである。雄弁術自身が音調ともいえる声の響きを詩から借りており、それが抑揚であって、これを欠くと弁舌は、合間に沈黙の瞬間を置いて次に生気を蘇らせるという必須な手口に不自由することになるだろう。だが詩はただ雄弁術よりも称賛されるというにとどまらず、他のいかなる芸術よりも高い評価を得ており、すなわち絵画(彫刻も加えて)よりも、また音楽と比較してさえもそうである。というのは、音楽は(単に快い芸能というに加えて)手段として詩に奉仕するという理由によってのみ芸術といわれるのだからである。加えて詩人には音楽家におけるほど浅薄な(つぶしの効かない)頭脳の持ち主は多くはいないが、それは音楽家はただ感官にだけ語りかけるのに対して詩人はまた悟性にも語りかけるからである。――優れた韻文は心に生気を吹き込むことのできる最も印象的な手段である。―― ――ところで詩人についてだけでなく芸術の才の持ち主すべてに当てはまることであるが、彼は当の技芸の才を生れながらに持っているに違いなく、したがって勤勉と模倣によることなくその技芸に到達することが可能なのだ。これに加えて同様に、芸術家が自分の仕事で成功を得るためには、まるで霊感に襲われる瞬間のように彼に訪れる一種の幸福な気分が要求される(だから芸術家はラテン語で預言者 vates〔詩人の意味もある〕とも呼ばれる)のであるが、それは指図や規則に従って作成された産

P 164　A 248　C 138　V 178　W 575

物は精神の欠けた(奴隷的な)ものにしかならないのに対して、芸術作品は模倣に頼るとしても、そこそこに可能な趣味だけでなく加えて思想の独創性を必要とし、これこそが自ずから生命を吹き込むものとしての精神と名づけられるからである。――絵筆かペン(散文であれ韻文であれ)によって自然を描写する者のことをまだ美しい精神〔の持ち主〕といえないのは、彼は単に模倣しているだけだからである。理念を描く者だけが芸術の巨匠である。[46]

通常詩人というと韻文の文芸家、つまり抑揚をつけて読まれる(音楽に似てリズミカルに語られる)語りの文芸家のことと理解されるのはなぜであろうか。それは詩人が芸術作品を公表する際に、最高に上品な趣味をすら(形式からいって)満足させるに違いないほどのある種の荘厳さ〔これが韻〕を駆使して朗読するからである。というのも、それを欠いては作品は美しくないからだ。――つまりこの〔韻という〕荘厳さは崇高なものを美的に表現するときに一番必要とされるのであるから、美を装った荘厳さも韻を欠いているならば(ヒューゴー・ブレアのいうように)「狂った散文」と呼ばれるのである。[47]――反対にまた韻文を作ってみても、精神を欠いているならば詩とはいわれない。

われわれヨーロッパ近代の文芸家の韻文になると、脚韻によって巧みに思想が完結している場合、そういう脚韻が趣味にとって不可欠の要素とされるのはなぜか。これに対して古代の詩作品では、脚韻が韻文に対する厭うべき違反とされ、その結果例えばドイツでは脚韻を踏まない韻文はほとんど好かれないのに、ラテン語で脚韻を踏んでいたウェルギリウスが〔当時〕それを理由にいっそう敬遠されたなどということがどうして起こりうるのだろうか。臆測にすぎないのだが、それは古代の古典文芸家たちにおいては〔脚韻以外の〕韻律が確立していたのだが、近代語ではそれが大部分欠如してしまい、その後先行する韻文に合わせて響くように韻文を閉じるという脚韻によって、

V 179　W576

耳がその欠如の埋合わせをしてもらうようになったという訳であろう。散文による荘厳な演説の途中で、異なった文と文とのあいだに偶然脚韻が聞き取れたりすると、滑稽な感じがするものである。

演説家には許されないのだが、そこかしこで文法を破ってもよいという詩人の自由はどこに由来するのだろうか。これも臆測によるのだが、詩人としては法則の形式性に窮屈に縛られすぎて高尚な思想を表現することができなくなることを避けたい、ということから来るのであろう。

平凡な演説はまだしも我慢できるのに、どうして凡庸な詩作品となると堪え難いのであろうか。その原因は、どんな詩的な作品においても語調の荘厳さは〔内容に〕大きな期待を抱かせるのだが、だからこそその期待が満たされないと、通常かえってその作品が散文と見なされたなら得るであろうよりもずっと低い評価しか得られないという点に存するように思われる。――ある詩作品が金言として記憶に残るような韻文で締め括られているならば、それは余韻の快感をもたらしてくれ、そこに至るまでのあまたの凡庸な詩句もかえって優れたものであったかのように錯覚させてくれる。だからこれもまた文芸家の技芸の一つなのである。

年を取ると詩人としての才能は萎れるのに、学問の方は優れた頭脳の主には相変わらず職務を遂行するうえで揺るぎない健康と活動を保障してくれるのはどこに理由があるかといえば、まさに美は花であるのに対して学問は実だからであって(48)、つまり詩作はその多様性のゆえに軽やかさを要求する自由な技芸でなければならないのに、こうした軽やかな感性は老年においては(当然とはいえ)凋んでしまうからである。さらには、学問の同じ軌道の上をひたすら前に進むという習慣はだんだん軽やかさを帯びてくるものだが、詩作はどんな作品の場合でも独創性と新味を(加えて器用さを)要求するものだから、老齢とはうまく折り合わないのである。ただし例えば辛辣な機知を示す

A 249　C 139
V 180　P 165
W 577

作品、つまり警句や風刺詩の場合は別であるが、そこでは詩作は戯れ〔試合〕というよりむしろ真剣勝負である。

詩人は弁護士や他の専門的な学者のように世に成功することがないのは、生れつきの詩人に一般的に要求される気質に潜む素質からして決まっていることである。それは、思索と気さくに戯れる〔＝詩作〕ことでこの種の心配事を追い払ってしまうという気質のことである。――しかし詩人の性格に関連した一つの特性、つまりどんな性格も持たず、お天気のように気紛れで、だから(悪意はないのだが)信用できず、誰を憎むというのでなしに軽率に敵を作り、苦痛を与えるつもりもなくて友人をこっぴどくからかう、といった特性は、気紛れな機知という部分的には天与の素質のせいであって、これが彼の実践的な判断力を支配してしまっているのである。

## 贅沢について

**§72**　贅沢(luxus 派手)とは、一公共体のうちで社交的な歓楽生活が趣味を巻き込んで過度に陥ることである(それゆえ贅沢は公共の福祉に反するものである)。この過度が趣味を伴わないとすれば、それは公共的な逸楽(luxuries 放逸)である。――福祉に対する両者の作用を考慮してみると、贅沢は無くても済む浪費であって貧乏をもたらし、逸楽の方は同じ浪費でも病気をもたらす。前者はまだしも民衆の(技芸や学問における)前進する文化と調和しうるが、後者は享楽に耽ったあげくに最後には嘔吐を催させる。両者とも自分で楽しむというよりも、(外から目立つように)見せびらかすのである。贅沢は(例えば舞踏会や演劇のように)優雅さによって観念的な趣味を目指し、逸楽は過多と多様さによって〔味覚などの〕美食の感官を目指す(例えばイギリスにおける市長閣下の宴会でのように、身体的な趣味〔味覚〕を目指す)。――政府が双方を贅沢禁止法によって抑制する権限を有するかどうかは一つの難問であるが、ここはそれに解答を寄せる場所ではない。いずれにせよ、民衆をいっそうよく統治できるようにという目的で彼らを部分的に軟弱にするような芸術や快い芸能にしても、逆に手荒なラコニア式質実剛健の導入にしても[49]、政府の意図に真っ向から背くような結果をもたらすであろう。

よい礼儀作法とは、歓楽生活を社交性に（それゆえ趣味を巻き込んで）適合させることである。このことから贅沢はよい礼儀作法を損なうものだということが分かるが、裕福なまたは高貴な男性について語られる「彼は作法を心得ている」という表現は、彼が社交上の楽しみにおいて〔趣味の〕選択に練達していることを意味するのであって、この表現には節度（自制）が含意されており、自他ともに楽しみを健全なものとしさらには長続きさせることが意図されている。

ここから分かることは、贅沢が非難されるとしたらそれは本来家庭生活でなくただ公共的な生活の方なのであるが、自分の容姿や所持品を美しく飾ろうとして（祭り、結婚式、葬式、さらに下って普段の付き合いにおける上品な物腰に至るまで）相手よりちょっとでも優位に立とうとする競争の自由に関していえば、国家市民が共同体とどのように折り合いをつけるかという点で〔公的な〕浪費禁止措置に煩わされる必要などほとんどない、ということであって、なぜならこの自由は各種の技芸に生気を吹き込むという長所をもっているからで、だからまたそうした浪費が共同体に引き起こしたかもしれない損害を穴埋めしてくれたうえにお釣がくるほどだからである[50]。

V 182　P 167
W 579

# 第三編　欲求能力について

**§73**　欲望(appetitio 熱望)とは、ある主観が何か〔まだ存在しない〕未来の状態を自分の力の作用の結果として表象する〔思い浮かべる〕ことによって、自分の力を〔それに向かって〕自己決定することをいう。習慣的で感性的な欲望を傾向性という。力を用いずに客観を産出したいと欲求することを、願望という。主観が自分はその対象を獲得することに無能であると感じるような、そういう対象に願望を向けることも可能であるが、その場合それは虚しい(無益な)願望である。欲求することと欲求されたものを入手することのあいだに横たわる時間を廃棄したいという虚しい願望を、憧れという。自分はいったいどのような状態に踏み込むつもりなのか知らないまま、ともかく自分の現在の状態を脱却したいとひたすら主観を駆り立てるような、つまり客観に関して無規定であるような欲望(appetitio vaga 茫漠とした熱望)は、わがままな願望と名づけることができる(それはどうやっても叶えられない)。

主観の理性によっては制御することが難しいもしくは不可能な傾向性が、情念である。これと対照的に、現在の状態における快・不快の感情であって、主観のうちで熟慮(その感情に身を任せてもよいか、むしろ拒むべきかを理性的に表象すること)が生じる余地の無いような感情を、興奮という[1]。

興奮であれ情念であれ、それに支配されることはどちらも理性の主権を排除するのだから、〔その意味では〕たし

V184　W580　A251 C141 P169 V183

かにいうまでもなく心の病気である。両者はまた程度からいっても同じぐらいに激しい。しかし質に関していうと両者は互いに本質的な点で異なっており、そのことは精神科医がそれぞれに施さねばならない予防法においても治療法においても明らかである。

## 興奮について——情念と対照して

**§74** 興奮は感覚を通しての不意打ちであって、これを受けると心の平静(animus sui compos 自分を支配する魂)は吹き飛んでしまう。つまり興奮は性急であって、熟慮を不可能にしてしまうほどに感情の度を急速に高める(興奮は無思慮なのだ)。——興奮しないまま行為に対する動機の強度を弱めずにいられるのは、いい意味での粘液質であって、動機が強くても冷静な熟慮を邪魔されないという、壮健な男子の特性(animi strenui 活気ある魂)である。怒りの興奮は行動に出るとなれば即座になすのだが、忘れるのも速い。反対に憎しみの情念はじっくりと時間をかけて心の底に根を下ろし、相手に対する恨みをいつまでも忘れないのである。——父親や教師は子供の(いい訳でなく)謝罪を聞く忍耐を持ってさえいれば、罰を与えないで済ますことができる。——何かのことで君に怒って憤激の体《てい》で君を罵倒するために部屋に飛び込んできた者がいたら、彼に向かって穏やかに、座り給えと勧めなさい。これがうまくいけば、それだけですでに彼の罵詈《ばり》雑言《ぞうごん》は和らいでいるだろうが、それはいったん座って身体が寛《くつろ》ぐと気も弛んできて、立っていたときの脅迫的な態度や怒声とは両立しなくなるからである。これとは対照的に、(欲求能力に属する情緒としての)情念は、いかにそれが劇しいものであったとしても、その目的を達成するためにはじっくりと時間をかけて熟慮を重ねるのである。——興奮の作用は堤防を破壊する激流のようであり、対し

W581

A 252
C 142
P 170

て情念の作用は、絶えず河床《かしょう》を深く削り取る大河の流れに喩えることができる。健康との関係でいえば、興奮は脳溢血のように突発するのに対して、情念は肺結核のように進行する。――興奮は、あとに頭痛が残るとはいえ酔いそのものは寝て起きれば醒めてくれる酩酊のようなものと見なせるのに対して、情念は飲み込んだ毒や〔先天的な〕発育不全に起因する病変のようなものと見なすことができ、これは国内外の精神科医の診断を要するが、さりとて多くの場合医者の方も根本的な治療法を知っている訳でなく、せいぜいただ一時しのぎの対症療法的な薬剤を処方するにすぎない。

頻繁に興奮する人間は、通例情念に囚われることが少ない。例えばフランス人がそうであって、彼らはイタリア人やスペイン人(さらにはインド人や中国人)と比べて活力が余って賑やかなぶん気も変わりやすいのだが、後者は怨念に駆られて復讐を企んだり、恋愛に執着して狂乱に陥ることがある。――興奮は愚直であけっぴろげであり、対照的に情念は陰険で根暗《ねくら》である。中国人はイギリス人を「タタール人のように」気忙《きぜわ》しくて狂暴だと非難するのに対して、後者は前者を完璧なまでの(つまり平然とした)嘘つきだと非難するのだが、嘘つき呼ばわりされた側では、そう非難されたからといってその情念にいささかも動揺をきたさないのである。――　――興奮は寝れば醒める酩酊のようなものと見なせるが、情念は一つの狂乱と見るべきであって、徐々に深く根を下ろす想念に囚われるのである。――人は恋しているうちはまだたしかに目が見えているのだが、恋の虜となった者が恋する相手の欠陥に盲目となることは避けがたい。とはいえ結婚して一週間も経てば、通常は視力を回復するものなのであるが。[2]――いつも例えば怒りの興奮を爆発させてばかりいる者は、いくらそれが一過性のものだとしてもやはりどこか狂人に似ているのは確かである。とはいえ彼はすぐに後悔する訳だから、これは無思慮と名づけられる一種の発作にすぎない。さらには、怒りを外に表すことができさえしたらと願っている人はたしかに大勢いる訳だし、ソクラテスにしてもときにはまた怒ってもいいのではないかしらんと迷っていたそうだ。[3] ただし怒るべきか否かを冷静に熟慮できるほどに興奮を制御できるというのは、どこか矛盾しているような気もするが。――対照的に、情念を願う人間はいない。というのは、自由でいられるのに誰がわざわざ自分から鎖に縛られようとするだろうか。

## 特に興奮について

### A　心による興奮の制御について

**§75**　アパテイア〔無感動〕の原理、すなわち、賢者たるものはいかなる興奮にも、たとえそれが最大の親友の不幸に対する憐愍の興奮であっても駆られることがけっしてあってはならないという原理は、ストア派のいう全面的に正しくかつ崇高な道徳原則である。というのは、興奮は(多かれ少なかれ)人を盲目にするからである。――にもかかわらず自然がわれわれのうちに興奮する素質を植えつけたのは自然の知恵だったのであって、それは理性が相応の強さに達するまでのあいだ一時しのぎに手綱を操るためだったのであり、いい換えれば、善への道徳的な動機に添えてそれを鼓舞するために、理性の暫定的な代用物としての情熱的な(感性的な)刺激という動機をさらに付け加えるためだったのである。どうして一時しのぎかといえば、それにしても興奮はそれ自体を取り出して考察すれば常に愚かだからである。興奮すると、自分自身の目的をどこまでも追求する能力を失いがちであって、それゆえわざわざ興奮を自分に呼び起こすというのは賢いとはいえない。――とはいえ理性は道徳的な善を表象する際に、己れの理念をその理念に合わせた直観(例示)と結合することによって、意志に生気を吹き込む結果を生むことができる(民衆に対する宗教的なあるいはまた政治的な演説において、ないし自分一人だけの場合でも)のであって、それゆえ理性は興奮の結果としてでなく興奮の原因として、〔道徳的な〕善に関して魂を生気に満ちたものに保つことが可能なのであるが、もちろんその際手綱を操るのは常にこの理性であり、そこに善なる意図を促す霊感が湧いてくるのであるが、これはしかし本来欲求能力に数え入れられねばならないのであって、感性的な感情の中でも激しい方に属する興奮に数え入れられてはならないのである。——

魂の強さを十二分に持ちながらも、アパテイア〔無感動〕を保つことのできる天与の才は、前に述べたように[4](道徳的な意味で)幸せな**粘液質**である。この気質を授けられた者は、だからといって直ちに賢者だという訳ではないが、しかし自然によって、他の人々よりも賢者になるのが容易であるという恩恵に浴しているのである。

一般的にいって興奮状態が形成されるのは、ある特定の感情の強度によるのではなくて、その感情と(快・不快の)あらゆる感情の総計とを自分の境遇を顧みることによって比較してみる熟慮が欠如していることによる。金持ちがいて、祝宴の席で召使いに命じて、世にも珍しいガラス製の美しい脚付きカットグラスをここかしこと見せびらかせているうちに、うかつにも落っことして割ってしまったとしても、その咄嗟の瞬間に仮に彼が、一つの楽しみがこうして失われたことと、自分が裕福な人物としての幸福な境遇のおかげで得ることのできた楽しみ全体がどれほどになるかその莫大さとを比較してみさえすれば、この不慮の災難も何でもないこととして済ますことができるであろう。さてしかし彼は、(素早く上記のような思考上の計算を試みることなく)憤悶という眼前の唯一つの感情にただひたすら身を任せるのである。とすればその場において彼がまるで自分の幸福のすべてが失われたかのよがあるていどは含まれてさえいるからであり、(38) つまり人倫的な善の見かけのうちにもすでにちょっとした〔道徳的な〕価値を定立しようとする傾向が存しているからである。

**§70** そうはいってもやはり、品がいい、礼儀作法に叶っている、躾《しつ》けがよい、洗練されている(けっして野暮に流れない)というのは、単なる趣味の消極的な条件であるにすぎない。このような特性を構想力によって表象〔表現〕するとすれば、それは何らかの対象を外的に直観的な仕方で表象する様式である、いい換えれば本人自身の人格〔人柄〕をその趣味によって外的に直観的な仕方で表象する様式であるということができるが、ただし〔当然〕それは聴覚と視覚の二つの〔外的な〕感官に向けられた趣味に限定される。(39) 音楽と造形芸術(絵画、彫刻、建築、庭園芸術)は外的直観の純粋な形式に快の感情を覚える感受性としての趣味を要求するが、いうまでもなく音楽は聴覚に関して、造形芸術は視覚に関してそうした趣味を要求する。これとは対照的に、声に出して話したり文字に書き表わしたりする比量的な表象様式による趣味として数えられうる技芸としては、雄弁術と詩的文芸の二つがある。

W571 A245 P160

## 趣味についての人間学的な診断

C135

### A　流行の趣味について

**§71** 仕草や動作の点で目上の者に(子供が大人に、庶民が高貴な人々に)合わせようとして彼らの様式を真似ることは、人間にとって自然な性癖である。単に他人よりも野暮に見られたくないというだけで、そのほかには何の利点も考えられている訳ではないこうした模倣の法則を、流行と呼ぶ。だから流行は、その意図にいかなる内的価

V175 W572

うな気分に陥るとしても、何ら不思議ではない。

## B　さまざまな興奮そのものについて

**§76**　主観がいまある状態のままに**とどまる**ように主観を促す感情を、愉快という。反対にその状態から**離れる**ように駆り立てる感情を、不愉快という。前者が意識と結合した場合快感(voluptas 享受)と呼ばれ、後者は不快感(taedium 嫌悪)と呼ばれる。興奮としては前者は歓喜と呼ばれ、後者は悲嘆と呼ばれる。――(苦痛へのどんな懸念によっても軽減されることのない)手放しの歓喜と、(いかなる希望によっても慰められない)息も絶えるほどの悲嘆つまり痛恨とは、生命を脅かす興奮である。だが死者の目録から判明したところによれば、突然命を落とした人間は〔意外にも〕後者よりも前者による方が多いのであって、それは、計り知れない幸福への可能性が不意に訪れると、心が興奮としての希望に完全にのめり込むことになり、しかもこの興奮は窒息死するまで果てしなく嵩じるからである。これに対して常時憂えてばかりいる痛恨は、心とは自ずからたえず折り合いがつかないのであって、それゆえ痛恨はただゆっくりと死をもたらすだけなのである。

驚愕とは心の平静を破るような、突然襲ってくる恐怖のことである。驚愕に似ているものの一つが奇怪なものであって、これは人を(狼狽させるとまではいわないまでも)驚かし、心をはっとさせて熟慮に向かわせる。つまり奇怪なものが刺激となって不審の念が起きるのである(後者はすでに熟慮を内に含んでいる)。経験に富んだ者にとってはこうしたものに遭遇する機会は滅多にない。しかし芸術の役割の一つは、身の回りの見慣れたものを、それが奇怪な相貌を呈する視点から描くということにある。怒りは一種の驚愕であって、驚くと同時に災いに対して抵抗する力を素早く喚起する。何となく災いを呼びそうな対象に対する恐怖を気掛かりという。ある種の気掛かりと呼ぶことのできるものに、特定の客観〔対象〕が判然としないまま何かを恐れるという場合があるが、これは単に主観的な原因(一種の病的な状態)からくる胸騒ぎである。恥辱感というのは、目の前にいる人物による軽蔑が気になることから生じる不安であって、そのかぎりで一つの興奮である。他方また、誰に対して恥ずかしく思うというのでなく、神経質に自分で自分を恥じる者がいる。しかしこの場合は興奮とはいえず、むしろ痛恨と同様に一種の情念であって(5)、自分自身をいつまでも軽蔑でもって責め苛むのであるが、いかにも無駄なことである。これに対して恥辱感は興奮であるからには、必ず突然に湧いてくる。

興奮は一般に病的な発作(症状)であり、(ブラウン氏の体系を真似していえば(6))強さからくる活発な興奮と弱さからくる虚弱な興奮とに分類することができる。前者は生命力を強く刺激し、そのためしばしばそれを消耗させる性質があり、後者は生命力を弛緩させ、その結果逆にその回復を準備するという性質がある。――興奮状態で笑いころげるのは全身痙攣性喜悦という。運命や他人から侮辱を被ったかのように感じて無力な怒りを覚えるときの、消えいるような感覚には、泣くことが似つかわしい。こうした感覚が悲哀である。しかし笑っても泣いてもどちらにせよ、気持ちはすっきりする。というのはどちらも感情を吐き出すことによって、生命力の妨げから解放してくれるからである(だからまた疲れるほど笑いこける場合に、笑いながら涙を流すということがありうるのだ)。笑うのは男にふさわしく、対して泣くのは女にふさわしい(男が泣くと女々しいという)が、ただし他人の苦悩に高邁な心から同情しながらも力になってやれないという場合に限ってふと涙を催すというぐらいなら、男でも大目に見ることができるが、そういうときにも男たるものは涙を雫にしてポタポタ落とすとか、ましてや嗚咽《おえつ》を加えて不快な音楽を奏でたりすることなく、涙を瞼に光らせるに止《とど》めるものである。

## 臆病と勇敢について

**§77** 気掛かり、不安、戦慄、恐慌は〔この順に〕恐怖の等級であって、いい換えれば危険に対する嫌悪の位階である。熟慮しつつ危険に立ち向かう心の沈着を勇気という。容易には危険によって恐怖に陥らない内的感官の強さ(Ataraxia〔ギ〕平静不動)を豪胆という。勇気の欠如は意気地なしといい(原注)、豪胆さが欠けていることを小胆という。

(原注)　ドイツ語のPoltron〔腰抜け〕という言葉(ラテン語のpollex truncatus〔切断された親指〕に由来する)は後期ラテン語ではmurcus〔臆病者〕と同じ意味で使われていたが、〔本来〕戦争に狩りだされなくても済むように自分で手の親指を切り落とす男のことを意味していた(7)。

剛毅なという形容は、何事にも驚かない者を指していわれる。勇気があるといえるのは、熟慮した末に危険を避けない者のことである。勇敢なといえるのは、危険の最中にも勇気を保ちつづける者のことである。無謀なといわれるのは、危険を承知しないまま危険に飛び込む軽率な者のことである。蛮勇とは、危険と承知した上で敢えて危険を冒す者をいう。狂勇とは、自分の目的を達成することが不可能なことが明白なのに、百パーセント危険な状態に身を曝す者をいう(例えばベンデルの戦いにおけるカール一二世(8))。トルコ人は彼らの勇猛な戦士たち(ひょっとして阿片の力を借りてか)のことを狂人どもと呼ぶ。——意気地なしは結局、不名誉な気後れなのである。

動転は、簡単に恐怖に捕われるという常習的な性質とは違うが、それは後者は小胆といわれるからである。そうではなくて動転とは、多くの場合単に身体的な原因に左右されて、突然襲ってくる危険に対して十分に冷静でいられないという単なる発作であり、偶発的な反応である。パジャマに着替えたばかりの野戦司令官のところへ敵が夜襲を掛けてきましたという報告が入ると、その瞬間〔彼は動転して〕血が心臓のあたりで凍えてしまう、というのはありそうな話である。とある将軍について担当の軍医が、将軍は胃酸過多のときには小心、小胆であったと観察記録に書き留めている。ところで剛毅[9]というのは単なる気質上の特性である。これに対し勇気は原則に基づいており、したがって一つの徳である。つまり男が決然と意志を固めると、そのとき理性は彼に毅然さを与えてくれるのであるが、しかしときとして自然はその毅然さを彼に拒むこともある。それどころか、戦闘中に恐怖に陥ると、天にも昇る心地の排泄を催させることすらあるのであって[10]、ここから〔「心臓をあるべき場所にもっていない」[11]という〕嘲りの言葉が諺として生まれたのである。しかしある報告によれば「戦闘配置につけ」の号令が出てから慌てて用を足しにいく水兵たちこそ、そのあと戦闘中に最も勇気を揮うそうである[12]。まさに同じことがまた鷺についても観察されており、それは鷹が鷺の頭上を旋回し、鷺がその鷹に対して反撃に出る準備をする際に見られるという。

それゆえ忍耐は勇気ではない。忍耐は女に相応しい一つの徳であって、なぜかといえば忍耐は抵抗に向けて力を喚び起こすのでなく、苦悩(我慢)を習慣の陰に隠して人に気づかれまいと望むものだからである。だから外科に手術をしてもらうとき、あるいは痛風や結石の痛みに襲われて喚《わめ》く者は、こうした状態では意気地なしとかだらしがないとはいわれない。それは、歩いているときに道に勝手に転がっている石に躓いたときに思わず呪いの言葉を口に出す(足の親指で躓くところから、ラテン語で hallucinari〔とめどなく喋る〕という言葉が生まれた[13])のに似ていて、むしろ腹立ち紛れの発散であって、この場合自然は叫び声を挙げさせることで血液が心臓に淀むのを散らして防ぐよう努めているのである。――ところで特異な種類の忍耐を証示しているのがアメリカ・インディアンたちで

A 257
V 191
P 177

あって、彼らは戦闘で敵にいったん包囲されてしまうと、武器を投げ捨てて、助命を嘆願することもなく静かに殺されるに任すのである。さてこの場合、同じような状況において最後の一兵卒になるまで敵に抵抗するヨーロッパ人の示す勇気に比べて、一層立派であるといえるだろうか。私にはそれは単なる粗野な虚栄にすぎないように思われるのであるが、つまり彼らを征服した証しとして嘆きやため息を強いることを敵に許さなかったという点で、自分たちの種族の名誉を守るのが目的と思われる。[14]

勇気は興奮であるが(それゆえ一方では感性に属しているのだが)、しかしまた理性によって喚び醒まされることもありうるのであって、したがって真の勇敢(徳としての毅然さ)でもありうる。尊敬するに値することに対する皮肉や、また洒落で鋭くされた分いっそうどぎつくなった嘲笑的な侮辱を浴びせられても怯《ひる》むことなく、敢然とわが道を貫くという態度こそ道徳的な勇気であって、戦場や決闘で男らしさを証明する者どものなかにも、この勇気を持ち合わせている者はそれほど多くはいないのである。つまりこうした態度は他人から嘲笑される危険を冒してさえも義務が命じる事柄を敢えてなし通すという決心を下すときに必要とされるのであるが、しかもそのうえ高次の勇気がそこには要求されるのであって、それはなぜかといえば、徳の永遠の伴侶は名誉心なのであるが、普段は暴力に関して十分沈着な人間でも、この名誉に対する要求を嘲りをもって拒まれるとなるとその嘲笑を柳に風と受け流すことのできる者は滅多にいないからである。[15]

自分は他人と比べて自尊心という点で全く引けを取らないぞ、という態度は勇気があるような外観を与えるが、これは強気といわれ、その正反対が弱気であって、これは、自分は他人の目に頼もしく映っていないのではないかとびくびくするある種の小胆ないし心配性である。——前者は自分自身に対する確信として当然であって、何も非

難されることはない。しかし自分に関する他人の批評を何ら意に介さないという風な様子を誰に対しても見せるよ W589
うな態度の類いの強気は、(原注) 不遜、厚顔無恥といわれ、表現を和らげるとしても〈態度がでかい〉といわれる。それゆえこの種の強気は言葉の人倫的な意味において、勇気には属さない。

(原注)　この強気という言葉は元来 Dräustigkeit と書かれ(Dräuen または Drohen〔ともに、脅すの意〕に由来する)、現在の W588
ように Dreistigkeit とは書かれなかったはずである。それは、こうした人間の声の調子や顔つきは、こいつはことによるとまた粗暴な奴ではないか、と他人を警戒させるからである。これと同じく、今では lüderlich の代わりに liederlich〔不注意な〕と書くが〔これも間違っているのであって〕、というのは後者は軽薄で浮ついてはいるがそれ以外の点では役に立たないという訳でもない気立てのいい人間を指すのに対し、前者は(腐肉 Luder という単語に由来して)卑劣で誰をもむかつかせる類いの人物を意味するからである。(16)

V193 W589
自殺もまた勇気の産物なのか、それともただ一時の落胆に由来するのかは道徳的な問題でなく、単なる心理学上の問題である。純粋に、名誉を失ってまで生き永らえまいという目的でなされたのならば、つまり憤怒に基づく自殺であるならば、それは勇気の証しと思われる。しかし時間を掛けてすべての忍耐を消耗し尽くすほどの悲嘆の結果、苦悩に対する忍耐が枯渇したせいだとすれば、(17) それは落胆の一種である。ある人間が人生をこれ以上愛することができなくなったとき、まっすぐに死を見つめて恐れないとすれば、それは一つの英雄的な態度であると思われる。逆にある人間が、死ぬのは恐いくせに、つまり依然としてどんな境遇でも生き延びることに執着する気持ちを
棄てきれないままに自殺を図った場合、したがっていざ自殺をしようとする直前に〔死への〕不安から気持ちに乱れ C149
が先行したに違いないような場合、彼の自殺は意気地なしによるのであって、それは彼が人生の苦悶にそれ以上耐
えることができなかったからであるからである。――この両者の気の持ちようの違いは、自殺の実施方法であるて W590

いど量り知ることができる。選ばれた手段が間髪を入れないものであって、救助の可能性のない致命的なものであるならば、例えばピストル自殺とか、(ある偉大な君主が、捕虜になったときに備えて戦場に携帯していたといわれる)[18]劇薬〔濃縮した塩化第二水銀〕とか、ポケットに石をいっぱい詰めて深い水にドボンとかだったら、その自殺者に勇気がなかったということはできない。しかし他人によって切断してもらうことのできる縄とか、医者が体内から吐瀉させることが可能なありきたりの毒とか、また縫ってもらって完治しうるていどに喉を切るとかの場合、そもそも自殺しようという人間がこのていどの計画だったとすれば、あとで救命されるとたいがい喜びさえするのであって、もう二度と自殺しようとしないものなのだが、これは軟弱さから来る意気地のない絶望なのであって、こうした行為になお要求される沈着な心の毅然さを備えた雄々しい絶望ではないのである。

こうした仕方で人生の煩わしさから免れようと決心する人々が、いつもきまって単純に地獄行きと決まった度しがたい魂だという訳ではない[19]。むしろ反対に、真の名誉というものにまったく思いが至らない連中については、仮にもこのような行為に走るかもしれないなどと心配してやる必要などない。――そうはいっても自殺はどんな場合でもぞっとするものであるし、自殺すると人間は怪物もどきになってしまうことは間違いないから、革命状況での公然たる、合法的と宣言された不正(例えばフランス共和国の公安委員会による)の時勢において名誉を重んじる男たち(例えばローラン[20])が、法に基づいた処刑を自殺で出し抜くことを試みたということは、やはり注目に値するのであって、彼ら自身も憲法がまだ守られていた共和制の下では[21]自殺は忌まわしいものと断言したであろう。彼らの自殺が注目に値する理由は、次の点にある。法律に基づく処刑はどんな場合でもなにがしか侮辱的なところがあり、それは処刑とは懲罰だからであるが、したがってその処刑が不正なものである場合、法の犠牲にされる者がこの懲罰を当然なものとは承認しないということがありうるのである。しかし彼はその自分のいい分を、いったん死が避けられないものと決まった以上、いまは一人の自由な人間としてむしろ死を選び自分の手で自分に加えることによって、証明するのである。だからまた(ネロのような)暴君でさえも、有罪判決を受けた者に対して恩顧の印として自ら命を絶つことを容認する発令を下したのだが、その方がその者にとっていっそう名誉とされたからである。[22]――とはいえ私は自殺について、その道徳性までを弁護しようと望んでいる訳ではない。

ところで、決闘は政府によって大目に見られており、また軍隊の中では侮辱に対する正当防衛が名誉に関わる事柄と見なされていて、まさか軍規が公然とこれを容認しているという訳ではないとしても、軍隊の司令官はこの種の正当防衛にはけっして介入しないのであるが、にもかかわらず〔戦場における〕戦士の勇気と決闘する者の勇気とでは大きな隔たりがある。――つまり決闘を寛大に扱うという原理は、国家元首が十分に考え抜いたうえでのものではなく、唾棄すべき原理である。というのは、世の中にはまた一廉《ひとかど》の者と見られたいという目的のためには自分の命を賭けるのに、国家の保全のために〔戦士として〕自分自身を危険に曝すつもりなどさらさらない、という不埒《ふらち》な輩が存在するからである。

勇敢とは義務が命じる事柄については命を失うことさえも厭わないという、合法的な勇気である。大胆不敵だけでは勇敢とはいえず、これに道徳的な純真さ(mens conscia recti 正義の自覚ある心)が加わらなければならないのであって、実在の騎士バイヤール[23]がその例である(chevalier sans peur et sans reproche 恐れを知らず、しかも咎めるべき欠点のない騎士)。

## 目的からすると逆効果に働く興奮について (Impotentes animi motus 魂の手に負えない衝動)

**§78**　興奮のうちで怒りと恥辱感には、それの目的からすると逆効果に働くという特徴がある。これらは二つとも、侮辱という災いを受けたときに瞬間的に湧いてくる感情であるが、余りに強烈すぎるのでその場でこの災いに反撃することを不可能にしてしまうのである。

激しい怒りで顔が青ざめるのと、恥辱感で顔が赤くなるのとで、〔周りの者からすると〕どちらの方が危険であろうか。その場に限っていえば前者を警戒した方がいい。逆に後者は赤ければ赤いほど(執念深さという点で)後々まで警戒すべきである(24)。怒っている状態にあるときに平静心を奪われた当人が恐れているのは、あとで後悔するような暴力に訴えてしまうほどに激しい痼癪に駆られてしまっている自分である。これに対して恥辱を感じるときには、狼狽が突然恐怖へと転調するのであって、それはその侮辱から自分を守る能力が自分にはないと自覚していることが相手にばれてしまうのではないか、という恐怖である。――どちらにしてもすぐに気を取りなおして清々《せいせい》することができれば、健康への悪影響はない。しかしそれができないとすると、両者は一面で生命にとって危険ですらあって、他面ではその発散が抑圧される分一種の怨念が、侮辱に直面して冷静に対処することができなかったという心の傷として残るのである。しかしこの傷はただ言葉にして吐き出すことができさえすれば、回避される。ところがこれら二つの興奮は二つとも当人を無口にさせる類いのものであるから、事態は本人にとってあまり芳しい方向には展開しないであろう。

怒り荒れ狂うことは、まだ心の内的な鍛錬によって矯正できる見込みが十分にある。しかし恥辱感の方はどうかというと、その過敏な名誉感情のひ弱さはそう簡単に消せるものではない。というのはヒュームが語っているように(25)(彼自身この種の弱気に――公の席で話をするのが苦手という――取り憑かれていた)、積極的になろうと試みて最初に失敗するとかえってなおいっそう小胆になるのが落ちだからであるが、これに対する対処の仕方としてはまず、この種のためらいというものをあまり気に留めていない類いの人々と交際することから始めて、徐々に他人が自分をどう判断しているかはこちらが思っているほど重要な問題でないのだと気にしないようにしていき、最後はこの点で彼らと自分とは五十歩百歩なのだと内心で腹を決めてかかること以外にはない。これが習慣として定着すると、弱気からも侮辱的な強気からも等しく無縁な、率直さが身に着いてくるのである。

われわれは他人の恥辱感にはなるほどそれは苦痛に違いないと共感するが、同じ他人の怒りとなると、当人がどうして自分は怒ったかその原因となった相手の挑発をなお興奮したまままわれわれに説明する場合、その怒りに共感しない。というのは、そうした興奮状態にある者を前にしては(彼が身に被った侮辱の)説明を拝聴している者自身に、危険が及ばないとも限らないからである。

不審の念(予期しない状況に自分が置かれていることに気づいたときの当惑)は自然な思考の流れをさえぎるような感情の昂まりであって、それゆえまずは不愉快なものであるが、しかしこの感情の昂まりはその分かえっていっそう思考を促すことになり、予想もしなかった考えがこんこんと湧きでてくるので次第に愉快に転じるのである。この種の興奮がときに怪訝《けげん》と呼ばれることもあるが、これは本来、そういう状態の際に知覚が夢なのか現《うつ》つなのか判然としない場合に限ってそう呼ばれる。世界〔世間〕をまだよく知らない者は、何にでも驚く。反対に豊富な経験を積んで物ごとのなりゆきに長《た》けた者は、何ごとにも驚かないことを自分の原則としている(nihil admirari 何ごとにても驚かず)[26]。これとは別に、探求心旺盛に自然の偉大な多様性〔混沌〕の内なる自然の秩序に思いを致しこれをどこまでも追求する者は、予想もしなかったような叡智を巡って一種の怪訝に陥るのであって、これこそは人間にとってそこから身を振りほどくことのできない(どこまでも驚き尽くすことの不可能な)唯一の賛嘆である[27]。しかしこの場合、この興奮はただ理性を通してのみ目覚まされるのであって、足許に超感性的なものの深淵が開くのを目撃するというある種の神聖な畏怖である。

## 自然が健康を機械的に促進するときに用いる興奮について

**§79**　自然はいくつかの興奮を通じて健康を機械的に促進する。とりわけ笑うと泣くがそれに当たる。怒りもまた(相手の抵抗を気遣うことなく)思う存分罵ることが許される場合には、消化にとって相当に信頼のおける手段であることは間違いなく、また実際少なからぬ主婦にとっては子供たちや雇い人たちを激しく叱りつける以外には身近かなはけ口が見当らないのであって、その際また相手が忍耐強く我慢してくれさえすれば、愉快なともいえる生命力の疲労感が身体機関を通して全身に拡がるのである[28]。しかしこの手段はまた、それらまわりの連中がどう反撃に出てくるか気掛かりなので、危険がないとはいえない。

これに比べて、朗らかな笑い(斜に構えた皮肉混じりの笑いでなく)の方はいっそう好ましいし、また健康のためにもよい。つまり「誰か新しい快楽を考えだす者はおらぬか」といって賞金を賭けたあのペルシアの王様[29]に勧めるべきだったのは笑いだったのだ。――笑うときには断続的に(まるで全身痙攣性の症状のように)空気の吐き出しが生じるが(空気の吐き出しといえばくしゃみもそうであるが、これは吐き出すときの音を我慢せずにその場に轟かせることが許されるならば、ささやかながら生気を蘇らせる効果をもたらすものである)、これが横隔膜をほどよく揺さぶるので、生命力の感情[30]が強化されるのである。ところでわれわれを笑わせてくれるのはお抱え道化師(アレッキーノ[31])であってもいいし、あるいは、交友仲間に必ず一人はいる万事に抜け目のないおどけ者であってもよく、彼は悪いことなど一つも企んでいないふりをしているが実は「見かけによらず陰謀家」で、皆が笑うときにけっして笑わないでいるのに、場が(ちょうどぴんと張った弦のように)好奇心に満ちた期待で張りつめた瞬間を見計らって何食わぬ顔で突然その期待を解放してくれたりするのである。このように笑いは常に消化に必要な筋肉を揺さぶるので、笑いは医者の知恵よりもずっと巧みに消化を促してくれる。同様に、早とちりによる判断力の誤魔化しようのないどじによっても――もちろんいっぱしの知恵者ぶった当人の化けの皮が剥がれるという犠牲のうえに――まったく同じ結果が得られることがある。[原注]

(原注)　こうした事例は枚挙に暇《いとま》がないほどである。そのなかで一例だけ紹介することにするが、それは、その淑女ぶりが同性から誇りとされていた故K―g伯爵夫人[32]の口から聞いた逸話である。当時ポーランドのマルタ騎士修道会を建てなおす任務を(オストロークの叙階[33]によって)委任されていたザグラモーゾ伯爵が彼女を表敬訪問したおり、偶然そこに、ケーニヒスベルク出身だが、ハンブルクの何人かの裕福な商人の道楽のために彼らの博物陳列室の標本収集担当兼管理人を依頼されていた修士で、プロイセンの親戚を訪ねてきた男が加わったのであるが、この男に向かって伯爵はともかく何か会話を交わさなければという思いで、英語混じりの片言のドイツ語を駆使してこう語った、「ワタクスにはアンブルクに一人のウバがござりました(私にはハンブルクに伯母が一人いました)が、しかし彼女は死にました」。すかさず例の修士君はこの話を受け取って質問した、「あなたはどうしてその内臓を取り出して剥製になさらなかったのでしょうか」。彼は伯母を意味する英単

V198　W595　C153　P184　V199

語のAnt〔アント、正しくはaunt〕を独語の鴨Ente〔エンテ〕と聴き違えた上に、即座にそれはきわめてめずらしい種類の鴨だったに違いないと嗅ぎとったので、そんな大きな損失はもったいないと思ったのである。このとんちんかんな誤解がどれほどの爆笑を呼び起こすことになったかは、誰にでも容易に想像することができよう。

泣くとは、しゃくり上げるのと同時に起こる(全身痙攣的な)空気の吸い込みが、涙の流出と結合していることをいうのであるが、これは心の痛みを和らげる方策として、笑いと同様に自然が健康のためにあらかじめ用意した配慮であって、だからよくいわれるように、慰められようともせず(34)、つまり涙の氾濫を敢えて止めようともしない未亡人は、知らないあいだにもともと望んだ訳ではないまま、自分の健康を気遣っているのである。ところがこうした状態にあって怒りが込み上げてきたりすると、怒りは涙の溢れ出るのを急速に押しとどめることになろうが、これは彼女の身体にとってはよくないことである。ただし女性や子供の場合涙が出てくるのはいつも悲しいときと限られている訳ではなく、怒りによっても涙を滲ませることがある。——というのは、(それが怒りの興奮であれ悲しみの興奮であれ)そうした強い興奮の素となった災いに対して自分は無力なんだわという感情が自然に外に向かって合図〔涙〕を送ることによって助っ人を呼び求めるのであって、するとたしかにこの合図によって(より弱い者〔女子供〕の権利に則って)男性の魂は少なくとも武装解除される。という訳で、涙は弱い性の繊細さの現われであるが、これが女性に同情する男性を感動させ、その結果彼に〔声をあげて〕泣くことまでを許す訳ではないが、目に涙を浮かべるていどまでは許すのである。なぜなら、泣いてしまったら自分の属する性に侮辱を加えることになるだろうし、またそんな女々しさのままではより弱い立場の女性たちに保護者として役立つこともないだろうが、目に涙を浮かべるていどであれば相手の性に対する同情を証明するぐらいの役には立つだろうからであって(35)、というのはまた男らしさは女性に対する同情を、つまり女性を保護することを男性にとっての義務とするからである。それはあまたの騎士物語のなかで女性に対するそうした態度が勇ましい男性に固有な性格の不可欠な条件とされており、まさに騎士は涙に眩《く》れる女性を救出する場面でこそ活躍するように設定されていることからも分かるのである。

なぜ若者は悲劇の方を好み、また例えば両親のためにちょっとした楽しみを催そうとするときに悲劇を上演する方を好むのだろうか[36]。これに対して老人はなぜ喜劇を、それも茶番劇のようなものを好むのだろうか。前者の理由は、一部には子供たちが危険なことをやってみたがる理由とまさに同じであって、推測を施せば、これは子供や若者の力を試そうとする自然の本能によるのであろう。また一部には若者特有の軽薄さのせいでもあって、胸が締めつけられるような感銘や、驚きに肝が潰れるような印象を受けても、劇が終わるとたちまちいっさいの憂いは消し飛んで、その代わりにただ、心の内には激しい運動のあとに訪れる愉快な疲労感が残るだけであり、これが改めて陽気な気分をもたらすのである。これに対して老人にとってはそうした感銘は容易に消えてくれず、したがってまた老人としては再び快活な気分に簡単には戻れないのである。そこへいくと喜劇に出てくる軽妙な洒落を飛ばす道化師は、その当意即妙によって老人たちの横隔膜と内臓を揺さぶり、それでもって彼らの健康に資するのであって、つまりこれが劇のあとに控えている社交の席での晩餐に向けて食欲をそそってくれ、またその席上さきほどの劇を肴に話に花が咲いて、大いに健康が促進されるという寸法なのである。

## 総注

身体的で内的な感情のうちには興奮と似てはいるがしかしただ瞬間的一時的なものであって、その影響を後に残

P 185　C 154　V 200　W597

さないから興奮そのものとはいえないものがある。子供たちが夜になって乳母の話してくれる怪談に聞き入っているうちに襲ってくる、ぞくっとする感じがそれである。――まるで冷たい水を頭から(夕立に遭ったときのように)ざぶっとぶっかけられたように身震いするのも、この類いである。危険を知覚したからでなく、単に危険な状態を頭に思い浮べてみただけで――実際にはどこにも危険が存在しないことは承知しているのに――この感覚は生じるものであるが、それが単なる〔感情の〕気紛れにすぎず、突発的に恐怖に陥って狼狽してしまうというのでなければ、この感覚は必ずしも不愉快なものとはいえないであろう。

原因からいうと目眩《めまい》はこうした観念的な危険を原因とする部類に入るし、船酔いすらもそうだと思われる。――板がただ地面の上に置かれているだけならその上をさっさと歩いて少しもよろめかないのに、それが深い崖の上に架けられていると、あるいは神経の細い者にとってはただ墓穴の上に渡されたていどであっても、頭のなかで危険を空想したとたんにそれが本当に危険を招くことがしばしばある。風が穏やかであっても、船は上から下へ下から上へと交互に揺れるものである。その際沈み込む局面において自分の身体を持ちあげようとする自然な努力が(なぜならすべての沈下一般には「いま危険だぞ」という表象が伴っているからだが)、それゆえ下から上へと突きあげる胃や内臓の運動が生じ、これが機械的に吐き気の衝動と結びつくのであるが、これに加えて船室の船酔い客が船窓からふと外に目をやって空と海を交互に見るともなしに見てしまい、そのせいで自分の坐っているベンチがすっと下に落ち込んでいく錯覚がいっそう本当らしく感じられると、吐き気の衝動はさらに大きくなる。(37)

根は冷静な俳優がいたとして、これに悟性と構想力の優れた能力が加わりさえすれば、彼は本当の興奮による以上に、偽りの(作為的な)興奮によって何回でも観客を感動させることができる。きまじめに恋に悩んでいる青年は、想い人の前に出るとおどおどして硬くなってしまい、相手に好印象を与えるなど覚束《おぼつか》ない。ところが恋に悩む男を単に演じて〔戯れて〕いるだけでしかもそのうえ才のある男となると自分の役どころを自然に演じることができるので、騙そうと狙った哀れな相手を罠にはめることなど彼にとっては朝飯前なのだ。というのも、こういう男の心は何物にも捉われずかつ頭脳は明晰で、それゆえ彼は愛する男のふりをきわめて自然に模倣するという手練手管を縦横無尽に使いこなすことができるからである。

温か味のある(打ち解けた)笑いは(快活さの興奮形態として)周りを和ませてくれるが、陰にこもった笑い(にやにや笑い)は敵意を含んでいる。何かに夢中で放心状態の人物(例えば、鬘《かつら》の代わりにナイトキャップを頭に冠り、帽子を小脇に抱え、学問の世界では古代人と近代人とでどちらが優れているかという論争[38]に没頭した状態で、威風堂々悠然と伸し歩くテラッソン[39]のような人物)は、しばしば最初の方の笑いの種となる。皆は彼のことを面白がって笑うが、だからといってそれは嘲っているのではない。変人であっても分別がない訳ではないような人物を見ると思わず頬が弛むが、それで相手が傷つく訳ではなく、その証拠に当人も一緒になって笑ったりする。——機械的に(単調に)笑う人は浅薄な感じを与え、また社交の座を白けさせる。社交の場にいながらまったくにこりともしない人物は、虫の居所が悪いのか、それとも頭が固すぎるかのどちらかである。子供たちには、とりわけ女の子には、小さい頃から素直に自然に微笑むように躾ける必要がある。というのは、人前で朗らかな顔つきでいられれば次第にまたそれが内面にまで及んでいって、快活で愛想よしで人づきあいがよくなる素質が植えつけられるからであって、この素質が早いうちから準備してくれるからこそ、それら三つが合わさって〈親切〉という〔本当の〕徳に近づくことができるのである。

W598

A265　P187
V202

社交仲間のうちに機知の対象(物笑いの種)となってくれる切り札を一人用意しておくと、その笑いが刺《とげ》のないものであって(皮肉抜きのからかい)、今度はそのからかいを槍玉に挙げて同じパターンのからかいで逆襲しようと別の者が待ち構えており、おかげでその場は快活な笑いの渦に包まれるというのであれば、その社交はほのぼのとした、同時にまた会話を洗練させてくれる生気に満ちたものとなる。しかしこれが一人のお人好しを犠牲にしてまるでテニスのサーヴのように別の人に振るというのであれば、その笑いには悪意が籠《こ》もっていて少なくとも下品といわざるをえないし、またそれがその家の居候《いそうろう》に降りかかり、彼としてはたらふく食べさせてもらっている以上自分から進んでそのいいたい放題の悪ふざけに身を投じるか、さもなくば間抜け呼ばわりされるままでいるかどちらかだという場合、それはそんな風にして喉も裂けよとばかりに大笑いができる連中の趣味の悪さの証明であるし、またその連中の道徳感情が鈍磨していることの証明でもある。さてしかし、宮廷の雇われ道化は一番上のお偉方の横隔膜を健康のために揺すってあげようとして〔二番目に〕身分の高い廷臣たちをからかってまわり[40]、笑いを起こして食事に興を添えるのが仕事なのであるが、彼のこの役目があらゆる批判を超越した〔高級な〕ものであるのか、それともどんな批判よりもなお下劣なものというべきかは、人によって判断が分かれるところであろう。

## 情念について

**§80**　欲望する対象を思い浮べる前に、主観の内で何かしらの欲望そのものが先行して湧いてくる可能性を、性向(propensio 傾き)という。――その性向の対象をしっかりと識別しないうちに、欲求能力が内的にどうしようもなくそれを手に入れようと焦るのが、本能である(例えば性交衝動とか、動物に見られる自分の仔を庇《かば》おうとする

V 203　W599　C 156

母性本能ないし父性本能、等々)。――感性的な欲望のうちで主観にとって規則(習慣)となった欲望を、傾向性(inclinatio 傾向)という。――傾向性のうちでも、何らかの選択に際して理性がその傾向性を傾向性全体と比較することを妨げるといった種類の傾向性が、情念(passio animi 魂の熱情)である。[41]

すぐに気づくことであるが、情念はこれ以上ないというほどに沈着な熟慮とも両立し、興奮の場合のように無思慮に走るはずもなく、それゆえまた一時的に爆発したりせずに深く根を下ろしたうえで詭弁を操ることとさえも両立可能であるから、――〔道徳的な〕自由に最大の害を与えるのであって、[42] 興奮が酔っぱらいだとすれば、情念はどんな薬も受けつけない一種の病いであって、一方の一時的な心の動揺〔興奮〕の場合にはともあれ何とか早く酔いを醒ましたいという気持ちを強く抱くのに対して、こちらはそれよりもはるかに質《たち》が悪く、快方に向かおうと思うどころか、まるで魔法に掛かったように回復を拒みさえするのである。

情念〔情欲〕は何々欲という言葉で呼ばれるが(名誉欲、復讐欲、権勢欲、等々)、盲目の恋以外の通常の異性愛の情念は何々欲とは呼ばれない。その理由は、異性愛の欲望は(お楽しみによって)満足させられると、少なくとも当の同じ相手に向けては即座に消失するからであり、それゆえ熱烈な盲目の恋を(相手が頑なに拒絶しているあいだは)情念の例として挙げることはできても、[43] 肉体的な異性愛を情念と呼ぶことはできないからであるが、それは、肉体的な異性愛というのは客観〔相手〕に執着するという原理になっていないからである。これに対して情念は常に、傾向性によって主観に刷りこまれた目的に向かって行為するという、主観の格率を前提している。だから情念はいつも主観の理性と連動しているのであって、それゆえ純粋な理性的存在者に情念を帰することができないのと同様に、単なる動物にも情念は見いだされえないのである。名誉欲、復讐欲等はけっして完全に満たされることはないから、まさにそれゆえこれらは情念に分類される病気なのであって、それに対する薬としては辛うじて緩和剤があるのみである。

**§ 81**　情念は純粋実践理性にとっては癌であって、大抵の場合不治である。なぜなら病人が治ろうとせず、したがって治癒を可能にしてくれる唯一の原則に服そうとしないからである。その唯一の原則とは、ただ一つの楽しみの傾向性のために残りのすべての傾向性を隅に追いやって日陰者扱いにするのではなく、当の傾向性がすべての傾向性の総体と共存しうるように気を配る、という原則であるが、理性は感性的に実践的な事柄においてもまたこの原則に則って、普遍から特殊へと進むのである。——人間の名誉欲はたしかに傾向性のうちでも理性によってよしとされる傾向の一つであるが、しかし名誉欲を抱いた人間は、さらにまた他人から愛されたいと望み、他人との心の通った交際を必要とし、今ある財産状況を維持することも必要であって、等々その他多くのことが必要となる。ところが同じ名誉欲でも情念に駆られた名誉欲となると、人間のもつ傾向性が対等平等に奨めるこのような諸々の目的を考慮する目を失なってしまい、他人から憎まれるとか交際仲間から敬遠される、あるいは浪費によって財産を失うといった危険に身を曝す結果となるのであって——こうしたことすべてを見落とすのである。これは(自分の部分的な目的を目的全体と見なすという点で)理性に対してそもそもその形式的な原理のところで真っ向から矛盾対立する愚行である。

それゆえ情念は、単に興奮と同じく多くの災いを胎《はら》んだ不幸な情緒であるというだけでなく、例外なく悪い情緒でもあり、(実質からいうと)最も良質な欲望であって徳とすらいえるもの、例えば慈善心といえるようなものを目指す場合であっても、(形式の点からいって)それが情念として燃え上がるや否やたちまちに、実際的な害をもたらすというだけに止まらず、道徳的にも忌まわしいものとなるのである。

興奮は自由と自制心を瞬間的に毀損する。情念はこの二つを投げ捨て、奴隷精神のうちに自分の快と満足を覚える。そのあいだにも理性は内的な〔道徳的な〕自由への呼び掛けを緩めないので、この不幸な人間は身から出た錆ともいうべき鎖に縛られたまま嘆き悲しむのであるが、いくら嘆いてももはやそれを外すことはできないのであって、それはこの鎖がいわばもう彼の手足に癒合してしまっているからである。

それにもかかわらず情念にもまたこれまでに称賛者がいたのであって(というのも、悪いことでもいったん一廉《ひとかど》の主義主張となった暁には、必ず称賛者が出現するものだからである)、「この世において偉大なもので激しい情念を伴わずに成されたものは何一つなかったし、情念は神の摂理そのものによって賢明にも人間の本性のうちにあたかもばねの役を果たすものとして植えつけられたのだ」と語られるのである。[44] ——たしかに色々な傾向性に関してなら、生きている自然〔生命体〕にとって(人間の本性〔自然〕にとってさえも)自然な動物的欲求として、なしで済ますことのできないものだということは認めてもよい。しかし傾向性が情念と化すことが許されるとか、ましてや情念となるべきであるといったことが摂理として意図されたはずはなく、詩人が情念をそうした観点から生き生きと描写することは大目に見るとしても(例えばポープが「さて理性が羅針盤であるならば、情念は嵐なり」[45] と歌うように)、しかし哲学者としてはこうした原則をそのまま放置することは許されないのであって、それがたとえ、情念とは人類があるていどの文化レベルに到達するまでの間、摂理によって意図的に人間の本性の中に据えられたのだなどといって、情念を摂理による臨機の企てとして賛美する目的であったとしても、だめなものはだめなのである。

W602　P190　V205

## 情念の分類

情念は自然な(生得の)傾向性による情念と、人間の文化に起因する(獲得された)傾向性による情念とに区分される。

**第一の**種類の情念としては自由奔放の傾向性と性の傾向性があり、両者とも興奮と直結している。**第二の**種類の情念としては名誉欲、権勢欲、所有欲があるが、これらは興奮の激しさではなく、ある定まった目的を狙った格率の持続性を備えている。前者は興奮させられた情念(passiones ardentes 激しい熱情)と、後者は例えばけちの場合のように、冷静な情念(passiones frigidae 冷たい熱情)と呼ぶことができる。しかし情念はどんな場合でもすべてただ人間から人間に向けられた欲望であって事物に向けられた欲望ではないから、例えば肥沃な耕地や仔をたくさん産む雌牛を使用してみたいなという気〔傾向性〕になったりすることはあっても、それらに情愛を抱くことはありえず(他者と連帯したいという気持ち〔傾向性〕が情愛の本質である)、ましてなおさら、それらに情念を抱くことはありえないのである。

### A　情念としての自由奔放の傾向性について

**§82**　この傾向性は、自然人同士が互いに相手を必要とするような関係が避けられない状況においては、彼らに見られるあらゆる傾向性のうちで一番強烈なものである。

自分の幸せがひたすら他人の好みによって左右されざるをえないという立場の人間が(その他人が、これ以上な

A 268
V 206
C 159
P 191
W603

いほど好意あふれる人物であったとしても)自分のことを不幸だと感じるのは当然である。というのは、何が幸福であるかを左右する力を持った同胞の判断が自分の判断と一致するはずだという保証がどこにあるというのだろうか。未開人(まだ屈従というものに慣らされていない人間)にとって、屈従せねばならない羽目に陥るほど大きな不幸はないし、まだいかなる公的な法律も彼に安全を保証しないあいだは、それが当然である。この状態は、規律によって次第に彼が屈従というものに忍耐強くなるに至ったときまで続いた。それゆえ未開人が絶えず戦争状態にあったのも、できる限り他人を遠くに追いやったうえで、荒野の砂漠で離れ離れに生活するという意図からだったのである。新生児も同じだ。母親の胎内から辛うじて生まれたばかりの子供が、他のあらゆる動物と違って大きな泣き声を挙げながらこの世に登場してくるのは、ひとえに、彼が自分の手足を自由に使いこなすことができないのを束縛と認め、そこでただちに自由奔放(他の動物はこれの表象をいっさい持っていない)への権利要求を宣言するという理由からのように見える。[原注]——遊牧民族は(牧畜の民として)耕地にはいっさい縛られていないから、その分例えばアラビア人は、十分とはいえないにしても自分たちの束縛のない生活様式に強い愛着を抱いており、加えて定住民族を軽蔑の目で見下すという高邁な精神を持っているから、何千年にもわたる彼らの生活様式に付きものの労苦がどんなに辛いものであろうと、彼らがその生活様式を捨てさるということはありえなかった。しかも生粋の狩猟民は(例えばオレンニ・トゥングース[46]族のような)こうした自由奔放な感情によって(彼らと血縁関係にある部族と離れて)実際に自分たちを純化してきたのである。——このように、〔一方で〕道徳法則に則った自由概念が熱狂と呼ばれる興奮を呼び覚ますことがあるというだけでなく[47]、他方で外的な自由奔放という単に感性的な表象も、そうした自由を固守ないし拡張しようとする傾向性を、権利概念との類比によって、強烈な情念へと高めるのである。

V 208　A 269　V 207　C 160　P 192　W604

A268 C159 P191 V207 W603 （原注）　ルクレティウスは実際に動物界でひときわ目立つこの現象を、詩人らしく違った風に解釈している。
そして辺りを満たすのはひーひーという哀れな泣き声。それは
このあとの人生に、なおかくも多くの災いが待ち構えている者に相応しい。[48]

Vagituque locum lugubri complet, ut aequumst
Cui tantum in vita restet transire malorum!

C160 A269 P192 こうした将来の見通しを、新生児が持つ訳はない。とはいえ身体的な苦痛からでなく、自由奔放とそれに対する妨害つまり
権利侵害についてのおぼろげな理念（あるいは理念に類似した表象）から、心地悪いという感情が新生児に生じていることは、
生まれて二、三か月して泣き声といっしょに涙も流すことからはっきりと分かる。赤ん坊の泣き声は一種の憤慨を暗示して
W604 いるのであって、泣くのは赤ん坊が何かある対象に近づこうとしたり、あるいは一般に、ただ自分の置かれた状況を変えよ
うと努めるのだが、それが邪魔されていると感じているときなのである。——自分の意志を持とうとする衝動、そしてそれ
を妨げるものを侮辱と受け取るというこうした衝動がはっきり分るのはとりわけ泣き声の調子によってであって、それによ
ってそうした衝動の質《たち》の悪さが思うさま外に表われるので、母親としてはぜひとも懲らしめなければと思うのだが、でも大
概の場合〔そんな母親の思惑を〕はるかに越えるほどの激しさで泣き返されるのが落ちである。まったく同じことが、幼児が
自分で勝手に転んだときにも見られる。人間以外の動物の子供たちは仲良く遊ぶのに、人間の子供らは早くからお互いに喧
嘩しあうのであって、これを見ると、まるである種の（外的自由に関係した）権利概念は〔人間の場合〕動物性と同時に発生す
るものであって、例えば徐々に習得されるなどというものではないかのようである。

W605 V208 ただの動物だと（例えば性交の傾向性のような）最も強烈な傾向性であっても情念とは呼ばないのは、理性だけが
自由の概念を根拠づけ、その理性と衝突するのが情念というものなのだが[49]、動物はその理性をまったく持ち合わせ
ていないからである。つまり情念が発症しうるのは、人間に〔だけ〕なのである。——その人間に関して、なるほど
P193 人間はある特定のものを情念〔情熱〕的に愛したり（酒、賭事、狩猟）嫌ったり（例えば麝香《じゃこう》、ブランデー）するという

いい方がされるが、しかしこうした種々異なった愛好〔傾向性〕とか嫌悪〔負の傾向性〕を皆一様に情念と呼ばないのはなぜかといえば、とにかく非常に多くの異なった本能があり、いい換えれば人間の欲求能力は単にきわめて多種多様に悩まされているだけだからであり、それゆえこれら〔のうちいずれを情念に数えるかは〕欲求能力の客観である事物(これは数えきれないほど存在する)に則して区分けするのでなく、人間が他人を単に自分の目的のための手段として使う際にお互いに相手の人格や自由を利用したり悪用したりする[50]ときの原理に則して区分けするのがふさわしいからである。――〔これらのうち〕本来ただ人間〔他人〕にだけ関係し、だからまた人間〔他人〕によってしか満たされることが可能でないものが情念である。

こうした〔本来的な〕情念としては、名誉欲、権勢欲、所有欲がある。[51]

これら三つの情念は、目的に直接関係する傾向性であればどんなものでも満足させてしまうような〔普遍的な〕手段を手に入れることをひたすら狙った〔特殊な〕傾向性であるから、その点でこれらは理性の色彩を帯びており、つまりその力を通じてのみ目的一般が達成されうるといった、自由と結びついたある理念的な力[52]を追求するのである。任意のどんな意図にでも応用の効く手段を所有することは、個別の傾向性とかその充足に向けられた傾向性[53]とかよりもはるかに広範囲にわたって融通が効く。――だからこそまた、上記の三つの情念は妄想〔錯覚〕の傾向性とも名づけることができるのであって、つまりものの価値に関して他人が述べる単なる臆見を現実の価値と同等なものと評価するというところに妄想の妄想たる所以があるからである。

## B　情念としての復讐欲〔の傾向性〕について(54)

**§83**　一つには情念は人間から人間に向けられた傾向性でしかありえないから、そうした傾向性によって両者が互いに共鳴したり対立する目的が目指されているかぎり、すなわちその傾向性が愛もしくは憎しみであるかぎり、二つには権利概念は外的な自由奔放の概念に直接由来し、それゆえ親しみの概念よりもずっと重くはるかに強く意志を動かす動因であるから、不正を蒙ることから生まれる憎しみすなわち復讐欲は人間の本性〔自然〕からどうしようもなく生じてくる情念の一つであって、つまり復讐欲はどんなに陰湿なものであっても権利欲から導かれた類同物であって、したがって理性の格率は権利欲を正当視するに伴ってこの〔復讐欲という〕傾向性とも絡み合ってしまっており、だからこそ復讐欲は、心の最奥にわだかまる最も強烈な情念の代表なのである。それは消えたと思っても、いつまでも秘かに怨恨という名の憎しみとなって、まるで灰に隠れて燃え残っている種火のようにくすぶり続けるのである。

権利が主張するものを誰に対しても分け与えることが可能な社会状況と人間関係のなかで同胞といっしょに生きたいという欲望は、いうまでもなく情念ではなく、自由奔放な随意志を純粋実践理性によって規制する際の決定根拠である。しかし同じ随意志が単なる自己愛によって刺激されやすいという事情が、つまり誰にでも当てはまる立法を目的とせずにひたすら自分の利益を考慮するだけになりがちであるという事情が憎しみの感性的な動因であり、それも不正そのものへの憎しみでなく、自分に対する不正な処遇への憎しみであって、この種の憎しみにともなう傾向性(執拗に相手を責めつづけるとか、破滅させるに及ぶとか)には、もちろん利己的にねじ曲げられた形ではあ(55)

るがある種の理念が基礎にあるから、この傾向性は侮辱者に対する権利欲を報復の情念に変質させるのであるが、この情念はしばしば狂想にまで至って、敵が間違いなく破滅してくれるというのでありさえすれば自分自身も破滅して構わないとか、(敵討ちの場合には)その憎しみを代々部族間にさえも継承させるほどに激しいものとなる。それは、よくいわれることであるが、侮辱されたままでまだ復讐を果してもらっていない者の血は、その罪なく流された血が再び血によって——それが誰か相手の、流された血に罪のない子孫の血によってであろうとも——洗い清められるまで復讐を叫ぶからである。[56]

## C　情念としての[57]、他人に対して何らかの影響力をもつ能力に執着する傾向性について

**§84**　こうした傾向性は大概、技術的に実践的な理性と、すなわち利口の格率とほぼ一致する。[58] ——というのは、他人の傾向性を自分の手中に収めて、その結果それを自分の意図するままに操縦し決定することができるならば、それはほとんど他人を自分の意志の単なる道具として所有するも同然だからである。それゆえ他人に影響力をもつこうした能力への志向(傾向性)が情念へと成長するのは、何ら不思議でない。

このような能力を内に備えているのは、名誉、権力、お金という、いわば三種の神器としての三つの力である。この三つを所有すれば、たとえそのうちのどれかでだめでも他のどれかの影響力を駆使して、相手がどんな人間であれ籠絡《ろうらく》しこちらの意図に沿って使いこなすことができる。——これら三つを目指す傾向性が情念にまで成長すると、それぞれ名誉欲、権勢欲、所有欲といわれる。もちろんこうした欲に捉われると当の人間が自分自身の傾向性

に溺れた阿呆(傾向性に欺かれた者)となって、そうした手段を使用することでかえって自分の究極目的[59]を見失うものである。だがいまはいかなる情念もいっさい認めない知恵が問題とされている訳ではなく、[60]間抜けを操ることを可能にする利口が話題である。

ところで一般に情念は、感性的な衝動としてはどんなに激しいものであったとしても、理性が人間に命じる事柄に関していえばもっぱら弱点となる。だから自分以外の人間を呪縛している情念が強ければ強いほど当の人間の情念をこちらの意図通りに利用しようとする利口な人間の能力は、それだけ少なくてすむ道理である。

〔こうした事情から〕名誉欲〔という情念〕も人間の弱点であって、この弱点のせいでその人間の臆見[61]を逆手にとって影響力を揮うことが可能となり、権勢欲の場合にはその人間の恐怖心を逆手に、所有欲の場合にはその人間自身の利害を逆手にとることが可能なのだ。――どこにでも奴隷根性は転がっているものであるから、他人がこれを摑んだならば、彼は自分自身の傾向性を発動させてその奴隷根性につけこみ、それによって相手を自分の意図通りに利用するという能力を得る。――ところがこうした能力を意識すること自体がきっかけとなって、つまり自分の傾向性を叶える手段を所有していると意識したとたんに、〔無意識に〕そうした手段を使っていたときよりも一段とその情念が増長するのである。

## a　名誉欲

**§85**　名誉欲は、当人に備わった内的な(道徳的な)価値のゆえに他人から受けることを期待しても当然な高い評価すなわち名誉への愛ではなく、名声への志向であって、〔これを満たしてやるには、尊敬している〕ふりをするだ

けでこと足りる。自惚れ(他人に対して、こちらと比べて自分を卑下するよう無理強いすること。本人自身の目的
に背く愚行の一つ)――こうした自惚れに対しては、私にいわせればただおべっかを使いさえすればいいのであっ
て、そうすれば自惚れという情念を逆手にとってこの愚か者を支配することができる。お偉いさんの大言壮語に喜 V212
んで追随するおべっか使い[原注]つまり太鼓持ちは、本人をうつけにするこうした自惚れという情念をますます増長させ C164
るのであって、この連中はこの種の魔力に魅入られた有力者や勢力家を破滅させる悪魔の手先である。

(原注)　おべっか使いSchmeichlerという言葉は、たしかにもともとは屈む人Schmiegler(這いつくばる人)と称したはずで V211
あって、それは高慢ちきな勢力家その人をその自惚れを逆手にとってこちらの思い通りに操るためである。同様に、偽信者
Heuchlerという言葉は(本来は溜息をつく人Häuchlerと書かれたはず[62])権威の高いお坊さんが説教しているさなかに深い V212
溜息を漏らして、自分が敬虔な神の僕《しもべ》であることを巧みに演じてみせる欺瞞者――を意味したはずだった。

自惚れは、本人自身の目的を阻害しかねない無益な名誉欲であって、周りの人間たち(自ずと彼の自惚れに反発 A273
している)を自分の目的のために利用しようという意図にふさわしい策と見なすことができない。むしろ逆に自惚
れ屋は取り巻きの詐欺師どもが操る笛太鼓[63]であって、間抜けとも呼ばれる。かつて、商売を営んでいるとても賢明
で誠実な知人が、「どうして自惚れ屋(高慢な人)はまた例外なく卑屈屋なのでしょうか」と私に聞いたことがあっ P197
た(というのも彼は以前、財力にものをいわせて他を圧する規模の貿易を誇っていた男が、その後全財産を失うほ
どの没落に見舞われた際、ためらうことなくあちこちとへつらい回ったのをじかに目撃していたからである)。こ
の質問に対して私は次のような意見を述べた。自惚れとは他人に対して、こちらと比べて自分自身を卑しむように W610
と無理強いすることに他ならないのだが、このような考えを心に思い浮べることのできる者は自分自身が進んで卑

屈になれると予感している者ぐらいのものであるから、自惚れること自体がすでに、こうした人間が卑屈でもあることの徴しであって、それもけっして外れることのない結末を予示する徴しではないか、と。

### b　権　勢　欲

この情念はそれ自体として不正であって、これが表に現れると皆が憤慨する。だがこの情念は、他人に支配されることへの恐怖心に端を発しているのであって、機先を制して自分が他人に対して力づくで優位に立ちたいと気を配っているのだ。しかしこれは周りの人間たちを自分の意図通りに利用する策としては不確実であるし、また不正でもあって、それはこの策がかえって抵抗を呼び起こすので利口でないからであり、また誰もが正当に要求することのできる法の下における自由に抵触するので不正だからである。——間接的な支配術に関していえば、例えば女性は男性を自分の意図に従わせる狙いで彼らが自分に愛情を抱くよう仕向けるが、女性が駆使するこの支配術は権勢欲という概念の内には含まれない。なぜなら、この支配術は全然力づくではなく、女性に従順な者を自分に備わった傾向性〔愛〕によって支配し鎖につなぐことができるからである。——とはいっても、われわれ人類のうちであたかも女性軍は男性軍の上に立って権勢を揮《ふる》いたいという傾向性を免れている、ということではなく（真実はそれのちょうど反対である）、つまり女性はそうした意図のための方策として男性が使用するのと同じものすなわち強さ（男性の場合権勢を揮うという言葉に意味されている）の優位を利用するのでなく、愛嬌〔むずがゆさ〕の優位を利用するからであって、男性の側の女性に支配されたいという傾向性〔恋慕の情〕には〔うまいぐあいに〕もともとこれ〔むずむずする感じ〕が潜んでいるのである。[64]

V 213

C 165
P 198

## c　所有欲

地獄の沙汰も金次第であって、プルートゥス[65]に寵愛された者にはあらゆる門戸が開かれるが、貧しい者にはその門は閉ざされたままである。単に人間の勤勉の謝礼を精算するためだけに役立つ、とはいえまたそれとともに人間のあいだを往き来するあらゆる物的な財を取引するために使われるという以外には一切役に立たない（少なくともそれ以外に役立つ必要がない）手段の発明は、主としてこれが金属で代理されるようになったあとになって所有欲を生み落したのであって、この欲望は極端になると、別に楽しい訳でもないのにひたすら貯め込む、さらには（守銭奴ともなると）節約を通りこしてびた一文たりとも使わない、というほどの力を発揮するに至るのであって、この力はそれ以外の何が欠けようともすべてを償ってなお余りある、と信じられるのである。必ずしも道徳的に非難すべきだとはいえないにしても、こうしたまったく精神の欠落した、単に機械的に操られる情念は、とりわけ（〔肉体的な〕能力の自然な減退の代償として）老人に取り憑くのであり、またあの〔お金という〕普遍的な手段に、その偉大な勢力のゆえにそのものずばり能力[66]という名をあてがったのもこの情念であったが、これはいったん襲われたならばいっさい方向転換の効かない例の三つの情念のうちの一つであって、第一の情念〔名誉欲〕が恨みを呼び、第二の情念〔権勢欲〕が恐れを買うとすれば、これは第三の情念として軽蔑を蒙るのである。(原注)

（原注）　ここでいう軽蔑は、道徳的な意味で理解してほしい。というのも都市市民的な意味でいえば、ポープがいうように「悪魔が金色の雨の降るなかを百に五十の確率で高利貸しの懐に跳び込み、彼の魂をひっ捕える」[67]というのが本当ならば、それほどに卓越した商才を示す男にはむしろ民衆は賛嘆の声を寄せるだろうからである。

A 274　W 611　V 214

## 情念としての熱中〔狂想〕する傾向性について

**§86** 熱中は欲望の原動力の一つであるが、私はこの言葉によって、運動因の中の主観的な契機を客観的と見なしてしまう内的実践的な錯覚と解する。——自然は、人間が単なる飲み食いだけで生命感情を消尽することのないように、ときおりその生命力を平常よりも強く刺激して、人間の活動を蘇らせようとする。この目的のために自然はきわめて賢明にも、また恵み深くも、本性から怠惰な人間を誑《たぶら》かして、彼らの妄想の力〔構想力〕を借りて様々な対象を現実的な目的（名誉、権力、お金を手に入れる手だて）と思わせるが、もともと好きで商売に携わっているのではない人間でも、そうした対象のおかげで充実した忙しさを味わい、無為という仕事に忙殺されている気になるのである。[68] このとき人間が対象に覚える興味は単なる熱中による興味であって、だから自然は実際には人間をからかって〔戯れて〕いるのであり、人間（主観）を彼らの目的に向かってけしかけているのであるが、他方人間の方は、自分自身が（客観的に）自分の目的を決めたのだと思い込んでいるのである。——その際こうした熱中の傾向性を自作自演で生みだした張本人は空想なのだが、だからこそどこまでも情念的〔情熱的〕になるためには都合がいいのであって、とりわけこの傾向性が他の人間を相手にした勝負事に向けられたときには、最高潮に達する。

球技、相撲、かけっこ、戦争ごっこといった子供の遊び。それを卒業すると、チェスとかカードなどの大人の遊び（前者に没頭しているときには純粋に頭のよさが競われ、後者ではそれに加えて小遣い稼ぎを当てにしている）。いきつくところは、公的な社交の場で賭けトランプやルーレットによって自分の運を試そうとする都市市民の遊び。——これらはすべて例外なく自分では気がつかないまま、人間より賢い自然によって人間の力を他人との競り合い

P199 W612　C166　A275　V215　W613

のなかで試そうとする冒険へとけしかけられているのであって、自然のもともとの狙いは、一般に生命力が倦怠に陥ることなく活気を保っていられるように、というところにある。このとき競っている二人は自分たち二人が遊んで〔戯れて〕いると信じている。しかし事実は自然が二人を弄んで〔戯れて〕いるのであって、このことは二人が理性的になって自分たちの選んだ賭事が儲けの手段としていかに不適当なものであったかを冷静に考えてみさえすれば、明白に納得することができる。――ところがこうしたことに夢中になっているさなかの快楽は〈熱中による理念〉[69]と兄弟の関係にあるから(この場合の「理念」という言葉は〔本来の語義からすると〕歪めて使われているが)、まさにこの事情からしてこの快楽が原因となって、どこまでも激しくいつまでも止むことを知らない情念にのめり込んでいく性向が形づくられることになる。(原注)

(原注)　ハンブルクの町で相当の財産を全部賭博で失った男がいたが、その後彼は賭けをしている連中を横から眺めることで時間を潰していた。ある男が彼に、以前あれほどあった財産のことを思うとどんな気持ちがするかと尋ねたところ、その返事はこうだった。「もう一回そっくりあの財産をとり戻したとしても、それを注ぎ込むのにこれ以上愉快なことは考えられないね。」

熱中の傾向性は弱気な人間を迷信深くし、迷信深い人間を弱気にするのだが、どっちにしても(何かを恐れるとか期待するとかの)自然原因ではありえない原因もどきから、それでもなお損得の結末を読み取ろうとする習慣がつくのである。猟師や漁師は別としてギャンブル好きの連中(とくに宝籤の場合)が迷信深い代表であるが、するとこの熱中こそが、つまり主観的なものを客観的と受け取り、内感における情緒を事柄そのものの認識と見なすような錯覚へと迷い込ませる熱中こそが、同時に迷信というものへの性向を説明してくれるのである。

V 216　C 167　P 200

## 肉体的な最高善について

**§87**　不快な要素がこれっぽちも混じらない最大の感官の享楽は、健康状態でいえば労働のあとの休息である。[70]――健康なのに仕事もせずに休息を求める性向が、怠惰である。――とはいえ、自分の仕事にちょっとしばらくのあいだ戻る気がしないのは、つまり力を貯えるための甘い無為 far niente〔イタリア語。何もしないこと〕は怠惰といわないのだが、それは、(たとえ遊びであっても)愉快に過ごしながらしかも同時にのちに役立つように骨折っている、ということがありうるし、また幾つか種類の違った仕事をそれぞれに特有な性質を計りながら交替してやるようにすると、それは同時にきわめて変化に富んだ気晴らしとなってくれるということもあるからだ。これとは反対に、やりかけのまま放置してあるやっかいな仕事に再び戻ろうとする際には、ちょっとした決心を必要とする。

怠惰、臆病、不実[71]の三つの悪徳を並べると、一見して最初の怠惰が最も恥ずべきもののように思われる。ところがそうした判断はしばしば人間をとても不当に扱うことになりかねない。というのは自然は賢明にもまた、少なからぬ主観〔人間〕の本能のうちに、それも本人にも周りの人々のためにも等しく健康を庇《かば》う本能として、忍耐を要求する労働に対する嫌悪を植えつけたからであり、それはなぜかというと、その人たちが例えば長時間にわたるまたは反復を繰り返す力の消耗に、疲弊することなしに耐え通した例《ためし》がこれまで一つもなく、かえって保養のために一定の気晴しを必要としたからであった。それゆえデメトリウスが常時この(怠惰という)魔女にも一つの祭壇を設《しつら》えるなどということが実際にあったかもしれないとしても、それにはまんざら根拠がなかった訳ではなく[72]、それは、もしきつい労働のあいだに怠惰が忍び込むのでないとしたら悪意が休みなく働いて、いまも見られる以上にさらに大量の災いをこの世に撒き散らすことになるであろうからである。同様にもし臆病が人間を庇ってくれないとしたら好戦的な血への渇きが人類をたちまち根絶やしにしてしまうだろうし、さらにはもし不実が一つもなされないとしたら［実際には謀反に連判した有象無象《うぞうむぞう》の悪人どものうちにも、その数が多くなるに従って（例えば連隊規模になると）いつも一人ぐらいはその陰謀を密告する者が出るものなのだが］[73]、人間の本性に備わった生れつきの邪悪のせいでたちまち世界中の国家が滅亡してしまうことだろう。

世界統治者は人間理性に関与の余地を与えないまま、いっそう高級な理性によって目に見えない仕方で［人間の］肉体的な世界最善［福祉］を普遍的に配慮しながら人類を操っているのであるが、（この世界統治者の）役割を自然による衝動のなかでも最も強力な二つの衝動が肩代わりしているのであって[74]、その二つの自然衝動とは生命への愛着と性への愛着である[75]。前者は個体を維持し、後者は種を保存するためであり、後者に関してどうしてそういえるのかといえば、人類が（戦争によって）意図的に自分たち自身の破壊に向かって精進しているにもかかわらず、それでも全体としては理性を付与されたわれわれ人類の生命が拡大再生産式に維持されるのは両性の交配のおかげだからである。ところで破壊といえば、どんな状況にあっても文化［と繁殖］を前進させようとする理性的な人間としては戦争の最中でさえも破壊によって妨げられることなく、今後数世紀のうちにはもはやあと戻りすることのない幸福な状態が訪れるであろうという未来の展望を、それもあいまいにどころか鮮明に人類に向かって語りきかせることはできるのである[76]。

C 168　W615　A 277 P 202

## 道徳的かつ肉体的な最高善について

**§88** 肉体的な善と道徳的な善との二種の善が一つに融けあうことはありえない。というのは、そうすると二つは中和してしまい、本当の幸福という目的[77]に少しも役に立たないと思われるからである。むしろ安楽への傾向性と徳とが相争いながらも、後者の原理によって前者の原理を抑止する形で二つを接合してやると、一面で感性的だが他面で道徳的で知性的な、まっとうな人間の全体的な目的が形づくられるのである。しかし日常生活では二つの原理のごちゃ混ぜを食い止めることは難しいから、この目的に到達する前に、分離反応を起こす試薬(reagentia 反応薬)を使って二つをいったん分解する必要がある。それは、互いに結合することによって道徳にかなった幸福の喜びを生み出すことのできる元素はどれとどれであって、それらが化合する際の比はどうであるかを知るためである。

ヒューマニズムとは、人との交際において安楽と徳とを結合させる際の心構えのことである。この心構えで肝心な点は、どのていど安楽を確保するかにあるのではない。というのも、安楽に何が必須と思うかについてはある者は多くを、他の者は少なめを要求するからである。むしろこの心構えで唯一大事な点は、安楽への傾向性がいかにして徳の法則によって制限されるべきであるか、その両者の関係の仕方にある[78]。

交際好きも一つの徳ではあるが、交際癖〔交際への傾向性〕は往々にして情念へと昂進する。だから豪勢にお金をかけて社交の歓楽を盛りたてるとなると、こうした交際好きは邪道のゆえにもはや徳とはいえず、安楽といってもヒューマニズムを害《そこ》なうような類いに堕してしまうのである。

＊　＊　＊

音楽、ダンス、賭事は無言の社交である（というのも、賭事に関していえば、そこで交わされる必要最低限の言葉はお互いの思想を交わす際に必要とされる対話といったものでは全然ないからである）。賭けごとはご馳走のあと会話が途切れたときの埋め合わせにちょうどいいとよくいわれるが、本当は結構小遣い稼ぎのチャンスとして当てにされているのであって、そこでは興奮が渦巻き、お互い相手の懐《ふところ》からこのうえなく優雅に金を巻き上げるという一種の私欲協定が取り結ばれ、勝負が続いているあいだは完全な自己中心主義[79]が貫かれるが、このときばかりは自己中心主義こそが誰も否認しようとしない公理である。勝負の最中に交わされる上品な[80]物いいの会話によってときおり実現されることもある洗練〔文化〕がどんなものであろうと、その会話によっては徳と社交的な安楽との一致が、それと同時に真のヒューマニズムが本当に促進されるなどと期待することはほとんど無理な話であろう。

逆に真のヒューマニズムと最も調和するように思われる安楽は、善良な（それと、できればそのつど違った顔触れの）交際仲間による美味しい食事の集いであって、これについてはチェスターフィールドが「美の女神たちの数〔三〕より少なからず、かつ芸術の女神たちの数〔九〕よりも多からずあるべし[原注]」といっている[81]。

（原注）　つまり〔最大限〕一〇人ということ。なぜなら、客をもてなす招待主はこの数のなかに入っていないから〔よって最小限は四人〕。

男ばかりからなる趣味の深い（美芸に関して一致した）者同士による昼食会の場合[原注]、つまり一緒に食事を楽しむだけでなく互いに趣味を分かちあうという楽しみで集まるような場合をとってみると（こういう会は集まる人数が美の女神たちの数を大きく越えることはありえない)、こうした小ぢんまりとした昼食会は胃袋上の満喫というよりも――これは各人がそれぞれ単独で味わうことができる、――むしろ社交上の喜びを期待してきているのであって、胃袋上の満喫は本人たちにはただそこに至るまでの便宜手段にすぎないと映っているに違いない。さてこのような場面ではまさに件《くだん》の数は、会話が滞ったり、あるいは逆に隣同士が勝手に固まって会話が小グループに分裂したりしないようにするためにちょうどいい数である。隣同士が小さく固まるのは会話の趣味にまったく反するのであって、というのも会話の趣味というのは、いつでも誰か一人が(ただ隣席の者とだけでなく)全員に向かって語りかけるという洗練さを備えていなければならないからである。だから反対に、いわゆる豪華な夜会(どんちゃん騒ぎと大御馳走)はまったくの没趣味である。これに関連して、確認する必要もないほど自明なことであるが、レストランでの会合を含めてどんな昼食会の席であれ、口の軽い食卓仲間がその場にいない人物について不利になることを喋ったとしても、それはその場かぎりのものであって外では通用しないし、それを外に洩らしたりすることは許されない。というのは、どんな饗席であれ特別にそれ用に当てた協定などなくても、食卓仲間にとってのちのち外で迷惑になりかねないことに関しては、仲間内で伏せて秘密を守るというある種の神聖な義務が存するからであるが、それはまたこうした信用がないとすると、仲間が集っていろいろと楽しみ、しかもその集いそのものを楽しむという道徳的な洗練にさえも大きく貢献する喜びが、無に帰してしまいかねないからである。――それゆえいわゆる公的な社交の場で(というのは、たとえあるていど規模の大きい晩餐会であってもそれはやはり単に私的な社交にすぎず、理念からいえばただ都市市民的な[82]社交のみが一般に公的といえるのであるから)――敢えていうのだが、もし仮に私の一番の親友に関して何か誹謗中傷が語られたとしたら、私は必ず彼を弁護し、ひょっとして私自身に危

V220　A279　C170　P205　W619

険が及ぼうとも歯に衣着《きぬ》せずに痛烈な言葉遣いでもって彼を擁護するつもりであって[83]、逆にそうした悪意のある陰口を広げたり、いわれた当人にそのことをこっそり伝えるといったスパイの役を務めるつもりはない。——以上述べてきたことは単に会話を支える社交上の趣味というに止まらず、銘々の自由勝手を制限する条件として働くべき原則の幾つかであって、これがあるから人々は交際の場でも自分の思想を率直に表明し交わすことができるのである。

V 221

(原注)　華やかな宴会では女性たちが出席しているので、自ずと帽子組の連中(男性)としては自由気儘がいつもよりお上品に抑えられるのであるが、そういう席でときおり急に沈黙に支配されることがあって、これは長びく恐れのあるいわばやっかいな発作のようなもので、そうなると誰も談話の流れを回復するに相応しい何か新しいことをいい出すのが憚られてしまうのだが、それは誰であれその場に適した話題をでたらめにこしらえるという訳にはいかず、その日のニュースのうちから拾ってくるべきであり、しかもそれは皆に興味の湧くようなものでなければならないからである。ときどきある奇特な人物がいて、とりわけそれが当家の奥様である場合、こうした気詰まりを彼女一人で回避し、会話がずっと順調に進むように配慮してくれる、ということがありうるが、その結果室内楽の演奏会の場合と同様に、その集いもみんなこぞって口々に楽しかったねといってお開きとなり、まさにそのおかげでいっそう首尾よく成功となるのである。それは例のプラトンの饗宴[84]に通じるところがあって、これについてある客は「君のところの御馳走が嬉しいのは、食事を味わっているときにそうだというだけでなくて、あとでしばしば楽しく思い出されるからなんだ」といっていた[85]。

A 278
C 169
P 203
V 219
W 617

C 170

P 204

ここには、一つの食卓で一緒に食事をしている人間たちのあいだの信頼関係と、旧い習慣、例えばアラビア人の風習との何か類似したものが認められるのであって、アラビア人の場合、異部族の者がやってきて地元の者の天幕に招かれ、食物(ないし水)を一口恵んでもらうことができたとたんに、彼は同時に自分の身の安全を確信できるのである[86]。あるいはロシアでは、モスクワから皇后を出迎えにやってきた使者が彼女の許に塩とパンを届けてよこし

A 279
C 171
P 205
V 221
W 619

たとき、彼女はそれを食べると同時に賓客としての特別待遇の権利によって自分が道中のあらゆる危難から安全であることを保障されたと見なすことができた。——だから一つの食卓で食事を共にすることは、このように互いの身の安全を契約する儀礼と見なされるのである。[87]

一人で食事をすること(solipsismus convictorii 食生活上の独我論)は、哲学すること[88]を専門とする学者にとっては不健康である。[原注] それは身心の力を回復することにならず、かえって(とくに一人ぼっちで大食いするようになると)身心の消耗となり、思想を空っぽにする労苦であって、思索に生気を吹き込む遊び〔戯れ〕にならないのだ。孤独な食事のあいだ中思索に耽って自分を食い減らすという風に飲み食いを楽しんでいる人間は次第に快活さを失っていくが、反対に飲食を楽しみながらでも快活さが得られるのは、こちら自身では思いもよらなかったような新しい論点を食卓仲間の内の一人があれこれ変化に富んだ思いつきによって提供してくれ、それによってこちらの生気が蘇る場合である。

P206 A280 V222 W620

(原注) というのは、哲学する者は自分の思想をたえず頭のなかにとどめていて、ああだこうだと思案投げ首を繰り返し、それをどのような原理でもって体系的にまとめ上げるべきかを何とかして見いだしていかねばならないからであり、また哲学者の着想は直観ではないので、あたかも空中に漂うかのように彼の眼前にちらつくからである。歴史学者や数学者なら反対に着想を自分の前に据えておいて、ペンを手に持って理性の普遍的な規則に則って、しかしあたかも事実であるかのようにそれを経験のなかに秩序づけていくことが可能であって、だからそれまでの仕事は一定の点まで済ましてあるがゆえに、次の日はその着想が放置してあったところから仕事を継続することができるのである。——哲学者に関していえば、彼を諸学の体系の構築に従事する労働者[89]と、すなわち学者と見ることはできないのであって、むしろ彼は知恵の探求者[90]と見なさなくてはならない。哲学者とは、あらゆる知の究極目的を対象として自ら実践し、かつ(それを実現するために)理論的にも究極

P205 V221 W619

W620 P206

目的を主題とする、という一個の人格についての純粋な理念であり、だからこの哲学者という名称は複数形でなく、常に単数形で使うことしかできないのであって(「哲学者はこのように、あるいはあのように判断する」と)、それは「哲学者」が一つの純粋な理念をいい表わすのに対し、哲学者たちと呼ぶことは、本当は絶対的な単一性であるものが、何らかの意味で複数存在するかのように仄めかすことになりかねないからである。

ひとえに客に長くいてもらいたいという狙いで食卓に盛り沢山の料理が所狭しと並んでいる(coenam ducere 食事を引き延ばす)ような座では、会話は普通三つの段階を踏んで展開する。㈠世間話をする。㈡まじめに議論する。㈢冗談を交わす。――A 最初はその土地についての、ついでよその土地についての、私信や新聞で知ったその日のニュース。――B こうして最初の食欲が満たされると、座は早くもぐっと盛り上がってくる。というのは誰かが理屈をいい出すと、話題にされている同一の問題に関する判断が人によって食い違うことが避け難いし、しかも各人は自分の判断について一家《いっか》言《げん》持っているから、そこに一大論争が巻き起こってそれが料理への食欲やワインボトルへの渇望を大いに刺激し、それが基となって論争がいっそう盛り上がるにつれて、かつ論争の輪が広がるにつれて人々の飲み食いはぱくぱくぐいぐいと進むからである。――C さて理屈をこねるのは常に一種の労働であり力わざであるし、他方、理屈を飛ばし合っているあいだに飲食物を相当にたっぷりと満喫するので、ついにはこの力わざも面倒くさくなってきて、ごく自然に会話はたわいのない機知の戯れに移るのであるが、この機知の一部がまたそこにいる御婦人方にもお気に召して、彼女らに向かって彼女らの性に関してちょっとくだけた、とはいえセクハラにはならない範囲でくすぐりを放つと効果てきめんで、彼女たちの方も意味深な機知で応酬してきてまんざらでもない様子を見せるほどで、このようにして饗宴も笑いのうちにお開きとなるのである。この際の笑いというのは自然が定めたものであって、気持ちのいい大笑いは、横隔膜と内臓の運動によってひとえに本来胃の消化をよくするためであり、それゆえ[91]身体を壮健にするためなのである。[92] ところが宴席の参会者たちの側は、自然の意図のうちには何と多くの精神的な洗練が見いだされることかと思い違いをする。――〔それを狙ってか〕身分の高い方が主催なさる豪華な祝宴では食事中に傍らで室内楽が奏でられるが、これは飽食がすぎた挙げ句に案出された趣向であるという事情を斟酌しても、これ以下はないというほどに没趣味で無意味なものである。[93]

座が活気づくような趣味の豊かな宴席が成立するための規則は、次の三つである。(a) 歓談の素材を選ぶこと。選ばれる素材は参会者全員から興味が持たれ、誰もがいつでも何か当意即妙に話に加わる機会を与えられているようなものでなければならない。(b) 死のような沈黙でなく、歓談の途中でほんのひととき間を置くようにすること。(c) 必要もないのに話題を変えたり、こっちの素材からあっちの話題へと飛んだりしないこと。なぜなら、宴席がお開きになるときの心は劇がはねるときと同じで(理性的な人間が人生全体を振り返るときも同じである)、どうしても会話の様々な局面を回想するのに気を取られるのだが、その際に話の繋がりの糸を手繰《たぐ》ることができないと心は途方に暮れ、教養が深まるどころかかえって退化したことに気づいて不機嫌になるからである。――いったん面白い話題を取りあげたならば、他の話題に転じる前にそれについておおかた語り尽くすべきであり、反対に対話が滞《とどこお》ったら、当の話題と何らかの関係のある他の話題を試しに何気なく一座に投げ掛けるすべを心得ていなければならない。そうすれば集まりのなかの誰か機転の利く者が対話の方向転換のこうした切っ掛けを、わざとらしさを見せずに、したがって気分を悪くされもせずに引き取ってくれるという訳だ。(d) 自説に拘ることは自分が気をつけることはもちろん、座の仲間についてそれが長びかないように配慮するべきである。むしろこうした歓談は真面目

C 173　V 223

な仕事でなくただの遊び〔戯れ〕にすぎないはずだから、誰かがそのように本気に走ったときは巧みに洒落でも飛ばして気を逸らすといい。(e) それでも真剣な論争が避けられなくなったら、注意深く節度を守ることによって自分を見失うことなく興奮を抑制し、常にお互いが相手に尊敬と好意を抱いていることが誰の目にも明らかでなければならない。その際に会話の中味よりもその調子（がなりたててもいけないし、相手を馬鹿にした調子でもいけない）の方がずっと大事であって、それは同席者のうちで一人でも他の誰かと気まずくなったまま宴席から家路につく、といったことがないようにするためである。

洗練された人間性に関するこうした諸法則が、とりわけ純粋道徳の唯一の法則と比較するとどんなに下らないものに思えようとも、また仮に、社交性が促進してくれるものの本質が人によい感じを与える格率や礼儀にだけ存するのだとしても、社交性が促進してくれるものはすべて徳を着心地よく着せてくれる衣装であって、この衣装は慎重に試着を重ねた末にも〔徳の召し物として〕推薦できるものである。――共同生活による安楽を避ける犬儒派の潔癖主義とか[94]〔初期キリスト教時代の〕独居の聖人による肉欲の断絶は徳の歪曲された形態であって、徳の方からいってお呼びでなく、かといって美の女神たちにも見捨てられてしまったので、これら両者ともヒューマニズムを名乗る権利を主張することはできない[95]。

人間学　第二部

# 人間学的な性格論

人間の内面を外面から認識する方法について

A 283
C 175
P 209
V 225
W623

## 分　類

㈠個人の性格、㈡男女の性格、㈢国民の性格、㈣人類の性格。[1]

## A　個人の性格

実用的な観点からいうと、一般的自然的な（つまり都市市民的でない）[2]症候判断(semiotica universalis 普遍的症状分類法）では、性格という言葉は二様の意味で使われるのであって、つまり一方で人間はこのようなまたはあのような（自然にもって生まれた）性格であるといわれ、他方で同じ人間に、ただ一つあるかそれとも一つもないかのどちらかでしかありえないような、一つの性格（道徳的な性格）が備わっているかいないかが語られる。前者は感性的な生物つまり自然存在としての人間を区別する目印しであるのに対して、後者は理性的な生物つまり自由を天与された存在としての人間を二分する目印しである。ある人物に関して、例えば本能からでなくその意志からいうと〔この局面で〕間違いなく何が予期されるかということが誰にもよく知られている場合、その人物は〈原則の人〉といわれるが、彼こそがその「一つの性格」を備えているといわれる。――以上の事情から、人間を性格描写するに際して同義反復に陥ることなく、人間の欲求能力に関わる面（実践的な事柄）における性格的なものを、(a)気だてまたは気前、(b)気質または性分、(c)狭義の性格あるいは心構えの三つに区分することが可能となる。――はじめの

A 285
C 177
P 211
V 226
W 625

二つの資質からは、人間は〔自然によって〕どういう風に形成されているのかが診断できるのに対して、第三の（道徳的な）資質からは、人間が自分自ら何を形成する覚悟でいるのかが診断できる。(3)

## I　気だてについて

「あの人の心 Gemüt は善良だ〔あの人はおとなしい〕」という場合、意味されているのは、彼〔女〕は強情でなく他人に逆らわない、ということである。たとえ彼〔女〕が立腹したとしてもすぐに治まるし、恨みをあとに引くこともない（消極的に善である）。――これとは対照的に「あの人の心もち Herz は善良だ〔あの人は親切である〕」といわれることがあるが、親切というものが(a)の気だてにではなく(b)の性分の方に属することは措くとして、すでにこのいい方は前のいい方よりも多くのことを語ろうとしている。親切という性分は、たとえ原則に則ってなされるのでなく、その結果おとなしい人間と同様親切な人間もずる賢い人間にいいように鴨にされてしまうということはあるにしても、実践的な善に導く誘因ではある。(4)――それはともかく、気だては欲求能力に（客観的に）関わるというよりも、人間が他人からどのように触発されるかという快・不快の感情の方に（主観的に）大きく関わっている（それは感情が、他者から触発される際に何か性格的なものを醸《かも》し出すからだが）。ところで生命が単に内的に感情として発現するに止まるのでなく、加えて、たとえそれが単に感性からの動機によっているにすぎないとしても、また活動の形で外的に発現する領域が欲求能力である。こうした関連で問題となってくるのが〔次の〕気質〔ないし性分〕であるが、この気質というものは習慣的な（慣れるにしたがって身に帯びてくる）人柄とは是非とも区別しなければならない。なぜなら人柄の基礎となっているものはまったく自然素質ではなく、ただ状況に応じた〔つまり市

P 212　W 626　A 286　　C 178
V 227

民社会的な〕原因にすぎないからである。

## II　気質について

気質が話題となる場合、生理学的に考察するならば、気質ということで身体的な基本構造（体格が頑強か華奢か）と体質（身体の中を流れる液状のもの、生命力によって法則的に循環するもののことであるが、ここでいう体質にはこうした体液の浄化に関与する体温の高低も含まれる）が考えられている。

しかし心理学的にいえば、いい換えれば気質を（感情と欲望の能力である）魂の気質として見なすならば、血液の特質から借用した例の四つの表現は、様々な感情と欲望の戯れを身体的な運動の原因（そのうちで最も目立つのが血液である）によって類推しただけである、と理解すればいい。[6]

以上のことから、われわれが単に魂に備わったものと見なしている諸々の気質には、実は秘かに人間における身体的なものが一緒に原因として働いているのかもしれないという可能性が浮かび上がってくるし、――さらにはその結果第一に、気質は感情にまつわる気質と活動にまつわる気質とに上位分類することができ、第二にこれら二種の気質は生命力の刺激性（intensio 緊張）[7]もしくは弛緩（remissio 緩和）のどちらかと連動している訳だから、――単純な気質としては（三段論法における媒概念 medius terminus による四つの格のように）、多血質、気鬱質、胆汁質、粘液質のちょうど**四つ**だけを挙げることができる。こうすると古い形式が継承できるうえに、また本書のここでの気質論の精神に唯一つ合致した、いっそう的確な解釈を得ることが可能となるのである。

その場合血液の特質によった表現が役立つのは、人間が感性的に触発されるかぎりで起きる諸現象の原因を枚挙してくれるというところにあるのではなく――それは体液病理学ないし神経病理学の仕事であろう[8]――、そうした原因を観察された結果に則して分類してくれる点にあるのである。というのは、前もって知っておく必要があるのは、ある特殊な気質に名を付けようとする際に血液のどのような化学的配合がその根拠を与えてくれるのかなのではなく、人間を観察するにあたって一人の人間に一つの特殊な類型を適切に割り振るときに、これまでどの感情とどの傾向性が組み合わされてきたかなのだからである。

そういう訳で気質論に可能となる上位分類は、感情にまつわる気質と活動にまつわる気質とへの分類であり、これにまた下位分類を施してそれぞれをさらに二つの種類に分けることが可能となるので、都合四つの気質が存在することになる。――ところでこのうちから私が**感情**にまつわる気質のうちに数え入れるのは、A多血質とその反対であるB気鬱質である。――まず前者の特徴は、感覚が素早くかつ強烈に触発されるが、それが深く浸透する訳ではない(永続しない)というところにある。これに対して後者では、感覚がそれほど目立たないかわりに奥深く根を下ろすのである。この点にこそ感情にまつわる二つの気質の相違を設定しなければならないのであって、快活かそれとも憂愁かのどちらかに傾く性向に置いてはならない。というのは多血質の連中が思慮の浅さゆえに陽気な気分に向かうのに対して、気鬱質の方は思慮の深さが感覚を覆ってしまうのでたとえ朗らかになることはあっても軽やかな機転は期待できないのであるが、しかしだからといって必ずしも憂愁に陥ると決まった訳ではないからである。――だが人間の力でどうにかできる気分転換ならどんなものであれ、何らか心に生気を吹き込み元気を与えるものであるから、何が起ころうともことごとく軽く肩で受けとめる〔気楽に考える〕性格の人間は[9]、生命力を凍えさせるような感覚に拘わりつづける性格の人間よりも、いっそう賢いとはいえないにしてもずっと幸せであることは間違いない。

## 1　感情にまつわる気質

### A　お調子者の多血質

多血質の人間は表に現われる次のような言動ぶりからその性分がばれてしまう。彼は心配とか不安とかには縁がなく、いつも明るい希望を抱いている。何事であれとりあえずは大騒ぎするが、次の瞬間にはもはやそれを思い出すことすらない。彼は真顔で約束をするが、それを果たすことがない。それは、自分が約束するだけでなくそれをまた守ることができるのかどうかを前もって深く十分に考慮していなかったからである。彼は他人に援助を申し出る点ではとても親切であるが、彼自身がいったん負債者に転じると困り者で、「もう少し待ってくれ」を連発する。彼は遊び仲間にはうってつけで、冗談好きのうえに陽気であって、何であれ深刻に受け取ることは好まず(Vive la bagatelle!〔仏〕万歳、放っとけ!)、そして万人の友である。彼はいつもはけっして悪い人間ではないのだが、何か大きなへまをしでかした際に悔悛を要求するにはやっかいな罪人であって、いったん悔悟しても(この悔悟はけっして悔恨となって残りはしない)すぐ忘れてしまう。本業にはすぐに飽きるが、単なる遊びごと〔戯れ〕となるといつまでも夢中でいられる。なぜなら遊びは気分転換となってくれるが、忍耐は彼の領分ではないから。

### B　苦虫君の気鬱質

鬱々とした気分の人間は(気鬱症の人間ではなく。というのは気鬱症はすでに一つの発症を意味しており、それ

C 180　A 288　V 230　W 629　P 215

に至る前の単なる性向とは違うから）自分自身に関する事柄をすべてきわめて深刻に受けとめ、至るところに心配の種を発見し、真っ先に困難を頭に思い浮べるのだが、これはちょうど多血質の人間がまず事の成功の希望から発想するのと正反対である。そういう訳だからまた物を考えるのも気鬱質の方は深く考えるのに対して、多血質の方はおざなりにしか考えない。気鬱質の人間が滅多に約束をしないのは、彼にとっては約束を守り通すことが大切なことであるから、約束を貫く条件が自分に備わっているかどうかに熟考を要するからである。とはいえこうしたことはみな道徳的な理由に発している訳でなく（というのは、ここでは感性的な動因が話題となっているのだから）、彼としては事が裏目に出ることが気掛かりなのであって、まさにそれを考えると気の重い、優柔不断な、頭を抱え込む状態に落ち込んで、だからまた冗談にも陽気な気分になぞなれなくなってしまうから、というのが理由なのである。――ところでこうした情緒が常態化した場合、せめて少なくとも周りの刺激となってくれるのであればまだしも、多血質の方に付きものの友愛発揮精神とは正反対であって、というのも自分自身が楽しみを諦めている人間が他人に楽しみを振り撒くなどということは考えにくいからである。

## 2　活動の気質

### C　お山の大将[10]の胆汁質

胆汁質の人間についてはこういわれる。彼は気性が激しく、藁に火を点けたようにすぐ激昂するが、相手が下手《したて》に出れば即座に治まるのであって、つまり憎くて怒っている訳ではなく、むしろその場で下手に出た相手はいっそう贔屓にするのである。――彼は何をおいても直ちに活動を開始するが、辛抱強くはない。――彼は忙しそうに立

C 181　A 289 V 231　W630

ち回るが、いまいったように辛抱がないから自分自身に仕事を引き受けたがらず、だから仕事を指図するだけで自分では何も手を下そうとしない生粋の司令官役を演じたがる。結局彼に支配的な情念は名誉欲であって、それゆえ公的な仕事に就きたがり、それでもって派手な称賛を浴びたいのである。そこで彼が愛するのは、儀礼における外見と虚飾である。喜んで人の保護を買って出て外見上度量の広いところを見せるが、それは人情から出たものではなくて尊大によるものである。というのは、彼には自分自身の方がずっと可愛いからである。――彼は序列に気を使うから、実際よりも如才なく見える。彼が貪欲なのは、けちけちしたくないからである。また彼は交際では優雅というか、儀式ばっていて堅苦しく勿体ぶっており、また誰か彼の機知の的となってくれる腰巾着を侍らせるのが好きで、彼の尊大な自惚れに誰かが反撃を加えようものなら、いつも彼が貪欲な自惚れから軽蔑しているけちな人間よりも内心でいっそう大きな痛手を被ることになる。なぜかといえば、ほんのちょっと辛辣な機知によっても彼の大物ぶった威光はすっかり化けの皮を剥がされてしまうのに対して、けちんぼの方は被った心の痛手の穴埋めに彼からなにがしか得をさせてもらえればそれで文句はないからである。――――一言でいえば、四つの気質の中で一番幸せから遠いのが胆汁質であって、それはこの気質が他人からの反撃を呼ぶことが一番多いからである。 P216

### D　沈着冷静型の粘液質[11]

C182 V232

粘液が意味するのは興奮の欠如であって怠惰(不活発)ではないから、粘液に富んだ人間をだからといって直ちに無感動な奴とかむっつり屋と呼んで、十把一からげに怠け者の仲間のうちに放りこむことは許されない。

W631 粘液の消極面としては無為に向かう性向があり、つまり仕事に対する強力な動機がある場合でさえもやる気が起きないのである。仕事に対する無感覚は意図的な役立たずへと亢進し、この傾向性はひたすら飽食と惰眠に向かう。

これとは反対に粘液の積極面としては、軽々しく安易に心を動かされたりせず、ゆっくりではあっても粘り強い、という性質が見られる。——体液の化学的配合から見てほどよい分量の粘液を含んでいる人間は、暖まるまでは時間がかかるが〔いったん暖まれば〕その暖か味を人一倍長く保つのである。彼は簡単には怒ったりせず、その前に怒るべきかどうかと思案する。このとき相手が胆汁質の人間だと、このしっかり者をその冷淡さから梃子でも動かすことができないもどかしさに荒れ狂うことであろう。

まったく平凡な量しか理性を与えられていなくても、同時に後者の〔積極面の方の〕粘液を自然から授かっていれば、本能でなく原則に基づいて事を始めさえすれば世間で目立たなくても沈着冷静型の人間としては他人に引け目を感じる必要など何一つない。彼の幸福な気質は知恵の代わりを務めるので、俗世間ではしばしば彼までも哲学者と呼ばれる。この点で彼は他の気質の人々より優位に立っているが、しかし彼らの虚栄心を傷つけることはしない。彼はまたしばしば抜け目がないといわれる。というのも彼を狙って大砲やミサイルを発射しても、彼はまるで羊毛の詰まった座布団みたいなものだから、命中してもみんな不発に終わるからである。彼は夫として温和であり、妻や身内の者に対しては皆の意向に従うように見えながら、実は彼らや彼女らに対する支配権を貫くのであって、それは彼が自分の不屈で思慮に満ちた意志によって彼らの意志を自分の意志になびかせる術を心得ているからである。これはちょうど、小さな質量の物体が対面する障害物に猛烈な速度で衝突すると貫通するのに、ずっと大きな質量の物体がゆっくりした速度でぶつかる場合、障害物を粉々に破壊するのでなく、自分と一緒にずるずると押し運んでいく光景に準《なぞら》えることができる。

A 290　P 217　V 233

仮に一つの気質が——広く信じられているように——例えば次の組合せ

A 多血質 —— B 気鬱質
C 胆汁質 —— D 粘液質

のようにもう一つ別の気質と対を作ることがあるとしても、〔四つの対の〕組み合わさった二つの気質は互いに反発するか、さもなければ互いに打ち消し合うかのどちらかである。反発が起こるのは、一人の同一主観の内で多血質と気鬱質が、同じく胆汁質と粘液質が一緒にされたと想定される場合であって、それというのも、両者(AとB、ないしCとD)は互いに矛盾しあって対立するからである。——第二の事象つまり打ち消し合いがもし起こるとすれば、多血質と胆汁質、あるいは気鬱質と粘液質を(いわば化学的に)混合した場合であろう(AとC、ないしBとD)。というのは同じ行為において人懐っこい快活さが人を怖じけさすような怒りと融合して新たな気質を形成するとは考えられないし、同様に自虐的な人間の苦悩が自己満足している心の満ち足りた落ち着きと融合両立するとも考えられないからである。——しかし第三に、同じ主観においてこのような組合せの二つの症状が交互に現われることもあるはずではないかというのであれば、それはその人間がただの気紛れにすぎないというだけであって、新たに特定の気質が生まれた訳ではまったくない。

それゆえ例えば多血胆汁質というような合成された気質は存在せず(例に挙げた多血胆汁質とは軽薄紳士どもがみな持ちたがる気質であって、というのも自分は紳士としていつもは厳格だが時に寛大でもあると見せ掛けたいからであるが)、気質は全部で四つしかないのであってかつそれぞれが単純であるから、混合された気質を備えた人間からどんな性格の人間が形成されるだろうかなどということは誰にも語りようがないのである。

陽気[12]〔快活な感性〕と軽率〔軽い感性〕、深慮〔深い感性〕と妄想〔錯乱した感性〕、高邁〔高い感性〕と強情〔硬い感性〕、最後に冷静〔冷たい感性〕と愚鈍〔弱い感性〕は単に気質の結果にすぎないのであって、その原因はどの気質であるかという点が異なるのである。[原注]

(原注)　さらにまたあるていどは経験から、またあるていどは臆測された機会原因を持ち出すことによって、気質の違いが公的な職務に及ぼす影響はどんなものか、あるいは逆に公的な職務が(その平常の業務が気質に与える作用によって)気質の違いにどのような影響を及ぼすかがあれこれひねり出されてきた。例えば宗教に関して次のようにいわれる。

胆汁質の人間は　正統派である、
多血質の人間は　無神論者である、
気鬱質の人間は　狂信家である、
粘液質の人間は　無関心派である、と。[13]——

しかしこれはいい加減な判断にすぎず、性格描写と称して四つの気質をねたに奇抜な機知を飛ばすのと何ら変わらないのである(valent, quantum possunt 連中の能力の範囲で、勝手にするがいい)[14]。

## III　心構えとしての性格について

一人の人間について端的に「彼には一つの性格が備わっている[15]」といわれることがあるが、ここには彼に関してきわめて多くのことが語られているだけでなく、またそれらのことがきわめて高く称賛されてもいるのである。と

V 234　W 633　C 184　P 219　A 292

いうのは、このように語られるのは希《まれ》にしかないことであって、こういわれただけで彼に対して尊敬と賛嘆とを呼び起こすからである。

似たようないい方でよく、望ましいことであれそうでないことであれ彼ならこの局面でどう出るかが確実に推測できるようなとき、同時によく「彼にはこのようなあるいはあのような性格が備わっている」と形容句を付けていわれたりするが、この表現は心構えではなくて性分〔気質〕を指している。――これに対して「端的に一つの性格を備えている」といういい方で意味されているのは意志に備わるある性質であって、人間主観が自分自身の理性によって自分に変わることなく命じた一定の実践原理に己れ自身を義務づけるときの、そのように方向づける意志の性質のことである。たとえこうした原則がときに間違っていたり欠陥のあるものだったりするとしても、(蚊の群れに襲われて右往左往するのとは違って)確固とした原則に則って行為するという意欲〔意志〕が持つ形式性には、こういうことはめったに見られないだけに一般に何か尊重するべきもの、賛嘆に値するものさえもが含まれている。

その際に重要なのは、自然が人間から何を形成するかではなく、人間が自分自身から何を形成するかである。というのは、前者は気質に関係することであって(そこでは主観はほぼ全面的に受動的である)、人間に性格が備わっていることを認識させてくれるものは後者の方だけだからである。

性格以外の、人間に備わった有用という意味で良い性質はすべて価格を持つが、それは同程度の有用性を供給する他の性質と交換することができるという意味である。才能のある人間は**市場価格**を持つが、それは君主ないし領主がこうした人間をその時の必要に応じて雇うことができるからである。――気質は**愛好価格**を持つといわれるのは、それなりの気質を持った人間とは気持ちよく会話ができ、つまり彼は社交仲間として感じがいいからである。

C 185　W634　V 235

——しかし——性格は内的な**価値**[原注]を持ち、すべての価格を超越して崇高である。[16]

(原注)　とある社交の場で、教授どもが自分の学部に照らせば他学部の連中はどのていどの格付けになるかいい争っている話に一人の船長が聞き入っていた。この論争に彼は自己流の決着を付けたのだが、それは彼が海の上でこの連中を捕虜にしたと仮定して、アルジェの奴隷市場で競売に掛けた場合、いったい誰がどの位の値段で売れるか、というものであった。その場合神学者と法学者に買い手がつくことはありえない。しかし医者はなにがしか手仕事を心得ているから、現金になる可能性がある。——イングランド国王ジェイムズ一世[17]に乳を含ませたことのある乳母が、彼にどうか自分の息子をジェントルマン(洗練された男性、が原意)に取り立ててくださいませとお願いをした。王の返事はこうだった、「それは私にはできない相談だ。彼を伯爵にするぐらいならたしかにしてあげられるが、しかしジェントルマンとなるとお前の息子が自分自身でならなければならんのじゃないか」。——(犬儒派の)ディオゲネスは(例の『報告』にあるように[18])航海の途中クレタ島付近で海賊に拿捕《だほ》され、奴隷市場で公開の競売に掛けられた。仲買人が彼を台の上に乗せたうえで、「お前には何ができて、得意なものは何か」と尋ねた。「私は統治する術を弁《わきま》えている」と哲学者は答え、続けて「だから貴様は私に君主を必要としている買い手を探してきなさい」といった。この、世にも珍しい人を食った申し出について考え込んでいた一人の商人が、この不思議な取引に手を打って落札したが、それはこの男に自分の息子の教育を委ね、この男が望むような人間に息子を仕立ててもらうためであったが、その後数年間アジアで商売を営んだのち帰ってみると、以前はわがまま勝手だった息子を、技を身につけ、礼儀を弁えた、有徳な人間に改造して返してもらったのであった。——これら三つの例で分かるように、人間の価値についてその等級を査定することはおおよそ可能なのである。

## 人間に一つの性格が備わっているかいないかから直ちに帰結する諸性質について

(一)　(習俗〔人倫〕的な事柄に関しての)追随者には性格がない。というのは、心構えの独自性にこそ性格の本質

P 220　V 236　A 293　W635

があるからである。性格はその人間自身によって掘り当てられた、彼の振る舞いの泉から湧き出るのである。だからといって〔性格を備えた〕理性的な人間が特別に変わった人だという訳ではない。実際彼はけっして変人になるはずがないのであって、それは理性的な人間が立脚している原理は万人に妥当するものだからである。変人というい い方が当っているとすれば、それは性格を備えた人間の猿真似をしている人間のことであろう。気質に由来する温和さは水彩画のようなもので、そこには全然性格を照らしだす筆致が見られない。ところで漫画となると〔特定の人物の〕性格が特徴的な筆致で描かれたりするが、これは真の性格を備えた人間に浴びせられた冒瀆的な嘲笑であって、なぜなら、彼はいつのまにか慣習として公然化した(時流となった)悪に染まらないでいるという理由で変人として描かれているからである。

(二)　気質的な素質としての性根《しょうね》が悪いのは顰蹙だといっても、同じく気質に由来する素質的な善良さが性格を欠いている場合に比べれば、まだましである。というのは、性根の悪さは性格によって凌駕することが可能だからである。——たとえ(スラ[19]のような)性格が悪い人間であって、彼の強固な格率からくる暴虐が人々に憤怒を呼ぶ場合でさえも、同時に彼は賛嘆の対象ともなるのであって、それは一般化していえば善良な魂と対比された強靭な魂に当たるのであるが、そうはいっても、現実にありうるものというよりも理想というべきものを体現するためには、つまり文句なしに偉大な魂という尊称で呼ばれうるためには、善良な魂と強靭な魂とが人間主観のうちで合流して一つになっていなくてはいけないことはいうまでもない[20]。

(三)　いったん心に決めた計画に対して不《ふ》撓《とう》不《ふ》屈《くつ》な志を抱き続けることは(例えばカール一二世[21]のような)、たしかに性格形成にはたいへん好都合な自然素質であるが、しかしいまだ確たる性格とはとうていいえない。というのは確たる性格には理性に由来する、つまり道徳的＝実践的な諸原理から導かれる格率が要求されるからである。だから、これこれの人間に見られる悪意は彼の性格から来る一つの性質である、というもののいい方ができるとは思われない。仮にそういえるとすれば、その悪意は悪魔的なものとなるからである。しかし人間は自分の内面において悪に同意することはけっしてないのであって、それゆえ原則に基づいた悪意というものは本来存在せず、存在するのは原則を放棄したところから結果する悪意だけである。(22)――

*　*　*

そういう訳だから、性格に密接に関係する原則を列挙するとすれば、否定形で表現するのが一番である。それは次の通り。

a　故意に本当でないことをしゃべらないこと。それからまた、いったんいったことをあとで撤回するという恥を掻かないために、慎重に話すこと。

b　腹の中では憎らしいと思っているのに当人の前では好感を抱いているようなふりをする、といった偽善的な態度を取らないこと。

c　(いったん同意した)約束は破らないこと(23)。またこれと関連して、友情がもはや潰《つい》えていてもその友情の思い出は大事にすること。さらに、以前に人から得た信頼と懇意をあとになって悪用しないこと。

d　根性の曲がった人間どもとは趣味仲間としては関わり合わないこと。そして「noscitur ex socio... それは仲間から分かる、云々(24)」という諺を肝に銘じて、そうした連中とはただ仕事の上での付き合いに限ること。

e　誰か他人の、浅はかで陰険な言辞に発した陰口を気にしないこと。というのは、気にすること自体がすでにこちらに弱みのあることの証拠と取られるからである。これはちょうど、儚《はかな》くも目まぐるしく変転するものの代表である流行というものに遅れていないだろうかと心配するのもほどほどにした方がいいというのと同じであって、すでに流行があるていど無視できない影響力を持ってしまっている場合でも、少なくともその外圧を道徳性の上に及ぼさないようにすること。[25]

人間が自分の心構えのうちに一つの性格を備えていることを自覚している場合、その性格は自然に身についたというのでなく、そのつど[26]獲得されたものであるに違いない。するとまた、性格のこうした創設はある種の再生に準《なぞら》えることができ、人間が自分自身に誓いを立てるに当っての一定の儀式であって、それによってこの誓いは、つまり彼の内面に生じたこうした生まれ変わりの瞬間は、まるで新しい時代の始まりであるかのように自分にとって忘れがたいものとなってくれる、と仮定することも可能である。[27]――このように原則をしっかりと辛抱強く貫き通す態度が、躾《しつ》け、先例、教育によって徐々に身に付いてくるということはおよそまったくありえない話であって、それはいわば、本能に翻弄されて右往左往する状態にうんざりしたところに突然訪れる炸裂によってしか出現することができない。三〇歳前にこうした革命を試みた人間はおそらくごく少数にすぎないだろうし、四〇歳前にその革命をしっかりと創設し終わった者はもっと少数であろう。――一歩一歩より善い人間に成長していこうとするのは、無駄な試みである。というのは、次の新しい一歩に取り掛かっているうちに前の一歩が消えてしまうからである。逆に性格の創設は、生き方全般に関わる内的原理を絶対的に統一することを意味する。――たしかに世間では詩人たちについて、彼らは例えば気の効いた詩の一節を破棄するぐらいならむしろ最良の友に対してすら侮辱を加えることも辞さないというほどの〔確固とした〕性格を一かけらも持ち合わせていない、などといわれている。あるいは、すべての形式に通暁しながら身を処していかねばならない宮廷人たちに性格が見いだされることは端《はな》からありえない、とか、また天国の支配者〔神〕と同時に地上の支配者にもまた同じような一本調子で取り入る聖職者の場合、しっかりと性格を貫くことははなはだ疑わしいことになって、それゆえ内的な（道徳的な）性格を備えることはせいぜい信仰による一つの願いごとにすぎないであろうし、またずっと願いごとのままで終わるであろう、などといわれる。[28] しかしおそらくこの点では哲学者たちにも責任があることは確かであって、それは哲学者が性格という概念を分析したうえで十分明晰に解明したことが未だ一度もなく、また徳をただ断片的に語るだけで、徳に興味が持てるようにその美しい姿を全体としてあらゆる人間に生き生きと語ろうと試みたことがこれまでけっしてなかったからである。[29]

一言でいうと、自分自身に向かって内面的な告白をするときであっても、また誰か他人に対して何らかの振る舞いをするときにも、誠実さを自分の最上の格率とすること、これがある人間に一つの性格が備わっていることを当人の意識のうえで証明する唯一の試金石である。そして、性格を備えることは理性的な人間に要求することのできる最小限度〔必要条件〕であると同時に、また内的価値（人間の尊厳[30]）の最大限度〔十分条件〕でもあるから、原則に立った人間であること（一つの確固とした性格を備えること）はごく普通の人間理性にとっても可能であるに違いなく、それゆえそのような人は〔性格を欠いた〕最も偉大な才人よりも尊厳という点で間違いなく優《まさ》っている。

## 人相術について

これは人間の目に見える姿形から、つまり外面から、人間の性分〔気質〕であれ心構えであれ内面を判定する術である。[31]——この場合病的な状態ではなく健康な状態で、また心が何らか不安定なときでなく落ち着いているときに判定される。——いうまでもなくこうした意図で判定している際に、自分が観察され内面を探られていることに気づくと心は穏やかではいられなくなり、何か束縛を受けているような感じがして内的に動揺した状態となり、さらには自分が他人による品定めの目に曝《さら》されていると分かって、不機嫌な気分にさえなるのである。[32]

仮に時計の側《がわ》が見目《みめ》のいいものであったとしても、だからといって中味も優れていると確実に判断できるとは限らない(とさる有名な時計師がいっていた)。しかし側の仕上げがぞんざいである場合、同様に中味もそれほど立派なものではあるまいとあるていど確実に推測することができる。というのはまさか工芸職人が、本体は念入りに出来栄《ば》えよく仕上げたのに、ほとんど手間の掛からない外見の方を手抜きしてみすみす本体の評価を下げる、などということはしないだろうからである。——しかしここでさらに、人間である工芸職人から人間にはまったく探求する手掛かりすらない自然の創造者を類推して、ひょっとすると彼は、自分が直接創造した人間[33]に他の人間たちに混っても際立つほどの好印象を与え、それでもって彼が繁栄するようにという意図で、善良な魂は美しい肉体に宿るよう配慮したのであろうとか、あるいはまた逆に、ある人間がその外貌によって他人から怖気《おじけ》づかれるように仕向けた(「奴は黒いから悪魔だぞ、ローマの市民よ気を付けろ[34] hic niger est, hunc tu Romane caveto.」という具合に)のであろう、などと推測することは馬鹿げている。というのは、趣味には(お互いそれぞれ美しいか醜いかのでいどに応じて)ある人が別の人間に好感を抱くかそれとも不快感を抱くかといった単なる主観的な理由が混じっており、他方創造者の知恵は一定の自然な特質を伴った美と醜が現実に存在することを[35]客観的に目的としており(ただしこの目的がどんなものであるかはわれわれにはけっして洞察することができない)、したがって前者の主観的な趣味が後者の客観的な知恵に対して規範として役立ち、その結果これら二つの異種的なもの[36]が人間において一つの同じ目的のうちに統一されていると仮定することが許される、などということはありえないからである。

## 人相術への自然の誘《いざな》いについて

われわれはこれから自分の腹のうちを明かそうとする相手の人間についてたとえ事前にきわめて人物が立派であると太鼓判を押されていようとも、その前に相手の顔、とりわけ目を窺《うかが》って、どのていど彼を信頼してもいいか見究めようとするが、これは自然な衝動であって、われわれがさらに彼の行状を知るまでは、彼の表情に見られる何か反感を呼ぶものもしくは何か惹きつけるものを判断材料にして、われわれは打ち明けることに決めたり躊躇したりするのであって、したがって人相による性格診断なるものは争う余地なく存在するのだが、しかしこれがけっして科学となりえないのは、見られている人間の容貌がその人の何らかの傾向性とか能力を示唆するといっても、その容貌の特徴を了解することが可能となるのは概念に従った記述によってではなく、観察による叙述によってないしはその特徴を模倣した描写を通してでしかないからである。こうした場合一般に人間の容貌は種々の類型に照らして診断に委ねられるが、一つ一つの類型に対応して人間の内面に潜む特定の内的な性質が示唆されるのだといわれる。

バプティスタ・ポルタ[37]による人間の頭部の漫画風のスケッチは動物の頭部を描いたものであるが、それは相似の原理に従って何らかの性格を示すヒトの容貌と対応させながら動物の頭部を模写し、そこから両者の気性の類似性を推測するのだと称されていたが、とっくに忘れられてしまったし、ラーヴァター[38]によってこの種の趣味が広範に普及したのは、その影絵がめずらしいといってしばらくのあいだどこでも人気を呼び、商品としても安く手に入るようになったからだったが、しかしこれも近ごろはすっかり忘れられてしまった。――そのあとはといえば、おそらく(フォン・アルヘンホルツ氏の[39])こっそり顔に皺を寄せて誰かの顔を真似してみると、その真似た顔がまた同時に相手の人間の性格に通じたある種の考えとか感覚を呼び起こすのだという、ちょっと眉唾《まゆつば》っぽい所見以外には何も残ってはおらず、――それゆえ、何気なく外面に表れた何らかの徴候を手掛かりにして人間の内面を探り当てる術としては、人相術にはすっかりお呼びが掛からなくなってしまい、人相術に関してまだ残っている役割としては、趣味を洗練する術としての役割以外になく、それも事物についての趣味というのではなく、習俗、習慣、風習に関わる趣味を磨く術のことであって、人間づき合いや人間知一般にひょっとして役に立たないとも限らないといったていどの批評〔人相判断〕が少しでも人間知の足しになれば儲けもの、といった具合である。

## 人相術の分類

㈠目鼻の形、㈡面貌、㈢癖になった顔の表情(顔癖)に見られる性格的なものについて

### A　目鼻の形について

古代ギリシアの芸術家たちが(神々や半神たちを象《かたど》る際に)また目鼻の形についても理想を頭に置いていたということは、注目に値する。それは――彫像の場合であれカメオないしインタリョ[40]の場合であれ――挑発的な魅惑を強

調することなく永遠の青春を表現し、それによって同時にどんな興奮にも囚われることのない静寂さを表現しなければならない、という理想であった。――ギリシア風の垂直な横顔はわれわれの(魅惑を狙った)趣味からする位置よりも目が深く引っ込んでいるし、メディチ家風のヴィーナスでさえもわれわれの趣味に合わない。――その原因は、理想とは一定不変の規範であるはずなのに、額《ひたい》の線とある角度をなして顔から突き出ている鼻が(その際角度が大きいか小さいかはともかくとして)、いやしくも規範といわれるのであれば備えているはずの、形像における定まった規則をまったく示していない、というところにあるのかもしれない。――しかも近ごろのギリシア人を見ると、顔以外の体つきからすれば美しい姿をしているにもかかわらず、顔は、芸術作品の典型とはどういうものであるべきかに関する古代ギリシアの理想性を後代に伝えているように見えるあの横顔がもつ厳格な垂直線をなしていないのである。――右のような神話めいたお手本に従うならば、目は現代人とは対照的に比較的奥まって位置しなければならず、その結果鼻の付け根のところが少し陰になってしまうはずだ。ところがいまは反対に、現代人の美しいといわれる顔のなかでも一段と美しいとされるのは、鼻が額の線から少しせり出しているような(鼻の付け根のところが少しだけ湾曲する感じの)顔なのである。

仮に現実の人間についてあるがままに観察し、それを素直に受けとめるならば分かることであるが、目鼻立ちに一分の隙もなく端然と均整が取れている場合には、一般にその持ち主が精神を欠いた極めて平凡な人間であることを暗示している。中庸は美の規準であり基礎とはいえるがしかし美そのものにはほど遠いと思われのは、美そのものには何か性格的なものが不可欠だからである。――ところが(逆は必ずしも真ならずであって)、美とは縁のない顔にも性格的なものを認めることができ、そういう顔の場合には美以外の(おそらく道徳的なもしくはいわくいいがたい）観点からではあるが、その表情が当人に味方して大いに物をいうのだ。つまりある人の顔について額、鼻、顎、髪の色、等々とあちこち粗さがしをすることができるとしても、しかし均整が完璧な場合は通例性格が欠けていることが多いから、人格の個性からするとそうした場合よりもいまいった整っていない顔の方がいっそう人々に好感を持たれることがある、ということを認めざるをえないのである。

それにしても他人の顔を醜いといって非難するのは、悪徳によって堕落した心が人相に表情となって表れているときとか、あるいは悪徳に向かう自然な、だがこの場合は不幸なというべき性向が読み取れるといった場合以外には、すべきでない。いま述べた例としては、自分が話し終えたところで例えば陰険な含み笑いを浮かべるとか、あるいは優しい目付きで場を和ませることもなく自分のいったことにつべこべ文句をいわせないぞといわんばかりに、厚かましく相手を睨みつけるといった、ある種の癖が顔に出る場合である。――（フランス人のいい方を真似れば）鬼面人を驚かす rebarbaratif[41] 顔をしていて、こういう人が現われると子供たちも一目散にさっさと布団に潜りこんでしまうといわれる人たちがいるかと思うと、天然痘にやられて奇っ怪な面容になってしまった人たち、あるいはオランダ人が出来損ない wanschapenes と呼ぶような（あたかも錯乱状態か夢のなかでしか思い描けないような）顔をしている人たちがいるが、しかしこういう人たちの中には同時にたいへん気立てが優しいうえに自分自身の顔について冗談まで飛ばすほどに快活な人々が存在する。だから、たとえある貴婦人がこういう顔つきの人たちを話題にして（例えばフランス学士院会員のペリッソンについて）「あの方は、醜くても構わないという、男性にしか許されていない特権を乱用しすぎでいらっしゃいますわ[42]」などといっても彼らが気を悪くしたりしないのは確かだが、それでも彼らの顔のことを醜いと口にしてはならない。顔のこと以上にもっとひどくて愚かなのは、当然礼節を弁えているだろうと期待してもよさそうな人物が、障害を負っている人のことをその身体上の欠陥について、しかもこうした欠陥がかえって当人の精神的な美点をますます高める方向に働くことがしばしば見られるというのに、下層民と同じように口汚く罵るという場合である。こういうことが幼い頃に不慮の災難に遭った人々に向かっていわれると(「おい、盲」とか「やい、ちんばのワンころ」といって)彼らを本当にひねくれ者にしてしまうし、また自分は五体満足の分彼らより勝れているのだと自分で思っている健常者に対して、次第次第に彼らは恨みを抱くようになるのである。

その他に、国内で出会う外国人の見慣れない顔は、自分の国から一歩も外へ出たことのない国民からは通常は嘲笑の対象とされる。例えば日本の幼い子供たちは、日本で商売をしているオランダ人たちの後を追い掛けながら、「わーい、でか目だ、でか目だ」と騒ぎたてるし、中国人にとってはヨーロッパから自分の国にやってくる人間に多く見られる赤毛は敵意のある色と映り、またその青い目は滑稽に見えるという。

頭の骨そのもの、つまり顔の格好の基礎をなしている頭蓋骨の形に関していえば、例えば黒人、カルムイク人、南太平洋に住むインディアン[43]、等々の頭蓋骨の形状についてカンペルとかとりわけブルーメンバッハによって記述されているが[44]、こうした所見はどちらかといえば実用的人間学よりも自然地理学の領分である[45]。ただしヨーロッパ人を含めて男性の額は平たいのに対して女性の額は少し丸みを帯びる傾向が認められるといった所見は、二つの科学の中間に位置するといえよう[46]。

鼻の上に瘤があるのは皮肉屋の目印なのだろうか、とか——中国人は下顎が上顎より少し出ているといわれるが、こうした顔の形の特性から彼らが頑固であることが分かるのかどうか、あるいはアメリカ・インディアンの顔で目に着くところは額の両側にまで髪の毛が密生している点であるが、これは天性の精神薄弱を示す証拠であろうか、等々は当てにならない解釈をいくらでも許す単なる臆断にすぎない。

## B　面貌に見られる性格的なものについて

男の場合、顔が皮膚の色とか天然痘の瘡痕《きずあと》のせいで、醜男《ぶおとこ》であったり破壊されてしまっていたりしても、それで不利になるかと思うとそうでもなく、女性の目から見てさえも不利にはならない。というのは、目に優しさをたたえ、同時に泰然自若として、自分の力量に自信のある毅然とした様子が眼差しに漲《みなぎ》っているならば、彼はいつでも人から好かれ愛される存在でありうるし、まただいたいはそのような場合が多い。――こうした男たちはからかいの的とされその愛すべき特徴を(per antiphrasin 語意の反用によって)冗談の種とされるので、そのような男を夫に持った妻はそれを自慢することさえ可能である。こうした顔が漫画の対象となりえないのは、漫画は興奮した顔をさらに故意に誇張して描いたものであって(戯画化)、嘲笑するためのでっちあげでありふざけた形態模写と同種のものだからである。むしろ前者のような顔は自然のうちに分布する多様性の一つと受けとめなければならないのであって、けっして〈鬼瓦〉などという名称で呼ぶべきものでなく(本当にいたらこわい)、いい男とはいえなくてもそこから愛が芽生えることだってありうるし、顔立ちが整っていなくてもさりとて醜いともいえないのだ。(原注)

(原注)　ロンドンで指揮者として活躍したドイツ人のハイデガー(47)は奇っ怪な面貌の持ち主であったが、しかしまた快活で機転の効く男であったので、上流階級の人々も社交の席で彼を交えて会話をするのが楽しみだった。――あるときポンス(48)を飲む集いで彼はふと思いついて、さる上院議員に「ロンドンで一番醜い顔をしているのは、私です」と主張してみた。すると卿

はじっと考え込んだ末に、「では私が貴殿よりもっと醜い顔をご覧に入れて見せましょう」と賭けを持ち出し、〔使いを走らせて〕アル中の女を一人呼んでこさせたところ、彼女を一目見るなり社交の席全体からどっと笑いが起こり、こぞって「ハイデガーさん、あなたの負けですね！」といった。――彼は「そうと決めつけるのは早計でしょう」と答え、「というのはですね、まずは彼女に私のかつらを被ってもらい、私は彼女のとんがり帽子を被ることにして、それから判定してみて下さったらいかがでしょう」といった。実際にこれをやってみたところ、皆息が詰まるほどに笑いこけたのだが、というのも女の方はまったく礼儀正しい紳士に見えたのに、男の方はまるで魔女そっくりだったからだ。この逸話から分かるように、誰か女の人のことを絶世の美女だとか、そこまででなくても十人並みにかわいいというときは、いきなりではなく常にちょっとでも見比べてから判断する必要があるし、また男の場合でも、美男子といえないことは確かであっても、だからといってけっして醜いといってはならないのである。(49)――ただし顔にぎょっとするような奇形が見られる場合には、醜い〔見にくい〕といういい方にも一理あるであろう。(50)

## C　顔癖から読み取れる性格的なものについて

人間の性格の特徴は、その人にどんな種類の興奮に陥る性向が見られるかで分かるが、多少とも興奮が強い場合、それは顔面に動きを引き起こすのであって、こうした動きを伴った面貌が顔癖である。何か興奮したときにそれを全然顔癖として表に出さないというのは難しい。どんな興奮もたとえ我慢して抑えつけようとしても自ずと身振りとか語気に洩れ出てしまうものであり、さらには自分の興奮を制御するのが苦手な人の場合、顔癖の動きによって(彼の理性の思いとは裏腹に)、彼が何とか隠し通して人の目に悟られまいと願っている内面が暴かれてしまう。だが世のなかには内面を隠す技術の名人という人間がいるもので、いったんそうした技術を判読してみれば、彼らは信頼のうえに商談を進める相手としては必ずしも最適の人間とは見なされない。とり

A301 C194

わけそうした人間が、自分のやっていることとはあべこべの顔癖をしてみせる術に長《た》けている場合にはそういえる。

この連中の場合には意図的に誤魔化しているが、普通は意識しないまま内面を洩らしてしまうことが多く、そうした多種多様な顔癖を解読するこつから始めて〔人間の性格について〕あれこれと蘊蓄《うんちく》を傾けることも可能なのだが、ここではそのうちの一つに触れるにとどめたい。――誰かが普段は目を逸らしたりしないのに、何かを語っているP231 あいだ、まず自分の鼻の頭を見詰め、それから目を横に逸らしたら、その場合彼が騙《かた》っているのは間違いない。――しかしいうまでもなく、斜視の人の虚弱な視力状態をこれと同類と見なしてはならないのであって、それは彼にはこうした悪徳から完全に身を離すことが〔道徳意志によって〕できるからである。[51]

このほかにも事前の取り決めなしにごく自然に成立した挙動がいろいろと存在するのであって、これによってあらゆる種族のどんな風土に住む人間でも互いに了解し合っている。例として、うなずく(肯定するとき)、頭を横に振る(否定するとき)、頭を後に反らせる(得意がるとき)、頭をかしげる(納得しないとき)、鼻に皺を寄せる(嘲るとき)、冷ややかに笑う(にやにや笑い)、冴えない顔をする(要求を断るとき)、眉間に皺を寄せる(不機嫌なとき)、口をパクパクさせる(ふん!)、こちらに来るようにあるいは向こうに行くように手で合図する、手を頭上にかかげて拍手する(驚嘆して)、こぶしを握る(威嚇するとき)、おじぎをする、口外しないように命じるために唇に指を当てる(compescere labella 唇を制する)、舌をちぇっと鳴らす、等々。

## 他愛のない余談の数々

V248 W646

心の機微に思わず知らず伴ってしまう顔癖が何度も繰り返されるうちに、次第にそれは顔にこびりついた面貌となるのだが、しかしこれは持ち主が死ぬと消える。それゆえラーヴァターが述べている通り、生存中は当人が悪人であることを洩らしていたおっかない顔つきも、死ぬといわば改心するかのように消えるのであるが(手遅れだ)、それはこの時には筋肉がすべて弛んでいるから、あたかも純真無垢の静寂の表情だけが残ったかのようになるからである。——筋肉が弛むといえば、青年期までは誘惑に負けないで過ごしてきた男が後年放蕩生活に走り、それでどこといって体に悪いところはないのに顔がすっかり変わってしまい、顔からは本人の本来の資質を推し量ることなど無理な相談となる、ということもありうる。

また、洗練された顔とは対照的な、垢抜けしない顔が云々されることがある。しかし洗練された顔というものが意味しているのは、目上の者に巧みに取り入る宮廷風の物腰を加味した自作自演の勿体振り以外の何物でもなく、この勿体振りがはびこるのは、人間が互いに互いを牽制し合ううちに角が取れ不作法がなくなっていく大都会だけである。だから田舎に生まれそこで叩き上げられた官僚が都会での人目を牽く官職に栄進して家族ともども上京した場合とか、あるいは位階からいえばそうした官職につく資格を得ただけの場合であっても、物腰のみならず顔の表情にも何かしら垢抜けしないところが伺えるものである。というのは、彼らは田舎で仕事をしているかぎりほとんどもっぱら部下とばかり付き合っている関係で遠慮など少しも感じたことがなかったので、顔の筋肉にしなやかさが加味される暇がなく、それで目上、目下、同格といったあらゆる人間関係上の局面ごとに付き合う相手にふさわしい、つまりそれぞれの付き合い方と密着した気取った雰囲気に相応しい顔癖の動きを洗練させる暇がなかったからであるが、そうした顔の動きこそが自分の品位を傷つけることなく社交界に手厚く迎え入れてもらうためには必須とされるものなのだ。これとは対照的に、都会風の物腰を教え込まれた人間の場合は、先の田舎出身の男と同じ位階にあっても都会育ちという点で相手より一種優越していることを自覚しているから、長年の習慣によってそういう意識が身にしみ込んでしまった果てに、この優越感が顔に刻み込まれて彼のトレードマークとなるのである。

支配力の絶大な宗教やカルト集団の場合信仰心の篤い信者が長い期間にわたって機械的な祈禱を規律として教え込まれ、いわば祈る機械に凝固してしまうと、彼らを人相からさえも際立たせるようなお国柄がその宗派の勢力範囲内で一つの国民全体のなかに持ち込まれることがある。例えばFr・ニコライ氏は、〔ドイツ国民のなかでも〕バイエルン公国の人々は宿命を受容し祝福を授かった顔つきをしている、と語っている(52)。これとは反対にすでに古代イングランド時代からジョン・ブルども〔イギリス人のこと〕は、外国であろうが逆に自分の国を訪れた外国人に対してであろうが、どこにいても尊大で通すという自由を自分の顔にぶらさげている。それゆえ、必ずしも生まれたときから当てはまるとはいえないとしても、国民別人相術なるものも存在するのである。——法律に基づいた懲罰を受けるために収容された人々から構成される社会〔刑務所〕の内にも、性格を示すようないくつかの目立った特徴が見られるという。腕のいい医者で旅好きのドイツ人が(53)、アムステルダムのラスフュイス刑務所、パリ近郊のビセートル刑務所、ロンドンのニューゲイト刑務所に収容されている囚人たちについて、彼らは大部分骨太くて、自分が人より上だという優越感を剝出しにした連中だったと報告している。しかし彼らについて舞台俳優のクイン(54)の口を借りて「もしこの男が悪人でないとしたら、創造主は〔世界を創造なさったときに〕読みとりやすい筆跡でお書きにならなかったことになる」などというとしたら、誰からも同意してもらえないだろう。というのは、こんな乱暴な難詰が許されるためには、自然が単に人間に多様な気質を生み出すだけの目的で囚人たちを造形するにあたってその仕立て方をどのようにからかい楽しむか、その際自然は道徳を促進するために何をして何をしないか、といった自然の戯れを判読する能力を必要とするであろうが、こうした能力を所有していると自惚れることは死を宿命づけられた人間には誰にも許されていないからである。

## B　男女の性格[55]

大きな力を必要とする他の機械と比べて、同程度の仕事を小さい力でこなさなければならない機械があるとすれば、それはどんなものであれ何かしらそれ相当の**からくり**〔技術〕が施されているにちがいない。とすればここで早くも、自然は女性よりも男性の方に大きな力を割り当てたのであるから、逆に男性よりも女性の側の身体器官のうちにいっそう多くのからくりが施されており、それは自然の配慮によるものだったのであろう、と推察することができるが[56]、それは、男女両性が肉体的にこれ以上ありえないほど親密に結合しつつ、しかし人間は理性的な生物でもあるから、両性が共同して自然にとって最重要な目的すなわち〔人類という〕種の保存のために力を合わせる[57]、という狙いからであったであろうし、さらには(人間は理性的といってもやはり動物なのだから)自然は両性の肉体的な素質のうちに社会的な傾向性を植えつけておいて、男女の性的な共同生活が家族的な絆のうちで永続的に営まれるように配慮したからであろう、と推察される。

一組の伴侶が仲睦まじくずっと別れないでいるには、二人の男女が出会って互いに惹かれあうというだけでは十分でない。相手を支配ないし統握することが可能となるためには、一方が他方に服従しつつも、逆に何らかの意味で相手に対して優位に立っていたに違いなかった。というのは、互いに相手なしでは暮らしていけない二人が、それぞれの自愛に基づいて対等に我を張り合ったら、仲違いが生じるにきまっているからである。相手に対して優位に立つといっても、いまだ未開な状態では優位は男の側にだけしか存在しなかったのとは対照的に、文化が進歩するにしたがってその形は男女のあいだで分化してきたに違いなく、男は身体的な能力と勇気とによって女に対して優位を保ち、反対に女は、自分たちに惚れやすいという男の傾向性を手玉に取るという女性特有の天性によって男に対して優位に立つのである。——だから人間学の分野では、男性の特質よりも女性特有の本性の方が、哲学者にとっては研究対象として興味深い。すなわち、野卑な自然状態では女性の本性は野生の林檎や梨と同じくほとんど伺い知ることができないのであって、それが秘めているいろいろな味わいや性質は接ぎ穂したり接ぎ木してやることによってようやく現われてくるのである。というのは、こうした女性に特有な素質は文化が種を播くものではなく、かえって文化は自ずと開花するよう誘発するだけであって、するとこの素質はちやほやされる境遇の下に置かれてだんだんとその本性を顕わにしてくるものなのだからである。

　弱き者、汝の名は女なり。男たちは女の弱さを冗談の種にするし愚か者は馬鹿にしたりするが、理性ある者にはこの弱さこそ男らしさを操る梃子《てこ》であって、これによって男らしさを女の意図通りに利用するのだということがちゃんと解っている。夫の秘密は簡単にばれるが、妻の方はたとえよその人妻の秘密だと(お喋りのせいで)なかなか守り通せないにしても、自分の秘密は洩らさない[58]。夫はひたすら自分の仕事の領分さえ邪魔されなければという願いから、家庭内平和を愛し易々と妻の統治に服するのに対して、妻は家庭内戦争を避けるどころか、舌を武器にして夫に戦いを挑むのだが、自然はこの目的のために女にお喋り癖と興奮症的能弁とを授けたので、夫としては降参する他に手がない。夫は外部の敵から家を守る義務があることを口実にして、家のなかでは命令権があるのだという、相対的に強い者の権利のうえにあぐらをかいている。他方妻は男性たる夫によって他の野郎どもから身を守ってもらうという、相対的に弱い者の権利に安住したうえで、しかも夫に寛大な心が足りないといって涙を武器としてヒステリックになじるので、やっぱり夫は防御不能に陥るのである。

野卑な自然状態ではもちろん話は別である。そこでは女は一種の家畜である。夫は武器を手に先頭を歩き、女は家具一式を荷に担いで夫の後についていく。だが野蛮なりに一夫多妻制が市民法で法的に認められている社会体制であれば、そこにおいてさえも一夫多妻の畜舎（ハーレムと呼ばれている）のなかで最も可愛がられている女は〔文化状態と同様に〕夫に支配権を揮う術を飲み込んでおり、夫は（彼を支配するべき）ナンバー・ワンを巡る妻たちの諍《いさか》いに手を焼いて、ほんの束の間ほっとしていられる暇《いとま》さえも見つけられないほどである。

市民法が確立している社会では女性は結婚していなければ男性の欲望に身を任せはしないのであって、それも文明が進歩して女性が自由に浮気（夫以外の、それも複数の男性を公然と愛人にすること）を楽しむまでに未だなっておらず、妻が外に男をこしらえて自分の顔に泥を塗るような真似をしようものなら、夫は彼女に情け容赦なく体罰を加えるといった、そうした一夫一婦制の結婚制度の下ではとくにそうである。[原注] だが妻の自由な浮気が当たり前の風潮となり、夫の嫉妬など笑い話の種にしかならなくなった暁には（いずれ時代が華美に流れれば、そうならずには済まないだろう）、女性の性格が自ずと暴露されて、複数の男に色目を使う自由を主張しだすだろうし、さらに昂じて、全男性を征服してみたいわ、などといい出すであろう。[59] ――こうした傾向性は、たとえ世間では尻軽女という名で呼ばれて評判が芳《かんば》しくないとしても、正当化される現実的な理由がないではない。というのは、人妻といってもまだうら若い女性の場合、〔夫とは親子ほどの年齢差があるので〕いつでも未亡人になる危険に曝されており、

P 235　V 252 W650　C 198　P 236　A 305

それで彼女としてはお金や地位からいって再婚相手にふさわしいと思われる男性には片端から自分の魅力を振りまくのであって、それは近い将来本当に未亡人になったとき次の夫の候補者に不足することのないように、という計算があるからである。[60]

（原注）　ロシアの古くからのいい伝えに、妻としてはときおり夫から散々殴られないようだと、外で幾人もの女たちと浮気しているかもしれないと夫に疑いを掛けたものだ、というのがあるが、これは誇張した作り話と受け取られるのが普通である。[61] A304 C197 P235
しかしクックの航海記に次のような話が載っている。[62] タヒチ島の原住民の男が妻を殴っているところを目撃したイギリスの水夫が、騎士道精神を発揮しようとして肩をそびやかしながらこの男に突き進んでいった。するとその妻が即座にイギリス人の方に振り向いてこういった、「お前さんに何の関係があるの？　これは夫の義務なのよ！」と。―― ――これとちょう C198
ど逆のことが、人妻[63]がこれ見よがしに浮気に励んでいるのにもはや夫の方はどこ吹く風と気に掛けようとせず、そのかわり仲間と一緒にポンスと賭けごとに夢中になるとかよそでの情事で埋合わせをしている場合にいえるのであって、この場合は蔑みに加えて憎悪までも〔男から〕女の側に移ってしまうが、それは夫のそうした反応から、夫がもう自分には女としての価値をまったく認めておらず、自分の妻を他の男たちに任せ、連中が同じ骨をしゃぶるのを平然と見過ごしているのが明らかだからである。

ポープが信じるところによれば、女性は（もちろん文化が進歩した段階の女性のことであるが）二つの事柄、つまり支配したいという傾向性と、愉快に過ごしたいという傾向性によって特徴づけることができる。[64] ――ただしその A305 P236 V253
場合心得ておかなければならないのは、後者は一家団欒のことではなく公けの場で愉快に過ごすという意味であって、そういう場面は能力的に見て女性の得意とするところであり女性の独壇場となる、ということだ。するとまた W651
第二の傾向性は第一の傾向性に還元されるのであって、つまり甲斐甲斐しさの点で競争相手に引けを取ることなく、趣味と愛嬌の点で何とかして競争相手に勝ちたい、ということなのである。―― ――しかしまた第一に掲げた傾向性は傾向性一般ともいえるから、これまた人類の片方〔女性〕がもう片方〔男性〕にどういう態度で接するかという点で女性を一般的に性格づけるには役立たない。というのは、自分に優越感を覚えさせてくれるものを身につけたいという傾向性、したがってまた自分に許されるかぎり他人を支配したいという傾向性は、男女を問わず人間に共通だからである。だから上の第一の傾向性によっては、女性は性格づけられない。――むしろ女性が同性とのあいだでは絶え間なく反目しあいながら、対照的に男とは心底仲よくいちゃいちゃするという点を女性の性格として挙げることができるように思われるが、それにしても、男の寵愛と献身を巡って女同士が互いに他の女よりも優位に立とうと張り合うのは、単なる自然な成り行きとはいえないのである。[65] ともあれ結局、支配したいという傾向性が C199 本当の目標であって、対して公けの場で愉快に過ごすことは、女性の魅力の発揮される場所を拡張するという役割を担っており、つまり前者の傾向性を成功に導くための単なる手段なのである。

女性の性格を特徴づける際の原理としては、人間が自から立てる目的ではなく、女性を設けたときの自然の目的 P237 だったものを用いるべきであって、それではじめて女性の性格づけが可能となる。この自然の目的は人間の愚かさを手段としているとはいえ、しかしそれ自身は自然の意図に照らせば賢いものであるに違いなく、だからこうした女性の目的を推定してみたとき、[66] それは同時に女性の性格づけに際しての原理を設定するのにそのまま生かすことができるのであって、結局その原理は人間が任意に選択できるものでなく、人類という種属についての、人間よりも高次の意図に遡るものなのである。A306 推定される女性の目的は、㈠種を保存する、㈡女性が社会に文化をもたらし社会を洗練する、の二つである。

I　自然が女性の胎内に自分の最も貴重な担保を、つまり人類が繁栄し不滅であるようにと胎児という形にして V254 W652

種《しゅ》を委ねたとき、自然はいわば人類の保存を気遣いながら、女性の本性のなかに自分のそうした気遣いを、身体的な棄損に対する恐怖とそのような危険に対する臆病という形で植えつけておいたのである。だからこうしたか弱さを理由に、女性が男性に自分の保護を命じることは、理に叶っている。

Ⅱ　また自然は人類に、文化状態に適したいっそう繊細な感覚を、つまり礼儀作法を守りながら人間関係を円滑に進めるという感覚をもたらしたいと望んだので、女性を男性の支配者としたのであるが、その際ものをいうのが女性の淑《しと》やかさと会話や顔の表情による能弁であり、また自然は女性を早いうちから小利口に仕立てて男どもに対して彼女らを優しく丁重に扱うよう求めたのであるが、その結果男性は気がついたら、男に元々備わった寛大な心を逆手に取られて、子供の頃から目に見えない鎖でがんじがらめにされてしまっており、それによって必ずしも道徳性そのものに導かれた訳ではないにしても、道徳性を身に帯びているといえるていどの上品な礼儀作法を女性から躾けられてしまっているのであって、これが道徳性に近づく地ならしとなり通行手形となってくれるのである。

## とりとめのない覚え書き

女は支配したがり、男は支配されたがる(とりわけ結婚するまでは)。それが古風な騎士道精神の慇懃な仕草の意味である。――女性は小娘の頃から心の奥深くで、私は男性から好かれているんだわと一途に信じている。他方若者は絶えず女性に嫌われやしないかとびくついているので、女性が加わった社交の席ではまごついて(気兼ねして)ばかりいる。――相手に敬意を抱かせることで男性の様々な厚かましさを未然に防ぐという、そうした女性のプライド、いい換えれば何の功績がなくても自分を尊敬するよう男性に強要する権利を女性が主張するのは、そもそもその性の名称に由来する。——女は拒み、[67]男は求める。女性が受け入れてくれたら、それはお情けなのだ。——女性の方が求婚されるのは、自然の意図である。だから相手を(好みによって)選ぶ際に女性自身は男性ほどには繊細である必要はなかったのであって、というのは自然はまた男性を女性より粗っぽく組み立てたので、外見からして女性を守るのに十分な力と逞しさを示していさえすれば、もうそれだけで女性に気に入られるからである。これが仮に逆に、女の側が男の外見の格好よさに目がいって選り好みが激しく、夢中になれるかどうかの選択がやかましかったら、女が求めて男が拒む態度を取らなくてはいけなかったはずだ。だがそうなると男の目からみて、女性自身の魅力が完全に台無しになるだろう。——恋愛は女が素っ気なく、対照的に男がぞっこん惚れこむという風でなければならない。「据え膳食わぬは男の恥」[68]であるが、反対に女が男からの誘いにすぐに応じるのは彼女の名誉になるとは思えない。——女性が格好いい男なら誰にでも自分の魅力を振り撒きたがる欲望のことを媚態といい、どんな女に対しても惚れた風を装う男の大げさな演技のことを、〔先に述べた騎士道精神の〕慇懃という。両方とも流行となった単なるくすぐりであって、これが元で二人が本気になるということはありえない。それはちょうど貴婦人が公然とセックスフレンドをもつことが既婚女性にとっての偽りの解放にすぎず双方本気でないのと似ており、また以前イタリアで実際に存在した高級売春組織が同様にまがいものの性の解放であって、双方とも本気でなかったのと同然である〔後者については種々史料がある中で、『トリデント会議史 Historia Concilii Tridentini』に「会議にはそのほかに三百人の、〈愛人〉と呼ばれた高級娼婦たちが出入りしていた erant ibi etiam 300 honestae meretrices, quas cortegianas vocant.」とある〕[69]。この売春組織には私的な家庭における雑然とした交際仲間が醸す文化よりも遥かに清楚な、教養に満ちた公的な交際の文化が溢れていた、などといい加減なことがいわれている。[70]

――男は結婚するとただ自分の妻の好みに合わせようとするだけだが、女は結婚してもすべての男性の好みに合わせようとする。つまり女が同性の目ばかり気にして着飾るのは、実は男に対する魅力や思わせぶりの点で他の女たちに負けたくないという焦りから来ているのであって、これに対して、ただ自分が着るもののことで妻に恥を掻かせたくないと気に掛けることも着飾るうちに入るものなら、男が着飾るのは異性を思ってのことなのである。――男は女性の過失を寛大に受け流すが、女は同性の犯した過失に対しては(公衆の面前で)こっぴどく非難を浴びせるから、もし若妻が自分のちょっとした過ちを裁いてもらうのに、男性の判事か女性の判事を自分で選ぶことができる場合には、間違いなく前者を選ぶであろう。――男女のあいだの粋な贅沢が派手に嵩じた時代が近々訪れたなら、女性が貞淑でいるとしてもそれはただ強いられてのことであって、むしろ男に生まれ変わって、自分の恋心にもっと広くて自由な活躍の場が与えられないかしら、という望みを女性は隠そうとしないだろう。他方男性は、〔そういう状況になっても〕女になりたいとは思わないだろう。

　女性は男性の結婚前の女遊びについては問題としない。だが男性にとって女性の側の純潔は永遠に最重要問題である。――結婚すると妻たちは不寛容(夫に普遍的に見られる妬きもち)を笑うが、そうした火遊びのふりはただ彼女らが夫をからかっているにすぎないのだ。しかし婚期を逸した女性たちはこの点について非常に厳しい見方をなさる。――学問を身につけた御婦人方についていうと、彼女らにとって書物が必要となるのは例えば彼女らが専用の懐中時計を持ちたがるのと同じであって[71]、時計でいえばこれを身につけているのは私も持っているのよと見せつけたいためなのだ。だが大概それは止まっているか、動いていても針が狂っているか、どちらかである[72]。

　女性にとっての徳・不徳は男性の徳・不徳と、種類から見ても動機から見てもたいへん異なっている。――夫の

C 201　V 256　W654

なすことをじっと忍ぶべきであるというのが女の徳であるが、男は妻を赦さねばならないという徳を背負っている。女は情が細やかで、男は情に脆い。——家計への男の貢献は稼ぐことであり、女のそれは節約することである。——男が嫉妬に狂うのはその女を愛しているあいだに限られる。女も嫉妬するが、別に愛していなくても嫉妬するのであって、それは他の女性が持ち去っていった色男の数だけ、自分の取り巻きの崇拝者の数が減るからである。——男が趣味を持つのは自分のためであるが、女はどんな男に対してもその趣味的鑑賞の対象として振る舞う。——「世間がいうことが真理であり、世間で通用していることが善である」というのが女性の原則であるが、これは言葉の厳密な意味からすると性格と呼んでいいかどうか難しいところである。だが自分の家庭をどうきりもりするかという点で、女性特有のこうした定義に見合った性格に固執し通したからこそ名声を残した、しっかり者の妻たちもいた。——例えばミルトンは、組閣の仕方が不法であるとそれまで妻にいい聞かせていたその内閣を今になって正統であると公言することが彼の原則に背くことは分かり切っているのに、当の妻から、クロムウェルが死んだあと彼に申し出のあったラテン語専任書記の地位に就くべきよとしつこく迫られたのであった。そこで彼は妻にいった、「なあお前、お前もそうだが、女というものはタクシーに相乗り〔呉越同舟〕しても構わないというんだね。だが——愚直な堅物で通すのがわしの主義なのだ」(73)。これと同じようにソクラテスも、それからまたおそらくヨブも、それぞれのしっかり者の妻にてこずらされたのであったが(74)、ともかくこれらの男たちは、女性の徳の性格が彼女らのおかれた人間関係のなかで果たす効能を馬鹿にしていた訳ではないが、男性の徳の性格を貫き通した〔けっして己れの主義主張を曲げなかった〕のである。

## いくつかの実用的な結論

女性は〔家事・育児などの〕いろいろな実践的な事柄に自力で習熟し、実地に場数を踏まなくてはならない。何しろ男性はそういう事柄には無頓着だからである。

亭主の方が若いと、彼が年上の女房を支配することになる。その理由は妻の側の一種の妬きもちにあるのであって、この場合妻は性的能力の点で相手に引け目を感じているので、夫が自分の権利を侵害しはしないかとやきもきする結果、何としても夫の意に逆らうことなく何くれとなく心を配らなくては、と思うからである。——それゆえ世間を知った既婚女性は、〔相談されたら〕たとえ似通った年齢だとしても若い男との結婚は思い留まるように忠告するだろう。というのも、月日が重なると男よりも女の方が老衰するのが速く、またたとえこうした不平等を無視するとしても、ほぼ同い年という平等の上に成立している仲睦まじさはあまり確実に当てにすることはできないからであって、若くても賢い女性は健康でしかも相当に年上の男性を選ぶことで結婚生活の幸せをいっそう確かなものにしようとするだろう。——ところが相手の男が結婚前の放蕩生活によって性的能力をすでに使い果してしまっていたりすると、この男はいざ自分自身の家庭を持ってもそこでは阿呆役を演じる以外に出番がない。というのは夫が家のなかで支配権を持っていられるのは、妻からの正当なセックスの要求にいささかもたじろぐところがないあいだに限られるからである。

ヒュームが記しているところによれば、女性に対する悪口よりも、夫婦生活を風刺する方が御夫人方の（オールドミスの方々さえもの）ご機嫌を害なうという。[75]——というのは、女性にいや味をいってもそれはけっして本気に

C 202　P 241　V 258　A 309　W 656

されることはないのに対して、他方夫婦生活の重荷を白日の下に曝すとなると、そうした重荷は未婚の者には伺い知れないものだから、たしかにその種の風刺は本気に受け取られかねないからである。[76] だからといって結婚に関して自由思想を貫徹すると、確実に女性全体にとって面白くない結果を招くに違いないと思われるのだが、それはその場合女性が男性の性欲を満足させる単なる手段に貶《おと》しめられるだろうし、しかも男の性的満足というものは簡単に厭きがきて移ろい易いものだからである。——という訳で、女は結婚によって自由となり、男は結婚したとたんに自由を失うのである。

とりわけ歳の若い夫が結婚前に道徳的にどんな様子だったかをあれこれ詮索するのはけっして妻のなすべきことではない。妻は夫を改善できると信じ、妻が賢くさえあればふしだらだった夫をすぐにも正道に戻すことができるというのだが、そうした考えは大概裏切られることになって、彼女にとって惨めな結末となる。[77] かといってまた、結婚前の男の不節制は大目に見ることができるのであって、それはもし彼がまだ役立たずになっていさえしなければ今は彼の妻によってその種の本能を存分に満足させてもらえるからだ、という例の無邪気な連中の見解にとっても結果は五十歩百歩である。——こうした子供じみた善人たちは、性的な放蕩の本質はまさに享楽の変化に存していて、だからそうした男たちは結婚生活の単調さに耐えきれずあっという間に以前の生きざまに舞い戻ることになる、(原注)[78] ということに考えが及ばないのだ。

(原注)　その末に、ヴォルテールの『スカルメンタードの旅行記』〔の末尾〕で主人公がいうような、「旅の最後に私は祖国カンディアに戻り、そこで妻を娶り、ほどなく彼女に浮気されるようになったが、これがそれまでのどんな冒険にもまして一番気楽な人生スタイルだと悟った」という落ちがくる。[79]

V 259

P 242　C 203

ところで家のなかでは誰が上位の命令権を握るのであろうか。というのは、あらゆる仕事を自分の目的に沿ってとりしきる立場に立つことができるのは、一人に限られるからである。――私は試みに女性に肩をもったいい方で(とはいえ真実が含まれていない訳ではない)、支配するのは妻の方であるべきであって、夫は統治する役に甘んじるべきだ、といい表わしてみたい。というのは、愛情は支配し、悟性は統治するから。――夫は日頃の行いを通して、自分としては何よりも妻の幸せを一番気に掛けているのだということを示さねばならない。しかし夫は自分の置かれた状況や自分に何ほどのことができるかということも熟知していなければならないのだから、例えば豪華な晩餐会とか宮殿の建設といった慰みごとを企てることしか念頭にない君主に対する大臣と同じように、君主(妻)からそうした命令が下った場合には取り敢えず「責任をもって承りました」と確言しておくのである。ただし例えば、折悪しく当面は金庫に財源がございませんので、とか、何かその前にどうしても緊急に始末しなければならない止むをえない事情がございまして、とか何とかいってうやむやにすることができるのであって、かくして命令する立場に立つ支配者は〈何でも望むことをなすことができる〉が、ただしそれには彼の大臣が彼の意志を認可したうえでその実現に手を貸してくれなくてはいけない、という面倒がついてまわるのである。(80)

女は男から求愛される立場を守るべきであるが(というのは、女性が必ず拒絶の態度を示すのは、求愛されたいという意味だから)、しかし結婚してしまうと女性はひろく男性一般に好かれようと努力しなければならないのであって、そうしておけばもし仮に若いうちに亭主に先立たれたとしても、そのあとの求婚者に困らないだろう。――男はこの種の望みは結婚すると同時にすべて卒業する。――したがって妻がそのような媚態を他の男どもに振り撒くからといって、彼女に妬きもちを焼くのは正しいとはいえない。

W657　A310

P243 そうはいっても夫婦間の愛はその本性からして不寛容である。妻たちは折りにふれて夫の不寛容に文句をつけるが、先に述べたように[81]それはからかい半分なのである。その証拠に夫としての権利をほかの男たちに蹂躙されても C204 V260 我慢して見逃すとすれば、その結果かえって必ず妻は腑抜けな夫を軽蔑するようになり、やがては憎悪すらも生みかねないではないか。

一般に父親は娘を、母親は息子を甘やかし、あとの場合でいうと、勇敢でありさえすれば一番手の掛かる男の子 W658 が一般に母親から甘やかされるという事実にはたぶん根拠があるのであって、それは両親とも相手が死んだ場合の必要を見込んでのことのように思われる。というのは妻に先立たれた場合夫は最年長の娘に面倒を見てもらえるからだし、逆に母親が夫を亡くした場合成人した気立ての優しい息子にそうした義務が掛かるからであって、また息子は自然の情愛として母親を慕い、扶《たす》けて、未亡人となった老後を何とか快適に過ごさせてあげたいという気持ちをもつものだからである。[82]

＊　＊　＊

私は男女の性格論について、『人間学』の他の章節と比較して量的に適当と思われるよりも詳しく論じてしまった。しかし自然はその目的、つまり他ならぬ人類の種の保存という自分の目的を実現する準備として、男女関係というこれほど多様で面白い宝物を自然の配慮のなかにちりばめたのであるから、折りにふれ長い時間をかけてもっ A311 と研究が進んだ暁には、男女を巡っての話題が十分貯えられ、その結果、徐々に自ずと花開く自然素質にこめられた自然の賢知に賛嘆し、その賢知を純粋実践的に使いこなすという〔人類固有の〕課題がいっそう鮮明に浮かびあが

ってくることになるだろう。(83)

## C　国民の性格(84)〔国民性〕

国民(populus 人民)という言葉は、ある地域に人間が多数集中し、しかも彼らが一つの全体を形成している場合、その多数の人間のことを指す言葉として理解されている。その人々の全部またはその一部が、自分たちが市民的な全体として一つに統合しているのは血縁的な起源を共有しているからだと自認している場合、それを民族(gens 種族)という。市民法の埒外に置かれた部分(その国民のうちの野卑な大衆)を賤民(vulgus 群衆)(原注)といい、彼らが集まって法律に楯つくことを暴動(agere per turbas 騒擾行為)という。この挙動が理由となって賤民は国家市民の資格なしとの烙印を押されるのである。

(原注)　フランス語の「la canaille du peuple 平民中の下種《げす》」という差別語は、おそらく canalicola というラテン語に語源をもっているが、canalicola とは古代ローマの水道溝をあちこちうろきながら、仕事に就《つ》いているまともな人々を馬鹿にしていた無精者の群れのことである(プラウトゥスの『穀象虫 Curcul』に出てくる「皮肉屋と道化 cavillator et ridicularius」を参照せよ)。(85)

ヒュームは、個々人が銘々(例えばイギリス人に見られるように)自分独自の性格を磨こうと努力している国民の場合、その国民そのものは無性格となるといっている。(86) 私はこの点ではヒュームは見当違いをしていると思う。というのは一つの同じ性格を気取ることこそが彼自身がその一員である国民〔イギリス人〕に普遍的に見られる性格だ

C 205　V 261　P 244　W659　C 205　C 204　W658　W659

からであって、つまりそれは外国人をすべて軽蔑するという性格であるが、この性格を生む理由はとりわけ、自分たちの国民だけが真の立憲体制をもっており、それは内に向かっては国家市民に自由を保証し、外に向かっては実力で主張を通すという、自由と実力を備えた体制であって、したがって自分たちはこの立憲体制を誇ってもいい権利をもっていると信じているからである。——このような性格は高慢ちきな粗暴というべきであって、外国人とすぐにも打ち解けるような礼儀正さとは似ても似つかぬものである。いい換えれば、どんな他人に対しても傲慢に接する態度であって、これは、他人は一人も必要でないと思い込み、それゆえ自分たちは〔見返りをいっさい期待せずに〕他人に親切を施すのだから自分たちの親切には自慢する価値があるのだと信じているような思い上がった自立精神から派生するのである。(88)

こういう訳なので、地球上で最も文明が発達した二つの国民は、(原注1)性格が互いに対立しておりおそらくそれが主な理由となって長年反目しつづけているイギリス人とフランス人ということになるだろうし、またそれぞれの歴史的に身に付けてきた人為的な性格はそれぞれの天性の性格から導かれた帰結でしかないのだが、そうした両国民の天性の性格から判断すると、第三者から見て断固とした性格を認めることができ、また戦争による無法状態によって混血させられることがないかぎり性格はずっと変わることがないだろうと推定することができる国民は、おそらくこの二つの国民に限られてくるであろう。——フランス語は社交界でとくに女性たちにとって普遍的な会話言葉であるのに対して、英語は貿易の世界において最も広範囲に用いられている商用言語であるといえるが、(原注2)それはそれぞれの言語が話されている大陸と島国という地勢学上の相違からきていることは確かである。しかし両国民が現在実際に体現している気性が言語によってどのように形成されてきたのかということになると、それは両国民のそれ

ぞれの祖先に当たるもともとの国民がもっていた天性の性格に遡って推測しなければならないことになろうが、わ C206
れわれにはそのための史料が不足している。——しかし〈実用的見地における人間学〉という観点からいって大事な
課題は、両国民の性格についてそれぞれが現在どのようなものであるか、若干の具体例を挙げてそれもできうるか
ぎり体系的に提示すること、に絞られてくる。具体例のおかげで、一方の国民〔フランス〕からすると他方の国民
〔イギリス〕がどういう態度に出てくると予測しなければならないか、また他方〔イギリス〕からして一方〔フランス〕
をどのように利用すれば儲けになるか、が判断できるようになるであろう。

(原注1)　いうまでもないことであるが、ここで最上級で表した格づけにドイツ国民が入っていない理由は、ドイツ人である A311 C205 P244 V261 W659
著者が自国をそのように評価すると、他国人から見て自画自賛と映るだろうからである。

(原注2)　金儲けに関する誇張の仕方の違いにもそれぞれの国民の商人精神がどこに誇りをもっているかの微妙なずれが表れ A312 P245 V262 W660
るものであって、イギリス人は「奴は百万ポンドの値打ちがある」といういい方をし、オランダ人は「奴は〔ひとときに〕百
万フルデンもの金を運用する」といい、フランス人は「奴は百万フランも貯めこんでいる」という。

ある国民の性分を表現しているさまざまな格率を分類して、その国民に先祖伝来のもの、長いあいだ口にしてい C206
るうちにいわばその国民の本性に沁みこんだもの、もともとの本性に接木されたもの、等々に分けるのは、その国
民全体に自然に備わった性向に見られる多様性を哲学者が理性原理に従って分類したというよりも、地理学者が経
験的に分類した多分に当てずっぽうの試みにすぎない。(原注)

(原注)　外国の人間と交流しいろいろな国民性に通じるために国外に旅にでてみるという試み(こういうことはヨーロッパの
国民以外はしないのであって、それが残りのすべての諸国民が精神的に〈井のなかの蛙〉であることの証しである)を、キリ
スト教のヨーロッパをフランケスタンと呼んでいるトルコ人が仮にしてみたと想像してみると、彼はヨーロッパの諸国民を V263 P246 W661

人間の性格に潜む欠点ごとに割り当てて、次のように分類するであろう。(1) 流行の国(フランス)。――(2) 気むずかし屋の国(イギリス)。――(3) 家系の国(スペイン)。――(4) 派手好みの国(イタリア)。――(5) 称号の国(ドイツ、ここにはゲルマン民族系の国民としてデンマークとスウェーデンを含む)。――(6) 主人の国(ポーランド)。この国では国民の誰もが主人であろうとするが、その主人の従者になろうという者は国民中には誰一人としていない。―― ――ロシアとヨーロッパ・トルコとは二つとも大部分アジアに起源をもつから、〔トルコ人にとって〕フランケスタンの範囲外ということになるだろう。これら二つの国民の出身は、ロシアの方はスラブ系、ヨーロッパ・トルコの方はアラブ系であるが、両者はかつて他の国民がこれまでに支配したよりもずっと広い地域のヨーロッパに支配権を拡大したことがあったのだが、やがて自由を認めない政治体制の状態に(89)、したがって国家市民というものが一人も存在しない状態に陥ってしまった。

ある国民がどのような性格をもつことになるかはひとえにその統治形態に依存しているという見解には根拠がなく、この主張はまったく何も語っていないに等しい。というのは、もしそうであるとすれば統治形態自身はどこからその特有な性格を得てくるのであろうか。――風土や土地柄もまたこの点での解明の鍵を与えてくれない。というのは、あの諸国民の移動〔ゲルマン民族大移動〕が証明しているところによれば、諸国民は新しく住み着いた場所によってその性格を変えた例《ため》しがなく、ただ状況に応じて臨機応変に新しい土地に性格を合わせただけであって、どっこいその場合でも、言語、求婚の仕方、さらにはいわゆる民族衣装のうちに自分たちがどのような出自をたどってきたかが窺えるようにし、それによってまたその性格をずっと今日に至るまで垣間見せているからである。――――このあと私は諸国民の性格描写を述べていく際、他の国民と比較して美点として目につく側面よりも、幾分彼らの欠点や平均から外れている側面に重点を置くつもりである(とはいえ漫画的に描くつもりはない)。というのは、〈甘やかすとだめにし、反対に叱ると向上する〉〔良薬は口に苦し〕という格言もさることながら、批評家としては下手に誉めて誉め方に差がついたばっかりに批評された側がただ互いに妬みあうだけという結果になるよりも、諸国民について例外なくひたすらその欠点を突きつける方が、人間の虚栄心を逆撫でする度合いが少なくて済むからである。

一、フランス国民はあらゆる国民のなかでも会話の趣味のよさが際立っていて、この点でフランス人は他のすべての国民のお手本である。宮廷風に höfisch 慇懃すぎるのはいまでは廃《すた》れたとはいえ、フランス人は丁重 höflich であって、とりわけフランスを訪ねてきた外国人に対してそうである。フランス人が自分の思いを人に伝えるのは打算からでなく、趣味の直接的な欲求からである。その趣味というのは主として上流社会の女性たちとの交際に関係するものであるところから貴婦人たちの言葉遣いが上流社会の共通言語となったのであるが、この種の趣味がまた必ず影響を及ぼして、人の世話を進んでしたり人助けとなる親切をしたり、さらには次第に〔道徳的な〕原則に基づいた普遍的な人類愛を抱くようになるに違いなく、だからこうした国民が全体として必ずや愛すべき国民となるであろうことにはまったく疑問の余地がない。

さてこのメダルの裏側は第一に、熟慮された諸原則によってしっかりと統率されているとはいいがたいはしゃぎぶりであり、第二に、いくら理性は千里眼だというにしても、定着した形式を、これまで人々はその形式によってうまくやってきたのに単にもう古くなったからという理由で、あるいはまたただ評判がよすぎるといった理由でさえも、長期にわたって存続することを許さない無思慮であり、第三に伝染性の自由精神であって、この自由精神は自分の戯れにまたうまいこと理性自身を引きこんで、国民と国家の関係の在り方の点で極端よりもっと外にはみ出るほどの、ものみなすべてを震撼させる熱狂を引き起こすほどである。[90]――この国民の諸特性を版画でもって写実

W662　V264　P247　A314

的に描こうとした場合いま述べた以上の描線は必要とせず、その特性を性格描写するとしても脈絡なく書き留めたメモを素材とするだけで全体像が簡単に思い浮かんでくれる。

フランス語の次のような単語やいい回し、(bon sens〔良識〕という代わりの) esprit〔精神、機知〕、frivolité〔たわいのなさ〕、galanterie〔上品さ、色事〕、petit maître〔気障《きざ》な若者〕、coquette〔婀娜《あだ》な女〕、étourderie〔軽はずみ〕、point d'honneur〔名誉に触れる点〕、bon ton〔上品〕、bureau d'esprit〔一八世紀フランスの、機知を競いあう文学サロン〕、bon mot〔洒落〕、lettre de cachet〔投獄や追放を命じた王の封印状〕——等々はなかなかフランス語以外の言語に訳すのは容易でないが、それはこれらの単語やいい回しがそれを使って考えているフランス人の頭に浮かぶ対象をいい表わしているというよりも、それを話す国民の性分の固有な特性の方を示しているからである。

二、イギリス国民。古代のブリテン Briten(原注) の種族（ケルト系民族）は有能な人間のタイプだったと思われる。ところがドイツ系人種とフランス系人種の移住によって（ローマ人がしばらくいたにはいたが、何一つこれといった痕跡を残すことができなかった）、これら二つの系統の言葉の混合によっていまの言語〔英語〕が〔成立したという事情が〕証明しているように、イギリス国民の原型〔ケルト人〕は消滅してしまった。その後彼らの国土が海に囲まれているという地理的条件が外からの侵入をかなりのていど防いでくれ、逆にむしろこの条件に誘われて彼ら自身が侵略者となったのであるが、この島国という条件によってイギリス国民は海をまたいだ強力な海上貿易の国民になることができたのであって、その結果イギリス人は〔二つないし三つの民族の混合ゆえに〕元々本性からすると無性格だったのに、自分たち自身の手で築いた一つの性格をもつようになった。それゆえイギリス人の性格は早い時期からの教訓と先例から体得した原則以外の何ものでもないといっていいだろうが、その原則とは、自分たちは自力で一つの性格をこしらえなければならない、いい換えると、一つの性格をもっているふりをしなければならない、というものである。つまり自発的に身につけた原理に拘《こだわ》り、いったん定めた規則には(それがどんな規則であれ)けっして違反しないという気性を頑固に守っていると、やがてその人間にある種の貫禄が備わってくるからであって、それによって他国民は彼からどういう態度に出られると覚悟しなければならないか、また彼は他国民からどのていどの儲けを期待すべきかが確実に知られるのである。(91)

(原注)　ビュッシュ博士が(92)(〔ラテン語に遡って〕brittanniでなくbritanniという単語に照らして)正しく書いているスペルに倣った。 P247

この性格がほかのどこよりもフランス国民の性格と正反対であることがどういうところから明らかになるかといえば、それはフランス国民が異邦人に対して、それどころか自国民のあいだでさえも親切を尽くすという限りなく卓越した特徴をもっているのに対して、イギリス人の性格は、他国民に対して優しく接するという態度はいっさいもとうとせずにひたすら〔他国民にイギリス人を〕尊敬するよう強要するというものであるし、さらにいえばイギリス人は誰も彼もがどこまでも我を通して生きようとするからである。――イギリス人は同胞のためにはほかのどんな国民も見たことのないような立派な慈善施設を建築する。――ところが、運命に翻弄されてイギリスの土地に流れつき、極度の困窮に陥った外国人に残された道は、例外なく最後は肥え溜めのなかで命尽きることぐらいなものであって、その理由は、彼がイギリス人でなくしたがって人間でないからである。

P248　A315　V266　W664

ところでまたイギリス人が自国で自腹を切って食事をする場合は、てんでんばらばらに摂る。レストランの広い席で食べるよりも、同じ金額でありさえすれば個室をとって一人黙々と食べる方を好むのであるが、それは見知ら

P249

ぬ相客と一緒ではとかく何かと礼儀作法がうるさいからである。そのイギリス人が例えばフランスであれ外国旅行にでかけると、せいぜい（シャープ博士のように）[93]〔帰国してから〕やれ道路にしても泊まる宿にしてもどこもかしこもひどいものだったとけちをつけるぐらいが関の山なのであるが、それにしても彼らは外国の宿では自分たちだけで固まってわいわいやる。――不思議なのは、一方で概してフランス人はイギリス人に好感をもっていて尊敬の念を抱きながら称賛するのに対して、（自国から一歩も外に出たことのない）イギリス人に限って一般にフランス人を毛嫌いしたうえに軽蔑している、という事実である。なぜイギリス人がそうなのかといえば、それはお隣同士によくある対抗心のせいではなく（というのは何を張り合っても自分たちとフランス人とでは比べものにならないことは火を見るよりも明らかであるから）、そもそも商人気質《かたぎ》というものの一般のせいであって、この気質《きしつ》はわれこそが最も勝れた階級なのだという自負を前提としたうえで、同国人の商人同士のあいだでもきわめて人付きあいが悪いのである。[原注] 両国民はどちらの海岸から見ても相手が見えるほど近い関係にあって、ドーヴァー海峡（あれでも海と呼ぶことができるものなら）を挟んで分離しているにすぎないから、両国民間の対抗心は政治的な敵対関係という性格を帯びざるをえないのであるが、ただ双方の性格のあいだには二つの変種のような差異が認められるのであって、一方には警戒心が、他方には憎悪が生まれるのである。[94] この二つは両国民の平和共存が不可能であるという事情からくる変種であって、前者は自己保存を意図しており後者は侵略統治を狙っているのだが、これがいったん逆転すると〔フランス側による〕相手の殲滅が目標となるのである。

（原注）　商人気質は一般的にいって貴族気質と同様にそもそも人づきあいが悪い。商会（と商人は自分の経理事務所のことを呼ぶ）は隣の商会と商売内容の違いによって分かたれているが、それは貴族としての騎士の屋敷が隣の騎士の屋敷と跳ね橋

C 209　V 267　W665　V 266　W664

によって隔絶されているのと同じであって、したがって商会同士のあいだでは形式張らずに腹を割って付き合うということはとんと見られないのである。ただしその商会の子飼いの取引先とはそういった付き合いがあるかもしれないが、その場合後者は同じ商人気質を分かちあう仲間とは見られていないのであろう。

P250 V267 W665 このほかの国民の特性は上述の二つの国民のように特色の違うそれぞれの文化様式からおおよそ推し量ることができるというよりも、むしろ元々異なった民族が混血することによって形成されてきたその国民の本性に由来するものであるから、このあとわれわれはそうした国民の性格についてはもっと簡潔にまとめ記述することができる。(95)

A316 三、ヨーロッパ系とアラブ系（モール系）の血が混じって生まれたスペイン人は、公私どちらの振る舞いにおいてもある種の勿体ぶりを示すのであって、農夫でさえも法的にいって自分の方が目下の関係にある人間に対しても自分が体面を意識していることを思い知らせるのである。――こうしたスペイン人の尊大な態度や、彼らがふだん会 C210 話するときの言葉遣いにすら見られるいかめしい口調は、高貴な国民としての誇りを示している。だからフランス人流のなれなれしい軽薄な態度はスペイン人からするとまったく唾棄すべき代物に映る。彼らは節度を守り、法律とかとりわけ自分たちの伝統的な宗教（カトリック信仰）の掟には、心から従う。――そうした謹厳さが見られるからといって、楽しむべき日にスペイン人が（例えば刈り入れを開始するめでたい日に歌と踊りで）楽しまないなどということはないのであって、夏の夜どこかでファンダンゴ(96)が陽気に始まると、いまや暇を出された日雇いの農夫たちがその音楽に合わせて道いっぱいに踊りだすのである。――これがスペイン人のいい面である。

悪い面としては、スペイン人は外国から学ぼうとせず、外国に旅をして他の国民と交流するということもない。(原注) V268 W666 そのせいで学問が数百年遅れていることは確実である。さらにいかなる改革にも頑強に抵抗し、働かなくても済むことを自慢とし、闘牛がいい例であるがロマン的な気分の精神に満ちあふれ、かつての異端審問の宗教裁判による火刑 Auto da Fé が実証しているように残酷であって、結局趣味の面でスペイン人は部分的に非ヨーロッパ起源であることが分かる。

V267 V268 W665 （原注） 外の世界を自分の目で確かめるとか、さらに進んで（世界市民として）外国に移住しよう[97]という、損得計算を離れた好奇心が湧いてこないような国民はすべて、精神が狭いというところにある種の性格的なものが示されているのであるが、この点でフランス人、イギリス人、そしてわがドイツ人は他の国民よりも積極的であって、そこに特徴が認められる。

P251 W666 四、フランス人の賑やかさ（快活）とスペイン人の厳粛（頑固）を一つにまとめたのがイタリア人であって、興奮と一体化した趣味が彼らの美感的な性格であるが、それはちょうどアルプスからイタリア側を見下ろしたとき、魅力あふれる渓谷が剛毅な画題と静かな悦びの画題を同時に与えてくれるのと似ている。とはいえこの美感的性格という点で彼らの気質は脈絡がないとかいくつかの気質が混合しているという訳ではなく（というのは、もしそうならばそもそも性格が欠如しているということになるだろうから）、崇高の感情に向かう感性の色調が彼らの気質なのであるが、ただしその気質が同時に美の感情と融合しうる類いの気質であるということなのだ。——イタリア人の場合顔癖から彼らの感覚の激しい動きを読み取ることができ、また顔の作り自体が表現に富んでいる。イタリア人の弁護士が法廷で弁論を揮《ふる》うとすばらしく感動的であって、まるで演劇の舞台での朗々とした台詞まわしを聞いているように見えるのである。

A317 フランス人の優れたところが会話の趣味にあるとすれば、イタリア人のそれは技芸の趣味にある。フランス人がどちらかといえば娯楽を私的に楽しみたがるとすれば、イタリア人は公共的な娯楽が好きであって、派手な服装や行列、大がかりな芝居やカーニヴァルや仮面舞踏会、壮麗な公共建造物、絵筆による絵画ないしモザイク仕立ての塡《は》め絵、巨大な様式のローマ遺跡、これらはすべて見るためのものであり、また上流階級の人々に見てもらうためのものである。しかしながらその傍らで、(私欲の方面も忘れずに)種々の為替制度、多くの銀行、それから宝籤もイタリア人の手で発明されたのであった。――以上がイタリア人のいい面であって、ヴェニスのゴンドラの船頭Gondolieriやナポリの貧民Lazzaroniが上流階級の人々に向かってもぞんざいな口をきく自由もその一つである。

話を芳しくない面に移すと、ルソーが語るようにイタリア人は豪華な応接間で会話を楽しんだあと、鼠の巣に囲まれて寝る。(98)〔イタリアに限らず〕上流階級の御婦人方は外出する際、別に取り立てて親しい間柄でなくても出会った相手とお互いにその日に起きた耳寄りな話を情報交換しあうときのことを考えて、それに必要な費用に足りる分を財布に入れておき、そこから少々の金額を取り出して一緒に夕食を摂るのだが、イタリア人の会話Conversazioniはこの財布のようなものだ。(99)――忌まわしいのはナイフを抜くこと、追剝ぎ、暗殺者が聖なる避難所に逃げ込むこと、警官が職務を怠ること、等々であるが、これらはローマ市民の責任というよりも、彼らを支配している二重権力的な統治形態(100)に責任がある。――もっとも私としてはこの種の非難を自分からするつもりは全然なく、これらは大体において、自分の国の政治体制以外のすべての政治体制がお気に召さないとおっしゃるイギリス人が広めている非難である。

五、ドイツ人は性格がいいという評判を得ており、具体的にいえば、実直でやりくり上手の性格だといわれるのだが、これらの特性は必ずしも燦然と輝くというほどのものでもない。――ドイツ人はあらゆる文明国の国民のうちで最も素朴にかつどこまでも自分が住んでいる国の政府のいいなりになる国民であって、その大多数は慣習的な秩序を改革しようとかそれに歯向かうなどということは毛頭考えもしない。ドイツ人の性格は悟性と連動した粘液質であり、すでに確立した秩序についてあれこれ文句を付けることもないし、といって自分自身で新しい秩序を案出することもしない。[101] それでいてドイツ人という人間はどんな土地にもどんな気候にも向いていて、億劫《おっくう》がらずに移住するし、自分の祖国にそれほど熱く拘《こだわ》る訳でもない。とはいえ外国の土地に開拓者として移り住んだところではドイツ人はすぐに同じ出身の仲間と一種の市民的な同盟を結ぶのだが、話し言葉が共通しておりまた部分的には宗教も一致している点から彼らは移住先でこうした同盟によって一つの小国民を形成し、そしてこの小国民は上級の当局の統治に服しながら勤勉と清潔と倹約によって穏健で人倫的な体制を築くので、他の国民出身の定住地に比べてひときわ優等生として目に立つのである。——これがイギリス人でさえも北アメリカのドイツ人に与える称賛の言葉である。 A318

（いい意味での）粘液質は自分の目的を追求するにあたって冷静に熟考し、粘り強く事を進め、必ずもちあがる面倒事にも耐えきるという気質であるから、ドイツ人の本物の悟性と深く熟慮する理性とが融合した才能が花開けば、文化の最先端を歩む〔フランスとイギリスの二つの〕国民と同じていどの文化を期待することができる。 C212 V270 W668 ただし機知と芸術的趣味の部門は別であって、この点でドイツ人はフランス人、イギリス人、イタリア人と張り合うことはおそらく無理であろう。——以上がドイツ人のいい面であって、それは辛抱強く勤勉であれば達成でき必ずしも天才[原注]を必要としない事柄に発揮される。たしかに天才というものは、健全な悟性の才能と結びついたドイツ人の勤勉さと比べると著しく有用性に欠ける。 P253 ——ドイツ人の交際面での性格は質朴である。彼らは他のどんな国民よりも外国語をしっかりと習得するし、(ロバートソンが[102]巧みに表現しているように)ドイツ人は学問の卸し問屋であって、科学の分野においてはドイツ人が最初の手がかりを把み、それをあとになって他の国民が大騒ぎしながら横取りするのである。これでも分かるようにドイツ人には国民としての誇りというものがなく、いわばコスモポリタン〔世界市民〕であって自分の祖国に執着しない。だが祖国にとどまっているかぎりは、(ボズウェルも認めているように[103])どんな他の国民よりも外国人を歓待する。またドイツ人は子供を厳格に躾け礼儀正しく育てるが、それはまた大人たちが革新(とくに統治形態の自主的な改革[104])に加担するよりも、秩序と規則を好む自分たちの性向に合わせて専制政治を選び、それでよしとするところからきている。——　——これがドイツ人のいい面である。

(原注)　天才とは、教えることも学ぶこともできないものを発明する才能のことである。たしかに上手な韻文をどう作文したらいいかは人から教わることができるが、どうやって優れた詩を一つでも書いたらいいかは教わることができない。というのは、いい詩というものは詩人の本性から自ずと湧き出てくるはずのものだからである。だから詩をいい値で注文に出したら作ってもらえる製品と同じようなものと見なすことはできず、それはあたかも詩人自身がどうして湧いてきたのか説明ができないような閃きのようなものであって、いい換えれば、詩人にも理由が隠されたまま言葉の配列が偶然に閃いてくれる瞬間を待たねばならないのである(それは、詩人が生まれたときの星の配置を支配し、それ以来詩人に付き添っている守護霊だけが知っている[105] scit genius, natale comes qui temperat astrum.)。——それゆえ天才の輝きは、間をあけて現われてはまた消えていく一瞬の現象のようであって、つまり蠟燭のようにいつでも思うときに点火でき望むあいだは燃やし続けることができるというものでなく、いわば精神が悦楽の痙攣に震える瞬間火花を散らしながら生産的構想力から迸《ほとばし》りでてくる閃光のようなものである。

ドイツ人のお粗末な面は、何でも右に倣《なら》えしたがる性向であって、つまり自分はどうせ独創的になれないのだという劣等感である(これはちょうどイギリス人の傲慢さと正反対である)。だがとりわけ救いようがないのは、自分

W669　V271
P252 V270 W668
P253
A319　C213 V271 W669

も同胞の国家市民と肩を並べて、何とか一歩でも平等に近づくという原理に従ってでなく、自分を特権と階級の序列のなかに厳格に格づけし、こうした序列の図式のなかで〔〈高貴な〉の上に〈いとも高貴な〉とか、〈貴下〉の上に〈閣下〉ないし〈猊下《げいか》〉といった〕尊称をひねりだしながらただひたすら細かい格差に拘っているうちに歯止めなく奴隷根性にはまりこんでいくという、ある種の理路整然狂である。[106] この病いについてはいったんはドイツ王国の政治体制の形態に全責任を負わせることができるかもしれない。しかしそのように考えるとしても、こうした融通の効かない形式そのものはどこから生まれてきたのかといえば、それはドイツ人の国民精神、つまり支配する立場の人間からひたすら命令に服するべき人間に至るまでのあいだに上から下まで梯子《はしご》を設けようとする生来ドイツ人に備わった性向に源を発している、という事情は隠しようもなく目につくのであって、その梯子の一段一段にそれに対応した名望の等級がわかる称号が割りふられるのだが、生業をもたない者、もっていてもそれに称号が伴わない者は人間としての価値がないとされる。ところでこのことによって称号を与える側の国家に何らかの意味で得るところがあるのはいうまでもないが、その点はいわないでおくとしても、臣民の側としては他人の重要性を限定的に狭く評価するのが当然という気持にされてしまうのである。ともかくドイツ人のこの性格はよその国民からすれば笑うべきものに見えるに違いないし、実際それは国民全体を〔称号という〕一つの概念で理路整然と割り切ってみたいという欲求と几帳面さからなっていて、そこからドイツ人の生来の才能の硬直性が露呈してしまうのである。

＊　　＊　　＊

ロシアは天然の胚が発芽するばかりの段階にあって、その素質をはっきりした概念にもたらすのに必要な条件が

P 254　　V 272　　W 670

まだ揃っていないし、逆にポーランドはそんな段階はとっくに過ぎてしまってすでに薹《とう》が立っているし、さらにヨーロッパ・トルコの諸国民の場合には特定の国民性を確立する条件が整ったことは一度もなかったし、またこれからもないだろうから、これらの国民を描写することはここでは省略して構わないだろう。[107]

総じて本節で話題としたのは、極論すれば人類の血液の調合に根ざした生来の自然な国民の性格であって、あとから人の手が加わった(または加わりすぎて出来損なった)国民性を特徴づけることではなかったのであるから、後者のような後天的な国民の性格を描くとすれば相当に慎重な用心が必要となるであろう。〔例えば後天的な国民性の代表として現代の〕ギリシア人の性格についていえば、彼らはトルコ人による苛酷な圧政に加えて、それに比べてずっと穏健なともいいがたいギリシア人自身のカロイエ[108]による重圧の下にあるにもかかわらず、その心意気(快活で向こう見ず)も、体つきや身長体重や顔の作りといった姿形[109]も失われたのは少しだけであって、臆測でいうとすれば幸運な出来事が積み重なって宗教と統治の形態ががらっと変化し、彼らがもう一度〔政治的・精神的に〕復興する自由を享受する時代が訪れたならば、〔本来のギリシア人の〕そうした特質も本当に再び復興するかもしれない。[110] ——もう一つ、キリスト教の国民であるアルメニア人についていえば、彼らにはある種非凡な商人気質が貫かれていて、中国の国境からギニア海岸のコルソ岬まで徒歩で交易を営んでおり、このことから理知的で勤勉なこの国民はある特定の祖先からの一貫した末裔であることが伺われるのであるが、とはいえ北東から南西にかけて一直線にほとんど旧大陸全部を横断する道程を股にかけ、自分たちが出会うあらゆる国民の許《もと》で友好的な待遇を受けるこつを心得ており、現代のギリシア人の軽薄で卑屈な性格に比して優れた性格を証明しているこの国民のこうした性格が最初どのように形成されたのか、われわれとしてはもはや追跡しようがない。——この二つの国民の比較からほとんど確実に判断できることであるが、[111]（〔例えばアレクサンダー大王による〕偉大なる征服に伴う）民族と民族の混血は次第次第に双方の性格を消し去る結果となり、いくら表向きは博愛精神を標榜するとしても[112]人類にとってプラスにはならないのである。

## D　人種の性格[113]

人種に関しては、ギルタナー枢密顧問官殿が（私の原則に即して書かれた）著作のなかで見事にまた徹底的に解明し展開しておられるので、そちらを参照していただくようお願いすれば十分である。[114]——私としてはただほんの少し家系のタイプ、つまり同じ一つの人種のはずなのに、その内部で観察することのできる偏差ないし変種について触れておこうと思う。

自然は異なった人種を融合させるときには同化を図っているのであるが、家系のタイプという点ではまさに正反対のことを法則としていて、つまり同じ人種（例えば白色人種）からなる一つの国民のうちで諸々の性格を形成するにあたって、その性格を互いにどこまでも限りなく近似させるというのではなく、——その場合おしまいには、銅版画の一つの原版から多くの絵が複製されるのと同じように、ただ一つの同じ性格描写だけで済んでしまうだろう——むしろ同じ部族でも、さらには同じ家系ですらも、身体面であれ精神面であれ無限に性格を多様化させる、という法則を立てたのである。——産婆は「このお子さまはここがお父さま譲りで、こちらがお母さま譲りですね」と両親のどちらにもお世辞でいうだろうが、もしそれが本当であれば、人類の再生産に伴うすべての外形はとっくに型が尽きているはずだし、さらにそうなると、〔動物一般では〕番《つが》いによる妊娠能力は個体の異種性によって活性化するものだから、〔人類の〕繁殖は覚束《おぼつか》なくなってしまうことだろう。——という訳だから、まさか灰色の髪の毛(cendrée〔仏〕灰白色の)は髪が褐色の男と金髪の女を掛け合わせれば生まれてくるというものではなく、その灰色の髪はある家系に特殊なタイプを表示しているのであって、つまり自然は予備を十分にもっているから、すでに以前にこの世に生まれてきたことのある〔例えば髪が灰色の〕人間を〔再び三たびと〕この世に送りだすことができるのだが、それは持ちあわせの外形が不足したという理由からなどではない。とはいえ近親結婚を重ねると不妊をもたらすことはいうまでもない(115)。

## E　人類の性格

ある種の生物の種属に特有な一つの性格を挙げるためには、その種属をわれわれが知っている複数の別の種属といっしょにして一つの概念の下に包摂することが必要だし、反面それらの種属を相互に識別する特徴となるもの(proprietas 独自性)が〔種属間の〕下位区別の根拠として挙げられ、それを活用することが必要となる。——しかし、われわれが知っているある種の生物(A)をわれわれの知らない別種の生物(非A)と比較するとき、比較の媒概念(tertium comparationis 比較の第三項)を欠いたまま、どうすれば最初の方の生物の性格を挙げることが期待または要求できるというのだろうか。——種属概念のうちで頂点に位置するのは地球上に住む理性的な生物〔人間〕の種属概念ということになるのかもしれないが、そうだとするとわれわれはその生物の性格を一つも挙げることができなくなるのであって、なぜかといえば、われわれは地球外に住む理性的な生物については情報を一つも持ち合わせていないので、彼らの特徴を挙げ、それによって前者の地球上の理性的な種属を理性的な種属一般のあいだで性格づけるということが不可能だからである。――それゆえ人類の性格を挙げるという課題はまったく解決不能のように思われてくるのであって、なぜならばこの課題の解決は、二つの理性的な生物種を経験を通して比較することによって試みられなければならないのだが、上に述べた事情からしてその経験がわれわれには与えられていないからである。

だから人間に生物の体系のなかの分類上の位置を割り当てることによって人間の性格を特徴づけるとしても、人間に一つの性格が備わっているとするならばその性格は人間が自分自身で創造する他はない、ということになるのだが、ところで実際、人間には自分自身で設定した目的に向かって自己を完成させていくという能力が認められる。理性能力を賦与された動物(animal rationabile 理性能力を備えた動物)としての人間は、こうした自己完成によって自分自身を理性的な動物(animal rationale 理性に則った動物)へと形成していくことができる。――その場合人間は第一に、自分自身と自分の種を保存し、第二に躾けと指導によって人類を家族という社会に適するように教育し、第三に人類を全体として統治して、組織的で(理性原理に則って秩序づけられた)社会と呼ぶにふさわしい一つの総体とする。しかしその際人類の性格を地球上に生存可能な理性的生物の理念一般と比較してみると、その特徴として、自然は人類のなかに不和の胚種を植え込んだうえで、人間が自分の理性によってこの不和を脱却して連帯に到達するか、少なくとも永続的に不和から連帯に前進する道をたどり続けるようにと望んだ、という点が挙げられる[116]。後者〔連帯〕はあくまで理念上の**目的**であるが、それに対して前者(不和)は事実から判断して、自然の企て

W673　C216　A322　P258　W674

のうちに潜んでいる賢知、つまりたとえ人生における数多くの人間的な喜びを犠牲にするにせよ何としても洗練〔文化〕の進歩を通して人間の〔道徳的〕自己完成を実現せしめるという、われわれには知ることのできない最高の賢知にとっての**手段**である。

地球上に生きる動物のうちでも人間はその生存様式から見て、事物を操作する技術的な素質（意識と結合した機械的な素質）と、実用的な素質（他人を自分の意図に沿って如才なく利用する素質）と、道徳的な素質（自由の原理に則って法則に従って自分および他人に対して行為する素質）によって、自然に存在する他のすべてのものから際立って識別されるのであり、またこの三つの段階の個々の一つ一つについて他の動物と対比するだけでも、人間を識別し性格づけることが可能である。(117)

Ⅰ　技術的な素質。人間は（モスカティが、多分ただ博士学位論文向けの命題として主張したにすぎないのであろうが、提起しているように(118)）もともとは四足歩行に定められていたのか、それとも二足歩行に決まっていたのか、――ギボン、オランウータン、チンパンジーその他(119)は〔どちらに〕決まっているのか（この点でリンネとカンペルが論争しているが(120)）、――人間は草食動物かそれとも（膜質の胃をもっているから）肉食動物なのか、――人間には鋭い爪も牙もなくしたがって（理性以外には）まったく武器らしい武器がないのに、それでも人間は本来猛獣であるといえるのか、それとも争いを好まないおとなしい動物であるのか、――　――こうした疑問に答えようとする場合、迷うことは一つもない(121)。この他に疑問が提出されるとすればせいぜい、人間は本性上群居型の〔社交的な〕動物なのかそれとも独居型で近所付き合いを避ける動物なのか、という疑問がありうるぐらいであるが、これについてはほとんど間違いなく後者が当たっているといっていい(122)。

人類の最初の夫婦がすでに十二分に発育した姿で自然によって妻《めあわ》せられたとき、まわりには食物がたわわに実っていたのだが[123]、もしこのとき同時に、今日のわれわれの自然状態にはもはや内在していない一つの自然本能が二人ともに備わっていなかったとしたら、二人は自然が種の保存のために配慮してくれた実りを享受することができずほとんど無駄にしてしまったことだろう。その場合まずそもそも泳ぐことからして教わって習得しなければならない技術の一つとなるはずだから[124]、最初の人間は彼を待ちうけていた最初の池にはまって溺れ死んだことであろう。あるいは最初の人間は有毒の根菜類や果実を口にして生命を失うという危険にたえず曝されていたことであろう。しかし逆に、今ではけっして起こりえないことなのだが、もし仮に自然が人類の最初の夫婦にこうした本能を植えつけたのだとするならば、二人が自分たちの子供たちにその本能を遺伝として伝えなかったなどということがどうしてありえただろうか[125]。

実際、鳴き鳥は自分の雛に何種類かの囀《さえず》りを教えるのであって、つまり口伝えによって囀り方を伝えていくのである。だからまだ目が開かないうちに巣から取ってきて飼育した鳥の雛は、親から隔離されたままなので成鳥になったあとでも囀ることができず、ただある種の生得的な喉の音を発するだけである。だがそうすると、最初の囀りはどこから来たのであろうか(原注)。というのは最初の囀りはけっして習得されたものだったはずはないからであるが、かといってもしそれが本能的なものに由来するものであったならば、なぜそれは雛に遺伝しなかったのだろうか[126]。

(原注)　騎士リンネ[127]に倣って自然の考古学に関する仮説として、次のように想定してみることが可能であろう。まず、地球全体を一面に覆っていた大海原から最初に赤道直下に一個の島が〔富士山状に〕隆起し、その島には海岸地帯の低地における熱帯性海洋気候の段階から島の頂上での北極のような寒さに至るまでの、あらゆる段階の気温と気象が徐々に生じ、加えてそ

れと連動して、そうした気象の段階のそれぞれに適合した植物や動物も次第に生じてきた、と。次にあらゆる種類の鳥に関していえば、鳴き鳥はきわめて多種多様な声調の生得的な喉の音を真似してみて、鳴き鳥の気管が許すかぎりで一つ一つの声調を別の声調と組み合わせ、その結果鳴き鳥の種はそれぞれ自分を識別できる囀りをこしらえたのであり、その囀りをその後一羽の鳥が別の鳥に教えることによって(いわば口伝えのように)伝えていったのである、と。事実また、鶸《ひわ》とか夜鳴き鶯はさまざまな地方ごとに少しずつ違った鳴き声を身につけていることはよく知られている。

理性的な動物としての人類の性格を示す特徴はそもそもすでに、手、指、指先のそれぞれの形態とこれら三つの組み合せに表われているのであって、自然はこれら三者の構造と敏感な触覚によって人間が事物の扱い方に練達するように配慮したのだが[128]、しかも〔他の動物のように〕事物をワンパターンにしか扱えないというのでなく、臨機応変にさまざまな仕方で扱えるようにしたのであって、つまりそれが理性を巧みに駆使するということであり[129]、理性的な動物としての人類に特有な技術的な素質ないし練達の素質はこの点によく表われているのである。

II　しかしこれよりいっそう高次の段階として、人類には洗練〔文化〕によって文明化〔市民化〕[130]を促進していくという実用的な素質があり、そのうちでもとりわけ〔人類の〕特徴ともいえる交際面での素質があるが、それはつまり社会関係を営むなかで、個体が剝き出しに暴力を揮う未開状態から脱却し、(たとえまだ道徳的生物とはいえないにしても)礼儀を身につけ、連帯に向かう使命を自覚した生物となるという、人類に自然な性向にほかならない。――人間は指導するという点でも躾ける(訓練する)という点でも教育の能力を備えており、またそうした教育を必要としている。ところでここには(ルソーに賛成するせよ反対するにせよ)問題が潜んでいて、それは、人類の自然素質からして、いつ完成するのか見極めのつかない文化〔洗練〕の技巧に溺れるよりも、人間の本性の未開状態にとどまった方が人類の性格は〔道徳的に〕善なる状態でいられるのではないか、という問いである。[131]——最初に確認しておかなければならないことは、人間以外の自然状態に野放しにされた動物はどれもこれも、その使命を各個体ごとに全うするのに対して、人間はその使命を果たすとしても辛うじて類としてであって、つまり人類という種は気が遠くなるほどの連綿とした世代の積み重なりのなかで前進することによってしか、自分の使命に向かって自分を高めていくことができないということである。その場合こうした究極目的に向かう傾向はしばしば停滞しながらもけっして全面的にあと戻りしてしまうことはありえないのだが、それにしても人類にとってその目標はどこまでも遥か山のあなたにとどまり続けるのである。[132]

Ⅲ　道徳的な素質。ここで問題となるのは、はたして人間は本性〔自然〕から善であるのか、それとも本性から悪であるのか、あるいはまた人間を善悪のどちらに教化する手に掛かるかの違いに応じて(cereus in vitium flecti etc. 蠟のように悪徳の方に曲げられ、云々)[133]本性から善悪のどちらにも引きずられやすいのか、ということである。もし三番目の答が正解だとすると、類としての人間にはそもそも性格というものは何もないということになるだろう。——だがこれは自己矛盾である。というのは実践的な理性能力を賦与され、だから自分の随意志が自由であるという意識を与えられた生物(これを人格という)は、そのように意識しているときには、たとえ表象がこのうえなく朦朧としている場合であってさえも、自分が義務の法則の下に服していることを自覚しており、加えてまた自分に対してであれ自分の行為を通して他人に対してであれ正しく振る舞っているのかそれとも不正に振る舞っているのかという感情(これを道徳的感情という)が自分に備わっていることにも気づいているからである。このこと自体がすでに人間性にあまねく備わった叡智的な性格なのであって、この点からすると人間は人間に生れつき備わった素質からして(つまり本性から)善である。ところが反面経験が示すとおり、人間にはそれが禁止されていること、つまり悪いことだと知っていながらその禁止されていることを一生懸命追い求めようとする性向が内在しており、こうした性向は人間が自分の自由を使い始める当初から早々と不可避的にうごめきだすのであって、それゆえこれもまた生まれつきのものと見なすことができるから、人間は〔叡智的に善であると〕同時にその感性的な性格という点からすると、(本性から)悪であると判定することが可能であって、しかもこれは類としての性格が論議されるときには自己矛盾ではないのである。[134] なぜなら、人類に自然から与えられた使命は、絶え間ない前進によって一歩一歩より高い善に接近していくことにあると想定することは可能だからである。

人間の使命に関して実用的な人間学の観点から総括すれば、いい換えれば人間の自己形成を性格づけるならば、次のようにまとめることができるだろう。人間は自分に備わった理性によって、一つの社会のうちで同じ人間たちとともに生活するように、そしてその社会のうちで技術と科学によって自分を洗練化〔文化化〕し、文明化〔市民化〕し、道徳化するように使命づけられているのであって、[135] 人間が幸福と呼んでいる安楽と逸楽に向かう刺激に受動的に〔情熱的に〕耽ってしまうという動物的な性向がどんなにはなはだしくても、むしろ能動的に、つまり人間の本性の未開状態からして人間に絡みついているこうした困難と戦いながら自分を人間性に値するよう形成する、という使命を与えられているのである。

したがって人間は善に向かって教育されなければならない。ところが人間を教育する任を担うのは再び人間であって、その人間は最初はいまだに自然〔本性〕の未開状態におかれているのだが、いまや自分自身に必要となるもの〔教育〕を自らやり通さなければならない。こうした事情だから、人間は絶えず何度も自分の使命から逸脱しながら、しかもそのつど使命に立ち帰るということを繰り返すのである。――そこでこの問題を解決する際に付きまといくつかの困難と、それがもたらす障害を列挙してみよう。

## A

人間に課せられた第一の使命は肉体的な使命であって、それは動物の一種として種を保存したいという人間なら誰しもがもつ衝動にほかならない。――しかしここで早くも、人間の自然な成熟段階が市民としての成長段階と一致してくれないのである。自然な成熟段階でいうと人間は自然状態では遅くとも一五歳で**性本能**の衝動を覚えはじめ、また自分の種を胎ませ仔をもうける能力を備える。他方市民としての成長段階からすると、人間は（平均して）二〇歳前に敢えてそうしたことを実行するのはたいへん難しく、ほとんど不可能である。というのは、たとえ早くから自分と一人の女性の愛情を世界市民として満足させる[136]ことのできる能力が備わっているとしても、その青年が国家市民として自分の妻子を養っていく能力を備える[137]ようになるにはまだ長い時間がかかるからである。――妻を娶《めと》って世帯をもち始めるためには仕事を覚え、商売関係で身を立てなければならない。だがそうしているうちに、国民のうち相対的に修練が要求される〔比較的洗練された〕階級ではたしかに自分の使命〔職業〕に準備が整う前に優に二五年が過ぎ去ってしまうこともありうるのである。――さていったい禁欲を強いられたこうした不自然な宙ぶらりんの期間を青年はどうやって遣り過ごすのだろうか。悪習に染まるな、という方が無理というものであろう。

B

科学は人間性を洗練してくれる文化の一つであるが、人類を全体としてみるとそうした文化としての科学を推進する力は人間の寿命とまったく釣り合いが取れていない。学者がこれから自分の手で科学の分野を前進させるほどに文化に寄与するところまでこぎつけたころには死神からお迎えがやってきて、自分の地位を青二才に乗っ取られる憂き目に会うのだが、その青二才君も先輩と同じく、一歩前進を果たしたあとご臨終一歩手前というところで次の者に席を譲ることになる。――もしアルキメデス、ニュートン、ラヴォアジェ(138)級の学者がその勤勉さと才能を備えたまま生命力を減退させることなく自然から数世紀にわたって長生きする寿命を授かっていたとするならば、どれだけの学識とどのような新しい方法の発明がすでに現在までに貯えられていたことだろうか。ところが実際には人類が科学の分野で前進する様子は(時間の流れからみて)いつも途切れ途切れでしかなく、しかも国家を転覆しようとする革命の野蛮に干渉されて常に衰退の危険に脅かされるため(139)、確実に前進するとも限らないのである。

C

人間は一方でその本性〔自然〕に駆り立てられてたえず幸福を得ようと努力するが、他方理性は幸福を抑制する制約として、その前に〈幸福であることに値する尊厳を体現すること〉(140)つまり道徳性を守れという条件を課するので、〔性欲や科学の場合と〕同様に幸福の実現に関しても人類は、その使命を果たすことはほとんど覚束《おぼつか》ないように思われる。――自然状態から敢然と脱出しようとする人類についてルソーは心気症的な(ご機嫌斜めの)描写を書き記し

P 263　A 326
V 281　W 680

ているが、[141] 必ずしもこれを彼の本心と見なして再び自然状態へ回帰して森のなかへ戻りましょうという呼び掛けと受け取る必要はないのであって、ルソーはあのように描写することによって人類が〔道徳を完成させるという〕その使命の完遂に絶え間なく接近する道を歩むことがいかに困難であるかを表現したのであった。彼の真意がどこにあったかを勝手にでっちあげてはいけない。――〔ルソーでなくても〕どんな思想家であれ、古代から現代に至る経験を顧《かえり》みる者はみな、われわれ人類にいつの日か〔道徳的に〕いっそう善なる状態が訪れるのであろうか、という問題に取りくんだ末に、これに懐疑的になることは避けられないのである。[142]

ルソーの三つの著作、すなわち(1)われわれ人類が自然状態から抜け出て文化〔洗練〕へと移行する際に、〔それが基で〕われわれの力が弱まることから生じる損害、(2)文明化によって生まれる不平等と人間相互の抑圧に起因する害悪、(3)本物と思い誤られた偽りの道徳化から生じる自然に反した教育と的外れな思考方法とに由来する害毒――これら三様の災いについて論じた三つの著作は、[143] 自然状態をあたかも純粋無垢の状態であるかのように生き生きと描いているのであるが(こうした状態に再び舞い戻るのは、楽園を守る衛兵が燃える剣をかざして許さないであろう)[144]、敢えていえば、これらの著作はたかだかそれぞれ、われわれ人類が自分自身の科《とが》のせいで閉じこめられてしまった諸々の災いの迷宮から脱出しようとして彼の『社会契約論』と『エミール』と「サヴォアの助任司祭の信仰告白」[145] を読む際に、アリアドネの導きの糸[146]として役立ってくれるといったていどのものであろう。――ルソーが本当にいいたかったことは、人間は再び自然状態へ逆戻りするべきだというところにあったのでなく、人間がいま立っている段階から自然状態を振り返って眺める必要があるのではないかということだったのだ。彼が仮定していたのは、人間は本性からして(本性が遺伝によって伝えられるままに)善であるが、しかしそれは消極的な意味であって、つまり自分から意図的に悪人になるというのでなく、ただ、指導者や先例が悪かったり拙かったりするとそれに感化され堕落させられる危険に曝されているという意味である。(147) しかしいまこの危険を避けるためには改めて善い人間が必要となるのだが、人間には(生得的なあるいは後得的な)堕落を免れている者は一人もいないだろうことは確かであるから、人間が善人となるためには自分で自分を教育しなければならなかったことになるのであって、したがってわれわれ人類にとって道徳的な教育にまつわる問題は単に程度の問題として解決が難しいというのではなく、原理の中身そのものからして解決不能なのであって、それというのも人類に生得的な悪の性向はたしかに普遍的な人間理性によって見咎《とが》められ、場合によっては抑制されることはあっても、決して理性によって根絶やしにされることはないからである。

＊　＊　＊

人類のなかには人間の使命の究極目的を目指そうとする善なる素質が存在しており、この素質を技巧的に最高度に高めた段階が市民的な立憲体制〔共和制〕であるが、この体制においてすら純粋な人間性よりも動物性の方が発現するのが早く、また根っこからしていっそう強力であるから、結局野生の動物を飼い馴らして家畜にし人間に役立つようにするには、もっぱら前者を虚弱にするしかないのである。個々人の生来の意志はいつでも隣人に対する反感を剥出しにしようと構えており、またどんなときでも無制約な自由を望むので、単に〔他人と関わりなく〕独立でいるというだけでは満足せず、本性からすれば自分と同等の存在である他人に対してあわよくば号令をかける立場に立とうと隙を狙うのである。このことは生まれたばかりの嬰児を見てもすでに気づくことであって(原注)、なぜなら人間はその本性からして洗練〔文化〕から出発して道徳性へと進むよう努めるのであり、(逆に理性が指図するように)道徳性から出発して、つまり道徳法則をものごとの基準として、道徳性を目指した合目的的な洗練へと進むよう努めるのではないからである。ここから不可避的に反目的的で馬鹿げた風潮がはびこることになり、例えば道徳的な洗練〔修養〕であるべきはずの宗教の授業が、単なる記憶の洗練〔修練〕にしかならない歴史的な洗練から語り始められて、そこから道徳性を結論づけようと無駄な骨折りを繰り返す、などがその例である。[148]

(原注)　赤ちゃんが生まれるか生まれないかのうちに張り上げる泣き声は、嘆きの調子ではなく、それ自身何かに憤り怒っている調子を帯びている。[149] つまりそれは、何か悲しいことが起こったからでなく、生まれたての嬰児にとって何かがままならないからであるが、臆断すれば、それは彼としては動きたいのにその能力が欠けていて、それがあたかも手錠や足枷となって彼の自由を奪っているように感じるからだと思われる。[150]——それにしても、自然は赤ん坊を甲高い泣き声とともにこの世に生まれてこさせるのであるが、このことは荒々しい自然状態では赤ん坊と母親にとって最も危険であるのに、ここには何か自然の意図が潜んでいるのだろうか。というのも、狼はもちろんのこと豚でさえもその泣き声を聴きつけて、母親がいない隙かあるいはお産で衰弱しているあいだに赤ん坊を食べちゃおうという気を起こすかもしれないからである。ともかく(いまの姿の)人間以外の動物には、生まれるとき自分が生まれたことを大声で告げ報せるものなど一つもありはしない。するとどうやらこれは、種の保存のために自然の知恵が配慮してくれたものと思われる。とするとここから、人間という動物の種属に関していえば自然の初期の段階では(つまり人間の野蛮時代に関しては)子供が生まれるとき泣き声を張り上げることはまだなかったはずであって、それゆえまた、のちに両親が家族単位の生活に必須の洗練をすっかり身につけてしまったあとでようやく第二段階が訪れたのであろうという仮説が必然的に成り立つのである。ただし自然がどのようにしてそのような進化の道を辿ったのか、その際にどのような諸原因が協同して働いたのか、ということはわかっていない。こうした所見は応用が利くのであって、例えばここから、現在の第二段階もこれから自然の大変動の組合せによっては第三段階に移行しないとも限らないのであって、そうなるとオランウータンやチンパンジーも歩くために役立つ器官、色々な対象を触るとき

A 328　A 327　A 328

や喋るときに役立つ器官を自力で人間同様の身体構造にまで鍛練し、そのなかでも最も内奥の器官には悟性の使用に役立つ器官も含まれていて、この器官は社会的な洗練を通じて次第に進化することであろう、という推測も成り立つかもしれない。[151]

人類を全体として教育するという場合、個人(singulorum 一人一人)を全員あわせた教育という意味ではなく、というのもその集合は秩序だった体制とならず、烏合の衆にしかならないからであるが、いい換えれば人類の総体的な(universorum 普遍的な)教育のことであって、つまりそれはいずれ自由の原理のうえに、しかし同時にまた法則に基づいた自制の原理のうえに築かれるべきはずの、市民的な立憲体制の樹立に向かう歴史の趨勢を視野に入れた教育のことであるが、[152] 人間がこうした教育に期待をかけるのは単に摂理として、すなわち一つの知恵としてであるにすぎず、しかもそれは人間の知恵ではないがしかし人間の理性が抱く無力で儚い(これには人間自身にその責任がある)理念であって、——はっきりいえば、こうした上からの教育は為にはなるが、厳しくて苦いものであり、困難なことが多くつきまとい、また全人類を破滅させる寸前まで人間の本性を加工するものであって、というのは、たえず内面で本人自身と仲違いしている悪から出発して善を、つまりいったんそれが実現すれば人間にはそのつもりがなくても将来にずっと堅持されていくような善を創出する、という教育だからである。摂理とはまさに、ある有機体となった自然存在(人類)がたえず種の破滅に邁進しながらしかも種をずっと保持しているという〈(人類の)種の保存〉の事実のうちにわれわれが発見して賛嘆を惜しまない知恵を意味するのだが、だからといって動植物の種の保存に関して前から想定するのが慣わしとなっている原理よりもさらに高次の原理をこの配慮(摂理)のうちに想定する訳ではない。——ところで人類の幸福を創造するのは人類自身であるべきだし、またそれは可能である。ただし人類が幸福になることはわれわれが熟知している人類の自然素質からアプリオリに導かれるものではなく、

C 223
P 266
V 284
W 683

A 329

単に経験と歴史から判断して、あらゆる〔人間関係のうえの〕利口ぶりを発揮したうえでさらに、人類が〔道徳的に〕より高次の善に向かって進歩することを諦めることなく、光り輝く道徳的な模範例に導かれながら(各自、力の及ぶかぎり)この〔道徳的改善という〕目標に一歩でも近づいていこうという気持ちを促すためには、〔その前提条件として〕幸福の実現に期待することがどうしても欠かせない、といった意味で根拠がなくもない期待をこめて推論されるにすぎない(153)。

それゆえ以上のことから、人類の随一の性格(154)は、自分の人格にであれ自然によって人間が収容された社会にであれ、何らかの性格といわれるものを自分であつらえるという、理性的な生物としての人類に備わった能力にある、ということができる。しかしこのことがいえるためにはその前に、人類には善に向かう好都合な自然素質ないし性向が内在するという前提があるのであって、なぜなら(悪はどうしてもそれ自身と矛盾をきたすのでそれ自身のうちに確固とした原理を一つも許さないから)悪はもともと性格というものとは無縁だからである。

生命体の性格とは、それによって前もってその生命体の使命が認識できるもののことである。――ところで自然が望んでいるのは、個々の生物の本性〔自然〕がもつ素質がすべて当の生物のために合目的的に花開き、それによって、たとえその生物に属するすべての個体がではなくても、種としては自然の意図を満たすという形で、各生物がその使命を達成することであって、これこそが自然の目的でありその原則である、と想定することができよう。――理性を欠いた動物を見ると実際事態はこの通りであり、それが自然の知恵というものである。だが人間の場合、このことが達成されるのはただ類としてのみであって、類ということでいえば、われわれは理性的な生物としては地球上ではただ一つの類しか、すなわち人類しか知っておらず(155)、しかもこの人類の本性が示す方向性は同じくただ一つ、人類固有の活動によっていつの日にか悪から善への進歩を成し遂げるという目的を掲げてそれに向かって努力するという方向性だけであって、つまり自然の大異変が突然邪魔をすることがないかぎり一つの展望が開けるのであって、それは(そうした目的に向かってたえず前進せよという義務は十分に達成されるだろうという)道徳的な確信からして期待することができるのだ。――というのはつまり、人間は悪を植えつけられているとはいえ、いろいろな工夫を凝らす素質を与えられ、加えて同時に道徳的な素質を与えられた理性的な生物だからであり、この理性的生物は洗練〔文化〕が増進すればするほど自分たちが互いに利己的に振る舞って相手に加える災いがますます強まっていくと感じながらも、それに対する対処の仕方としては、当面はいやいやながらであろうと(個々人の)私的な感覚を(全員が一体となった)共通感覚に、つまり(市民的な義務という)規律に従わせるという方法以外には見当らないのであるが、ただその規律に当の理性的生物〔人間〕自身が従うのはもっぱら彼らが自ら立てる法則に則ってのことであるから、彼らはこの事情を意識することによって、自分が気高くなったように感じ、自分は理想〔目的の国〕に住む人間の使命とは何であるかと理性がいい聞かせてくれる通りにその使命を遵守している一つの類の一員なのだと感得するのが人間だからである。

## 人類の性格描写の概要

I　人間は牛や羊がそれぞれの群れに群がるようにではなく、蜜蜂が巣に密集する風に似るように定められた。――これが、人間がどれか一つの市民社会の一員であることを免れられない必然性である。

そうした社会を最も単純に、つまりほとんど技巧を加えないで築く仕方は、蜜蜂の巣箱のなかを女王蜂が支配する社会である（専制君主制）。――しかしその巣箱がたくさん近くに集められると、すぐにお互いが強盗蜜蜂となって相互に攻撃を開始するが（戦争）、しかしそれは、人間の場合のように相手の巣箱を併合して自分の巣箱を増強することを目的としているのではない――というのも、ここまでくると比喩の限界を越えるので――。そうではなくて、単に相手の巣箱の勤勉の成果を策略とか実力を使って自分の方に横取りするためである。〔だが人間は〕どの国民も近接する諸国民を征服して自国を増強しようと画策する。[156] そして膨張欲からであれ、他国に先んじないと相手に飲み込まれてしまうという恐れからであれ、人類に見られる内戦や対外戦争は、それ自身がどれほど大きな災いであろうと、しかし同時に未開な自然状態から市民的な状態へ移行するきっかけ〔動機〕となってくれるのであって、それは摂理の機械工学とでも形容するほかはなく、つまり互いに反対方向に働く諸力が衝突することによって相手に損害を与えつつも、しかし色々に入り乱れた動機が長いあいだ押し合いへし合いしているうちに、いつのまにかそうした諸力は均衡の取れた状態に落ち着いてしまうのである。[157]

II　自由と法律（後者によって前者が制限される）は、市民的な立法が回転するための二つの蝶番《ちょうつがい》である。――しかし法律が空文句に終わらずに効力を発揮するためには、二つを媒介するもの[原注]がここに介在する必要があるが、それが権力であり、これが自由および法律と組み合わさることによって権力の諸原理は効果を挙げることになる。――さて権力と、自由と法律の二者との組合せは四種類考えることができる。

A　法律と自由があって権力がない（無政府）。

B　法律と権力があって自由がない（専制政治）[158]。

C　権力があって自由と法律がない（野蛮）。

D　自由と法律の二者を権力が媒介する(共和制)[159]。

(原注)　三段論法の媒項辞 medius terminus は、判断における主辞と賓辞を媒介することによって三段論法の四つの格をもたらすが、この媒項辞に類比的に考えてみよ。 A330 P268

このうち真に市民的立憲制と呼ばれるにふさわしいのは最後の組合せだけだということは一目瞭然である。 A331 P269 しかし市民的立憲制という場合、例の三つの国家形態[160]のうちの一つ(すなわち民主制)が考えられている訳ではなく、上記のDの共和制という用語はただ〔あるべき〕国家一般を意味しているにすぎないのであって、昔からいわれている「(市民の civium ではなく)国家の安全が最高の掟であるべきだ Salus civitatis suprema lex esto」というブルカルド法規集成[161]にある言葉は、共同体の感性的な繁栄(市民の幸福)が憲法の最高原理として据えられるべきだ〔これが民主制の本質〕といっているのではない。というのは、市民の幸福というものはそれぞれ各人の個人的な好みに従ってあれこれ勝手に思い描かれるので、普遍性が要求される何らかの客観的な原理にはまるで適さないからであって、前述の格言がいおうとしていることは、市民社会一般の最高の法は悟性的な繁栄、つまりいったん発布された憲法を守ることに存するということである。 C226 W687 というのは、市民社会は一般に憲法が守られることによってのみ倒れないでいられるからである[162]。

あらゆる時代を通じあらゆる国民に見られる経験に照らして判断すれば明白となるように、人類の性格は、人類を総体として(人間という種を全体として)見ると夥しい数の個人が世々代々順番に、かつ横へ横へと並びあって生存しているが、 V288 彼らは互いに平穏無事に共存しない訳にはいかず、しかもなおたえず互いに争いあうことを避けることもできない、という事実に伺えるのである[163]。その結果彼らは、自分たち自身が制定する法の下でお互いを牽制しあっているうちに、自分たちが総体として進歩していく一つの連合へと、つまりたえず分裂の危機に曝されながらであるがしかしただ一つの世界市民的な社会(cosmopolitismus 世界同胞主義)へと向かうようにという使命を自然から与えられていることを自覚するに至るのである。この世界市民的な社会というのはそれ自体は到達不可能な理念であって、(人間同士のこのうえなく生気に満ちた作用と反作用のちょうど真ん中あたりに平和が樹立されることを期待するといった)構成的な原理ではまったくないのであるが、ただし人間には世界市民的な社会に向かう本性的な方向性が潜んでいると臆測することに根拠がない訳ではないので、この理念を人類にとっての使命として掲げ熱心に追求する、といったていどの統制的な原理なのである。[164]

さてここで仮に、人類は(地球以外の惑星に住む数ある理性的な生物と比較した場合、同じ一人のデミウルゴス[165]から生みだされた被造物の集合としての理性的な生物のうち地球に住む一つの種であると考えるとすれば、人類を人種と呼ぶこともできる)[166]――繰り返していえば、その人類は善い人種なのか悪い人種なのかどちらと見なすべきなのかと問われたとすると、私としても正直なところその点で胸を張って前者だと誇ることのできる人間はそう多くはいないだろうと答えざるをえない。とはいえ人間の振る舞い方を単に古代の歴史のなかに観察するだけでなく現代史においても探ってみるならば、一方でアテネのタイモンのように人間嫌いという判断を下したくなる事例が多いことは確かであるが、しかし他方でギリシア神話にでてくるモムスのような判断を下したくなることの方がいっそう多いだろうし、[167]またその方がいっそう実情に合っているといえるのであって、つまりわれわれ人類の性格を特徴づけようとすると、意地の悪さよりもむしろ愚かさの方がずっと目立つことに気づくのである。しかしわれわれ人類を道徳の方面から人相鑑定するとすれば、その愚かさという面《つら》の上に意地の悪さという化粧クリームを塗っているることが見え透いているのであって(かくして愚かは浅はかとなる)[168]、それを理由として利口な人間なら誰もが、自分の考えていることを大部分隠して秘密にしておくことは仕方のないことだと認めていること一つからしてすでに十分明白に見て取ることができるのだが、われわれ〔人類という〕人種のあいだでは誰もが、あるがままの自分をすべて探られたりしないよう用心しておく方が得だと考えているのである。このことがすでに、われわれはお互いに心のなかで他人に不快感を抱いており、そこに人類の煩悩の一つがあることの証拠である。

どこか他の惑星に、声に出していう以外の仕方では思考ができないという、いい換えれば夢のなかであろうが目が醒めていようが、また人なかであろうが一人きりであろうが、考えると同時にそれを言葉に出さずには何一つ思考することができないといった理性的な生物がいたとしてもおかしくはないだろう。だが彼らはわれわれ人類とは違って、お互いどんな風に接し振る舞うであろうか。もし彼らがこぞって天使のように純真な心の持ち主であるのでないならば、どのようにして彼らはいっしょに暮らしお互い同士が少しでも尊敬しあい、皆で仲良くしていくことができるのか、見当がつかないであろう。——こう考えてくると、他人の考えていることは知りたがるくせに自分の考えは隠しておくという上記の態度がすでに人間という生物の根源的な合成の一方の契機をなしており[169]、その限りでこの生物の類概念の半分を構成する。ところでこうしたご立派な属性はそのまま次第にすり替えから意図的な欺きへ、ついで最後には嘘そのものへと必ず進展するものである[170]。するとこうした進歩はわれわれ人類についての一種の風刺漫画を提供してくれることになるだろうが、その漫画に勇気を得て人類を気軽に茶化すだけでなく、一歩進んで人類の性格の本質をなすもの〔感性的性格〕を軽蔑しているうちに、ついにはこの世界に住む理性的な生物としてのこの人種は残りの(われわれにとって未知の)理性的な生物のうちにあって名誉ある地位を与えられるこ

A333 C228 P272 V290

とはけっしてないだろうと諦めざるをえないところまでいきつくであろう。(原注)——ただし以上のことは、こうした人類を突き放すような冷淡な判定が必ずしもわれわれのうちなる道徳的な素質、つまり理性による生れながらの勧告に背くのでない限りでいえることであって、人間のうちには生れながらに理性による勧告が聞こえるのであり、それはあのような煩悩に対してさえも断固として反対の行動をせよと、それゆえ人類を悪いものとしてでなく、数多《あまた》の困難をものともせず悪から善に向かってたえず前進しようと努力しつづける理性的な生物の類として記述せよ、と勧告するのである。結局のところ一般的にいえば人類の意志は善であるのだが、ただしそれを貫き通すことが難しいのは、人類の目的は個々人が自由勝手に徒党を組むことで達成されると期待することはできないからであって、地球市民が連帯して〔道徳的に〕進歩を重ね、人類を世界同胞主義に基づいて団結した一つの体制にまでもたらし、それから先さらに進歩しつづけることによってこそ、またこの道を通じてしか、あの理性の勧告による人類の目的の達成は期待することができないからである。(171)

W690

A332 C227 P271 V289 V290 W689

(原注)　フリードリヒ二世(172)はズルツァー(173)の功績をお認めになって彼をシュレージエン地方の管区教育長に任じたのであるが、あるとき大王はこの優等生のズルツァーに「仕事はどうかな?」とお尋ねになった。ズルツァーの返答は「〈人間は本性からいえば善である〉という(ルソーの)原則に則って学校を増やしまして以来、事は前よりも順調に進むようになりました」というものであった。「ああ(と大王はため息混じりにおっしゃった)、親愛なるズルツァー君、君はわれわれもその一員であるこの呪われた人種〔人類〕についてまだ熟知しておらんようだね。Ah, mon cher Sulzer, vous ne connaissez pas assez cette maudite race à laquelle nous appartenons.」——われわれ人類の性格に似つかわしいこととして、人類は一方で市民的立憲制を目指して努力しながらも他方でまた宗教による訓育も必要とするのであって、それは外面的な強制によっては達成できないことでも内面的な(良心による)抑制によって実現するかもしれないからである。これは、人間の道徳的

A333

な素質が立法者によって政治的に利用されるということであるが、こうした趨勢もまた人類の性格に合致している。(174) しかし国民をそのように訓育するに際して道徳が宗教に先立たないとすると宗教が道徳に君臨する主人公と成りあがって、その末に規則でがんじがらめになった宗教が国家権力(政治)の手先となり、信仰の独裁者どもが支配するようになるであろうが、(175) これが人類の性格を歪め統治を欺瞞(政治的手腕と呼ばれる)によって運ぼうとする邪道に導く随一の禍いである。このへんの事情についてかの偉大な君主〔フリードリヒ大王〕は、公的にはご自身は単に国家の公僕の筆頭にすぎないと公言なさりながら、(176) 胸のうちでため息をおつきになりながらではあるけれども個人的な告白としては正反対のことを隠すことがおできにならなかった訳であるが、その際にもこうした堕落の責任を人類と称する性悪《しょうわる》な人種に擦《なす》りつけることによって、ご自分自身の人格の弁明となさったのであった。(177)

# 人間学遺稿

高橋克也訳

Kant's handschriftlicher Nachlaß.
Anthropologie.

カント遺稿
人間学

A版 第15巻　55-899頁(抄訳)

# 目次

自然が健康を機械的に促進するときに用いる興奮について（省略）

情念について（省略）

情念としての、他人に対して何らかの影響をもつ能力に執着する傾向性について（三九五）

a　名誉欲（三九五）

b　権勢欲（三九八）

c　所有欲（省略）

肉体的な最高善について（三九八）

道徳的かつ肉体的な最高善について（省略）

第二部　人間学的な性格論（四〇一）

区分（省略）

A　個人の性格（四〇一）

Ⅰ　気だてについて（省略）

Ⅱ　気質について（省略）

Ⅲ　心構えとしての性格について（四〇一）

人相術について（四〇六）

B　男女の性格（四〇六）

# Ⅰ　人間学への覚書集(抄訳)

## 人間学の課題と区分について

一五八a

問われていること。魂は二つの根源的な能力を所有していて、これらが魂のすべての性質と働きの根拠をなしている。すなわち、認識する能力と感じる能力がそれである。第一の能力を行使するときは、魂は自分の外部の何かと関わっているのであり、それをよく知りたいと思っている。その活動は、ひとえに、よく見るということに向けられているのである。第二の能力でもって、魂は、自己自身と関わっており、よい具合に、あるいは悪い具合に揺さぶられる。その活動は、不愉快なときにはただ自分のその状態を変えること、快適なときはその状態を楽しむことに、向けられている。

以下のことが求められている。一、これら二つの能力とその法則の根源的な諸規定を展開すること。二、両者相互の影響。三、人間の天才や性格がどんなふうに、これら二つの能力の一方あるいは他方の、その水準、強さ、活発さ、進歩に依存するか、また両者の割合に依存するか、ということに関する原則。(どのようにして感情が認識となり、どのようにして認識が感情となり、ひいては動機となるか、どのように活発さが才能と結び合わさっているか。)

一五九

（人間学のために。）一、魂の健康についての教説。二、魂の病気についての教説。三、魂の薬学。四、魂の徴候学。(1) 以上の場合いつでも、人間を見るにあたって、単独で存続する精神的な生の原理ではなく、身体と相互に結びついた生の原理が問題とされるのである。

A57

# 第一部　人間学的な教訓論

## 人間の内面および外面を認識する方法について

## 第一編　認識能力について

### 自分自身を意識することについて（省略）

### 自分の表象が自由に意識できることについて

一六三

㈠経験的な人たちは十分に抽象を行わない。※㈡思弁的な人たちは抽象しすぎる。（後抽象的に、一般的に。）

それゆえ、前者には洞察の根拠が欠けており、後者には適用の根拠が欠けている。

（後㈠彼らは対象に注意しすぎる。㈡思弁的な人はその逆である。）

※（後経験的な計算家として、経験的な農場主として。

人々は、抽象しすぎたりしなさすぎたりすることで不幸になる。

（後何かを感官の外に締め出す。何かに拘泥する。）

## 自分自身を観察することについて（省略）

## われわれが意識しないまま抱いているたぐいの表象について

一七

（同 悟性に関してはたいていのことが不明瞭な闇の中で起こる。人間の判断についてのいろいろな説明。どうして母親は一番わんぱくな息子を愛するのだろうか？(2)） A65

感覚は表象ではなく、表象の質料である。

判断において不明瞭な表象から発している部分の多くは、感覚に帰せられる。私は真理とともに味気なさを感じる。感情。精神的感情。※

隠れた諸性質(3) qualitates occultae を引き合いに出すくらいなら、不明瞭な表象のせいにした方がよい。たとえば、ある人物を見ると反感を覚えるようなとき。

不明瞭な表象は明晰な表象を凝縮している。道徳。そこに明晰さをもたらしさえすれば。思考の産婆。悟性と理性のすべての働き actus は、不明瞭な闇の中で起こりうる。

（後 習慣は意識を阻害する。）

不明瞭な表象は、しばしば明晰な表象に逆らう。たとえば、みすぼらしい服が功績を曇らせる（同 裕福な人たちの評価）。死に対する動物的な恐れが理性的な希望に逆らう。深淵を目のあたりにしたときの戦慄が、反省に逆らう。 A66

不意に晴れることがあるような不明瞭な反省に何かをゆだねることが、われわれにはしばしば愉快であるということ。文体。美は言い表しがたいものでなくてはならぬということ。われわれの考えていることは、いつもうまく言えるわけではない。（後どうしてわれわれは、人に右側を行かせるのか？）

（後対象についての表象の、客観的な意識。主観的な意識は私自身と、思考している私の状態に関わる。）

※（後しかしながら、私は自分自身を身体の中に直観できるわけではない。したがって、私は身体の中の私の居場所を知覚することができない。知覚だと思っているものは、実は、場所の類比を用いた推理でしかない、つまり、場所に存在するものを私が伴っているということからの推理でしかないのである。）

## 自分の表象を意識する際の判明性と非判明性について

一九三

誤謬が人を惑わせやすく、また危険でもあるところでは、消極的な認識とその規準criteriaが、積極的な認識よりも重要であり、しばしばわれわれの学問の本来の対象をなす。たとえば、宗教においては神の概念について、政治においては、支配者が何を奪ってはならないかについて、それが言える。ただ、積極的な認識の方が、何ぶん拡張的であるため、よりおもしろいものだ。ソクラテスは、思弁に関して消極的な哲学をもっていた。すなわち、多くの学問と自称するものの無価値、ならびにわれわれの認識の限界についての哲学を。（同教育においては消極的な部分、つまり訓練が、最も重要である。ルソー。切り離すこと。）

医学の消極的な使用。法権利の学識と宗教の学識の消極的な使用。改革は、とりわけ消極的である。結局、すべ

A71　A72

ては普通の健全な悟性のあの簡素さを目指すものであり、哲学はそのための道具なのである。

消極的な幸福と知恵。ディオゲネスの(4)、なしですますことによる知恵。

花嫁の消極的な持参金。

(後法権利――人から彼のものを奪わないこと。)

一九六

複合的な(同混じり気のある)表象とは、対象に関係する事柄をたくさん含んでいるからそう呼ばれるのではなく、主観的な根拠からさまざまなものが絶えずその表象につけ加わるので、そう呼ばれるのである。(5)(付属的なもの。)われわれは、子供の頃聞いた曲を思い出すと、昔信じていた事柄を思い出して、まるで今現在のことのように思えてくるものだ。ある箇所に達すると、そこのところが奏でられた時のあの荘重な印象が、また、時には鋭さの印象が、心に蘇る。

有徳の行いに際しては、名誉や感性的な好み、利益などといった考えが入り込んでしまって、しばしば、客観的に見て主要な表象 perceptio obiective primaria(こちら〔が優勢〕であるべきなのだが)が、主観的に見て主要な表象 perceptio subiective primaria、つまり〔主観的に〕優勢な表象と、いったい同じものなのか、また両者のうちどちらが優勢なのか、はっきりと分からない。

(後分離された表象の反対としての、混じり気のある表象。)

(後かつらや襟を纏った宗教的表象。(後儀式、衣装。)英雄と体の大きさ。言葉は付き添う。)

(後歌がある中でのお祈り。厳粛な集会で。)

(後ふざけた歌詞に宗教的なメロディーをくっつけること。)

法権利に関する判断では、法律は、それが用いられる仕方と結びついている。誤用されやすい法律は、不正なも A74
ののように見えてくる。

(後異性の好みにおいては、何が主要表象 perceptio primaria か?)

礼儀正しさは、徳の(同自然な)付随物である。

女や、原則をもたぬ人々にあっては、付随表象の方が優勢である。名声や名誉の誇示。(後愚劣のシチュー。[6])

お祈りの時。まさに正式な説教などの時のごとく。

自分自身の感覚、欲求、判断が説明できない時には、付随表象のみに注意してよい。

飾り立てること。人に取り入るべきでない、むしろ命令するような重要なことは、媚びるように飾り立てられてはならず、上品で簡素、そして信頼できるものであらねばならない。説教。

一九九 A76

魂の中の表象の戯れや、比較し結合する魂の活動を目覚めさせるものはすべて、心を思索へと駆り立て、認識に一段と生気を与えてくれる。音楽、美しい土地、暖炉の火、さらさらいう小川。これらの印象は特に気に留められることなく流れ去ってゆくのでなくてはならない。だから、庭園よりは森がいい。黙々と行う作業が目の前にあった方が、よく考えられるものだ。(後紐をもった弁護士。[7])

## 悟性と対照された感性について

二三〇

事物についての認識はすべて、素材の面から言えば感覚に由来する。悟性は反省のための観念を与えるだけである。 A 88

実体の認識は外的な感覚に由来する。また、われわれはもっぱら内的であるような感覚ももつが、これは、外的感覚に関係したわれわれの感受作用と諸活動を意識することによってのみ起こるのである。感情や欲望は、外的対象の特性として知覚されるのではないような何かである。

理論的観念論は、外界が存在しないと言う。

実践的観念論は、われわれの幸福は外界に依存しないと言う。

（同論理的観念論は、感覚的認識を不完全なものとみなし、ただ一般的な思弁だけを好むところに生まれる。）

美感的観念論というものがあるとすれば、それは現実よりも美しい世界を想い描くようなものではなく、世界を美しくしようという気持ちを心に育成するといったものであろう。

二三一

### 感性の弁護——感官の仮象をめぐる技巧的な戯れについて——許すことのできる道徳的な仮象について A 93

（同理性の）同判断を内的感覚だと思い込むこと。）

感覚には異議の申し立てようがない。しかし、そもそも感覚は物事の概念を表現してはいないし、まして原因を表現してもいない。快適さの感覚だけが直接的に確実である。それ以外の感覚は、それらが表現されるべきであるかぎり、もう比較の判断なのである。例えば、すっぱい、甘い。

すりかえの誤謬[8] vitium subreptionis。このために、水は空気より冷たいと思われ、地下貯蔵室は夏には冬よりも暖かいと思われるのである[9]。

善は何ら感情の印象ではない。

感官は印象のみを与える。

二五〇

すりかえの超越論的誤謬 vitium subreptionis transscendentale とは、知性的なものが感性的なものと取り違えられたり(アリストテレス)、感性的なものが知性的なものと取り違えられる、つまり、現象の諸条件を踏み超えて諸対象それ自体にまで拡大されることである。

## 認識能力が一般になしうることについて（省略）

## 五感について——内的感官について

A 94

二六八

感覚は、一つの内的な状態としてはいつも真実であるが、だからといって現前する対象の表象としても真実であるわけではない。したがって、感覚は快・不快の感情として常に真実なのである。

この内的状態の感覚は、現前する対象の表象 repraesentatio obiecti praesentis とみなされなければ、いつでも真実なのだが、しかし、客観的にみた場合に、対象がそこにあることが、いつもその感覚の原因となっているとはかぎらない。例えば想像でしかないという場合。あるいは、感情が対象の感覚ではなくて、この対象の表象と結びついた隣接観念である場合。

かくて、感覚は、感覚印象(同 affectio sensationis)としてはつねに真実であるが、感覚表象(同 repraesentatio sensationis)としてはそのかぎりではない。

A 102

二八二

音楽は感覚の戯れであって、規則性でもって意識をその内的な状態へと振り向かせる。それゆえ、心に反射する感覚すべての中で、音楽の印象は最も強い感覚なのである。

A 106

二八三

間断なく作用する印象は、注意を引くような感情をもたらす。内的直観は内的感覚とは違うものである。内的感官だけが内面化を行う。それだから、動物は不幸にならない、つまり気が滅入るということがないのである。ぼん

A 106

やりした人も同様だ。

二八四

自己自身に聞き耳を立て、自分の感覚の状態に絶えず注意を傾けることは、自分以外の物事に向かう活動を心から奪ってしまうので、頭脳に有害である。分析家は病気になりやすい。

内的な感じやすさは、自分自身の反省によって動揺させられやすいということだから、有害である。



感官感覚の強度が増減する原因について（省略）

感官能力の抑止、衰弱、全面喪失について（省略）

構想力について

三一三

（後 想像の中の病気。想像の中での美や権勢。単なる想像の中での、貪る幸福。想像の中での神々しさ。）

（同 われわれの中でのイメージの戯れ。われわれがイメージで遊ぶのか、それともイメージがわれわれで遊ぶのか？）

（後 欺く）想像は、もともとわれわれ自身の脳がこしらえ上げたものを対象の中に見ていると思う場合には、そもそもまやかしである。こんなふうにして、狂信者はおのれの妄想全部が、またいずれの宗派も自分たちの教義が、聖書の中に見出されると思っている。そういった内容は、聖書から学ばれるというより、聖書の中に持ち込まれるものなのだが。（後知覚に先立つ想像。賢い子供たち。）（後想像の中での痛み。）確かに、ある内容をどこかに知覚しようというときには、われわれはそれについての何らかの観念をすでに持っていなければならない。それは正しいのだが、何よりも適用の指標が探し求められねばならないのである。欲望が、たくさんの想像上の知覚や、恐怖を生み出す。惚れ込んでいる人、子供たちを前にした親。私情にとらわれた裁判官。心気症患者たち。

（後子供時代に関する空想の幻想性。）

（後心をくすぐるものを、われわれは自分で思い描く。）

（後郷愁。）

人間を牛耳るには、彼らの想像に訴えると一番うまくいく。女性は男性に、女性を支配していると想像させ、それによって男性を牛耳るし、君侯は民を、自由であると想像させることで牛耳っている。「世の中は意見に支配されている[10] mundus regitur opinionibus」というのは、民の嘲りなどではなく、統治者の怜悧を説明した格率なのである。（後幸福で愉快な想像力。多種多様。）

（後想像の中での口論。） A123

孤独な時間を空中楼閣、空想の旅、空想上の冒険などで慰めること。これらを本当に将来起こることだと思ってはならない。

（後遠い未来や古い昔、またはるか離れた場所を、思いやったりふり返ったりするときの、想像上の心地よさ。）

領土拡張の幸福な想像（後妄念、すなわち想像上の財）。名誉の妄想。他人たちも自分と同じ運命だという考えによる、想像上の、しかしまったく無益とも言えない慰め。

（後死者が苦しむという想像。）

乾いていて気持ちいい墓所、という想像。(11)

われわれは、どうやって死者を悼むのだろう？

想像は、大いに、美化もすれば醜くもする。そのせいで悪徳が生まれる。

（後われわれがイメージで遊ぶのか、それともイメージがわれわれで遊ぶのか？）

（後われわれの一番よくやる慰みごとは、想像を用いるものであるが、想像のほとんどははかない。想像が経験であると勘違いされる場合、それは空虚である。）

三五

想像の世界をあちこち歩き回ったあげく、そこでいわば道に迷い、帰り道が分からなくなること、これ以上に危険な状態はない。愚者の楽園。

人は決してわれを失ってはならず、（同いつでも）自己自身のもとに（同そして目覚めて）いなければならない。直観はいつでも意識とともに知覚にしっかりと結びつき、そして世界内の状態と完全に合致するようでなくてはならない。目覚めないまま表象をもつ人は、夢を視ている人である。目覚めていながら、精神力の極端な緊張を随意に生ぜしめて夢を視る人は、狂信家である。

三三七a　A 133

想像の物理的な原因。阿片。

想像のおかげで自己自身との対話が成り立ち、同様にまた、計画の下準備とか、洞察、創作なども可能になる。慧眼。心は想像の野原を絶え間なく旅している。想像が変化するのではなく、心がいろいろな想像の間を移動するのである。人は自己自身と話をし、主役を演ずる。愚者は声に出して考え、賢い人は想像したものの中から選択する。

## さまざまな種類の感性的創像能力について

三七〇　A 144

(同天才の主要部分。詩による陶冶。)

構想力は他の諸力、すなわち機知とか悟性などの端女《はしため》である。それは感官の一種で、いろいろな対象を好きなように、喚び出したり払いのけたり、明るみに置いたり暗くしたりできる。それは、あらゆる認識能力のうちでも諸感官についで不可欠なものであるが、さりとて、感官の一つが欠けたとき、完全にこれの代わりをするというわけにはいかない。(同創作することで、あるいは思い出すことで。) 構想力は選択意志に従う。

空想はわれわれのよき守護神 genius あるいは守護霊 daemon である。それはわれわれの選択意志の支配など嘲笑って、しつけられるのを好みはするが、しばしば勝手にふるまい、(同われわれの選択意志に従うことから)逃げて人間と追いかけっこをする。空想は、われわれのこの上なく素晴らしい喜びすべての源泉であり、同時にわれわれの苦悩の源泉でもある。愛は空想によってのみ生きる。名誉も、空想の中にのみ現実性をもつはかないまぼろしのようなものである。吝嗇は、富がいっぱいあれば幸福な生活が可能になるだろうと思って、もっぱらその空想に奉仕している。空想は墓の中にまで押し広げられる。乾いた土中に気持ちよく横たわるとか、墓石の上に自分の名が読まれるというようなことは、われわれを喜ばせるが[12]、そういったことをわれわれは空想の中で体験し、その体験をはたから見ているのである(同区切りのよい数[13])。空想なしには孤独な時間をまぎらすこともできない。空想でもってわれわれは旅をしたり、諸国を統治したり、といったことをする。空想を飼い慣らすことのできない人は、空想家であり、勝手気ままな空想を善の理念と結びつけて行う人は、熱狂家である。空想に規則が欠けている人は夢想家であり(同空想が勝手気ままであると同時に大袈裟でもある)、狂信家もこれに属する。空想の一番ゆゆしい病気は無規則性なのである。というのも、そういう空想は悟性と合致せず、悟性概念のいるべき場所を占拠してしまうから。神の統治を、大臣や寵臣によって行われる一種の宮廷政治のように考えて、そこではよい行いよりも贈り物とかへりくだった表敬訪問、お追従などの方が効き目があると思うのも、空想が作る偽りのイメージであり、宗教についての悟性概念を追い出してしまうものだ。理性が支配し、空想に走らない構想力がそれに仕えるのでなくてはならない。

A145

## 構想力によって過去のことや未来のことを現在化する能力について

A　記憶について（省略）

B　先見能力について —— C　占い師の天分について

三八一

悟性に影響を与え、運動の根拠に力を与える手段を、もしわれわれが知っているとすれば、その最も有効なものの一つは、今やっていることを将来自分はどう判断するかということに関する予見を、まるで今その場にいるかのような鮮明さでもって心中に置いてみることだろう。カリブ人は、朝、自分のハンモックを売り、夜になって自分の寝る場所がないと嘆く。 A 153

実践的悟性は、何らかの状況について、それがある行為を伴うだろうとわれわれが予見するとき、いつでも発揮されている。

## 健康状態における不随意な創像、すなわち夢について

三九三

われわれは、客体から発散される放射によって、そしてこれが器官の中へ投射される（同そうでないとしたら、射線はいかなる点をも指示しないだろう）ことによってのみ、外的な感覚をもつ。射線が平行だとしても、それは他の発散射線とともに眼の中の交叉点で、ただし発散によって眼に映じた他の諸対象とは、眼の軸上の離れたところの点で、重なり合うだろう。ないしは感情を伴いつつ重なり合うだろう。さて、どんな空想がなされる場合にも A 157

器官は触発される、ただし内側から、そう私は主張する。だからこの場合、想像点[14] punctum imaginarium は身体の外ではなく、内側にあるのである。けれども、人間が眠っているときには(身体の)外的な感覚が意識されていないので、その時の表象は外から来たものとされるわけである。想像上の点が外側に移し変えられている(超遠視[15] hyperpresbyta によって)なら、その人は気が狂っている。

## 表示能力(記号の能力)について(省略)

## 悟性に根拠をおくかぎりでの認識能力について —— 区分(省略)

## 上位の三つの認識能力相互の人間学的な比較

四〇[16]

(同 ほとんど大部分の人間がその点に関しては他人を信用するほかない、そういうものがある。すなわち、宗教の歴史的な部分である。これに対して、絶対に他人にゆだねてはならず、自分自身で決めなければならない事柄もある。すなわち、宗教において、自分の良心が許すものを採用することである。第一の場合、完全な確実性に達することは不可能だが、第二の場合、確実性への到達はまったく必然的である。)

健全な人間悟性は、第一に、人間悟性(同 普通の悟性)という面から、すべての人間に備わっているものと考えてよいような悟性という意味にとられるべきであり、第二に、腐敗していないという意味での、健全な悟性と理解されるべきである。この悟性は、その源泉から言って学識とは区別され、程度の面から言って思弁的な悟性と区別さ

A173　A172

れる。後の点について言えば、健全な悟性は具体における諸規則の能力であり、このゆえに思弁的な悟性とは異なるのである。

三つの上級学部はすべて、部分的には学識を求めて努力し、また部分的には、思弁のために努力しており、そして、これら全部を合わせたとき、学問はとりあえず善いと言える。けれども、三学部は、最後は哲学を介して学問を健全な人間悟性の場所まで下ろすことを、目的とするのである。健全な悟性は、ここでも実際また、唯一最良の裁判官であり、諸命題の正しさの試金石なのだ。何しろ三つの学部はみな、すべての人間のためにあるのだから。

一　神学は、最終的には、宗教を、ただの健全な人間悟性にとっての洞察や確信へと、持ち来たらさなければならない。これはなぜか。宗教はその伝達の面から言うと、自然宗教であるか、教説としての宗教であるか、そのいずれかである。しかるに、教説としての宗教であるかぎりは、すべての人間のためにあるとは決して言えない。だから、誰もがせっかく持ち合わせた自分の人間悟性のみに従って洞察でき、確信でき、理解できるという場所まで、この種の宗教は歩み寄らねばならぬということになるのである。そこで、おそらく初めは入信させるために必要だったと思われるいろいろな点も、その正しさを確信するために学識を前提とするというのであれば、みな切り捨てられなければならない。とはいえ、学識もまた、知ったかぶりが幻想で人間悟性を誘惑しないよう、歴史という手綱で抑えるためには、依然として必要とされるだろう。

二　法学もまた、すべての人間のためにある。何と言っても、しかじかの行為や事件から誰かが自分に対してどんな権利を主張できるようになるかということは、誰もが知りえなければならないのだから。そして、同様の原因から自分が得ることになる権利も、これまた、誰もが当然念頭に置くものなのである。さて、法権利にまつわるい

A174

かなる思弁も、普通の悟性の諸原理のほかに、法権利の原理を思いつくことができない。なぜなら、法律というものは人間が自然と求めているような法権利をただ管理すべきものだからである。注目すべきことに、理性にもとづく学問で、法学ほど、その諸法則が具体的に吟味されうるべく多数の事例を必要としている学問はほかにない。法権利を発明してはならない。各自が心に抱いているものを表立って明確に表現するにとどめるべきである。それにはもちろん、学識が必要とされる。

三　医学。自然は全体として自己を維持してゆくものであり、類は繁殖しつづける。だから、人間の体にもやはり、医薬がいまさら何かつけ加えたりできないような自衛の力が備わっているはずで、誰でもそれを守っていれば健康であることができるような振る舞い方というものがあるはずなのである。

以上の三つの分野では、いずれの学問も、その学問が必要とされなくなるのをたえず目指して働いているわけである。哲学だけが残って、普通の人間悟性が健全な悟性であり続けるよう見張っていなくてはならない。だから、哲学だけは、不必要となることが決してないのだ。

（同［数学、哲学、歴史は、いつまでも存続していなければならない。］）

先の三つの学問にあっては、いずれの場合も、諸原理は独断的にではなく、批判的に採用されねばならない。普通の悟性を支援するのみにとどめ、自然に準拠するための、普通の悟性が知らぬような規則を説いたりしないようにするためである。

啓示というものは、人間によって伝えられ、したがって学者の言うことを歴史として信じることに支えられている場合と、各個人にいちいち分け与えられ、そのため、何ら共有可能な特徴がなく、各自が霊感を受けていると言うほかない場合とがある。

---

われわれが心がけるべき一番大事なことは、特に自分の信仰と告白に何かを取り入れるとき、自分の良心にそむいてはならぬということである。良心は、認識という面では何も教えてくれる力をもたないが、認識の敵を識別することはできる。ある教義をどのくらい魂と良心から告白できるか、また教師ならば、他の人たちがそれを告白することをどこまで望み得るか、考えてみたまえ。それができる範囲では、その教義は真実だということにしてよいだろう。ここまでは、われわれが完璧に確信できることである。

---

(同法権利は、その規則が抽象的な形でよりも普通の悟性を用いて具体的に見た方がよりよく知られる、唯一の理性認識であり、それどころか、そこでは抽象的な規則は悟性の判断を損ないさえするのだ。)

法権利は独特の本性をもっていて、どの与えられた事例においても、事実がきちんとつきとめられていれば、あとは、何が正しいかを決めるのに、決まった法律の文言に従うよりもそれとは無関係に決する方が、容易なのである。なぜなら、法律の文言は、恣意的ではなく事柄の本性に則っているべきだと考えて、いかに巧みに作ったとしても、法律の適用条件を満たしていながら法律の言っていることが適合しないというケースに常に出会うもので、そうした事例がなくなるほど厳密に法律を定めることはできないのだから。こういうわけだから、多数の法学者の判断というものがまた、いつでも重要なのである。そのためにも、さまざまな事例における同一の法律の実行は、むしろ試行とみなされるべきだろう。そして、その後もその法律は吟味され、廃棄されたり明確化されたりされねばならない。さもないと、その法律にどんどん制限条項がつけ加わらざるをえず、それらが多くの例外規定となってしまって、もはや一般的なルールではなくなってしまうだろう。法権利を抽象的に一つの規則の中で規定することがこんなにも難しいことの原因は、法権利の規則が、その根拠を法権利の概念のうちにはもたずに、むしろ、種々の行為が状況の違いにもかかわらずある一般的に妥当する選択意志の中で互いに調和するという、このことの中にもつというにある。しかるに、そのように調和しているかどうかを知るには、前もってあらゆる状況におけるすべての行為を見届けなければならないというわけである。

四八

健全な理性は、アプリオリな経験規則にもとづく。小前提は、健全な悟性からもたらされる。普通の理性は諺に従う。

健全な理性は、経験の諸規則を廃棄するようなものに反対する。魔術――詐欺、感応――想像、運命――おのれの咎《とが》。（後幸運。）

人は、しばしば、学問だけの力で、健全な理性に至る。偏見が見抜かれたためである。道徳においては、健全な理性。

（同イメージに富んだ、面白おかしくする理性。寓話。

理性の早期開化のために。

理性なしに学ぶこと。根拠について。というのは、根拠だけが認識をアプリオリたらしめるからである。）

A 181 四三九

(後臣下、兵卒。彼らは理屈を言わない。女たちも。理屈をこねること。)

支配するためにその人から理性を奪うこと。宗教的な先入観。機械的。投げやりはたぶん理性の欠如。模倣(後の強制)、それは一切の理性の死である。理性は使い勝手が悪い。だから不可思議なものが歓迎されるのだ。不可思議なものは万人を等しくおろかにするからである。夢。妊娠中の女性の想像。占い棒。月の影響。霊魂。感応。女性はどこか迷信的であるのがよいとされる。(後マンボ・ジャンボ。[17] 理性は独力で歩む。女性はしかし、一人で歩んではならず、導いてもらうべきである。)

A 182 出来事の類似に従って判断すること。

A 183 四四三

普遍的な命題は理性によってのみ認識されるのであり、命題の必然性もそうである。アプリオリというのは根拠からという意味ではなく、アポステリオリもまた、帰結からということを言っているのではない。アプリオリとは、対象が与えられる(同対象それ自体が与えられるのであれ、対象がその帰結の中で与えられるのであれ)までもなく、前もって判断するということなのである。ちょうど予言のように。

A 186 四五四[18]

(同啓蒙の容易さ。)

たとえ客観的な洞見は今のところ、あるいは永久に、われわれに欠けているとしても、理性の格率というものが存在する。理性の普遍的な格率は次のようなものである。すなわち、客観的な証明根拠がどんなものであろうと、私の理性を使用できなくするような原理を思考することは、あってはならない。(理論的な使用であれ実践的な使用であれ。)心霊現象とか、内密の(皆に伝達することのできない)経験といったものは、そうした現象の不可能性や証言の誤りを示すことができなくとも、私はこれをしりぞける。今の世の、また未来の世の奇蹟も、たとえその不可能性が示せなくても、やはり私はしりぞける。しかし、過去の時代の奇蹟については、あったということにしてもよい。ただし、それはもう起こらないということ、そして、理性の自然な使用の諸原則に逆らうような帰結や、私をそうした使用から(実践において)解き放つような帰結だけでも、そこから引き出されたりしないこと、以上の条件をつけた上で。

したがって、あらゆる啓蒙は、一、諸原則を自分で選ぶこと、二、それらの原則の外的な普遍妥当性、三、それらの持続性、にもとづくということになる。一番目が出来ていれば、単に啓蒙されていると言われ、二番目が出来ていれば、広い知見によって啓蒙されていると言われ、三番目が出来ていれば、確固とした考え方、あるいは性格によって、啓蒙されていると言われる。広げられ、精練された考え方によって啓蒙されていると。

奇蹟は、事実とは何ら関係がない。奇蹟はただ、教説を導入するのに役立つだけであり、他方そうした教説は理性にもとづいていて、いったん存立すれば、後は足場を取り払った建物のように自分ひとりでも立ちつづけるのである。奇蹟というのは事実ではなく、事実の超自然的な解釈なのだ。なぜなら、原因を決めることはいつでも理

A 187

性にもとづいているのだから。

ここではちょうど、裁判で案件を扱っているのだと思えばよい。第一の問題は、そもそも司法の案件であるかどうか、つまり諸々の法律に関わるか、また関わるとしたらどの程度か、ということであり、二、証人の一致による事実の認定。三、前件と後件に関する裁判官の自己自身との一致が問題である。奇蹟が現れ、これを取り上げ A188
なければならない場合、その案件は理性に属するのではまったくない。教説が他人には通用しない諸根拠にもとづいているなら、それは単に私的理性に属するだけなのである。その教説が自己自身とも一致しないなら、それは、この私的理性にとっても特定の時にしか通用しない。

## 生産的な機知について

四七六
喜劇に接していると、悟性と感官が十分に楽しまされるが、しかし満足はしないということがよくある。楽しむ A196
ことは劇の進行中に生ずるが、満足の方は、劇が終わって合計(後概算)が出されてから生まれるもので、それは、多様なものが一つの理念に関連づけられることなのである。この能力は何と呼ばれるか。 A197

機知は軽はずみで、判断力は慎重である。(19)

## 認識能力に関するかぎりでの魂の弱さと病いについて

## A　一般的な区分 ―― C　心の病いについて

四九六

内的直観に見入る者たち。

熱狂家※、夢想家、空想家、狂信家、妄想家、精神異常者。

（後何ら実行されないような計画を立てる人。）

※（後友情に熱狂する人、公共の福祉に熱狂する人。（同およそ徳に関して人間に絶望した人。）愛国心に熱狂する人。（同夢想家は）キメラで自分を満たす。錬金術の達人たち。神秘家たち。空想家は自分から災いを創り出す。恋に夢中の人は、貧しくて蔑まれているというのに、経験に逆らって幸せを思い描く。狂信家は内的な光。自分の肉体を完全に見限って、精神的な直観に身をゆだねる。妄想家は、彼の頭の中にあるにすぎないものを、肉体の感官を通して知覚していると信じている。頑固。自分自身と会話する。偶然の原因によるものであれば治癒可能であるし、生まれつきの傾向（同頭がおかしい）であれば治癒不能。精神障害者。精神異常者。）

A 216

五〇二

悪徳に対する不賛成の気持ちが感覚的に表現される場合、悪徳は、不幸である、という半ば憂鬱な光の中に置かれるか、（後憤激して）罰せられるべきである、と怒りの光の中に置かれるか、あるいは、吐き気※がする、という

A 218

ふうに憎しみの光の中に置かれるか、または、ばかげている、というふうに滑稽の光の中に置かれるか、いずれかである。デモクリトス。[20] 悪徳を憎むことから来る人間嫌い。

※(後吐き気は、それ自体として、すくいようもなく不愉快である。だから、心は、吐き気を催すものの表象によっては、悲しむべきことの表象と同様、楽しまされることがない。自然に逆らう罪業。人はそれについて話したがらない。というのは、それを思うだけで吐き気を感ずるからである。これとは反対に、ぞっとするようなものはみな、人は身慄いしながらもこれをじっくり見たがるものだ。)

## B　認識能力における心の弱さについて

五三五

人は意図的に気を紛らすこともあれば、また、意図せずに(後恋に夢中、心配事がある、腹に一物ある、正気を保つ)、短時間の間に相次ぐ雑多な用事のために、気を紛らされることもある。われわれの心をして、その意図に関係なく何かに従事させるものは、みな、たとえ想像への性向みたいなものであっても、気散じとなってくれるものだ。病気のせいでぼんやりしているなら、心気症である。習慣的にぼんやりしている(後間抜けに見える)人々は実用に向かない。食事をすませたと思い込んだニュートン。[21] A 227

ぼんやりしていて何も考えていない(同放心)というのは、意図せぬまま思考が流れているということなのである。(同一種の夢だ。こういう人たち、特に女性は、あまりものの役に立たない。) A 228

(後心の不在 absentia animi、反対に心がここにあること présence d'esprit。)

思考をとりまとめるにも、一、娯楽や社交のような（同活気ある）意図的な気散じによるならば、新しい活力が得られる。（後閨房。）二、放心という死せる気散じではうまく行かず、無気力な用い方しかできない。抽象的な頭脳はぼんやりしていて、経験的な頭脳はよく正気を保っている。計算するときにぼんやりしている。お金を勘定するとき、旅行しているとき、社交のとき、スピーチのとき、読書するとき、ぼんやりとしている。これだと、記憶力が弱くなってしまう。

### 認識能力における諸才能について（省略）

### 比較する機知と理屈をこねる機知との種別的な差異について

#### A　生産的な機知について（既出）

#### B　明敏または探究の才について（省略）

#### C　認識能力の独創性または天才について（省略）

## 第二編　快と不快の感情

### 区　分（省略）

# 感性的な快について

## A　愉快なものに関する感情、すなわち何かある対象を感覚するときの感性的な快について

A255

五九二

自然は、われわれ自身を、感受性をもつが平静(情念の反対)でもあるように仕向けてくれた。どの印象に対しても、それを打ち消す何かを、自然は用意したのである。われわれは死なねばならない、と自然が教えてくれているので、われわれは死について思慮深くなる。つまり、自然は、幸運の女神の愛顧や不興に、子供のように一喜一憂すべきではない、と教えてくれているのである。自然は、生き生きとした喜びの背後に倦怠と無関心を用意することで、喜ばしい時でも、想像によって空想的な幸福に耽溺したりすることのないようにしてくれた。愛は、義務の束縛から自由だとうそぶくが、いろいろな恥辱がつきまとうために、秩序やきまりに従うことになるし、また厄介事が、特に薄情がつきものだ。そのおかげで、男は情念に浮かれずにすむようになっているのである。自然は、人間や人間がなす判断のくだらなさをありありと見せつけてくれることで、なるほどわれわれとしては人の判断を前にして穏やかではいられぬのが人情だとしても、それを深く気に病むほどのこととして受け取ったりはしないように、とはからってくれたのである。 A256

五九三 A256

人間の傾向性のうち最も大きなものは、妄想のそれである。これは、しかし、人を喜ばせはするが、同じくらいしばしば、悲しませもする。中庸を越えると、やはり落ち着かぬものであり、つつましい状態は落ち着きをもっている。何事からも利益、あるいは慰めを引き出すことができるものである。人生が提供してくれるものをあまり高く見積もらないこと、人生をよく味わうのにこれに勝る方法はない。どんな気質をもっているにせよ、それはいつでも、理性による強制のもとに置かれねばならない。すべての強い動きは、内面の秩序を揺さぶる。感情は盲目である。

**五九四**

人間が、心配事に関する自分の不安や、手持ちの資財を使うときのけちけちぶり、所有欲、むさぼるような熱中などについて、人生の短さということよりも明らかな根拠を挙げられないという事実、これ以上にはっきりと人類の癒しがたい愚かしさを証明するものはなかろう。

A257　A256

**六〇六**

（後　われわれはただ一つの感情をもつのみであり、他方、感覚にはいろいろなものがある。）

感情は、印象を過大に受けとめるためでなく、むしろ印象によく注意し、評価するために必要なのである。だから、感情は男らしい心にとっての判断の道具でしかないのだ。自己触発の感情は女々しい、つまり、容易にかつ激しく動かされる。動かす力は悟性の中にあるべきであり、それゆえ、われわれの自由で理性的な選択意志の中にあ

A260

るべきである。

A 261

## 六二〇

### 幸福について

人は、幸福について自分が抱く概念に従ってしか幸福となりえず、悲惨について自分が作った概念に従ってしか悲惨となりえない。すなわち、幸福も悲惨も感覚された状態ではなく、単なる反省にもとづいた状態なのである。満足と苦痛は、それらについて何の概念ももつことができないとしても、感じられる。というのは、それらは生命意識に対する直接的な影響だから。他方、私の満足と苦痛の総計を一つの全体において総括し、もって人生を望ましいとか望ましくないとか評定することによってのみ、そして、これらの満足そのものを喜んだり、苦痛そのものを悲しんだりすることによってのみ、私は自分を幸福だとか不幸だとかみなすのであり、そして実際、幸福や不幸であるのである。

幸福や悲惨は、自分の状態を幸福や悲惨の概念にあてはめて見るような個人の見地からのみ、意味をもつ。しかも、この概念はたえず変わるものである。グリーンランド人は、朝には、岩だらけの索漠とした岸から荒れた海を
A 262
憂鬱に見やり、今日にもこの海が自分の墓場となるかもしれぬ、と心配せねばならない。自身の困苦のせいで隣人に対してかたくなとなり、よるべない寡婦がかたわらで飢えていくのもただ静観するだけだ。何しろ自分を養うだけで手一杯なのだから。にもかかわらず、彼がコペンハーゲンに連れてこられたとして、そこでどんな安楽をあてがわれても、彼の故国への郷愁を拭い去るには足りないだろう。つまり、彼はかつての自分の状態についてなら概

念をもち得、迫りくる災厄にどう手段を講ずればいいかを知っているし、そういうことには慣れている。それとは反対に、自分の新しい状態についてはまだ何の概念ももちえず、野育ちの自由が制限されるという災厄には慣れていないのだ。しばしばわれわれは、そうしてほしいと言われれば、他人を幸福だと判断する。けれども、彼らの位置にすっかりとって代わりたいとは望まないし、無差別に運命を取り替えようという話になれば、やっぱり元の自分の運命を取り返すのだ。してみると、自分の想像の中にあるだけの、本人ですら何の実例も示せないような諸条件に適わないかぎり、誰も自分を幸福とは感じないわけである。不幸に耐える人の目に、いかに人生そのものが悲惨と映ろうとも、やっぱり死ぬよりはいいと考えるものだ。行い正しい人が一生懸命思い描く来世の幸福が、いかに生き生きとしたものであっても、それは、彼がそうした運命を医術のあらゆる手をつくして避けようとするのを妨げるものではない。といっても、結局、死はあらゆる災厄の終わりなのだが。

## B　美しいものに関する感情、すなわち、反省された直観における一部は感性的で一部は知性的な快について、または趣味について

六二六

(後直観の根底には理念がある。美しいもの、認識。)

現象の中で、魅力はないけれども人の気に入るようなものは、きれいで、よくはまっていて、品がいい(同調和がとれていて、対称性がある)。直接的な感覚から魅力が生ずる場合には、美は感性的である。しかし、付随する思想から生じたとなると、その美は観念的である。美のほとんどすべての魅力は付随する思想にもとづいている。

A 271

美しいものを区別する根拠が主観的でしかないということは、われわれが理性的存在者の姿というと人間のそれよりも美しいものを考えられないという事実から、知ることができよう。

作品についての認識はすべて、批判（評価）であるか、訓練（後教説）（指導）であるか、それとも学であるか、このいずれかである。美しいものの形式をなす諸関係が数学的である場合には、つまり、常に同一の単位が根底にある場合には、美しいものの認識の第一原理は経験とその批判である。第二番目として、訓練が必要であり、これは使い方が充分に定まっているような規則を与える（ちょうど確率の数学のように）。そして、以上に加えてなお、学が必要である。ただし、その原理は経験的なのであるが。

美の根拠をなす諸関係が質の諸関係であり、したがって哲学の対象である（例えば同一性と差異性、コントラスト、生命感など）場合には、どんな訓練も学も可能ではなく、ただ批判だけが可能である。建築術（同一般的な意味で）（造園術など）は訓練であり、音楽も同様である。なぜなら、前者の場合、人の気に入るような関係へと空間を分割することが問題なのだし、後者は時間について同じことをするわけであるから。したがって、対象が学校での教授を許す性質のものではない以上、美学《エステティーク》という教科書の言葉[22]は避けられねばならない。さもないと、色事の魅力も同じように何か新しい学問名で呼んでよいことになってしまうだろう。

感官の直接的な感覚と、仮説的な（同そしてすりかえられた）感覚というものがある。前者は、われわれの状態に関することすべてから、われわれ自身が観察の対象であるときに生ずる。後者は、われわれが自らをいわば別人に変ぜしめて、思うまま、ほしいままの情感を自分で創り出すときに生ずる。感受性は、常にわれわれ自身の状態に、その優雅や不愉快に関わる。これに対して情感は、われわれが模倣する他者の可能な、あるいは現実的な状態に関

A 272

わるのである。こうしたすりかえられた感覚というものは、自分自身で感覚することがまったくできないような種
類の状態や行為などについて、抱くことのできるものなのである。例えば、病気が治ってからの普通の生活、くじ
に大当たりして太っ腹になった自分を思い描くこと。ヴォルテールは、ローマ人や悲劇のあらゆる登場人物の徳に
対する、ぬきんでた感覚をもっている。こうしたすりかえられた感覚は、われわれ自身の状態と間接的に結びつい A 273
ている場合を別にすると、われわれ自身を幸福にも不幸にもしない。それらは美感的フィクション fictiones aes-
theticae でしかなく、いつでも快適なものなのである。

### 六三九 A 276

認識の感性的な形式（同あるいは感性の形式）が人の気に入るのは、感覚の戯れとしてか、直観の形式としてか
（同直接的）、それとも善の概念のための手段としてかのいずれかである。第一番目のものは魅力であり、第二番目
は感性的な美であり、そして第三番目は自立した美である。形式的な魅力は、音楽の場合そうだとラモー[23]が信じた A 277
ように、直接的である場合と、笑ったり泣いたりするときのように間接的である場合とがある。後者は、観念的な
魅力である。両者いずれの場合も、対象は直観において人に気に入られるのではない。対象が直観において直接気 A 279
に入られるのは、その形式が現象間の協調の法則にかなっていて、感性的な明晰さと大きさとを得やすくしている
場合のことである。建造物におけるシンメトリー、音楽におけるハーモニーのように。対象の善に対する関連性が、
感性的な形式において気に入られるような概念によって表現されているならば、その対象は直観的な概念において
気に入られるということになる。

（同因襲による、あるいは自然な、趣味。）

六六一

物は、それが直接われわれの気に入るという見地から考察することができる（有用性は間接的なものである）。それには、感覚において気に入る場合と現象において気に入る場合と、そして概念において気に入る場合とがある。それからまた、ものがわれわれ自身に属するがゆえに気に入る、という場合を考察することもできる（自己愛）。そして、自分のものだということのこの嬉しさは、自分に属するものが他の人たちに気に入られるということに、たぶん拠っている。つまり、われわれの外面がわれわれ自身の気に入るのである。その原因は、一、みんなに気に入られるものは、善に近いから。二、われわれの欲求もわれわれの理性認識もみな、全体から部分へ、普遍的なものから特殊なものへ、無限なものから制限されたものへと向かうから。それゆえ、われわれはいつでも、私的な関係に由来する承認を、それが普遍的な承認から引き出され得、かつそれと矛盾しないかぎりでのみ、よしとするのである。こういう次第なので、名誉こそは、われわれ自身に関わるものすべてのうちで、真の絶対的な善にたいていの場合一番近いのである。元来これは、名誉愛という消極的で、軽蔑や特におぞましさなどを避ける態度のことを言っているのであって、有名になりたいというあの名誉欲の話ではない。 A292

すべての有用なものは、普遍的に有用なもの、つまりお金に従属させられる。有用なものが、ある種の場合には美しいものよりも高く評価され、別の場合にはその逆であるというのは、どういうわけだろう。いずれにしても、有用なものは善よりは低く評価されている。必要を満たす有用なものは、善の必要条件 conditio sine qua non と A293

して、善に属している。これやあれやといった快適さないし美へと、限定して用いられるものは、手段でしかなく、目的に匹敵するほどの価値をもたない。しかしながら、お金のように一般的に使える有用なものは、何より好まれるものである。とはいえ、お金は手段でしかないのだから、お金に直接向かうような欲望は、美しいものを直接目指す欲望よりも、ずっと卑小で、いやしく、軽蔑されるべきものである。

### 七〇七

A313

人は道徳的悪(悪徳)についてはこれを憎むのに対し、不幸については、ただそれが起こらないでくれればよかったのにと願うだけだ。これは注目すべきことである。私の友人が盗みにあったとして、私は、犯人が盗みを働くということがなかったら、と願ったりは決してしない。その窃盗行為は憎む。しかし、その者が私の友人に盗みを働いたのでさえなければ、彼の存在はどうでもよいことだ。ということは、憎しみは評価に属する事柄であって、感情や欲求に属する事柄ではないということになる。これとは反対に、誰も病気を憎んだりはせず、ただ病気にならないようにと願うだけである。自分にはある悪質なことが我慢ならないだろうというのと、そもそもそういうことがないとよいのだがというのと、二種ある願いの、その相違。嫌悪は、いわば、何かがなければよいのにという普遍的な願いである。しかし、まさに普遍的であるがゆえに、それは無限に弱い。

A314

徳と悪徳は、願いの対象となるような幸不幸の最初の根拠であるので、何のひいきもない場合には、人は誰かにおける徳の存在や悪徳の不在を何ら願ったりはしないものだ。人は、ねたみや憎しみから誰かの不幸を願うことはあるが、単に悪徳が生ずるようにと願うことは、それがその者の恥辱につながるからというのでないかぎり、ありえない。
徳が存在していてほしいと一般的に望むことはもちろんできる（つまり、すべての人が有徳であれと願うことはできる。しかし、誰か見知らぬ人が有徳であってほしいとは、それがわれわれやわれわれの友人に関係がないなら、できないことである）。

七二四

魂における三つの善は、健全な悟性、快活な心持ち、そして、自由に自己自身を統御する意志である。これに健康な身体※を加えれば、すべての内的な善がそろったことになる。では外的な善はというと、自由（くつろぎ）、楽しみ（同裕福）、そして名誉がそれである。自由と名誉は、享楽の対象となる善ではない。 A320

※（同健康な身体は、感官によって悟性を助け、快活さによって心の感情を助け、活力によって意志を助ける。外的な善について言えば、快適な状態は感情に、名誉は悟性※※に、自由は意志に、それぞれ益をなす。）

※※（同あるいは一般的に妥当すべく判断する能力に益する、と言っても同じこと。善は外的にも皆から承認される性質のものである。このことは、善や美について悟性が判断するとき、それを裏づける外的な手段となるのである。） A321

七三三 A323

視覚の対象が美しいと感じられるのは、ひとえに、それが純粋な直観に一番近いところにあるがためである。純粋な直観に近いというのは、対象を、感覚を最ももわずかしか含まない現象によって表象するということだ。だから色は、よく目立つ感覚であるときには、美よりは刺激に属する。

七四八

美しいものについての判断は解釈から生じるのではなく、逆に、解釈の源となる。それは、理性を審判としては認めず、むしろ、感覚の言葉を十分には理解できない人々のための通訳として認めるのである。われわれは、あらゆる形式的な推論よりも前にたくさんのことを認識しているのであって、理性の方は、ただ、感じの中でわれわれが考えていたものを分離して並べるだけなのだ。

七五〇

われわれはたぶん、音の拍子同士を比較しているのではなく、それらがわれわれの状態へ及ぼす印象や効果を比較しているのである。だから、数の概念がわれわれの気に入るのではなく、印象間の順序が気に入るのであって、また、われわれの状態の触発されることが、気持ちよいのである。

七五七

単純な感覚を創作することはできない。感覚の理想は、いろいろな感覚の量的拡大か、別の新しい組み合わせからしか作られないものだ。たとえば、幸福な年齢にふさわしい冒険。美の理想は、つねに、自然が前もって描いてくれたデッサンを、たとえば人体などを、前提としているのである。

悲惨なものや醜いものの理想についても同じことが言える。たとえばハーピー[24]――、悪の理想も同様である。 A 331

地獄。ミルトンもまた、地獄に、身の毛のよだつような壮麗な姿を与えた。

## 七六七

趣味とは、感覚によって直接人の気に入るのでもなく、理性の普遍的な概念によって人の気に入るのでもないようなものについての、社会的な(同感性的な)判断である。趣味は、快適なもの、美しいもの(高貴なもの)、感動的なものに関わる。これらのうち最後のものは、しばしば崇高なものからの結果だが、もともと崇高であるわけではない。それは、まだ印象も内面化も伴わない、苦痛の始まりの状態であり、したがって、架空の条件の下での苦痛であって、われわれ自身の人格の中での苦痛ではない、つまり、想定されたにすぎないような苦痛なのである。魅力は感動に対応している。魅力というのは、印象を通して得られる対象の快適さではなく、美しい眺めがそうであるように、われわれが快適な空想にひたる誘因となるものである。魅力のある顔は、それ自体として気に入られるわけではなく、それが性の喜びへと招くがゆえに気に入られるのだ。だから、同じ顔でも、子供から見れば、感じはよいけれど魅力のあるものではない。緑の広場や花壇は、魅力がある。というのは、心配事もなくゆったりくつろぐという空想的な表象にひたるきっかけを与えてくれるからである。趣味は、享楽が人に伝達されるようにしてくれる。だから、人間同士の統一の手段であり、結果でもあるのだ。それは一種の調節であり、是が非でも必要な A 334

ものである。実際、ある対象に関心をもつ人たちにとってだけ意味のあるような単なる徹底性などは、他の人たちから見れば一種の粗野なのである。徹底を求める人がそういうものを見たり読んだりする場合も、そこに決して完全な満足を見出しはしないだろう。なぜなら、彼もまた、単に自分の観点からそれを見ているだけでなく、共同体の観点からも見ているからである(同公平な観察者)。細事にやかましい人は、無器用にもこの種の粗野をしでかして笑いものになる。趣味が欠けていたり、それどころか趣味を拒否したりこれに無関心でいるということは、例外なく、その人が自分のことにしか満足を感じないような心の狭い人である証拠である。魅力と感動は、意に反して人を動かし、それゆえいつでもあつかましいものだ。他人を静穏から追い立てるのだから。※趣味は判断に関わるのであって、感情に関わるのではない。だから、感情ははかなく過ぎ去らねばならない。ただし、天才は感情も相手にするけれども。趣味は、こういうわけで、判断力の練磨である。われわれは、その際、いわば、他人に気に入られることを断念しなければならない。慎み深さと好ましさは、趣味の根底にある性格である。そこには、原則ではないにしろ、原則への入り口を提供するものがある。かたくなさは多くのものを寄せつけず、拡張に反対する。それだから、徳にしてからが、趣味から推薦状を借りてこないといけないのである。

※(同自分の感覚にまかせて暴走するのは、無作法なことである。私は、感覚に身をゆだねたいのは無論だが、しかし、その感覚をいつも自分の制御の下に置きたい。もし、この度合いが踏み越えられてしまったら、私は戯れさせてもらったのではなく、もてあそばれたということになる。

享楽への傾向に対しては、何か対抗するものが置かれねばならない。それは、他の人々が裁判官でなければならないということだけを基準としていて、われわれのある要求、といっても粗野な要求に関するものではなく、人の勤勉と技能を開化することに関わるような要求を満たすため、多くの人を必要とするものである。それは、勤勉と技能への意欲である。）

## 七二(25)

A337 いたるところで、直観を、悟性と理性のきちんとした反省のかわりに使う人（同概念の中にだけあって、それに対していかなる直観もわれわれに与えられていないようなもののかわりに使う人）は、狂信している。こういう人が、波立ちさわぐ自分の心の中に戯れる、感情、心の動き、形象、なかば夢みられ、なかば考えられた概念といったものを、自分の特殊な能力の前に現象する事象そのものとみなすことは、必定というものだ。自分を理解させることができないと、それだけますます、彼は、言葉や理性が不十分だと非難し、そして、あらゆる判明性に敵対する。なぜなら、彼は、概念やイメージではなく、心の動きを拠り所にしているからである。感情に富んだ著作家たちも、彼らの時々の気分を、実在とみなしてしまう。彼らはいずれもみな、天才をもつことができ、また豊かな感覚や精神、さらにいくらかの趣味をもつこともできる。といっても、判断力の、味気無さと、骨折りと、冷たさは、彼らに欠けている。判明なものはすべて、彼らに、ある事象の一面また一面と順繰りに見せ、最後に悟性の概念を A338 示す。ところが、彼らはあらゆる面を一気に見たいと思うのである。神秘的なものはすべて彼らの気に入り、彼らは、狂信的な書物や、あるいは、一般に、古い奇想天外なことどもをあさってまわる。新しいことは、まさに、それがかっちりとしていて彼らの騒ぎたつ心に手かせ足かせをはめるという理由からして、彼らにとっては、短見であり浅薄であるということになるのである。

〈八〇二〉

心のみによって身体を御すことがいろいろな場合に可能である。神経システムに作用し、それによって筋肉繊維のシステムにも作用する活気づけというものの、その真の源泉は心から来ているのである。だからこそ、社交、遊び、感官の保養などは、養生の有効な手段なのだ。こうした動機はみな社交と関連して作用するもので、それだから、活気があるというのは特に社交について言われるのである。(身体を動かす力としては、機械的な力と化学的な力、そして励ます(心理学的な)力がある。)

A 350

〈八〇四〉

どうして歌謡曲とか滑稽な思いつき、小話などは、初めは愉快なのか。そして、のちにはそれほど愉快でもなくなり、ついには耐え難い吐き気のするような嫌悪をもたらすことになるのか。宗教的な歌にはそれほど早く飽きないものだ。

A 350　A 351

〈八二三〉

事物は、たとえいっさいの理性的存在者に認識されることがなくとも存続するようなたくさんの特性を、それ自体としてもっているが、しかし、事物を認識し、選択の対象としてくれるような存在者との関わりなしには、決して何らかの価値をもつ(感覚においてであれ、現象においてであれ、概念においてであれ)ことはない。知性的な存

A 367

在者は、だから焦点focusなのであって、決して単なる手段ではないということだ。満足や不満足の価値は、可能的選択に、つまり選択意志に関係する、したがって、生の原理に関係するのである。何がわれわれの選択の対象となりうるだろうか。元気を生んでくれるもの、つまり、生の活動を増進してくれるものである。それだから、生の促進と妨害についての感情が、それぞれ満足と不満足であるわけだ。(そうした感情をひき起こす能力がわれわれの中にも見出されなくてはならないかというと、必ずしもそうではなく、感情をひき起こす何かに実際出会ったとき、それを機能させるような根拠を、われわれが自分の中に持ち合わせてさえいればいいのである。)われわれは、しかし、動物的生、精神的生、人間的生という三つの生をもっている。第一のものによって喜びや苦痛を知り(感情)、第三のものによって感性的な判断力による満足を知り(趣味)、そして第二のものによって理性による満足を知るのである。エピクロスが言うには、すべての喜びは、たとえその第一原因を精神の中にもつとしても、肉体との協働作用によってのみ実現するという[26]。

(後自然と技巧。偶然的なものには、わざとなされたものが対立する。バロック趣味goût baroc。偶然と意図。自然の戯れ。自然は技巧と偶然を結びつけ、技巧は自然と偶然を結びつける。自由な運動と心的諸能力の展開における、偶然。しかしながら、次のことのうちに方法がある、すなわち、表象のせめぎ合いや移り変わりにおいて、何かが技巧でありながら偶然のようにしか見えない、あるいは、自然でありながら技巧のようにしか見えない、そういったことから、元来喜びは発するということである。)

A368　A368

精神的な生の感情は、悟性と自由に関係している。悟性と自由にあっては、人は自己自身の中に認識と選択の諸根拠をもつのである。このことと調和するものはみな、よいと言われる。この場合、判断は主観の個人的特質からは独立している。それはむしろ、われわれが生み出すものの可能性に関わっていて、各人の選択意志に対する普遍妥当性の中に基礎をもつような判断なのである。というのは、もしそうでないとすると、他人の選択意志が対抗して来て、生に対してこの上ない障害物となろうから。好ましくはあるがそれにわれわれが依存してしまうようなものは、すべて、そのかぎりではわれわれの支配に服さぬものなので、最高の生に対する障害である、つまり、自己の状態と自己自身をおのれの自由のもとに置こうとする選択意志の力に対する障害であることが明らかである。それは楽しいことは楽しいだろうが、さほど意にかなうものではない。

すべての趣味は、われわれの行為、比較、想像などの中に感性的感動の源泉をもつようなもののうちに、満足を見出す。そして、このとき満足はより繊細である。何しろ、動物性が精神的なものに従属していることが、人間性の人間性たるゆえんなのだから。

(後生の感情は、何かを感覚しているとき大きくなるものだ。しかし、私は意のままに活気づけることができるとき、いっそう大きな生を感じる。そして、道徳性に立ち合うとき、生の最も大きな原理を感じる。

趣味にかなった社交マナーは、振る舞い conduite である。情感。交際相手を選ぶときの趣味。誰と誰を食事に招くかを決めるには、悟性を必要とする。)　〈八五七〉

A379

若い人たちはうわついていて、また弾力があるために印象がじきに消えてしまうものだから、感情に富んだものを好む。それはまた、自分の心を自分の支配下に置き、他人の意のままに動かされたりしないということの価値を、彼らがまだ知らないからでもある。同情する裁判官、恋に夢中の男。情にもろい。

〈八七五〉 A384

その規則が客観的な根拠からではなく、主観的な根拠からとって来られうるもの、すなわち、趣味、感情などは、みな人間学に属する。

〈八九〇〉 A388

私は自分の頭を羊皮紙みたいにして、書庫の中の古くて半ば消えかけた文書をそこに筆写するというふうにはしたくない。A389 文書の保存記録にたずさわる人は必要だが、いずれはしかし、誰かがそれを思慮深く用いるということがなければならないのだ。パウヴ[27]の仕事の十分の九が失敗しているか間違っているかするとしても、思想を読むのではなくて考えることを欲するという目的で、彼の才知からくる試みだけでも賞賛と模倣に値するものとして読むべきである。それにしても、自分の脳みそを単に画廊か索引みたいにして、自然物の名前や図像をそこに収めることで終わりたくはないものだ。ビュフォン[28]は、集めた現象すべてを新たな理性の展望の中にあてはめようと頑張ることで、たくさんのアカキア博士[29]どもから浅薄なあざけりを受ける危険へと、自らの名誉をあえて晒した。私は彼の果敢な行いにならうわけではないが、しかし、その試みだけでも[途絶]

〔八九六〕(30)
構想力の影絵は理念とは違う。理念というのはいわば理性のモノグラム※であって、原理に従ってイメージを方法的に素描したものである。 A391

※（同　表面から離脱した構想力の偶像に抗して。(31) それは何ら理念の図式ではない。心霊的直観を語る道士の言葉について。われわれ自身の内奥の秘密を知る智者たちがいる。彼らが皆に認められるように、などと気をもまぬことだ。賢者の石と同じことなのだから。皆の手に渡ったら、すべての価値を失ってしまうことだろう。）

A392 （同　天才に富んだ道士たち、彼らは当然のことながら天才であると自負せねばならないわけであり、そしてまた、人々の賞賛があってのみ天才に数えられうるのだが、彼らは、何かいわく言いがたい、集団的なインスピレーションによる感応的な仕方でしか理解されない人たちだ。こういう手合いは、気にせずに仕事を進めさせるべきである。心霊には、もちろん、異を唱えることも論駁することもできないのだから。彼らの手品は、学問やいろいろの知識からかけらを集めてきて独創的な精神をよそおい、さらに、他人への批判や、深遠なる宗教的感覚を添え、もって無駄話にもそれらしい外観を与えるという寸法である。第五王国。(32)

〔九〇〇〕
A393 ドイツはしかし、ほかの人たちが真似しないだろうし、しようとも思わないような何かを考え出した。）

われわれは美しい姿の理想を、人倫の理想と同様、アプリオリに持ち合わせているように思われる。というのは、われわれは人相術的判断を経験から抽出しおおせたためしがほとんどないからである。ラーヴァター(33)の最近の語録は、こういう場面にふさわしい。彼の言葉は、判明でなく、規則を欠いていて、ただ具体的にのみ使用可能な概念を与えるのである。

A394 九〇三

技能を与えてくれるほかに、学問の功徳としては、(同学問が)人を洗練してくれる、つまり、人づきあいにおける粗野さを取り去ってくれるということがある。もっとも、いろんな身分の人たちとつき合うことがないと世間慣れしないので、学問だけでは必ずしも洗練されはしないだろう、つまり人あたりのよさや礼儀正しさを得るところまでは行かないだろうが。

しかし、それにしても、自分の学問の価値を控えめに判断し、また学問にとり憑かれた人が身につけてしまううぬぼれやエゴイズムを抑えるために、学者に人間性を与え、そうして彼が自分自身を誤認したり自分の力を過信したりしないようにしてくれる何かが必要である。 A395

私はこの種の学者をキュクロプスと呼ぶ(34)。彼は学問のエゴイストであり、こういう人には、自分が見ている対象を他の人々の視点からも眺めさせてくれるような、もう一つの眼が必要だ。学問の人間性、つまり、自分の判断を他人の判断とつき合わせるだけの、判断の社会性は、ここにもとづくのである。いくらでも学べる性質のものなので、得られたものについて監査され課税される必要もないまま、ただ膨れ上がるばかりの(同理屈をこねる)学問、それらこそは元来キュクロプスたちが生息する場である。文学のキュクロプスが一番頑固であるが、ほかにも神学者のキュクロプスとか、法学者、医学者のキュクロプスなどがいる。幾何学者のキュクロプスというのもある。これらには皆、特製の眼をもう一つつけ加えてやらないといけない。※

※(同医学者にはわれわれの自然認識の批判を、法学者にはわれわれの(同法権利認識と)道徳認識の批判を、神学者にはわれわれの形而上学の批判を。幾何学者には理性認識一般の批判を。第二の眼とは、だから、人間理性の自己認識の眼なのであって、これなしにはわれわれは自分の認識の大きさを測る目安をもたないのである。人間理性の方は測量の基線を与える。

これらの学問のうちさまざまなものが、批判によってその内的な価値を著しく弱められる性質のものである。数学と文献学、ならびに法学、これらだけが批判に耐え抜く。それだけにまた、これらは格別頑固なわけだ。エゴイズムは、彼らが自分たちの学問の中で行っている理性使用を拡張して、他の領域でも充分通用するとみなすことに由来している。)

強さではなく、一つ眼であることが、ここではキュクロプスたるゆえんなのである。他の学問分野をたくさん知るというのでも充分ではなく、悟性と理性の自己認識がなくてはならないのだ。超越論的人間学 anthropologia transscendentalis。

A 407

**九二一a**

(同天才たちは洞察を遺した。そのようにして皆の共有財が増えたのである。)

天才には創造の力がなくてはならず、だから何かを実際にやってくれないと困る。それは理念の実現であり、実物とこの理念との関係が、天才のおかげで悟性の前に示されうるのである。天才がなしとげることは、次のうちのどれかである。まず、詩人や趣味関係の著者たちのように、単に感情と想像の戯れを作り出す場合。天才は、ただ楽しませたり活気づけたりする(同庭)ためだけに、この戯れに理念でもって統一を与える。次に、機械のように、使って役に立つ物。最後に、悟性や理性の認識の増進である。もし、天才の証明となり、身のあかしを立ててくれるこうしたことのいずれをなすのでもないなら、つまり、楽しみや認識の明白な成長に結びつくようなことをなさないのなら、それは空想なのだ。精神が産み出したものはすべて、感官表象の戯れのみを目的とするものを除けば、必ず悟性と関連するはずなのだから、感覚という乗り物も想像の衣もいっさい取り払って、そのあと理性による製錬にかけなければならない。きっと、一粒の純粋な金属が残るはずだ。もしすべて鉱滓《かなくそ》となってしまうなら、(同真の)中身が何もなかったということであり、単なるまやかしだったということである。空想的な書き方とは、だから、プラトンのように狂信的なのではなく、——のように熱狂的なのでもなく、むしろ錬金術師というか道士の言葉である。この手の著者は、(誇張や言葉の金箔ぐらいでは)判明にして欺きとおせぬ眼《まなこ》の前には何ひとつ吟味にさらすことができないことをよく知っていて、だから実験錬金術からくずを取ってきて、純粋な光物質だとかアルケウスだとか惑星※だとかを混ぜ込む。特に、神智学[35]をほどよく加え、彼のまごついた弟子の耳に轟音をかき立てる。そうすることで、弟子の方は、まことに深甚極まりなさそうなその意味の一つ一つに触れるごとに、少なくとも知恵の声を聞いているような気になるというわけだ。

※(同彼は、見たところ達人のような言い方をするのだが(同どれ一つとして理解していないくせに、ありと

あらゆる技芸に秀でているかのように)、しかし秘密を明かすことはない、というより、何も知らないの A409
である。達人(36)のような言い方とは、例えば、ライプニッツが錬金術師の協会に迎え入れてもらおうとして書いた時の言葉などがそうである(37)。)

九三九 A417

哲学は、文学者や狂信的な変人の提供するものをすべて使うことができるので、たとえばある魂の力が発揮しているものがどの程度の大きさであるか、そういったことをすべて見積もる目をもっている。その上、いろいろ違った立脚点をとってみることに慣れており、また、どんな立派な人に対しても、その人についての自分の判断を自ら疑うことを忘れない。全体というものが把握不可能であることをよくわきまえているからである。それだから、哲学は人を謙虚にする、というかむしろ、自分を他人との比較で測るのではなく、理念に照らして測るよう、促す。謙虚は規則との関係を問題にし、謙遜は他人との比較を問題にする。哲学は自己評価においては人を謙虚にし、他人を評価するときには謙遜させる。

九六九 A425

着想する才能は理念を知る天才とは違う。おそらく、光の速度を算定する術が分かったということに優るような素敵で意外な発見はなかろう。しかしながら、これは、木星の衛星の食が(同創意に富んでいるというわけではないが)ある利発な頭脳をそこに導くことのできた着想であって(38)、この頭脳は、それだからといって、着想を(さらに仕上げられうるはずの）理念にまでもたらすことはできなかったのである。

贅沢について（省略）

# 第三編　欲求能力について

1009
ある傾向性を欲するような願望それ自身は、傾向性ではない。上位の力は、魂における他のすべての能力を統御するような力である。克己の人 Selbstherrscher。 A447

1010
人間の感情は単に動物的であるだけでなく、精神※に従属している。そうでなければ、純粋に知性的な諸動機 A451 pure intellectualia motiva が心の動因[39] elateres animi となるなどということは、ありえないだろう。精神のみによって動かされるこの受容性は、道徳的感官と呼ばれる。知性的動機に則って行為する、したがって刺激に依存しないで行為することの可能性、それがあらゆる実践的判断の基礎なのである。それゆえ、自由は実践的予料 anticipatio practica である。

※（同実際、われわれは感性的な表象能力と知性的な表象能力とをもつだけでなく、知性的な表象能力によって感性を駆り立て、何かの類比となって説明してくれるような諸表象を形成させる能力ももっている。

たとえば精神の認識と類比関係をもつようないろいろなイメージ。）

一〇一六 A452

どんな心の動きもみな、同時に内的な生命運動を生み出す。というよりもむしろ、前者は後者なくしてはありえないのである。われわれは、しかし、欲したからといって自分の心を動かすことができるわけではない。たとえば、腹の底から笑うとか、恐怖の運動（青ざめる）や羞恥の運動（赤くなる）がわざとできるわけではない。むしろ対象を、それがわれわれの状態における現実的な、何かわれわれに関わりがあって、われわれを触発するもののように思い描かなければならないのである。A453 してみると、義務としての道徳も、われわれの状態を触発するような仕方でつきつけられているのではまったくない以上、われわれに心の運動を刻みつけることはできないということになる。かくて、意志が単独で心を動かさねばならない場合に、まさしくこれが問題となる。首尾よく心を動かすためには、ひとつの秩序ある世界全体の中に自分を置いて見るということを頭の中で行い、自分をその世界にふさわしい一員として自ら評価することを学ぶ、という方法以外にない。

一〇一七 A453

実際に作用する原因を想像の中で模造することで初めて、表象によって身体を動かし、ひいては身体によって心情を動かすことができる。どんな道化師も、とても悲惨な作り話を報告しようというとき、自分の顔に死人のような蒼白さを意図的に作り出すことはできないものだ。このような変化に見舞われるためには、彼は現実に狼が人を惨殺するのを見たことがなければならない。

情念に(同現に)捕らわれているときには観察はそこになく、観察があるならば情念はない。それだから、情念というものはわれわれ自身が観察することを許さない性質のものなのである。

一〇三三　A463

それに対しては意志が何ら影響をふるうことができず、ただ意志を刺激しうるある種の表象を抱く以外にないような、身体の奥底からの運動というものがある。青ざめる、赤くなる、震える、心臓がどきどきする、といったことは、誰もこれを抑止したり意図的に惹き起こしたりすることができない。そうしたことはみな構想力がなすのであり、構想力と身体は一つに結びついている。

生命精気 Lebensgeist が、心と体を結合する特別な原理であるように思われる。それは独力で活動し、これに対しては意志は何の影響力ももたないのである。ひとたび生命精気が励起されると、思考をも身体をも、有無を言わさず動かしてしまう。心臓が攻め取られる、そして、このことが心身結合 commercium の根拠である。[40] 駆り立てるもの *ἐνορμῶν*, incitans。強固な人は(骸骨と同じように)自分自身の動力で活気づけられる、だから彼は、人間の中にいる人間である。Nervosus homo (sceleti instar) suo motore animatur et est homo in homine.[41]

一〇三五　A466

対象が私の意のままになると表象しているときには、私は思うままに pro arbitrio 行為する。しかし、その対象の反対もまた、私の意のままになると表象しているときには、この行為 actus はほしいままに pro lubitu 生じているということになる。[42] 以上のことは、もしも人間が超越論的に自由であるのではないとしたら、ただの錯覚だということになってしまうだろう。

一〇四六　傾向性は一つの対象を相手にし、選択意志は傾向性の他の諸対象をも見据えながら一つの対象を相手にし、そして、意志は、選択意志ないし欲望のすべての対象を、というかすべての欲望の総括を、相手にする。そのようなわけで、傾向性はたくさんあり、選択意志は二通りのみあり、意志はただ一つしかない。 A468

## 特に興奮について

### A　心による興奮の支配について

### B　さまざまな興奮そのものについて

一〇六七　嫌悪とは何だろうか。それは憎しみ(同ないし愛がないこと)や軽蔑(同ないし自己の拒絶)とどう違うのだろう。言ってみれば、両方が混ざったもの。吐き気に近い。 A473

見当はずれな機知は吐き気をもよおす。何度も聞かされる思いつき、退屈な物語、自画自賛。食事の過多。やたらに甘いのや脂っこいの。たびたび同じものが出てくる。エゾヤマドリ。老婆の不快にさせる顔。ハイデガー(43)。一般に動物の体の腐ったのや糞便などまさに。吐き気のするいろんな病気。吐き気はもう飽き飽きさせるが、空腹は吐き気を追い払う。

一〇七三（抄訳）

興奮について。動物は、興奮したときも、対象と自分との関係を見失うことはなく、ひたすら対象を見据えたまま活動力を駆り立てる。ところが、人間は立腹すると、自分の力を対象に向けるだけでなく、同時に、いわば、自分の立腹そのものを刺激している。ちょうどあたかも、生命力を活動に向けて召集するかのようだ。こうして、自分自身へとはね返った心の運動が生じ、そうなると今や、心は自分自身に対して荒れ狂い、自分を攪乱し、かえって（特に恥辱、恐怖、怒り）対象と取り組むことを不可能にしてしまうのだ。それにしても、こういう時なぜ、心は自制を失ってしまって、自分が意志しないことを行い、自分が意志することは行わないという結果に陥るのだろうか。それは、心がおのれの感情を、活発な欲望よりももっと強くなるまで励起したからであり、そのために生命運動が混乱に陥って、われわれが意のままにできるような部分をもはや残さぬまでになったからなのである。生命力は肉体的な元気を目指し、欲望は観念的な元気を目指す。前者が混乱させられると、後者に向ける力がなくなってしまうのだ。

A 475

## 臆病と勇敢について

一〇七五

技能や勇気は、昔の歴史とひき比べることで、ただ相対的に認識されるだけである。凡庸な将軍や劣った国民でも、もっと劣ったものにはたやすく優越することができよう。徳と学にだけ、何か絶対的なものがある。しかし、徳といっても、人間としての徳であって、市民や国民としての徳(同祖国愛の徳)にとどまっていてはならない。

### 自然が健康を機械的に促進するときに用いる興奮について(省略)

### 情念について(省略)

### 情念としての、他人に対して何らかの影響をもつ能力に執着する傾向性について

#### a　名　誉　欲

一〇九三

自分の保護下に入ってくる連中をかわいがって、彼らの利益のために何でも色眼鏡で見てしまうような、そういう親分肌の親切心、面倒見のよさ※がある。こういう態度は、悪気のない党派性であり、重要人物になって影響力をもちたいという尊大な要求にもとづいている。

※(同気質に根ざしていて、実は自分の行為を見せびらかそうという野心にほかならないような公明正大さというものがある。これは、あらゆる不正を関心の外に置くが、ほんの少し魔がさしただけで自分を裏切

A 478　A 486

りかねない。そして、ほかならぬこの、他人の面倒を見、その他の人々を犠牲にしてでも自分の太っ腹を見せびらかしたいという名誉欲が、その魔なのだ。その結果、公明正大さもはなはだ当てにならないものになる。こうなると、何が正しいかよりも、何が見てくれをよくするかが問題となってしまう。人をだます人は、個々の人々を奸計によって欺くが、国をだます人は、他を犠牲にした気前のよさでもって、一般受けをねらい、その影響力によってみなの尊敬を勝ち得ようとする。これは、結局多くの人々を破滅に追いやるのだが、反面、ほかにたくさんのファンを引きつけることにもなる。人をだます人には、ファンはつかない。人をだます人は自分の行為を見せびらかしはしない。国をだます人はというと、彼に明らかに敵対する意図をもつ人々をいつわり欺くことで、背面を固める。 A487

　法や権利の進行をとめること。

　国をだます人のもとへは、だまされている人たちが自分で志願してやって来る。人好きのする誘いが彼らを欺いてしまうので。）

一〇九六 A487

高慢は、他人が卑屈となることを、つまり彼らが自分をこの私よりも低く見ることを要求する。それゆえに、高
慢は卑屈なのである。もし自分自身そうした卑屈さに心が向くということがなければ、元来卑屈な素質をもつ他の A488
人々を実際卑屈な傾向性へと誘うようなことはできないものだ。他人がわれわれにへつらうのをよいと感じるとい
うことは、われわれ自身が時々へつらっているに違いないのである。これはアナロジーによって説明できる。嘘と

欺瞞による友情奉仕を他人に要求する者は、自分でも、はばかることなくそうできるようなときに、喜んでそうするのだ。焼場に至るまでの友[44] Amicus usque ad aram。熱い灰から栗を拾い出すには、猫の手さえあればいい。名誉を愛する人は、他人に対して、当人の名誉や、少なくとも正当に要求しうる尊厳を、自分のために犠牲として捧げよ、などとは要求しないものだ。名誉を愛するということと高慢であるということとは、同一の人物の中で共存することのできない性質である。

謙虚であれ、というのは、自分が純粋に名誉を愛する人々とともにいるかのような気持ちで振る舞え、という意味にほかならない。彼らに屈服を要求すれば、彼らは君に逆らうだろうし、彼らにぺこぺこすれば、彼らは君を軽蔑するだろう。この謙虚さが、外から見ると、礼儀というものになる。

高慢な人は、言ってみれば、自分が庇護してやる相手となるような人々しか受け入れない。彼の庇護を必要としていないと思っているような人々に対しては、彼は無関心で、かたくなである。

高慢、尊大、虚栄。これらのうち虚栄は、喝采を得ようとする媚態、つまり、他の人たちが卑下という代償を払うことなく与えうるような尊敬を得ようとする、媚態である。したがって、婦人は虚栄心をもちうる。何故なら、男たちにとって、婦人はライバル(同はり合う相手)とはならない異性であるために、彼女らにおべっかを使っても、何ら卑下したことにはならないからである。自分の名前が印刷されているのを見て喜ぶ人、称号を持つ人、変わった服装をする人。こうしたことは、人格の価値には関係がない。

(同気取った)驕慢は、虚栄心を増長させることしかできないという意味で、高慢である(同卓越したいという欲望(同もったいぶり、その反対は俗っぽさである))。一人の男を前にしたときは虚栄でしかないことも、婦人が他

A 489

の婦人に対する場合には、驕慢となる。

指揮官の前で仏頂面をする者は、増長している。

頑固者。はき違えられた矜持であり、高慢さに出会えばこれに反発を示し、優れた人に対して反抗する。

### b　権勢欲

二〇〇
それに対しては自分の(同精神の)優越が決まっているので、いっしょにふざけることができるようなもの、そして、愛らしい活発さをもつもの、そういうものはみな、われわれの愛するものである。小さな犬、鳥、子や孫など。男と女は、それぞれ他方に対して優越感を抱いている。同等のものに対しては、われわれは好もしさを感じ、腰の低い年長者に対しては服従する。

### c　所有欲(省略)

## 肉体的な最高善について

二〇一
人間学

怠惰とは、自己保存の自然本能を誤解したものにすぎず、怠けたいという性向はいつも、活動への衝動と葛藤を

A 490

A 491

起こしている。

食欲に関して自然からの合図を軽くみてはならないということ、食事の手を少し休めてみて、もし自然がもう要らない、もう沢山だと言っているのに気づいたら、そこで食べるのをやめるべきだということ、これは飲食に関する養生の規則の一つである。精神労働についても同じことがあてはまる。頭脳は、ある一つの仕事をそれ以上続けるのがいやになっても、別種の作業に取り組む余裕はあるものだ。ここに思考の養生法の一端を見て取らねばならない。こうした用心深さは、なるほど、自分の気分を甘やかすこと(自らの守護神の言いなりになる[45] indulgere genio suo)に、つまり、投げやりな性情とか怠惰などに一見似ているが、まぎれもなく自己を保養する一つの手立てなのである。職業柄、頭脳に機知のある人、たとえばシュトゥルツ、ヘルティ、さらにはアプト[46]のような人たちは、精神を強いて鼓舞して機知を盛り上げるので、長生きしないものだし、また、中には、いわばあまりに緊張を強いて脳神経を損なうこととなった仕事に嫌気がさし、そのために職業を完全にやめてしまうような人たちもいる。

A 492

## 二〇六

### 人生への愛について

年齢においても判断力においても円熟に達した、理性ある男なら、過去の年月とこれからの年月をもっとよい条件で生きることができると言われても、もう一度若くなることを選ぶことはまずないだろう。これは注目に値することだ。彼にとっては、自分の背後にたくさんの年月があるということが、喜ばしいことなのだ。とはいえ、人間

A 492

にとって可能なかぎり長く生きるということも、それがよい条件の下でということならば、彼はこれを望む。なぜなら、長生きは彼に託された人間性に対する勤めであり、託されたものを出来るかぎり高めよとの義務であるように、彼には思われるからだ。しかし、あと何百年も生きられるなどということになったら、それは、人間にとっては、天の恵みというよりは危険な試練のように思われることだろう。

## 道徳的かつ肉体的な最高善について（省略）

# 第二部　人間学的な性格論

## 人間の内面を外面から認識する方法について

### 区　分(省略)

### A　個人の性格

#### Ⅰ　気だてについて(省略)

#### Ⅱ　気質について(省略)

#### Ⅲ　心構えとしての性格について

二六九

平静、無感動は、情にもろいことの反対である。この情にもろいということは、間違った同情であり、われらが道徳家先生たちのはやりの万能薬であり、気付け薬である。しかし、それは一種の阿片なのであって、夢のようないい気分をもたらしてはくれるが、最後には心を枯れしぼませてしまうのだ。いっさいの性格と、これ以上に対立するものはない。

善行をなす際にそうした優しい気持ちをもつのはよいが、その種の心の動きといちゃいちゃしたり、自分自身をおだてたりすることのないようにしなければならない。貧しい縁者を援助する善意の男も、救貧院に追いやってしまうような欲深い男も、それ以外の点では同じように不正であり、けちけちしていて、欲張りである。不幸な者たちに媚びて気前のよいことをしてやるために、よく働く職人からは値切れるだけ値切ったりするものなのだ。われわれは、かたくな首《こうべ》を義務の前に垂れねばならない。しっかりした心根の中にしか徳はないのであり、原則の力なしにはしっかりした心根はないのである。

とても陽気な心の人（自分の感情にそれ以上の価値を付け加えない人）の方がむしろ、性格をもつ可能性がある。

## 二七

世界の中に生じていることに対する関心という点で、われわれは二つの立場をとることができる。すなわち、俗世の子 Erdensohn の立場と世界市民の立場とである。第一の立場にあっては、自分の商売と、それから自分の安寧に影響を及ぼすような事柄のほかには何らわれわれの関心を引かない。第二の立場にあっては、人類とか、世界全体、事物の起源、事物の内的価値、究極の目的といったものが、少なくともそういうことについて好んで判断するに足るほどには、われわれの関心を引くのである。 A517

俗世の子の立場は、われわれをさし当たっての義務へと導く。ただ、それにかかりきりになってはいけないのだ。そうすると、勤勉で有能な人にはなるが、心も見通しも狭くなってしまうだろう。交際、とりわけ友情を通して、 A518 われわれは心構えを広げてゆかねばならない。俗世の子は、自分自身の中に十分な素材をもってはおらず、自分を取り巻く人々や事物にへばりついているのである。法律家たちはめったに地理学とか政治とかを好むものではない。宮廷の人々も俗世の子である。世界市民たる者は、よそ者のごとくにではなく、その中に住む者として世界を見なければならない。世界観察者ではなく、世界市民でなければならないのである。

人は、しばしばあまりに狭い概念しかもたないために、また、あまりに狭い心根しかもたないために、俗世の子となっている。話をしても心や心情を引きつけるようなものが何も出てこず、内容もひどく狭いものである。身分の高い人たちが、好んで、つまらない冗談を言いたがる。

一一八一

人間の性格は、彼らが人生のあらゆる可能な状況を経めぐったのちに初めて、明るみに出る。だから、自然な過程によるわけである。輪廻転生 metempsychosis の場合は、同じような人物がありとあらゆる状況に生まれる。 A522

一一八五

われわれはふつう、自分の行うことがみな、より高尚な源泉から発していると考えるものだ。たとえば、単なる幸運によるものを自分の悟性のおかげだと思い、私利私欲からやっていることでも、それが他人を益する結果になっている場合には、自分の好意からやっているのだと思い、また、強いられて正直にしているというのが本当のところなのに、正義を愛しているからだと思っている。要するに、自分の行為を道徳的諸原理に発するものとみなしたがる。何でもすべて自分の人格を高く評価することに結びつけてしまうのだ。人は自分の悟性に満足するのと同 A523

様、自分の心根に満足する。羽目を外してもそれがまずい結果を生むことさえなければ、自分は潔白だと思うし、不運を責めることはあっても、その際自分の性格に問題はないと言う。われわれは結果に従ってのみ、おのれの振る舞いに対する判断を決めるものであって、これはもうまさに自然の摂理である。他人に悪いことをしてしまった時には、自分を正当化するために、彼らの側こそ嫌われ者なのだと考えようとする。そして、自分自身に不満な場合には、人間の本性そのものに罪を着せさえするのだ。

二九一

深い、あるいは明敏な認識がただ一回でも示されれば、悟性のある人だと結論できるが、一回のよい行いからその人の徳を結論づけることはできない。というのは、前者の場合は洞察の内的な源泉が明るみに出ているが、後者の場合、心構えの内は明るみに出ていないからである。ところが、人倫の根本に逆らうような悪質な行為がただの一回でもあれば、その人の性格は悪いと判断することができる。

A 526

二九六

何事にもとらわれず、また何によっても自分の大いなるもくろみ（同原則を重んずる高貴な企て）を押しとどめられることのない人、恐れにも、利己心にも、虚栄心にも曲げられない人は、精神の高い人である。これは性格に属する。精神の高い人は、お金や富だけでは可能とならない、自分自身の手柄と言えるようなことのみを目指す。

A 528

一一九七

こころざしの高い人（同おのれの重要性を不当に大きく見積もっているような、驕った感覚の持ち主ではない）は、自分がいる内輪の世界をたいてい狭すぎると感じている。他の連中に対してやきもきしているというのではなく、自分自身と自分の運命に不満足なのである。これは気質に属する。彼の人格にとって、内輪の世界は小さすぎるのだ。（後こころざしの高い人は、自分のとは異なる領分に影響を及ぼしたいと思う。こころざしの低い人は重要な人物となるのを好まず、また、そうなると不安になってしまう。評判になりたいと思う人は、こころざしが見栄っぱりな人である。名望と評判とは、区別すべきだというのに。）

A 528

一二〇三

機知をもっている人は、誰しもそれを社交の席で見せたがる。だから、駄洒落屋はお互いに社交の場であまり会おうとはしないものだ。学者もお互いにつき合わない。

A 529

一二一一

人間に関してはまずその動物性を研究しなければならない。それゆえ、野生人や子供をあらゆる状況において観察し、また、さまざまな状況において人間の性向を観察しなければならないのである。そうすれば、理性によって統御され訓練されなければならないのが、どんな動物なのかということを、それからまた、人間の人格的な本性と動物的な本性がどんなふうに争い合ったり協調したりするのかということを、見て取ることができる。

A 532

# 人相術について

一二四三

才能は骨張った部分、たとえば鼻に表れる。心は動きやすいところ、つまり表情に、性格は眼差しに表れる。この男が悪者でないとすりゃ(47)――

標準的な顔は標準的な頭脳と心の持ち主であることを示しているが、それだけに特別な価値や有能さを告げるものではない。見た目に何かひっかかるようなある種の不均衡は、才能のしるしである。標準にかなっているものはありきたりなのだ。天才は一つの逆説である。 A549

## B　男女の性格

一二六二

それにしても、オイラー(48)という人は、こんなオルガンが発明不可能ではないと考えた。それは、言葉を奏でることができて、説教も演奏できるオルガン、そしてその説教は、普通の人が天賦の才と呼ぶものすべてを、つまり立派で、明晰にして判明な弁舌を含んでいるのだ。オイラーと違ってもっと平凡な人は、アカキア先生(49)のような酷評家が怖くて、こんな提案を真面目に人に聞かせることはできなかったろう。 A556

自由闊達は軽はずみにつながり、他方、遠慮したり風紀を気にしたりしていると、束縛された人になる。 A557

一二六四

女たちは、もしも自分たちも情愛に強く動かされているということを悟られてしまったなら、男を自分たちの意志に従わせる手だてをもう何も持たないということになってしまうだろう。男は女性に対する自分の情愛を告白し、そして告白することで女性におべっかを使う。他方女は自分の情愛を押し隠して冷たく振る舞い、ただ友情を口にするばかりで、まるで自分はせいぜいこの男を我慢するくらいの義務しかないみたいに装う。そうすることで、また、男に信用されるようにするのである。

A 558

一二六六

さまざまな人間において性格が気だてや気分といろいろに混ざっている場合、意外な特質の中に(同自分の判断を)くまなく押し進めることができず、また、偶然的なものを丁重に扱うことで人の才能や美点に気づくということができないとしたら、それは、人間を見る上での甚だしい不手際である。ルソー。

われわれが自然を研究すればするほど、それだけ違いが目に付くようになり、見かけ上の一様性は消えていく。男女の心が似ているというのは、仮象であって、いろんな対象について両者のもつ概念が一致しているためにそう見えるが、本当は、それぞれが独自の使い方をしているのである。両者は同じような判断の根本規則に則って話しているが、同じように受けとっているわけではない。

A 559

一二六八

A 560

男性と女性のどちらが優れているかという論争にけりをつけるため、私は、女性に対して次のように問うてみる。男性ともめるのであれ女性同士でもめるのであれ、とにかく争いごとが起こったとき、あなたは果たして女性と男性のどちらに裁定を頼みましたか、と。

女たちは支配するのはうまいが、治めるのはだめだろう。支配者(主人ではない)は、ただ統一を作り出し、これを維持する役目を果たすだけである。目的を定めるのではなくて、体制内の秩序と生活を維持し、そうすることですべての手段がその目的にうまく向けられるようにするのである。夫よりも妻の方がこの統一をよく生み出す。というのも、夫たちは妻に仕える自然な性向を持っているからである。愛されている女は愛している男を支配する。そのおかげでこそ、男にとっては、何を自ら選ぶにせよ、自分のやることが命をもつのである。

## 一三〇八

始めに男に愚行をせざるをえないようにしておきながら、後になって、それが悪い結果を生んだとなると、なぜそんなことをしたのよとか、なぜほっておいたのよなどと男を非難し、男ならもっと見通しをもってほしいわなどと言う。こういうのはまさにご婦人の台詞である。女の言うことを何でも聞く男も、女たちは軽蔑する。彼女らは、人生の荒波の上で自分が一人のパイロットを必要としているのに気づくのだ。これがつまり、悪の起源について、それはアダムから来たのかエヴァから来たのかという滑稽な論争における、自己弁護のやり方なのである。男は、女に弱かったものだから、と言い訳し、女の方は、その弱さが悪いと責める。

A575

A576 一三一一　女性は、男性と比べて、同性の未婚者のふしだらな行いを厳しい目で見、他方、既婚者のそういう行いに対しては、やさしい。というのは、きっと彼女たちは、結婚生活という条件下以外では何も手放さないようにする(同原因は道徳的なものではない)ことで、自分たちの性が好色を満たす餌食や道具となるのを防ぐべし、という原則をもっているのである。それだから、堕落した者は、いわば女性の最も重要な業務に対する裏切りを働いたということになるのだ。男たちはというと、同じような場合、特に利害が絡んではいないので、ただ道徳的な見地からのみ評価する。(同男たちは堕落した者を軽蔑しはするが、それは、自分を粗末にするけれども他の誰に対しても背信している訳ではないような、そういう者に対する軽蔑である。)以上とは反対に、既婚の女性は少なくとも結婚という基本条件をすでに満たしており、偽装することも難しくはなくなる。ばれたときには、女性たちはその不注意さにひどく憤慨するのである。結婚生活に対する風刺を耳にするとき、彼女たちは心中穏やかではいられない。

A582 一三二九　女性にあっては、かなり早い時期からすでに、男たちのいる前でもうろたえないという特質が見られる。これと反対に、男たちは、女性の集まっているところに初めて出ると、うろたえるものである。

## C　国民の性格

A589 一三四九

森のなくなった国には森に覆われた国にくらべて、多くの精神がある。ドイツの広い森が、おそらく、いにしえより、ドイツ人の鈍重で粘液質の性格をはぐくんできたのである。イギリスにもう少し森が茂っていたとしたら、それからアペニン山脈もそうだったとしたら、両国の人々はもっと鈍重になったことだろう。乾いた食物は人をたくましくする。イギリスの空気は湿っているが、風がよく通っている。

一三五三

ドイツの国民精神について。

諸民族が合流するよりは、反発力によって互いに抗争するというのが、摂理の意図するところであるので、国としての自負とか、国同士の憎み合いなどは、諸国家を分離しておくために、不可避のこととなる。それゆえ、ユダヤ人やトルコ人のように、他のすべての宗教は呪われた邪教であると信じている場合には、宗教を理由として、また、他の民族はみな不器用で無知であると信じているところでは、悟性のうぬぼれが理由となって、あるいはまた、誰もがわが民族の前に恐れおののかねばならぬと信じている場合には、勇気を理由として、さらに、他の民族はみな奴隷状態にあると思っている場合には、自由を理由として、いずれの場合も、ある民族は他国よりも自国を愛するのである。各国の政府はこの妄想を歓迎する。これが、われわれが本能に任せて互いに結合したり分離したりする、その世界編制のメカニズムなのだ。一方、理性はわれわれに法を与えて、本能は盲目だから、われわれの中の動物性を導くことはするけれども、理性の格率によってとって代わられねばならない、と教えるのである。そうなるためには、ここに述べた国家の妄想は根絶やしにされるべきであり、祖国愛と世界市民主義がそれにとって代わ

A 590

A 591

らなければならない。

一三五五　A 592

ドイツは芸術の趣味が進歩したと讃えられている。けれども、歴史や無味乾燥きわまる哲学的題材を、ヒュームほど悟性と深い洞察をもって、それでいてかくも美しく論じた作家が、また、人間についての道徳的認識をスミスのごとく論じた作家が、どこにいるというのだろう。すでに私たちの前に流麗な精神の手本があるのだから、ここから始めるべきである。構想力の運動や、具象的なもの、感情に富んだものを至るところで持ち込むと、悟性の影響力を弱めることとなり、われわれを再びあの空想に富んではいるが、まだ淡く光るだけのオリエント的な心性へと、引き戻してしまうだろう。

一三六六　A 595

イギリス国民(gens)は、民族(populus)として見た場合には、互いの関係において人間同士の最も見事な結合体である。しかしながら、他の諸国家に対する一つの国家として見た場合、どの国にもまして有害で、暴力的で、権勢欲が強く、そして好戦的である。

一三七〇　A 596

アジアの諸国民はいずれも、名誉愛のかわりに尊大さをもつ。すなわち、誰もがその前に身を屈せざるを得ないのだが、誰一人としてよろこんでそうすることなどできないような、そういう種類の優位を求めるのである。誰もがそうした地位を望み、しかし、何ぴとであれ自分と並ぶもののあることを望まない。尊大さはしかし、いつでも下劣である。すなわち、一、強圧的であり、二、約束を守らず、三、些細なことに至るまで強欲であり、四、不誠実で、五、公共の福祉に関与することがなく、それどころか、そこから生ずる名誉も知ることがない。これと関係して、彼らには概念とか真に美しいものの理念といったものが欠けている。それのかわりに華美やご自慢の富があるだけなのだ。ギリシア人が初めて、タレスの時代から、数学的な証明や立法によってどうやらもろもろの概念に到達したものと思われる。とはいえ、彼らとて結局は、直観的に捉えられない事柄に関しては、経験と感情がそのかわりとなるような範囲以上には達しなかったのであるが。

〔三七〕

東洋の諸国民は真の名誉というものについて何の概念ももっておらず、ただ見た目が優越しているということしか知らない。ヨーロッパ人も貪欲ではあるが、少なくともそう見えることを恥じるものだ。アジアの人々は、単に直観によってではなく概念によっておのれの完全性を拡張せねばならないその地点で、停滞している。したがってまた、どう考えてみても、彼らの知識は北方のある人種に由来するもので、その結びつきを示すものは、すでに何世紀も前に散逸し根絶されてしまったと推測されるのである。あらゆる神聖語は、その系統の言語が今も使われているが、サンスクリット語にはそういうものがない。(50)

A597

## D　人種の性格(省略)

## E　人類の性格

一三九四

道徳的強制は、すべての人間が有徳であることを必要とするものではまったくない。ただ、徳に対する尊敬を表立って示す習慣が広がりさえすればよいのである。これは、心根の改善ではなく、感情の改善によって実現することだ。けれど、心根もそれによってともに改善されるのである。

配分的正義とは、元来、公衆の手の中にあるべき種類のものである。今日、あらゆる災いは、お上が良俗を不問に付して、才能、技能、勤勉ばかりを重視し、また、一般大衆の判断は押し黙っている、ということに発している。誠実な人々は勝手に寄り集まるだろうが、悪人はそうはいかない。改善されないといけないのである。われわれは、何も人を公衆の面前で侮辱しなくても、その人が受ける尊敬を断つことができる。なぜなら、ただ私が彼をどう見るかで決まるからである。この種のことでは、婦人の判断が最も重みをもつ。森の木々は、密集して並び立つことによってのみ、まっすぐ生長し(同そして高く伸びる。というのは、木々は互いに隣から空気を奪い合うので、大地から伸び上がり、どんどん高みに上がってゆくことで空気を求めざるをえないからである。木々は互いに風から守ってやり、蔭やぬくもりを与え合い、そうして若木の生育を援護する。)また、それでいて、互いに場所を分かち合う。それと同じように、人間たちも、自然状態と自由の中に置かれていれば、捻じ曲がって不完全になるだろうが、市民社会の中ではまっすぐになるのである。彼らは、互いに陶冶し合い、教育し合わなければならない。今

A607

は各人の道徳が孤立しているが、やがて、道徳はみなの感情の中に織り込まれ、みなの感情を惹きつけるようになるだろう。他人がいると、道徳ははっきり見えるようになるからである。われわれは互いを正すことを好むが、これは自然の目くばせではなかろうか。われわれが他人の判断を恐れるのも同じことではないか。つまり、われわれは互いの道徳を陶冶し合う使命をもっているということなのではないだろうか。

小規模な社会は人の傾向性によって陶冶され、市民社会は必要によって、そして国家は戦争によって陶冶される。この生長過程の行く末は見定めがたいが、それ自身にとっても人間にとっても、破滅となりかねないものである。最後は結局どうなるのだろうか。国家は自由な市民社会の合体したものだが、それ自身もっと大きな諸国家とともに一つの集合体を作るのだろう。ちょうど天体の体系がそうであるように。

人間は強制によってこのように善良になっているだけなのだから、人間の中のすべての悪い傾向性はただ隠れて A 608
いるだけで、社会の中でいつでも、しかし強制的な法に抵触しないような仕方で、現れているに違いないのである。いつわり、中傷、嫉妬、ぬけがけ、ひそかな敵意、賭け事における我欲などなど。こうした特質は全世界の国家同士の関係になると、一気に爆発する。こういったものを弱めるために、心構えと性格形成を強制する手段として、道徳的強制が加わって来ないとだめなのである。

一三九六 A 608

人間は、市民としての束縛を通して、その完全なる自然的使命、すなわち才能の開発を、現実にやり遂げる。同様に、道徳的束縛によって完全なる道徳的使命に到達することも期待される。なぜなら、道徳的善のすべての芽は、それが発達してゆけば、悪の肉体的な芽ばえを圧殺するからである。市民としての束縛によって、いっさいの芽が等しく発展してゆく。これは人類の使命、といっても、個々人の使命ではなく、全体としての人類の使命である。その際、人による達成度の異なりは常にあることだろうが、しかし、総和を最大限にしたいのである。

地上における神の国、それが人間の最終的な使命である。(御国が来ますように、という)祈願。キリストが神の国を近づけてくれた。それなのに、人はキリストを理解せず、われわれの中に神の国を築くかわりに、坊主の王国を築いてしまった。 A609

一三九八

人間は主人を必要とする生き物である。人間の中で主人の役を担っている者たちでさえ、同様にある主人を必要としている。 A609 最後にはやはりひとりの人間が究極の主人であらねばならぬわけだから、始めの主人たちは、例外なくすべてのものに対する主人であるような者の命令に服従を強いられていると感じているのでないなら、その支配権をあまりよく用いることはできない。 A610 国家の真の支配者は、社会全体の理念であり、これが国家に権力を与えるのである。それは神、すなわちこの理念を体現し、あるいは人格化しているところのものである。なぜなら、国家はおのれ自身の主人であり、したがってそのすべての成員に勝っている者、つまり根源的支配者 dominus originarius だからである。

一四〇七 A613

悪への最初の誘因となるものは、自分は善良であろうと思っていても、他人からそれと同じことを期待することができない、という事実である。誰も自分ひとりだけ善良であろうとは思わない。もし、根っから親切で正直な人ばかりに囲まれていれば、悪人といえども、他の人々の善意からただもうよいことばかりが期待できると悟り、ただちに自分の悪意を捨て去ることだろう。さて、ここに困難がある。すなわち、個人の善良さはみなが善良であるおかげでのみ育つわけだが、しかし、みなが善良になるということは、個人が善良でなければありえないことなのだ。誰でもすぐ分かることだが、すべての人の心がけがよければ、人は、邪魔立てしたり追い出されたりするのがもったいないような楽園に住むこととなるだろう。してみると、みなにあまねく影響を及ぼすもの、つまり統治ということから始めることが、最も肝要であるように思われる。そこで、哲学者、歴史家、詩人、なかんずく宗教家たちに、この考えをはっきりと見据えてくれるよう、要請しなければならない。社会はパンドラの箱なのであって、そこではあらゆる才能と、同時にまた欲望が、解き放たれて飛び去ってゆくが、箱の底には希望が居残るのである。

A614

一四〇九

人間は、悪への直接的な傾向性をもっているわけではなく、他方、善に対してはこれを率直かつ直接に愛するものだ。悪の方を選ぶのは、内心反発を感じながらも誘惑に負けてのことなのである。だから、善への芽ばえ、ならびに善行につながり得るような諸動機が、そこにはちゃんとあるのだ。他人に対する尊敬や愛がそうである。

A614

一四二五

A622

人間の本性は悪である。人間がよいことをするのは傾向性からではなく、同情と名誉心からだ。名誉心を取り去ってみたまえ(商人の社会。黒人の売買)。人間は、自分がその場にいさえしなければ、不正なことをする。不正に財を受け取るのを喜び、臨終の時には、神に気のきいた言葉を捧げはするが、財を元に返そうとはしない。社会の中ではうわべを取り繕い、人を愛することで自分が愛されるようにしようとする。人間は正義へと強制されなければならず、自分をよく支配するということはできないのである。人の破滅を欲し、妬みにかられる。ヘラクレイトスよりデモクリトスの方がよい[51]。

人間をこの世のものとしてのみ見るならば、彼は笑うべき対象である。人間を厳密な裁判官だと考えると、彼の運命は嘆かわしいものだ。しかるに、この二種類の考え方を結びつけるような立場に立つと、人の態度はころころ変わることになる。普段はずっと自分の人生を笑い、日曜日や臨終の時には、泣いたりため息をついたりするのである。

一四三八

諸国家の歴史は、ある政権から世界がどんな利益を得たかが見て取れるように、叙述されなければならない。スイス、オランダ、イギリスの革命は、最近における最も重要な出来事である。ロシアでの変化は、間接的でしかない影響を別とすれば、世界に何の益ももたらさなかった。歴史叙述は、それ自身、世界の改善のためのプランを含んでいなければならない。それも、部分から全体へ向かっての改善ではなく、逆向きのものをである。もし、人類を真の最善へと教え導く手段を指揮するのでなかったら、哲学は何の役に立つというのだろう。市民相互を、ただ

A628

法律で保護するのではなく、具体的な仕組みを作ることで、お互いに法律を守って安心し合えるようにすること。法律に従って以外には上下関係を設けないこと。自分の側に権利があるのでないかぎり、いかなる私利も持たぬこと。司法が近づきやすく、また運営しやすいものであること。立法における洞察と、行政の運用における知恵。
以上とは別に、歴史は伝記的に、あるいは宣伝的に叙述することもできる。

一四四八　A632
(同悪へのいろんな衝動は、お互いに邪魔し合うようになっていて、足を引っぱり合うおかげで、バランスがとれている。)
嫉妬(ねたみ、そねみ)、臆病、偽装、不信に祭壇を[52]。
元来、善は善からのみ生じ、悪は悪からのみ生ずる。一義的発生 generatio univoca であって、自然発生 generatio aequivoca ではない[53]。しかし、悪は、自分だけで存続することができないので、人の自己保存欲求をつき動かすのだが、その結果、悪の制圧という意味での善の芽ばえを促すこととなる。徳。これは、われわれの中にあっては、一種の雑種、混血児なのであって、悪が善の芽と混じるところから生まれたものだ。それで、この高貴とは言えない素性を常にどこかしら引きずっているのである。

一四五五　A636
われわれは、善を、悪の打倒というかたちでしか表象しえない。加えて、道徳的な完全性というものも、徳、つまり悪への誘惑を克服することの中にしか思い描けない。善がわれわれ自身の中から発するべきである以上、それを動機づけるものがそれに先立ってあったはずである。それが悪であり、この場合悪とは何かの欠如でもいいし、また積極的に奪い去られているということでもいい。

人間本性の発展を後から見てみると、そこにひとつの知恵のあることが分かる。といっても、それはわれわれの知恵ではなく、われわれの愚かさを通して自分の目的を推し進めていくような、ある知恵である。宗教的な迷信やこの上なく愚かしい擬人観が、建築術と神殿、ならびに彫刻を生み、それどころか、まだ住居が粗末だった頃にも絵画を生み出した。かくして、大いなる開化をもたらしたわけである。それというのも、技能と趣味の開化は、理性の開化に先行するからである。 A637

### 一四七一a(54)

哲学者たちに課せられたこれらの重要な問いは(カテゴリーの四つのクラスに応じて)四重の課題を含んでいる。 A650
一、全体として見た人類(量)。たとえば、黒人でもアメリカ人でもない白人という特定の人種が、これこれの長所をもっているか、といったことではなく、かといってまた、すべての人間がそうであるかというのでもなく、中には遅れたままの人たちもいるかもしれないが、人類という全体は果たして進歩するのかどうかということ、それが問題なのである。二、進歩がそこに向かうよりよきもの、それは道徳的なものである(質)。つまり、人間が進歩して向かうべき種々の完全性、たとえば芸術、学問、趣味などのすべてが問題であるわけではないのである。——これらもなるほど道徳的なものの促進手段や帰結となりうるにせよ。—— 三、ここでは、個々の人間そのものの内的な改善ではなく、人類の前進が問題なのだから、大きな共同体の中での人間同士の関係がよりよいものへ進歩するか、ということが言われているのである(関係)。四、ここでは将来を予言することが課題となっており、しかるに、そんな予言は、起こるであろうことをアプリオリに判断できないかぎりなしえないし、したがってまた、よりよきものはすでに出現している諸原因の連鎖からそれらの諸結果とともに必然的に帰結するのでなければならない。だから、よりよきものへの持続的進歩の必然性(様相)が考察されるべきである。——　——かくして、正確に言うと、ここでの課題は、人類の歴史をアプリオリに素描する、つまり、その変化のうちこれから起こるはずの部分に関して描く、というものになる。この企ては、それが人類の自然史たらんとするものであるかぎり、充分可能なことだ。なぜなら、諸原因が、まだ生じていないがやがて到来するさまざまの結果を経験の規則に即して、したがってアプリオリに(端的にではなく、間接的に secundum quid, non simpliciter)認識させてくれるからである。しかしながら、ここでは、自然のメカニズムから解放された存在者としての人間の、将来における道徳的ふるまいの歴史が問題なのであって、その場合、人間はどう行為すべきかという諸法則は確かにアプリオリに分かってはいるが、人間がかくかくのごとく行為するだろうということは、アプリオリには分からないのである。——それでもなお、この課題は、そうした事の成り行きを一個の仮説によって好意的に想定し、それでもって少なくとも自分の行いを律するという実践的な見地から興味深いだけでなく、理論的な見地からも興味深いのである。すなわち、人間の根元的な性向にあっては悪の原理と善の原理のどちらかが優位しているのか、そして、人間の使命についてどんな概念をもつべきだろうか、といった具合に。——　——そうは言っても、こういう探究は神学者たちによって占有されて来たし、哲学者にとっては理論的意味での超感性的なものを望み見るなど空恐ろしいことなので、われわれの課題はこんなふうに言うにとどめておけばよかろう。人類がよりよきものへの持続的な進歩の途上にあるのかどうかを決めるのは、何によるべきなのか、と。その際、そもそもそういう進歩があるかどうかということは、未決定のままにしておいてよい。

## F　年齢の性格

一四七三
子供は自由に(同また彼が他人をも自由にしておくように)育てられねばならない。自由が自らの存立のために進んで従う拘束を耐え忍ぶということを学ばねばならない(同自分の命令に人が従うということを経験してはならない)。ゆえに、しつけられねばならないのである。これは教育に先行する。人間形成というものは、たえず続けられねばならない事柄なのである。子供は何がなくても我慢し、それでいて心朗らかでいることを学ばねばならない。自分をいつわるよう強いられてはならない。嘘に対する嫌悪を、それも反射的な嫌悪を身につけるようにすべきである。人間の権利を尊重することを学び、人間の権利が彼にとっては乗り越えることのできない壁にまでなるようにする。彼の教育は、どちらかというと消極的なものでなくてはならない。道徳性より先に宗教を学んではならない。子供はいなくてはならないが、(同甘やかされては)ちやほやされてはならない。率直に話すことを学び、決して変に恥ずかしがってはいけない。若者になる前に如才ないふるまい方を学ぶのはよくない。能力を身につけることが先である。

このようにすれば、彼は、粗野である期間は長いけれども、使い物になり有能となるのは早いのである。

A652

## Ⅱ　一七七〇年代の講義草稿より

**一四九一**（抄訳）

魂と肉体の結びつき。

（同 われわれは、思うままに赤くなったり青ざめたりできるわけではない。現にある物の中に in rem praesentem 身を置かねばならない。）

一　心から体（同 への）影響。※ 痛風の人が豚を見てびっくりする。これは痛風が消えてしまう原因。びっくりして気が狂うこと。水の中。ショックで四日熱になる。あるデンマーク人は（ボリキウス[55]によると）四年間声が出なかったのだが、怒りのあまりある老婆をののしったという。ある猟師は、関節炎で体が萎えていたはずなのに、女を魔法使いだと思った時これを殴った。

（後 ガウビウス[56]の『――統御について』）

（後 つられて起こる癲癇や痙攣[57]。）

（後 興奮すると、その作用が神経節を通って伝わる。）

腐敗熱にかかっているとき、肉や魚を見てむかつく。

喜びのあまりの死、驚きのあまりの死。

雄鶏や交尾中の犬、腹を立てている女は、怒ると唾液が湧き、しかも、自分の唾液が自分自身にとって毒になる。

A748 A742

※(同魂でもって体に言うことを聞かせる。 A749

顔面蒼白になる。(同震えおののく。) 赤面する。(同A、興奮。) 胸が苦しくなること。(同不安。激怒。気が遠くなる。緊張。) 背筋が寒くなる。おののき。総毛立つこと。(同寒気。) ため息をつく。泣く。動悸(喜び)。笑う。横隔膜。こわばる。(後萎えること。) (恐怖で逃げられなくなる。怒りで話せなくなる。) (同痙攣。) 気絶(吐き気と喜び)。情念。渇望。不眠症。食欲不振。憔悴。(後吐き気。いらいら。)

これらはみな深刻で不愉快である。)

(後デカルトの質料的観念[58])

(後体のつくりまでもが魂に由来していて、体とは単に現象における人間のことでしかないのか、それとも逆に、魂というのは、体が現象でもって作り上げたものでしかないのか。)

(後体は時折、精神の目論見をひっくり返すが、精神もまたしばしば体の目論見をひっくり返す。)

二　体から(後心への)影響。(後狂犬に咬まれて心がやられること。) 女は妊娠すると一人でほくそえむようになる。(後スフィンクス。) (後魔女の軟膏。(後ヨウシュチョウセンアサガオ[59]——datura strammonium) ヒヨスとナ A750
ペル[60]。シロッコ[61]。腸にガスがたまると不安になる。——高地。頭の中の水[62]。) 体への随意な影響が強くなり、他方、興奮した魂が不随意に体へ影響するということが少なければ、それだけ健康状態はよくなる。

体でもって魂を御し、魂でもって体を御す。

(後子供、特に女の子は、早くから笑うようにするべきである[63]。繊細や小心のゆえに泣くこと。)

体でもって魂を御す。その逆もよし。つられて起こる癲癇。妄想。怒りはサナダムシ[64]と同様、健康のためには必要だと少なからぬ人々に思われている。）

一四九四

（後性格論。一、人物の、二、両性の、等々。人物はその才能、気質、性格における固有なものによって特徴づけられる。市場価格(65)、等々。）

性格とは、それによって対象が識別できるものであり、その対象をいつも何とみなすべきかについての概念を定めてくれるものである。

ある人の性格とは、その人について、何を（同いつでも）期待できて何を見込めるか、という判断を保証してくれるものである。（道徳的性格とは）気分は変わりやすく、感官の刺激や傾向性は偶然的である。（後習慣的傾向。）行動が印象や思いつき、気分といったものに依存している人（同多血質の人）は、だから、何ら性格をもたないということになる。なぜなら、彼のいかなる行動についても確実な見込みを立てることができないし、彼に何を期待すべきかについて、その振る舞いをもとに何か決まった概念を作ることもできないからである。

彼は自分自身に何ひとつ確信の持てるところがなく、自分に何かを誓っても、本人の目から見てさえ信頼できぬものであるにちがいない。（後原則をもたぬ人の善行は、水彩画のようなものである。）反対に、決意のしっかりとした人は、性格をもっている。さてしかし、決意の固さは、いったんその人によって採用された格率がすべての傾向性（同と刺激）に対してもつ、その支配力にもとづいている。（後彼は嘘をつかず、督促されるようなこともしない。）彼がこういう人だと分かれば、彼に何が期待できるかを知ることになるのである。

A 756

自分ではっきり言い表せないような諸原則から下される判断は、感情 sentiment である。御婦人はこれをもっている、とよく言われる(子供は違う)。男は、諸原則を法則の形で自覚していなければならない。

(同どんな人間か。内的価値。)

誰かがよい人か悪い(後良心をもたない、つまり意図が悪い)人か、あるいは駄目な(後名誉を顧みない人、つまり手段がよくない人。嘘)人かといったことは、その人の傾向性や情念で決まるのではなく、彼がそれらをどう用いるかで決まるのである。そしてまた、彼の振る舞いの総和から彼についてどんな概念を形成できるか、ということによるのでもない。[66](後気質、つまりよいこころは、善良でありうる。)しかし、自ら何か規則を(同自分に)立て、それに忠実でありつづける習慣が彼にないならば、彼の振る舞いに関してはいかなる規則も見出されようがない。彼は、心は悪いこともよいこともありえようが、それでいて、まったく何の性格ももたないのであり、だから駄目な人間なのである。かくして、性格とは格率へのゆるぎない忠誠であり、人間は、ただ性格をもつかぎりでのみ、一定の(同内的な)価値をもつのだ。(後才能、市場価格、等々。)確固として(後変わらぬ)性格をもった活動的な人は、いつも並はずれた人であり、賛嘆の的となるものだ。性格における決心の揺るぎなさは、気分ではなくて原則に根を張っている。そして、それこそは、最も崇高な善が生い育つことのできる土壌のようなものなのである。

(後悪は原則とはうまが合わない。)

性格への自然的性向。(後生まれつきではない。)性格の樹立。性格の類比物。自分自身の才知を見せびらかす。

(後逆説。)

格率というものを遵守しない駄目な性格。嘘をつく。悪い性格、それは心根と性格の悪さ。単純さあるいは名誉

A 757

心からくる誠実。良心からくる正直さ。原則からくる真面目さ。

(後良心がなく(同腹黒く不正)、名誉心もない。悪い人間と駄目な人間(同それは性格にかかわる)。(同卑劣で嘘つき。不実。)

陰険な人間、それは思いやりがなく、冷酷で、人を傷つけて喜ぶ人間である。

感情 sentiment をもつ人は、性格をもつ人とはかぎらない。彼は善に触発されはするが、自分の概念を原則にまでもってゆくことはしないのである。)

A 758

# III　一七八〇年代の講義草稿より

**一五〇二a**（67）

A799　すべて人間は二重の仕方で人間形成を受ける。㈠学校によって、㈡（同人々という意味での）世界〔世間〕によって（同また、学校によって世界のために）。第一の場合には、人間は生徒として、単に受身であるにすぎない。第二 A800 の場合、人は自ら（同パートナーとして）人生という大きな劇の中でともに役を演ずる。第一の人間形成は技能を目指すものであり、第二のそれは利口さ、すなわち、自分の技能を人前で用いる判断力を目指すものである。学校知と世界（人間）知。技能の人が世界をもつと言われるのは、杓子定規（同単に学校で習う通り）でなく、学校臭さが（同人付き合いにおいて）出ていないという意味にほかならない。これは、彼は世界を知っているというより以上のことである。

（同それにしてもなぜ、世界知が人間知なのか？）

人間知は、かくして、学校知と世界知とのいずれかであると理解される。※　後者は実用的人間学である。

この実用的人間学は、人間とは何かということを探究するが、それは、人間が自己自身から何を作り出すことができるか、そして、他人を〔どのように〕用いることができるかということに関して、規則を引き出す目的でのみである。それは学校知のひとつである心理学ではない。※※

人間は（同学校によって）開化され（技能）、洗練され（人倫）、道徳化される（徳）。（同技能がある——利口である

——賢い。）自然物として（同だけでなく）あるいは（同さらに）道徳的存在者としての人間についての知。

個人は（同外から）（同探究することが）難しい。というのは、人は自己を装うものだから。といって、内的に探究するのも難しい。自己自身を観察することで、観察されているもの（同としての自己）の気持ちを変えてしまうからである。自分を相手に実験することなどできないのだ。

※（同世界知としての人間知は、次のような理念を根底にもっている。すなわち、われわれが人間を用いることを心得ているならば、さまざまな意図から自然を用いることが最もよくできる、という理念である。——そのためには、しかし、われわれは自分自身のこともよく知っていなければならないのである。人を用いるという場合の意図は、洗練させることだけでなく、道徳化も［途絶］）

※※（同実用的人間学は、心理学であるべきではない。果たして人間は魂をもっているかとか、何が（身体ではなく）われわれの中の思考し感ずる原理に由来するか、といったことを追求するのが目的ではないのである。また、記憶を脳から説明したりするような、医者の生理学であってもならない。実用的人間学は人間知であるべきなのだ。）

A 801

# 訳注

# 実用的見地における人間学

訳注を作成する上で左記の諸書の脚注、コメンタール、訳注、解説、等を利用した場合は、〔 〕内の略称で明示する。

〔キュルペ〕＝Oswald Külpe：アカデミー版カント全集第七巻『実用的見地における人間学』(一九一七)の校訂者。

〔フォアレンダー〕＝Karl Vorländer：フォアレンダー版カント全集第四巻(一九一二)の編者兼校訂者。

〔シェーンデルファー〕＝Otto Schöndörffer：カッシーラー版カント全集第八巻(一九二二)の校訂者。

〔ブラント〕＝Reinhard Brandt：*Kommentar zu Kants Anthropologie*, Kant-Forschungen Band 10, Felix Meiner Verlag, Hamburg 1999.　この本はアカデミー版の『人間学』(第七巻)の頁付けをそのまま欄外にゴチックで示している。場合によってはこの本自身の頁付けを例えばS. 331(三三一頁の意)のように示すこともある。

〔山下〕＝山下太郎：理想社版カント全集第一四巻『人間学』(一九六六)本編の訳者。

〔小倉〕＝小倉志祥：理想社版カント全集第一三巻『歴史哲学論集』(一九八八)の訳者。

〔引用語辞典〕＝田中秀央・落合太郎編著『ギリシア・ラテン引用語辞典』(一九七七(一二刷))、岩波書店。

さらに『岩波人名辞典』岩波書店、『哲学・思想事典』岩波書店、『カント事典』弘文堂(一九七二)などを参照した。

なお、訳注で引用した文献の訳文には、訳注者が変えたところがある。

## はじめに・〔原目次〕

(1)　最終的な目的 letzter Zweck　「最終目的」とも訳される。カントは『判断力批判』第二部「目的論的判断力批判」において「最終目的」と「究極目的(Endzweck)」を区別して使用する。「最終目的」とは自然の諸産物の頂点としての人間を指し、「究極目的」とは道徳的主体としての人間を指す(例えば『判断力批判』第八二節、本全集9巻一〇三頁、アカデミー版第五巻四二六頁)。しかし同じ『判断力批判』でも第一部「美感的判断力批判」では、「最終目的」を第二部での「究極目的」と同義に使っている。例えば「人間性の最終目的すなわち道徳的な善」(第四二節、本全集8巻一八六頁、アカデミー版第五巻二九八頁)とある。したがってここでの「最終的な目的」は「究極目的」と同じ意味でいわれていると思われる。他方、本書の末尾にしてクライマックスをなす「人類の性格」論で、カントは世界市民的立憲体制との関係で、人類の道徳的使命としての「究極目的」について論じている(例えば本書三二一頁、アカデミー版三二七頁を参照)。すると「人間学」の出だしに位置するこの文は、はるかに本書におけるカントの最終的かつ究極的なメッセージと呼応しあっているといえよう。

(2)　ここは、デカルト(René Descartes, 1596–1650)の物心(身心)二元論に付随する身心問題(人間において精神と身体は相互にどのように情報を伝えあうか)を示唆している(デカルト『省察』参照)。デカルトはこの自らの哲学のアキレス腱に挑戦して『情念論』(一六四九)を書いたが、そこでもこの難問を説得的に解くことができなかったことは、素人目にも明らかである。「頭脳のうちに残存する印象の痕跡」については、『情念論』第一部第四二節参照。

(3)　以上、冒頭の三段落を使ってカントは本書の書名中の「実用的見地における」の含意について明らかにしている。詳しくは解説の「一」を参照。

(4)　カント自身を意味する。

(5)　デカルトの『方法序説』第一部の次の言葉を念頭において語っていると思われる。「そんなわけで私は〈訓育者〉におとなしく従わなくてもいい年齢になると、すぐに文字による学問の研究をすっかり放棄してしまいました。そしてもうこれからは、私自身のなかか、それとも世間という大きな書物のなかか、どちらかに見いだされるかもしれない以外の学問を求めるのはやめようと心に決めて、残された青春時代を旅に費やすことに、……いろいろな気質いろいろな身分の人たちと交わることに、いろいろな経験を積むことに、……使いました」(『デカルト著作集I』三宅・小池訳、白水社、一八頁。傍点渋谷)。

(6)　カント自身はこちらに当たる。というのも、彼は生涯ほとんど生れ故郷のケーニヒスベルクから外に出て遠くに旅行したことがないからである。この点についてはこの段落末の原注の最後で、カント自身が開き直っている。

(7)　早くもカントは掛け言葉を使って駄洒落を飛ばしている。というのは、「局地的な、地方の lokal」の名詞形 Lokal は「地方、場所」のほかに「居酒屋」も意味するから、「局地的な知識 Lokalkenntnis」とはすなわち「酒場談義」を意味するからである。酒場談義はたいがい主観的一面的な強弁に流れ、したがって「大局的な general」見地を失するものである。これについては解説の「四」を参照。

(8) ここの原文 sowohl als auch mit angrenzenden entlegenen Ländern をフォアレンダー版の欄外注は、こうした方が「いっそう意味がよく通る」として、mit angrenzenden sowohl als auch entlegenen Ländern と改訂する提案をしている。しかし原文のままで意味が通るうえに(sowohl als は一行上の die Lage zum Seehandel hat に掛かると読む)、改訂によってかえってカントの真意が歪んでしまうと思われる(したがってこの提案に依拠した坂田訳(「解説」五四六頁参照)、山下訳も疑問である)。ちなみに改訂に従って訳すと、「さらには海外貿易にも適した場所に位置しており、〔また〕そこは内陸から流れてくる川の河口にあたるので、言葉やしきたりの異なった遠くの国々と、また同じく言語習慣の違う近隣の国々とも往来するに都合のいい場所にある大きな町」となる。本翻訳の底本としたアカデミー版は、ここを sowohl, als auch と表記してコンマを加えているが、カントの真意に沿った改訂といえよう。

(9) リチャードソン(Samuel Richardson, 1689–1761)はイギリスの小説家。代表作の『クラリッサ・ハーロウ』については、のちに七六頁で言及される(「第一部第一編」訳注(69)参照)。モリエール(Molière. 本名 Jean Baptiste Poquelin, 1622–73)はフランスの喜劇作家で、イギリスのシェイクスピア(William Shakespeare, 1564–1616)と並んで世界最高峰の近代喜劇作家と評価される。代表作は『ドン・ジュアン』『人間嫌い』など。のちにフランスの哲学者ベルクソン(Henri Bergson, 1859–1941)がモリエールの喜劇における〈笑い〉の本質を『笑い』(一九〇〇)で解明しようと試みたことは有名である(林達夫訳、岩波文庫)。第二部訳注(59)参照。

(10) この内容目次は第二版で加えられた(頁の数字は記されていない)。〔フォアレンダー〕

(11) 原文は「現実的に wirklich」であるが、本文に照らして明らかなように「自由に〔悟性的に〕willkürlich」の誤植である。

## 第一部 第一編　認識能力について

(1) ここの「人間学に携わる者」というのもカント自身のことである。彼は生涯独身であったし、またデカルトやルソー(Jean-

Jacques Rousseau, 1712-78)やショーペンハウアー(Arthur Schopenhauer, 1788-1860)のように内縁の女性に子供を生んでもらった経験も(おそらく)ないので、このようにいうのである。解説の「五」五三八頁を参照。

(2)「ペンの自由をあれほどにも切実に叫ぶ」というのは、カント自身のことである。カントは一七九二年から一七九七年にかけて、法務大臣ヴェルナー(Jean-Christoph Wöllner, 1732-1800)の命によって何回にもわたって宗教に関する講義と出版を禁止されるという言論弾圧を被った。詳しくは解説の「二」を参照。

(3) アベラール〔あるいはアベラルドゥス〕Petrus Abaelardus, 1079-1142　フランスの哲学者・神学者。唯名論(個物は普遍に先立つ)と実念論(普遍は個物に先立つ)を前者の立場から調停する(普遍は個物の中にある)。信仰より理性を重んじる傾向が強く、三位一体論にも異を唱えて、父と子と聖霊は単一な神の属性であってそれぞれ能力、知恵、愛を示すものとした。サンスの教会会議で異端の宣告を受ける。しかし彼が有名なのは、女弟子エロイーズ(Héloïse, 1101?-64)との激しく波乱に富んだ恋愛事件による。そのときアベラール三九歳、エロイーズ一七歳。彼女は直後に男子を一人生む。秘密裏に結婚したが、恨みを抱いたエロイーズの叔父の一味に襲われ、アベラールは男根を切断される。そののち彼の説得でエロイーズも修道院に入る。離れ離れになった二人の間に交わされた書簡は『アベラールとエロイーズ――愛と修道の手紙――』(畠中尚志訳、岩波文庫)に読むことができる。二人の書簡が(原型を留めないほどに脚色されて)人々に知られるようになったのは、一五世紀以降のことであるが、はたしてカントはこれを読んでいたであろうか。アベラールは異端宣告による失意と困窮と重度の皮膚病のうちに六三歳で生涯を閉じたが、その遺体はエロイーズの許に運ばれ、彼女によって丁重に葬られたという。彼らのあいだには二二歳の年齢差があったが、エロイーズがこの世を去ったのはアベラールが死んでから二二年後であった。二人は合葬された。

(4)「自己中心主義こそが……当然である」のところは、手稿では「試金石は〔質料的な〕目的に関して自由な意志の誰にでも妥当する決定根拠〔幸福〕のうちにしか見いだすことができない」となっていた。〔フォアレンダー〕

(5) 多元主義的 pluralistisch　直後の叙述から判断すると、これは「複数形で pluralisch」に引っ掛けた洒落であろう。

(6) ユニテリアン風に unitarisch　原語は「唯一神教的に」という意味であるが、これも「単数形で singularisch」という文法用語に引っ掛けている。

(7) 手稿および第一版では「……とりわけゲルマン民族の諸国民によって多元主義的にお前たち(Ihr)とか貴方たち(Sie)に変えられたのはどうしてか。さらに彼らが、ほどよく相手を見下すために案出された一つの中間的な表現、すなわち貴方(Er)という表現を発明したのはどうしてか」となっていた。[フォアレンダー]

(8) 自由に〔悟性的に〕willkürlich　普通は「随意志的に、選択意志的に、恣意的に、勝手に」と訳される。ここは節本文の内容から判断してこのように訳した。

(9) このあたりの描写は明らかに、いまこの瞬間にカントの「人間学講義」を聴いている目の前の学生・聴講生の様子を材料にしたものであって、軽くからかいながら冗談の種にしているところと推測される。

(10) これについては、本節最後の段落およびそこに付されている原注を参照。

(11) 手稿には「演技する」の後に次のような括弧書きがあった(〔　〕はカント)。「演技する〔すなわち、大いに注目を集めるつもりで、かえって子供っぽい(愚かなほど自惚れている)ところを見抜かれてしまう〕」。[フォアレンダー]

(12) 太宰治(1909-48)『人間失格』「第二の手記」に、主人公によってこれの好例となる思い出が綴られている。中学のとき鉄棒に飛びつこうとしてわざと失敗し(演技)、皆から大笑いを受け、自分も苦笑気味にズボンの砂を払う仕草をしていると、うしろから日頃愚鈍だと見下していた友人に背中をつつかれて、低い声で「ワザ、ワザ」(わざとやったな、の意)と囁かれた。この友人にだけは見破られていたのである(面目を失う)。

(13) ペルシウス Aulis Persius Flaccus, 34-62　ローマの風刺詩人。ペルシウスの元の詩句は次の通り(『風刺詩』第三巻三八)。「Virtutem videant intabescantque relicta 彼らは美徳を眺めて、自分たちが失ったものを思って(嫉みから)憔悴しきるがよい」。[フォアレンダー]

(14) 「照明説 Illuminatism」とは哲学史的には、認識の成立のためには認識主観と認識対象を媒介する光のような第三者が必要であるとするパルメニデス(Parmenidēs, BC515頃-450頃)、プラトン(Platōn, BC428/427-348/347)や、とりわけアウグスティヌス(Aurelius Augustinus, 354-430)の伝統を指す言葉であるが、カントは、ヴァイスハウプト(Adam Weishaupt, 1748-1830)が一七七六年に創設した、『ヨハネによる福音書』における「イエスは光としてこの世にきた」という言葉(第一二章第四六節など)に依拠しながら信者同士の霊感による結合を目指す「光明会 Illuminatenorden」に始まるセクトの立場をこのように呼んで批判した。この箇所以外では『たんなる理性の限界内の宗教』第一編(本全集10巻七〇―七一頁、アカデミー版第六巻五三頁)および第三編(同一三五―一三六頁、同一〇二頁)を参照。次に「恐怖説 Terrorism」についていえば、カントは『諸学部の争い』第二部で「人類はますます邪悪な状態へと連続的に後退している」という「予言」を「道徳的な恐怖説」と名づけて批判している(本全集18巻一一〇頁、アカデミー版第七巻八一頁)。これはたぶんフランス革命が「恐怖政治 Terrorism」に陥ったことを念頭においたうえでの命名であろう。

(15)　ブリニョン Antoinette Bourignon, 1616–80　北フランスのリールに生まれ、主にオランダで活躍した狂信家で、カントが批判する「照明説」の先駆けとなった女性。

(16)　パスカル Blaise Pascal, 1623–62　フランスの思想家。早熟な天才として生まれ、数学、物理学に秀でた科学者でもあるが、他方ジャンセニズムへの回心により、不安を目覚めさせることによって無信仰者を信仰へと導こうとする『パンセ』を書いた(『世界の名著29 パスカル』所収、前田・由木訳、中央公論社)。この点から、カントによってパスカルがここで「道徳的な恐怖説」の代表に挙げられているのも頷ける。なおブリニョンの照明説およびパスカルの恐怖説については、§24末尾七五頁で再び言及されている。〔小倉〕

(17)　ハラー Albrecht von Haller, 1708–77　スイスの優れた生理学者。『著作者たちおよび自分自身に関する観察日記』(一七八七)を出版。〔山下〕

(18)　ハラーは死の直前にゲッティンゲンにいる友人宛の手紙を通して、レス博士(Doktor Leß, 1736–97. ゲッティンゲン大学の神学教授)に、「今の私の状況で、死の恐れに屈するのでなく、むしろ救世主の導きを確信するためには、どのような本(長いものはだめです)を読んだら功徳が得られるでしょうか」と問い合せている。〔キュルペ〕

(19)　アンティキュラ(Anticyra)は、ギリシア南部ポキス地方の、コリント湾にのぞむ海に面した町。そこの住民は近くの山で大量に採れるクリスマスローズ(ギリシア名でヘレボロス)を採ってきて、それを薬に生成した。当時ヘレボロスは精神病に効くと考えられていたので、「ヘレボロスを飲め」といえば「君は気違いだ」という意味であった。ホラチウス(Quintus Horatius Flaccus, BC65–BC 8)は詩のなかでしばしば、この町を保養地として勧めている。キュルペによれば、これとは別にカントには、*Teutscher Merkur* 誌一七八四年(II S. 151)に載った「旅について、あるいはアンティキュラに向けて旅するはず

の誰某《だれそれ》について」というタイトルの短い記事にある当てつけが思い浮かんでいたはずであるという。［キュルペ］

(20) 第一版による。ここの「諸対象は……経験をもたらす Erfahrungen abgeben」を、第二版は「諸対象は……現象する erscheinen」と改めており、アカデミー版とカッシーラー版はそれに従っているが、フォアレンダー版はこの改訂を疑問とし、第一版に戻している。訳者もそのように判断した。［フォアレンダー］

(21) §1の表題「自分自身を意識すること〔統覚〕について」のなかの「自分自身を意識すること〔統覚〕」の部分と、ここの「自分自身についての意識」との原文のドイツ語は、同じ das Bewußtsein seiner selbst である。§1では主に悟性のことが語られていたが、ここでは一歩進んで、直後に悟性の意識と内的感官(時間意識)の二つが語られる。

(22) 実はここはカントの哲学のなかでも大変に難しい箇所である。これについては別途に解説の「三」で詳しく説明したので、そちらを参照されたい。

(23) これと同じことをカントはすでに『純粋理性批判』の第二版の「純粋悟性概念の超越論的演繹」で、いったん「難問」として提出し、それを解決する形で論じている。その「難問」は三様にいい換えられていくが、第一のいい方を引用すれば、「……〈私は考えている〉という際の私は、自分自身を直観している私と区別されていながら(というのも私は〔時間空間とは〕もっと別の直観様式を少なくとも可能なものとしては表象する〔考える〕ことができるからであるが)、しかも後者の私と同じ主観として一つである、などということがどうして〔いえるのであろう〕か」とある(B155, 本全集4巻二二二頁)。この難問は、直前の段落で語られていた意識をめぐる錯綜した事情そのもののことである。解説の「三」を参照されたい。

(24) ロック(John Locke, 1632–1704)はイギリスの哲学者、政治思想家。『人間知性論』第二巻第一章「観念一般ならびにその起源について」第二三節に次のようにある。「……いつ人間は観念をもち始めるかとたずねられるとしたら、初めてなにか感覚するときというのが真の答えだと、私は思う。なぜなら、感官がなにかの観念を伝え入れないうちは心になんの観念もないように見えるから、知性にある観念は感覚と同時だと、私は想うのである」(『人間知性論』大槻春彦訳、岩波文庫、(一)一五五頁)。ここでロックのいう「観念」がカントの「表象」に対応するが、しかしロックの「感覚」がカントの「意識」に対応する訳ではないので、二人の議論はぴたっと嚙みあっているとはいえない。

(25) 旧約聖書『創世記』冒頭第一章第三節に「そのとき、神が『光よ。あれ。』と仰せられた。すると光ができた」とある

(『聖書』新改訳、いのちとことば社)。したがってここでの「より高き力」はいったんは神のことととっていいが、文脈から判断してカントの真意としては悟性を意味しているのであろう。

(26)　これと同じ音楽体験が『純粋理性批判』「誤謬推理論」で語られている。B415 Anm, 本全集5巻一一一頁原注を参照。

(27)　「はじめに」の第二段落に、「生理学的な人間知は、自然が人間をどういう風に形成しているのかの究明に向かう」とあった(本書一一頁)。

(28)　ここでもカントは一種の二枚舌を使っている。すなわち「言語潔癖主義」の原語はPurismであるが、これは男女関係に極度に潔癖であった「ピューリタニズムPuritanismus」を匂わせている。これと平行して、直前にある「あけすけな露悪趣味Cynism」は、裏の意味としては古代ギリシアの犬儒派Zynismusを指して「犬のように野卑な男女関係」の意となるだろう。

(29)　カントはここで、エピクロス(Epikouros, BC341頃–270)派の哲学詩人ルクレティウス(Titus Lucretius Carus, BC99頃–55頃)『物の本質について』第三巻の次の記述を下敷きにしていると思われる。「誰かが……死後自分は埋葬される肉体とともに腐っていくか、〔火葬の〕火によるか、野獣に害なわれるかして消滅するようになるのかと嘆くのを見たならば、かかる人は真実をいっているのではないと知ってよい」(樋口勝彦訳、岩波文庫、一四八頁)。カントは本書で三箇所、ルクレティウスのこの書から引用しているが(§33一〇二頁、§66一八七頁、§82二三二頁)、それ以外にもここをはじめとしてルクレティウスのこの書との関連の濃い箇所が散見される。座右の書の一つであったのであろう。カントと唯物論者ルクレティウスの組合せは一見すると奇異に思われるが、カントの超越論的観念論が外的経験世界の認識に関しては唯物論とまったく矛盾しないことに気づけば、不思議ではない。

(30)　「明晰」「判明」については§5の第一段落を参照。そこでは「表象」についていわれていたが、ここは「意識」についていわれている。とはいえすぐに話題は「表象」に移る。

(31)　フォアレンダー版、ヴァイシェーデル版、ブラント版もアカデミー版同様「mere clara」であり、先行邦訳でも山下訳、塚崎訳は「単に明晰な」としている(先行の邦訳については「解説」五四六頁参照)。これに対して、カッシーラー版の編者シェーンデルファーはここを「non mere clara」と改訂している。それに応じてだろうと思われるが、坂田訳もここを「単に不明晰な nonmere clara」と直している(ただし nonmere は non mere の誤植と思われる)。訳者は、ここは四行前の「明晰性」と「判明性」との意味の対照を繰り返していて、「単なる明晰性」は「判明性に非ず」といっていると理解すれば、このままで意が通じると判断した。ちなみにカントがラテン語表記を添える場合は、ここ以外はすべて直前のドイツ語をラテン語に直訳した形を示すだけであり、この箇所だけが例外である。

(32)「分離する」の原語は absondern であるが、この語は§3では「抽象してくる(分離してくる)といわずに」という風に否定的に使われていた。

(33) ここの desselben を、derselben と読み替える。前者のままだと「阿呆を使いこなす際の独創性すらも」となって、文意が通らないからである。

(34) 孔子(BC552/551-479)の「学びて思わざれば則ち罔《くら》く、思いて学ばざれば則ち殆《あや》うし」(『論語』為政篇、傍点訳者)という言葉の前半に当たる。

(35) ここで「王の廷臣のなか」の「無学者の高慢ちき」と罵られているのは、明らかにヴェルナーのことである(訳注(2)および解説の「二」参照)。

(36) アディソン(Joseph Addison, 1672-1719)はイギリスの随筆家、風刺詩人、政治家。文章は軽妙上品で散文の模範とされた。引用文は彼が一七一一年から翌年にかけて他の一人と共同編集した日刊紙 *The Spectator* の一三二号に出ている。[キュルペ]

(37) ここの七行もヴェルナー一派へのあてつけであろう。したがって出だしの「これと同じくらいには確かなことだが」は、本音としては「これに比してはるかに確実なことだが」といいたいところであろう。

(38) 物それ自体 Ding an sich selbst　『純粋理性批判』「演繹論」で、純粋統覚は「〈どのように私が私に現象するのか〉でもなく、〈どのように私が私自体として存在しているのか wie ich an mir selbst bin〉でもなく、単に〈私が存在しているということ〉だけ」を意識している(B157、本全集4巻二二四頁。〈 〉は訳者)、といわれているなかの、「私が私自体として ich an mir selbst」に当たる。つまり、〈私という物それ自体〉のことである。もちろんカントはこれを認識することはできないといいたい。解説の「三」を参照。

(39)　ブラントはここの出典を、ローマの喜劇詩人プラウトゥス(Titus Maccius Plautus, BC254頃-184)の『ほらふき兵士 *Miles gloriosus*』に出てくる、「罪を神々のお告げのせいにして、それで神々を非難したりするほど愚かな馬鹿者がいるとでもいうのか。Qui deorum consilia culpet stultus inscitusque sit, quique eos vituperet.」(七三六―七三七)という台詞に求めている(『古代ローマ喜劇全集　第三巻　プラウトゥスⅢ』東京大学出版会所収、岩倉具忠訳、六九頁)。なおカントはこれと同じ格言をレフレクシオーン一一九二番に記している(アカデミー版第一五巻第二分冊五二六頁)。［ブラント］

(40)　このへんでもカントは、感性 Sinnlichkeit(女性名詞)を女性に、悟性 Verstand(男性名詞)を男性に見立てて、言葉遊びをしている。

(41)　手稿には「対象の表象を Vorstellung der Gegenstände」とあった。［フォアレンダー］

(42)　§8の最後には、「感性は思考しないからそれ自体としては下層民である」とあった。

(43)　ルクレティウス『物の本質について』第四巻に次のようにある。「遠方から都市の四角な塔を見るとき、塔が往々円く見えることがあるのは、……すべての角という角が遠方にあっては鈍くなって見えるか、あるいはむしろ全然見えなくなってしまうからである……」(前掲訳書(訳注(29))一七二―一七三頁)。なおデカルト『省察』六にも似たような記述がある。

(44)　各種テキストの原文は habitus(態度、様子)となっているが、habilitas(練達)の誤記と思われるので訂正した。

(45)　「儀礼 Förmlichkeit」には「形式ばって堅苦しいさま」という意味がある。敬称の煩わしさについては、すでに§2の「余談　自己中心主義的な言葉遣いの煩わしさについて」で論じられている(二八―二九頁)。本節の三段落後にも「礼儀 Zeremonie(堅苦しさ das Steife)」とある(五四頁)。

(46)　新約聖書『マタイの福音書』第一一章第二八―三〇節にイエス(Jesus Christ, BC4頃-AD28)の言葉として、「すべて、疲れた人、重荷を負っている人は、わたしのところに来なさい。……そうすればたましいに安らぎが来ます。わたしのくびきは負いやすく、わたしの荷は軽いからです」、および『ヨハネの手紙　第一』第五章第三節、「神を愛するとは、神の命令を守ることです。その命令は重荷とはなりません」とある。これについては『たんなる理性の限界内の宗教』第四編第二部第三節の原注を参照(本全集10巻二四一頁、アカデミー版第六巻一七九頁)。

(47)　この「多忙な無為 eine geschäftige Nichtstuerei」という印象的ないい回しと同趣旨の表現は、本書とほぼ同時期に執筆された『諸学部の争い』にも見られる(本全集18巻一一二頁、アカデミー版第七巻八二頁)。これについては解説の「六」を参照されたい。

(48)　カントは『実践理性批判』で、「ひとは、〈自分があることをなすべきである〉と意識している場合、それを根拠として、〈自分はそのことをなすことができる〉と判断する」といっている(本全集7巻一六五頁、アカデミー版第五巻三〇頁)。これは一般に「するべきだから、することができる Du kannst, denn du sollst.」と簡略に表現され、カントの実践思想の特徴を示す言葉として流布している。いずれにせよこのもののいい方は、本節五二頁やこの段落のはじめにある「したいと意志することは、することができる」という主張に対する、批判的なもじりと見なすことができる。なお、〈意志の自由(無差別な自由意志)〉と〈行為の自由〉の関係については、ショーペンハウアーが『倫理学の二つの根本問題』第一論文「意志の自由について」で、カントを念頭におきながら鋭い議論を展開している(*Sämtliche Werke*, Cotta-Verlag, Bd. III, S. 534 ff.『ショーペンハウアー全集』第九巻「倫理学の二つの根本問題」芦津・前田・今村訳、白水社、七〇頁)。

(49)　世界襲〔撃〕民 Weltbestürmer　カント自身の思想的キャッチフレーズの一つである「世界市民 Weltbürger」に掛けた洒落であろう。また語中の -stürm- が、次注の Sturm(暴風、騒動)に引っ掛けられている。

(50)　ここでカントは「シュトゥルム・ウント・ドラング(疾風怒濤) Sturm und Drang」の連中を揶揄している(前注参照)。「ブラント」「シュトゥルム・ウント・ドラング」とは、一七七〇年頃からほぼ一〇年間にドイツに隆盛した文芸革新運動をいう。この運動は、一切の因習と不自然を排し、したがって形式化したキリスト教とともに啓蒙主義(カントもその一味!)を批判して、シェイクスピアを模範とした。ヘルダー(Johann Gottfried Herder, 1744-1803)、若き日のゲーテ(Johann Wolfgang von Goethe, 1749-1832)とシラー(Johann Christoph Friedrich von Schiller, 1759-1805)が代表。代表的な作品としては、ヘルダーの「シェイクスピア論」(一七七三)、ゲーテの『若きウェルテルの悩み』(一七七四)、シラーの『群盗』(一七八一)が挙げられる。ただしこののちゲーテとシラーは古典主義に移行する。しかしこれとは別に、カントのここでの当てつけは、(1)フランス革命におけるジャコバン派(山岳派)などの過激派を指していると匂わせつつ、(2)カントの真の狙いとしては例のヴェルナー(訳注(2))一派を指していると取ることもできよう。

(51)　各種テキストの原文は praestigiae であるが、三行前の praestigiae との重複を考えると、ここは手稿と第一版の fascinatio の方がふさわしいと判断した。

(52) ペリパトス学派(逍遥学派とも)は、アリストテレス(訳注(60))が開いた学園に発する哲学の学派。ここでいわれている絵は、プラトンとアリストテレスが中央に二人並んで立っているいわゆる「アテネの学堂」のことであろうと思われるが、まず、この絵はラファエロ(Raffaello Santi, 1483–1520)の描いた作品であって、カントが推測しているようにコレッジョ(Correggio 本名 Antonio Allegri, 1494頃–1534. イタリアの画家、ラファエロの影響を受けている)の作なのではない。ラファエル・メングス(Anton Raphael Mengs, 1728–79. ドイツの画家)には『絵画における美と趣味に関する考察』などの著作もあるが、そのなかにここに引用されているような言葉は見当らないという。[キュルペ]

(53) エルヴェシウス Claude Adrien Helvétius, 1715–71　フランス啓蒙期の、感覚論の立場に立つ哲学者。この話はその主著『精神論』第一巻第二章に出てくる。

(54) ガスナー(Johann Joseph Gaßner, 1727–79)は東部スイスのカトリックの主任司祭で、悪魔払いとして南ドイツにまでもその名が知られたが、皇帝の命令によりこのいんちき行為は禁止された。メスマー(Franz Friedrich Anton Mesmer, 1733–1815)はオーストリア人で、はじめカトリック神学者であったが、のち医者に転じ、動物磁気説を唱えた。それに基づく治療法は一時期パリなどで信奉者を得た。[フォアレンダー]

(55) いわゆる魔女狩り・魔女裁判はヨーロッパで中世から始まり、一七世紀前半を最盛期として一八世紀初頭に至るまで行なわれ、犠牲者は数百万人にのぼると推定されている。これについての手頃な参考文献としては、バシュビッツ『魔女と魔女裁判——集団妄想の歴史』(川端・坂井訳、法政大学出版局)、およびミシュレ『魔女』(篠田浩一郎訳、岩波文庫)がある。このあたりの叙述から明らかなように、カントは頭から魔女などの存在を信じていなかった。

(56) 『純粋理性批判』「二律背反論」第三節(A473/B501, 本全集5巻一八四頁)の記述に照らすと、ここは「二律背反」のうちの「定立」側の理念を超越論的に実在化する旧来の独断的形而上学者ないし神学者に対する批判である可能性が高い。それは以下の原注で、キリスト教の聖職者と聖餐(聖体拝受)が辛辣にからかわれていることからも傍証されよう。

(57) カントのこの語源説は誤り。今日の説では Hexe の最初の音節は hag(森)からきており、全体として「森の女(山姥《やまんば》)」を意味するという。[キュルペ]

(58) ここの原文を直訳すると、「安楽(疲労 Ermüdung が全然先行することのない休息)への自然な傾向性」となる。しかし、Ermüdung には「疲労」と「倦怠」の二義があることと前後の文脈から判断して、このように意訳した。

(59) スウィフト(Jonathan Swift, 1667–1745)は、ダブリン生まれのアイルランドの聖職者、風刺作家。『ガリヴァー旅行記』の作者として有名。ここに引用された言葉は、彼の処女作『桶物語』の序文にある。［山下］

(60) アリストテレス Aristotelēs, BC384–322　哲学史上最大級のギリシアの哲学者。ここに引用された言葉に近い表現は『エウデモス倫理学』第七巻第一二章にある。しかし、そこには「われわれは数多くの友だちを求めかつ願うが、それと同時に、数多くの友だちをもつ者には、ひとりの友もない、という」とあって、カントの引用と正確には一致しない(『アリストテレス全集14』「エウデモス倫理学」茂手木元蔵訳、岩波書店、三二三頁)。同様の記述はディオゲネス・ラエルティオス(Diogenēs Laertios, 三世紀前半頃)の『哲学者列伝』第五巻第一章「アリストテレス」第二一節にもある(『ギリシア哲学者列伝』加来彰俊訳、岩波文庫、(中)二九頁)。なおカントはこれと同じ言葉を『人倫の形而上学』のなかでも引用している(本全集11巻三六一頁、アカデミー版第六巻四七〇頁)。［フォアレンダー］

(61) スウィフトからの引用は『桶物語』からのもの(訳注(59))。マルモンテル(Jean François Marmontel, 1723–99)はフランスの作家で、『百科全書』にも協力した。彼の小説『ベリゼール』(一七六七)は寛容の問題に関し大いに世間の注目を呼んだ。ホフステーデ(H. Hofstede, 生没年不詳)は正統改革教会派に属し、オランダのロッテルダム大学の神学教授。彼の「マルモンテル氏著『ベリゼール』評論」(一七六九)の第二三章「仮面をはがれたギリシアの哲人ソクラテス」は騒然とした論争を引き起こし、エーベルハルト(Johann August Eberhard, 1739–1809)が反論したりもしている。［キュルペ］

(62) ルクレティウス『物の本質について』第三巻に「生命感覚」に関して次のようにある。「生命感覚は肉体全体のなかに内在しているということ、また生命を有しているというのは全体的であるということは、われわれに感じられるところである」(前掲訳書(訳注(29))一三九頁)。

(63) ここでカントは、一七世紀以来対立していた光についてのホイヘンス(Christiaan Huygens, 1629–95)の波動説とニュートン(「第二部」訳注(138))の粒子説に言及している。しかも単に両者を対立させているのではなくて両立させている(小反対対立)ところが注目される。たしかにその後、マクスウェル(James Clerk Maxwell, 1831–79)の電磁波説とアインシュタイン

(Albert Einstein, 1879–1955)の光量子説が合わさり、現代の量子力学では光は波と粒子の両面から統一的に理解されるようになっている。

(64) ステントール Stentōr　ギリシア神話に出てくるトロイア戦争時のギリシア兵で、大声で名高い。ホメロス(Homēros, 前九世紀頃。実在したかどうか疑問)『イリアス』の第五歌にその名が見える(松平千秋訳、岩波文庫、(上)一七四頁)。

(65) 味覚の前座 Vorgeschmack　通常「試食、毒見」の意であるが、語の組み立てから見ると「味覚 Geschmack に先んじて vor-」という意味である。カントはこの語の原義を汲み取りつつ、「嗅覚は味覚の毒見である」と洒落ている。

(66) カントの時代にはヨーロッパでは喫煙はまだめずらしく、一七八八年にハンブルクに煙草工場ができたが、はじめはさんざんな売れ行きだったという。[フォアレンダー]

(67) 楽しみ Unterhaltung　このドイツ語には「歓談」の意味もある。つまり、続く文にあるように煙草などは「自分を相手にした歓談」であるとカントはいいたい。

(68) ブリニョンについては訳注(15)を、パスカルについては訳注(16)を参照。

(69) フィールディング(Henry Fielding, 1707–54)はイギリス一八世紀の小説家。『怪物ジョナサン・ワイルド』(一七四三)はスペインの悪漢物語をパロディ化したもの。ブルーマウアー(Alois Blumauer, 1755–98)はオーストリアの著述家で、懐疑と皮肉を特徴とし、啓蒙主義を徹底的に批判した。彼はウェルギリウス(Publius Vergilius Maro, BC70–BC19. 古代ローマ最大の叙事詩人)の作品についても、もとの作品のなかの高貴な者には下賤な者の口調で、下賤な者には高貴な口調で語らせるなどの手法を駆使して翻案した。リチャードソン(「はじめに」訳注(9))がこの物語を翻案して『クラリッサ・ハーロウ』を書き(一七四七―四八)、好評を博した。なおカントは本文で「陽気に lustig 茶化した」としているが、手稿では「めでたい話に glücklich 書き替えて」となっており、その方がリチャードソンの翻案の内容にふさわしい。[山下、ブラント]

(70) ヘルクラネウム Herculanum　イタリアのナポリとポンペイの間にある海岸町で、紀元七九年にポンペイとともにヴェスヴィオ火山の爆発によって埋まったが、一八世紀になってポンペイとともに発掘された。本全集16巻『自然地理学』第一部第五〇節参照。

(71) ここでカントによって『捨て子』と表記されている作品は、フィールディング(訳注(69))の代表作『捨て子トム・ジョーンズの物語』のこと。編集者が終章を付け足したことについては、不詳。

(72) ここはintentioの誤記と思われる。二五七頁および「第二部」訳注(7)参照。

(73) ここでカントは感性界における感性的な快楽と対照して、叡智界の優位を語りかけている。

(74) この注は手稿になかったが第一版で付され、これが「トラモンターノを見失った」といういい回しの説明として間違っていたため、第二版で正しく書き改められた、という経緯がある。詳細はフォアレンダー版の脚注を参照。[フォアレンダー]

(75) モンテーニュ Michel de Montaigne, 1533-92　フランスの思想家。『エセー』で知られる(原二郎訳、岩波文庫)。しかしその第二部一三、一九章など死について語っている箇所を見てもカントのいっているような主張は見当らず、逆に人間は死ぬことに対して恐怖を抱く、といっている。[フォアレンダー]

(76) 同様の記述は§5三八頁にあった。

(77) 「創像的」の原語はdichtend(dichten〔創作する、詩作する〕の現在分詞)。神的な能力を特徴づける「創造的schöpferisch」と再生産的構想力を特徴づける「想像的phantastisch」の中間に位置して、生産的構想力を特徴づける形容語であるので、このような訳語を案出した。なおカントはこの三者の対比を以後ほぼ一貫して維持しているが、ときおりdichtendとあるべきところをschöpferischと表記しているので、その場合は「創像的」と訳し変えた。

(78) キカは玉蜀黍を原料として醸造されるアルコール飲料。アヴァはポリネシア産の喫煙用の胡椒で、ヨーロッパにも利尿剤として輸入された。[山下]

(79) ここで「人類の起源の時代から」と訳した原語は単にursprünglich(根源から、元来)であるが、明らかにカントは読者(聴講生)に旧約聖書『創世記』第三章にあるアダムAdamとイヴEveの楽園追放の神話を連想するように語っている。それによれば、狡猾な蛇に唆《そそのか》されてイヴがエデンの園の中央に実っていた「善悪の知識の木」の実を採りアダムとともに食べたので、神ヤハウェYahwehは罰としてそれ以降彼女には出産の苦しみを、彼には農作業の苦しみを与えたという。ここでは主として後者の労働の辛さ、心労を意味している。

(80) 有名なカトーは二人いて、大カトー(Cato maior/Marcus Porcius Cato, BC234-149)は第二ポエニ戦争で活躍した古代ローマの軍人、政治家。小カトー(Cato minor, BC95-46)はその曾孫で、同じく古代ローマの政治家。大カトーを讃えているものとしては、ホラチウス(訳注(19))の頌詩『カルミナ』第三巻二一章の「saepe mero incaluisse virtus しばしば大酒が男らしさを熱くした」がある。小カトーを讃えているものとしては、セネカ(Lucius Annaeus Seneca, BC5-AD65. ローマの哲学者、文筆家)の『魂の平安について *De tranquillitate animi*』第一五章一一節の「et Cato vino laxabat animum curis publicis fatigatum カトーの場合もまた、公務上の配慮からくる心労をワインが和らげてくれた」がある。カントがここで「ストア派の〔カトー〕賛美者」として念頭にあったのはセネカの方であった可能性が高いが、その場合にはカントの引用文から判断して、彼はホラチウスとセネカの語句を混同していたことになる。［キュルペ、ブラント］　なおセネカについては「第一部第三編」訳注(22)参照。

(81)　こういっている「近代のあるドイツ人」が誰であるかは不詳。むしろシュタルケ Starke『カントの人間知あるいは哲学的人間学』(一八三一)によれば、内容的にはタキトゥス(Cornelius Tacitus, 55頃-117頃)の『ゲルマニア』第二二巻に遡るという。［山下］

(82)　日本の「ものいわぬは腹膨《ふく》るる心地」という諺に当たる。

(83)　ここは前頁にあったユダヤ人の酒を控える傾向のことを繰り返しているのではないであろう。なおキュルペはこの叙述についてルソーの『新エロイーズ』(一七六一)、第一部書簡二三を参照するように指示しているが、そこには飲酒の話に関連して、「陰険な人間は飲食を節するものでして、食事が非常に慎ましいということはしばしば偽善的な習俗と裏表のある人心のしるしなのです」(安士正夫訳、岩波文庫、(一)一三一頁)とだけあって、カントの記述との関連性は薄い。

(84)　ヒューム(David Hume, 1711-76)はイギリスの哲学者、懐疑論者。ここでの引用は『道徳原理の探求』(一七五一)、第四部からのもの。しかしここでもまたカントの引用は正確ではない。［フォアレンダー］

(85)　新約聖書に収録されているパウロやペテロら使徒によって各地のイエス信徒に向けて書き送られた多くの手紙を指す。

(86)　ここでカントが述べている目の手術については、一六九四年以来「モリヌークス問題」という名称でロック(訳注(24))、バークリ(George Burkeley, 1685-1753)らによって哲学的に論じられていた。［一部ブラント］

(87)　原語は selbstgeschaffen(自発的に創造された)であるが、文脈上からすると selbstgedichtet の意味でいわれており、したがって「……創像された」と訳した。訳注(77)参照。

(88) この話はアディソン(訳注(36))らの *The Spectator* の第七七号に出ている。[キュルペ]

(89) 手稿には第三の「親和の知性的創像能力」について「親和の創像能力」と表現していたが、線を引いて消されている。[フォアレンダー] ここは三つの感性的な創像能力を挙げているところであるから、「知性的」という形容の仕方は明らかに逸脱である。しかしのちにこの「親和の感性的創像能力」を論じる箇所の末尾に付された原注では、前二つを「数学的合成」と呼び、当の「創像能力」を「力学的合成」と呼んで截然と区別している(九八頁)。この区別は意味深長である。訳注(95)参照。

(90) この王子のことについてはゲーテの『イタリア紀行』に詳しい(一七八七年四月九日の項)。この半狂乱の王子の名はフェルディナンド・フランチェスコ・グラヴィナ・クルイラス・エド・アグリアタというが、彼はパレルモの東にある別邸に、奇怪で愚劣な庭園や宮殿を建設した。例えば、犬の頭をした神の銅像とか。これらは今日でも残っている。[フォアレンダー、ブラント]

(91) ホラチウス(訳注(19))『詩学』七―八(原文は「描くだろう」)。この句はすでに『視霊者の夢』の題辞にも利用されていた(本全集3巻二二六頁、アカデミー版第二巻三一五頁)。[ブラント、山下]

(92) デカルト『情念論』第一部第四二節。この点は「はじめに」一一頁でも触れられていた(「はじめに」訳注(2)参照)。

(93) この点で、カントの小論『魂の器官について』(一七九五)を参照(本全集13巻二二五頁以下、アカデミー版第一二巻三一頁以下)。そこでは、魂(知性)は物質ではないから非空間的であって、したがって脳という空間的な器官のなかにはどこにも座を占めない、と述べられている。

(94) 『純粋理性批判』第二版の「序論 Einleitung」の末尾でカントは次のように述べている。「人間の認識には二つの幹があり、それはおそらく一つの共通な、しかしわれわれには不可知な根から生じているのだが、それが感性と悟性とであって、前者を通してわれわれに対象が与えられるのに対して、後者を通して対象は思考される」(B29, 本全集4巻九〇頁)。

(95) ここで語られている「数学的合成」と「力学的合成」ないし「異種的なもの das Ungleichartige の分解と結合」との違いについては、『純粋理性批判』「弁証論」の「二律背反論」を参照する必要がある(A 530-531/B 558-559, 本全集5巻二三一―二三二頁)。そこでは「数学的総合」と「力学的総合」の区別は「同種的なものの総合」(現象どうし)と「異種的なものの総合」(現象と叡智的なもの)の区別として論じられ、この区別から出発して「自由」(叡知的なもの)が「理念」として演繹されていく。訳注(89)を参照。

(96) 手稿と第一版には「実例による解明」という表題がついていた。[フォアレンダー]

(97) 「郷愁病」については『自然地理学』にも詳しく述べられている。ただしそこでは「ホームシック」と訳されている。本全集16巻一三六―一三九頁、アカデミー版第九巻二四四―二四八頁。

(98) この話はエルヴェシウスの『精神論』(一七五八)第一巻第二章にみえ、カントはすでに『脳病試論』(一七六四)で利用している(本全集2巻三九六頁、アカデミー版第二巻二六五―二六六頁)。[ブラント]　この『実用的見地における人間学』でもカントはすでに、同じ『精神論』第一巻第二章から引用していた(五八頁)。訳注(53)(154)参照。

(99) ミハエリス(Christian Friedrich Michaëlis, 生没年不詳)はカッセルの医学教授兼侍医。この逸話は彼の『臨床医学叢書』第一巻(一七八五)、第一章一一四頁以下に「共感に由来する錯乱」と題して出ている。[キュルペ、ブラント]

(100) 日本の「似たもの夫婦」「類は友を呼ぶ」という諺に当たる。

(101) シェイクスピアの歴史劇『ヘンリー四世 第一部』第二幕第四場。カントは最後は五人に水増しされたと述べているが、原作では一一人まで水増しされている(小田島雄志訳、白水Uブックス、七七―七八頁)。カントは講義中しばしばシェイクスピアに言及し、彼を型破りではあるが天才だと評価している(シュラップ『カントの天才論』(一九〇一)の索引を参照)。だがシュラップの推測によれば、カントはシェイクスピアについては耳学問でしか知らなかったはずだという。[フォアレンダー]　しかしこの『実用的見地における人間学』が出版された当時(一七九八)はちょうどゲーテやシュレーゲル兄弟(August Wilhelm von Schlegel, 1767–1845/Friedrich von Schlegel, 1772–1829)の提唱によってティーク(Ludwig Tieck, 1773–1853)らが盛んにシェイクスピアをドイツ語に訳しはじめた時期に当たるから(この翻訳はいまでも生きている)、読んでいないとはいいきれない。

(102) 手稿と第一版には「構想力の戯れを鼓舞ないし抑制する手立てについて」という表題がついていた。[フォアレンダー]

(103) デッサウのレオポルド侯爵(Leopold von Dessau, 1676–1747)と薬剤師の娘アンネリーゼ・フェーゼ(Anne Luise) Föse, 生没年不詳)の話。二人はレオポルドの母の反対をおしきって一六九八年に結婚した。[フォアレンダー、山下]

(104) カントが引用する句はルクレティウス『物の本質について』第三巻五八行(前掲訳書(訳注(29))、一一五頁)にある。[フォアレンダー]　ただし男女の愛情が結婚によって冷めるという文脈ではない。カントの機転による転用であろう。なおこの一節とほぼ同様の内容が§60末尾一七七頁で繰り返される。

(105) ラス・セム遺跡 Wüste Ras-Sem　リビアのダルハ州の遺跡。カントがこれを知ったのは、『ハンブルク雑誌』第一九号(一七五七)の六三一頁以下に掲載された「アフリカのトリポリ地方の化石と化したある町に関する論文」からであったことは確実である。[キュルペ]

(106) エステ枢機卿(Kardinal Este)は一五世紀頃北イタリアのフェラーラの領主であったエステ家のアルフォンゾ一世の弟の、イッポリット・エステ(Ippolite d'Este, 1479–1520)のこと。兄とともに学問や芸術の保護育成に努めた。アリオスト(Ludovico Ariosto, 1474–1533)はイタリア・ルネッサンスの代表的詩人。エステ枢機卿に見いだされた。中世風の武勇と恋愛を描いた浪漫詩『狂乱のオルランド』が代表作。[山下]

(107) ペトロニウス(Titus Petronius Arbiter (Niger), ?–AD 66. 自殺)の言葉(出典は不詳)。ペトロニウスは、ネロ皇帝を楽しませるために紀元六五年頃に書いた悪漢小説『サテュリコン』(国原吉之助訳、岩波文庫)で有名な、古代ローマの文人。元の語句は「mundus vult decipi, ergo decipiatur 世間は欺かれることを欲するのだから、欺かれるにまかせなさい」であるという。[引用語辞典]「第一部第三編」訳注(22)参照。

(108) 欺瞞的なイギリスやフランスのイデオロギーとカント自身も巻き込まれたプロイセンにおける思想弾圧とを暗に比較し、後者を揶揄していると思われる。訳注(2)と解説の「二」参照。

(109) 「suis 自権の」は「豚の」も意味する。モーゼ(Moses, 前一四世紀頃)の石板については旧約聖書『出エジプト記』第三一章末尾から第三四章を、いわゆるモーゼの十誡については同第二〇章を参照。

(110) リンネの体系 System des Linnäus　スウェーデンの植物学者リンネ(Carl von Linné, 1707–78)が提唱した動植物の体系的な分類法を指す。現在、植物については彼の『植物の種』(一七五三)が、動物については彼の『自然の体系』第一〇版(一七五八、初版は一七三五)が国際基準となっている。

(111) カントは『純粋理性批判』「原則論」末尾に付された「反省概念の多義性に関する注」において、概念に与えられる位置を「超越論的トーピク」として論じている(A 269/B324, 本全集4巻三六八頁)。「トーピク Topik」は「位置論」「立証論」「トポス論」等と訳される。そこでカントが指示しているように、この語はアリストテレスの、弁証術を整理した『トピカ』(『アリストテレス全集 2』村治能就訳、岩波書店)に由来する。アリストテレスについては訳注(60)を参照。

(112) ピコ・デラ・ミランドラ(Giovanni Pico della Mirandola, 1463-94)はイタリア・ルネッサンスの代表的思想家で新プラトン主義者。代表作は『人間の尊厳について』(一四八六)。スカリゲル(Julius Caesar Scaliger, 1484-1558)は古典学者。有名な言語学者ユストゥス・スカリゲル(Joseph Justus Scaliger, 1540-1609)の父。アンゲルス・ポリティアヌス(Angelus Politianus, 1454-94)はフローレンスの言語学者。マリアベッキ(Antonio Magliabecchi, 1633-1714)はフローレンスの博学な図書館司書で蒐集家。[山下]

(113) ヴォルフ(Christian Wolff, 1679-1754)の『経験心理学』第四五一節に「Tantum Scimus, Quantum memoria retinemus われわれはちょうど記憶を維持している分だけ知っている」とあり、最後の tenemus と retinemus が違うだけで、意味に変わりはない(*Wolfs gesammelte Schriften*, 1962 ff., II 5, 354)。これがカントの出典であろう。[ブラント]

(114) この「古代人の一人」とはプラトン(ないしソクラテス(Sokrates, BC470/469-399))のこと。プラトン『パイドロス』によれば、ソクラテスがパイドロスに語ったこととして、次のような話がある。エジプトのナウクラティス地方の神テウトは様々な学問やゲームを発明したが、なかでも文字の発明は自慢であった。そこでエジプト全土の神のなかの神であるタモスに会いにいき、文字をエジプト人に広めるように勧めたところ、タモスはこういった、「人々がこの文字というものを学ぶと、記憶力の訓練がなおざりにされるため、その人たちの魂のなかには忘れっぽい性質が植えつけられることだろう。それはほかでもない、彼らは書いたものを信頼して、ものを思い出すのに、自分以外のものに彫りつけられたしるしによって外から思い出すようになり、自分で自分の力によって内から思い出すことをしないようになるからである」(275 A, 藤沢令夫訳、岩波文庫、一三四―一三五頁)。

(115) 今日の研究によると「感づく ahnen」は低地ドイツ語ないしは古いゲルマン語の方言からきたもので、「予感させる ahnden」とはもともと別の言葉であった。しかし中世以来両者の混同が生じ、一六世紀頃からは一般に広く同じ「予感する」という意味で用いられたのだが、それがまた後に区別されるようになったという。[山下]

(116) 秘儀の会員 Epopt　エレウシスの秘儀に参加を許された者、の意。エレウシスは古代ギリシアのアッチカ地方の町。その神殿で毎年豊饒の神デメテルに対する神秘的な礼拝の儀式が行なわれた。これに参加する者は、儀式の実情に関して沈黙を守らなければならなかった。

(117) ウェルギリウス(訳注(69))の詩をこの目的で利用する習慣は、中世から一六世紀にかけて広く見られた。[フォアレンダー]

(118) 伝説によれば、古代ローマの最後の王タルクィニウス(Tarquinius Superbus, 生没年不詳、在位 BC534-510)は、巫女がこの『神託の書』九巻を王に売りつけようとしたところ金を惜しんで二度までもためらったため、まず三巻、ついで三巻と巫女に焼き捨てられたが、結局最後には残った三巻を最初と同じ売り値で買い取ったという。[山下]

(119) ペルシウス(訳注(13))『風刺詩』第一巻一。これに続いて「o quantum est in rebus inane おお、いかに多くの空しきことが人間にはあるものかな」とある。[引用語辞典]

(120) これについては§39の「追記」一二二頁を参照。そこではユダヤ・キリスト教の年代区分法が槍玉に挙がっている。

(121) ルクレティウス『物の本質について』第五巻に次のようにある。「……往々多くの人々は眠りのうちに口走ってしまったり、病気中うわごとをいって暴露してしまったり、隠しておいた悪事や罪を告白してしまうとは、よくいわれることだ」(前掲訳書(訳注(29))二五六頁)。

(122) カントはすでに『視霊者の夢』でこれと同じ言葉を「アリストテレスがどこかでいっているのだが」として引用しているが(本全集3巻二六六頁、アカデミー版第二巻三四二頁)、本当はプルタルコス(Ploutarchos, 46頃-120頃)の『迷信について *De Superstitione*』第三巻一六六cに断片が載っているヘラクレイトス(Hērakleitos, BC500頃)の言葉である。[ブラント]

(123) ホメロス(訳注(64))はトロイア戦争を歌った叙事詩『イリアス』とその後日談の『オデュッセイアー』(呉茂一訳、岩波文庫、上下)の作者といわれている。オシアン(Ossian, 三世紀頃)はアイルランドの伝説的詩人。オルフェウス(Orpheus)はギリシア神話に出てくる詩人、竪琴の名手。旧約聖書時代の預言者の代表としては、イザヤ(Isaiah)、エレミヤ(Jeremiah, 前七世紀後半—六世紀前半)、エゼキエル(Ezekiel, 前六世紀前半)が挙げられる。それぞれが神ヤハウェから聞いた預言は、旧約聖書『イザヤ書』『エレミヤ書』『エゼキエル書』で読むことができる。近代の編集史的な文献学の成果によれば、イザヤは第一イザヤ(前八世紀)、第二イザヤ(前六世紀)、第三イザヤ(前五世紀前半頃)というように、複数の預言者からなるという。

(124)　スヴェーデンボルク Emanuel Swedenborg, 1688-1772　カントが『視霊者の夢』(一七六六)で痛烈に批判した当の「視霊者」である。スヴェーデンボルクはスウェーデンのストックホルム生まれの神秘家。死者の霊と語ることができると自称し、多くの信奉者を獲得した。

(125)　ここでカントがいう「理想」とは、彼の考える純粋道徳から要請される〈理念としての神〉のことであり、「究極目的」とは〈最高善の成就〉を意味する。これについては『実践理性批判』の「弁証論」を参照(本全集7巻二七九頁以下、アカデミー版第五巻一〇七頁以下)。また「はじめに」訳注(1)を参照。なおカントはここで真面目な話の最中に、「理想 Ideal(イデアール)」と「偶像 Idol(イドール)」との語呂合わせによって駄洒落を飛ばしている(そういう箇所は思う以上に多い)。

(126)　ここでいわれていることは、ヴェルナー(訳注(2))一派の反動的な宗教陣営から攻撃された『たんなる理性の限界内の宗教』(第二版、一七九四)においてカントが論じている聖書解釈の正当化であり、また本書と双子の書と見なすことのできる『諸学部の争い』(一七九八)におけるカントの真意につながるものである。解説の「二」参照。

(127)　原文の Verweilung(滞在)は Verweisung(参照)の単なる誤植と思われるので、そのように読み替えた。

(128)　この事態はマルクス(Karl Marx, 1818-83)が、労働生産物の「使用価値」とそれの商品としての「価値」とを近代人があべこべに取り違えることを「物神崇拝」と呼んで批判した事態と類比的である(『資本論』第一巻第一章第四節「商品の物神的性格とその秘密」参照。大内・細川監訳、大月書店)。本節末尾の「追記」も参照。

(129)　パルミュラはシリア砂漠のオアシスにある古代の遺跡。古くユーフラテス河畔とダマスクスを結ぶ交通の要衝として開け、ローマ帝政初期にはその支配のもとに繁栄を誇ったが、のちにローマに叛いたため二七三年にローマ皇帝軍によって滅ぼされた。バールベクはレバノンの旧跡。オロンテス川とリタニ川の分水嶺に近く位置し、ローマに帰属後栄え、ヘレニズム様式の建築や絵画の傑作が多く作られたが、のちに廃墟と化した。ペルセポリスはアケメネス朝ペルシア帝国時代の首都。ダレイオス一世(在位 BC 522-486)以来建設に取りかかりクセルクセス一世(在位 BC 486-465)の時代に完成された大王宮は、高い煉瓦の城壁に囲まれ、その建築や壁画彫刻はペルシア芸術の精粋を示している。紀元前三三〇年アレクサンダー大王によって破壊され廃墟となった。［山下］

(130) 鳥占いと腸占いについてはすでに§36一一三頁で触れられていた。

(131) プトレマイオス(Ptolemaios Klaudios, 100頃-170頃)はギリシア人で、アレクサンドリアの天文学者、数学者。彼がいう七つの惑星には天動説ゆえに当然太陽と月も入る。それは内側から、月、水星、金星、太陽、火星、木星、土星の七つである。ギリシア・ローマ時代に七種類の金属といえば、金、銀、銅、鉛、錫、水銀、鉄である。青銅は銅と錫の合金であるからこのなかに入らない。[山下]

(132) カントは『諸学部の争い』第一部「哲学部と神学部との争い」のなかのある原注で、伝説上のアブラハム(Abraham, 前二〇世紀頃とされる)の召命からイエスの誕生までの年数だけでなく、その他さまざまな数字にまつわるヘブライ神秘説(カバラ)を詳細に紹介したうえで、最後に「これに加えてさらに何かいうべきことがあるだろうか」と捨て台詞を吐いている(本全集18巻八七―八八頁、アカデミー版第七巻六二―六三頁)。

(133) これについては§36末尾一一五頁を参照。

(134) ダカット Dukaten(ducat)　中世の終わりから近世にかけてヨーロッパ全体に流通した金貨または銀貨の名。[山下]

(135) 通常は、イエスと十二使徒の一三人が共に最後の晩餐を摂った際に、彼が「あなたがたのうちひとりが、わたしを裏切ります」といったことと(新約聖書『マタイの福音書』二六章二一節)、翌日イエスが磔にされたのが一三日(の金曜日)だったことから、以後キリスト教信者の間では一三という数字が不吉な数字として扱われるようになったといわれる。カントはこの通説を知った上で、こうしたキリスト教にまつわる迷信を間接的に揶揄する意図で敢えて別の説を挙げているのだろうか。

(136) カントは、中国では三およびその三倍の九がめでたい数字とされていたこと(したがって九九九はきわめてめでたい数字であること)を知らなかったのだろう。

(137) ユヴェナリス(Junius Juvenalis, 50頃-130頃)はローマの風刺詩人。ただしここに引用されている詩句はペルシウス(訳注(13))のもので、その『風刺詩』第三巻七八にある。[キュルペ]　引用句にあるアルケシラオス(Arkesilaos, BC315-241)は古代ギリシアの哲学者、中期アカデメイアの創始者で懐疑論者。ソロン(Solon, BC640頃-560頃)は古代七賢人の筆頭で、政治家、立法家、詩人。[山下]　カントはすでに『純粋理性批判』「方法論」の末尾でこれとまったく同じ句をペルシウスの言葉として引用していた(A 855/B 883, 本全集6巻)。

(138)　本節第一段落に「召使いは悟性を必要としない」とあったが(一二七頁)、このていどの齟齬は他にもまま見られる。訳注(32)参照。

(139)　出典はヴォルテール(François Marie Arouet, dit Voltaire, 1694-1778)の『アンリアード』詩編三一。ヴォルテールは啓蒙時代のフランスの代表的な哲学者、叙述家。[キュルペ]

(140)　クリスティーナ女王 Christina, 1626-89　有名なグスタフ゠アドルフ王(Gustav Adolf, 1594-1632)の一人娘。学問を重んじ、デカルトを強引にストックホルムに招聘したのが彼の死を招いた話はよく知られている。自らも教説や箴言を残したが、男勝《まさ》りの勝ち気で、かつ斑気《むらき》であったという。[一部、山下]

(141)　チャールズ二世(Charles II, 1630-85)は一六六〇年の王政復古によるイギリス王。反動的な専制政治とカトリック復活を図って議会と対立し、名誉革命(一六八八年)の原因を作った。ロチェスター伯爵ジョン・ウィルモット(John Wilmot, Earl of Rochester, 1647-80)はイギリスの詩人で、チャールズ二世に仕えた。[山下]『ロチェスター伯爵著作集』一五六頁に、彼が考案したチャールズ二世のための墓碑銘が載っている。「ここにわれわれの主権者だった王が眠る／その詔勅を誰も信頼せず／愚かなことは何もおっしゃらなかったが／賢いことも何一つなされなかった」。[キュルペ]

(142)　理性が拡張的に人間を眩惑する、というのは、純粋理論理性が弁証論に陥ることを念頭にしていわれている。『純粋理性批判』「弁証論」を参照(A 293/B 349 以下、本全集5巻一一頁以下)。

(143)　ブラントは「理性的に狂う」という表現は一つのオクシモロン Oxymoron(撞着語法)だとするが、正しい指摘と思われる。オクシモロンの他の例としては、「子にふさわしい親不孝 filial ingratitude」(シェイクスピア『リア王』三幕四場におけるリアの台詞)、「賢い馬鹿 a wise fool」(リア王付きのような道化のこと)、等。

(144)　「第二部」訳注(135)参照。

(145)　この言葉のもとは古代ローマの哲学者キケロ(Marcus Tullius Cicero, BC 106-43)の『トゥスクルム荘対談集』第三巻第六九節にある(『キケロ選集』岩波書店、第一二巻二一〇頁)。[山下]

(146)　前者(判断力)が『判断力批判』などにおける「規定的判断力」、後者(機知)が「反省的判断力」に当たる。

(147)　次の§45末尾の「多忙な無為」およびそこに付した訳注(150)を参照。

(148) これらが総じて「心の弱さ」である。

(149) 道楽〔おもちゃの馬〕Steckenpferd　直訳すると「刺さった馬」。馬の首の部分を棒の先端につけ、またがって遊ぶ。日本の竹馬のようなもの。転じて「道楽」「十八番」の意味もある。『教育学』本全集17巻二六七頁でも触れられている。

(150) 『実用的見地における人間学』と同時期に書かれた『諸学部の争い』に、「愚人主義 Abderitismus の仮説」であると限定がついた上ではあるが、人生は「空しい多忙」「善悪のいたちごっこ」「単なる道化芝居」にすぎない、とある(本全集18巻一一二頁、アカデミー版第七巻八二頁)。詳しくは解説の「六」を参照。

(151) この引用は、スターン(Laurence Sterne, 1713–68)の『トリストラム・シャンディ』第一部第七章末尾(朱牟田夏雄訳、岩波文庫、(上)四八頁)からのもの。

(152) クラヴィウス Clavius　クリストフ・シュリュッセル(Christoph Schlüssel, 1537–1612)のラテン名。バンベルク生まれの高名な数学者、天文学者で、ローマ法王グレゴリウス一三世(Gregorius XIII, 在位 1572–85)によるグレゴリウス暦の制定(一五八二年)に参画した。〔山下〕　カントは『脳病試論』(一七六四)でもクラヴィウスに触れている(本全集2巻三八九頁、アカデミー版第二巻二六〇頁)。〔ブラント〕

(153) つまり「義務から、義務に基づいて aus Pflicht」行為すること。カントはこれと「義務に適って、外面的には義務に違反せずに pflichtmäßig」行為することとを鋭く峻別する。これについては『人倫の形而上学の基礎づけ』第一章(本全集7巻一八頁、アカデミー版第四巻三九七頁)、『実践理性批判』「純粋実践理性の動機について」(本全集7巻二四一頁、アカデミー版第五巻八一頁)を参照。

(154) ここはカントの記憶違いで、本当はエルヴェシウス(訳注(53))の『精神論』(一七五八)、三七五頁にこの言葉がある。〔ブラント〕

(155) ほぼ同じことがすでに§42一二八頁でいわれていた。対他者関係についてのカント自身のこうした格率は現代のゲーム理論からいっても最も合理的な戦略であって、「しっぺ返しESS」(ESSとは「進化論的に安定した戦略」の意)と呼ばれる。これについてはメイナード・スミス『進化とゲーム理論――闘争の論理――』寺本・梯訳、産業図書、一八四―一八五頁を参照。

(156) ソロモン Solomon　紀元前一〇世紀の古代ヘブライ王国の王(在位 BC971 頃–932 頃)で、ダヴィデ(David, 前一一―

一〇世紀、在位BC1010–971)の子。ヘブライ王国を最盛期に導き、エルサレムに宮殿を建造した。「ソロモンの栄華」を誇り、後代からは知恵に通じた名君と讃えられた。

(157)　エルサレムに立てこもったユダヤ人がローマ軍に滅ぼされ町が破壊されたのは紀元七〇年。

(158)　これをディアスポラ Diaspola という。ギリシア語で「離散」の意味。ユダヤ人がヤハウェとの契約を基にしてパレスチナをながらく故郷としていたが、そこから離れざるをえなくなって、世界各地に移住していったことを指す。今から二五〇〇年から二〇〇〇年前の話(カントに即していえば、二三〇〇―一八〇〇年前)。

(159)　これについては§34末尾一〇九頁参照。

(160)　ここは暗にカントの執事を勤めていたランペ爺さんのことを指している可能性がある。「第二部」訳注(49)参照。

(161)　手稿と第一版には、このあとに「哲学的な問題について集中的に熟考したあと」と挿入されていた。[フォアレンダー]

(162)　ここはカントが、女性は未成育 Unmündigkeit だが弁才 *Mundwerk* の点では成育過剰 *Übermündig* だと、駄洒落を飛ばしているところ。

(163)　暗に一七八八年以来フリードリヒ・ヴィルヘルム二世の法務大臣に就いて、カントを筆禍事件に巻き込んだヴェルナー(訳注(2))を指している。またこの節全般に、直前まで続いたプロイセンの(ヴェルナーによる)宗教的政治的な反動的画策とフランス革命の変質に対する、カントの苛立ちと皮肉が読み取れる。訳注(2)(165)および解説の「二」参照。

(164)　アダム・スミス(Adam Smith, 1723-90)はイギリスの経済学者、倫理学者。その『諸国民の富』第二編第三章「資本の蓄積、すなわち生産的および不生産的労働について」の末尾付近に、「国王や大臣こそ、つねにそして一人の例外もなく、社会における最大の道楽者なのである」とある(大内・松川訳、岩波文庫、(二)三六七頁)。[キュルペ]

(165)　このくだりでカントは全面的に辛辣な二枚舌を駆使している。その裏の意味、つまりカントの真意は次のようであろう。「最後にまた国事に関してさえも、ある浪費家の場合成育状態に達して久しいとしても、市民として未成年状態に戻ってしまうという事態が発生しうるのであって、例えばこの浪費家が法制上王位を継承したあとも、自分の統治能力の点で悟性の脆弱さを露呈してしまい、それによって彼がまだ子供である、ないし白痴であることがばれてしまう、といった場合である。しかしこの件に関してのこれ以上の批判は人間学の関知するところでない。」ここでいう「ある浪費家」とは明らかに、フリードリヒ大王の死後王位を継承したフリードリヒ・ヴィルヘルム二世を指す。『実用的見地における人間学』はこの王が死んで一年後に出版されていることに注意。最後の「これ以上の批判は人間学の関知するところでない」とは、本編と同年に出版された『諸学部の争い』のことを指していると思われる。訳注(2)および解説の「四」参照。またここに述べられているような子供じみた浪費家の王の実例として、楽劇の作曲家ワグナー(Richard Wagner, 1813-83)のパトロンとして有名なバイエルン国王ルートヴィッヒ二世(Ludwig II, 1845-86)を思いあわすこともできよう(その悲劇的な最期についてはヴィスコンティ監督の映画『ルートヴィッヒ』参照)。

(166) 手稿と第一版には「B 心の弱さにおける程度の違いについて」という表題がついていた。

(167) 『人間の歴史の臆測的始元』(一七八六)に次のようにある。「……自然素質は単なる自然状態に適合していたものであるので、文化(洗練)が進行するにつれて文化によって損害を受け、逆に人為としての文化に損害を与えるが、この交互的状態は人為が完成して第二の自然となるまで続くものであり、この完成した状態こそは人類の道徳的使命の最終目標である」(本全集14巻一〇五頁、アカデミー版第八巻一一七頁)。右の引用の直前でカントが明示しているように、こうした思想はルソーの『エミール』(今野一雄訳、岩波文庫)、『社会契約論』(桑原・前川訳、岩波文庫)、その他の著作から得た。この二書についてはのちに三二〇頁で触れられる。[一部ブラント]

(168) 浅はか Narrheit　§45、46ではNarrまたはNarrheitを「間抜け」と訳したが、ここでは意味合いが違うので訳語を変えた。一々断らないが、同様の事情は他にも多い。

(169) ヴォルテール(訳注(139))は二二、二三歳のころ、ときの摂政や前王ルイ一四世に対する風刺詩を発表したため一一カ月間バスティーユ監獄に投獄された。父のフランソア・アルウェは公証人。[山下]

(170) ゲッティンゲン大学の数学教授で風刺作家でもあったケストナー(Gotthelf Kästner, 1719-1800)のこと。以下に引用される言葉は、彼の『講義集』第一巻一〇二頁にあるという。[フォアレンダー、山下]

(171) ヴァリス地方はスイスの一地方。クレチン病はスイス、イタリア、スペインの山間部や、ヒマラヤ、アルタイなどの山脈地方に特有な地方病で、小児期から発育不全(小児症)・無気力・無感覚・知能障害を生じる病気。原因は飲料水や食物中にヨードが不足するために、甲状腺機能が低下するためという。[山下]

(172)　§45冒頭一三三頁。

(173)　このへんはカント自身のことをいっていると思われる。

(174)　一七九八年二月にフーフェラント(Christoph Wilhelm Hufeland, 1762-1836)に送付した「自己の病的な身体的感覚についての心の力について」のことで、同年末に出版された『諸学部の争い』に第三部として収録された(本全集18巻一二九頁以下、アカデミー版第七巻九五頁以下)。フーフェラントは当時ドイツで著名だった医学者で、最後はベルリン大学医学部教授。彼の医学書はオランダ語訳書から緒方洪庵(1810-63)によって安政四年(一八五七)に邦訳されている。[後半、小倉]

(175)　ハウゼン Christian August Hausen, 1693-1745　ライプチヒ大学数学教授。[フォアレンダー]

(176)　手稿と第一版には「精神異常の分類」という表題がついていた。[フォアレンダー]

(177)　前者は等積法といい、不可能なことが証明されている。永久機関のアイデアとしては二種あった。①外界からエネルギーを受けて仕事をなし、受けただけのエネルギーを外界に返して、外界に何らの変化も残さないような機関。②ただ一つの熱源から熱エネルギーを受け、これを全部仕事に変え、その熱源の温度の低下以外には外界に何らの変化も残さないような機関。しかし①は「エネルギー保存の法則」に、②は「エントロピー増大の法則(熱力学の第二法則)」に反するので、実現不可能である。なおカントの当時に話題にされていた永久機関は①に当たる。

(178)　これについては『魂の器官について』(本全集13巻二二五頁以下、アカデミー版第一二巻三一頁以下)、訳注(93)を参照。

(179)　ヘルモント Joseph Baptist van Helmont, 1578-1664　オランダの医者、哲学者。化学医療を提唱した。次に出てくるナペル Napell はカントの説明にある通り、トリカブトの一種で有毒植物。[山下]

(180)　カンフル Kampfer　精製樟脳のこと。血管運動中枢に対する興奮作用があり、ときに蘇生薬として用いる。樟脳は楠の幹・根・葉を蒸留しその液を冷却して製する。

(181)　手稿と第一版には、節の冒頭に「[生まれてからのちに]狂わされた子供というものは存在しない」とあったが、第二版から削除された。[フォアレンダー]

(182)　メンデル(Gregor Johann Mendel, 1822-84)によるいわゆる「メンデルの法則」の発見(一八六五)よりも前に、すでに遺伝に関するこのていどの知見は存在していたということがわかる。

(183)　自分のこと。カントのこの種の合理主義については、訳注(55)を参照。

(184)　カントが被った筆禍事件を指す。訳注(2)および解説の「二」参照。

(185)　ここも暗にヴェルナー一派に対する当てつけである。次の一文も同様である。

(186)　ハリントン James Harrington, 1611-77　イギリスの共和主義の政治思想家。主著『オセアナ』(一六五六)で共和主義を理想とするユートピア政治思想を論述。そのなかで彼は強すぎるグァヤーク(癒《ゆ》瘡木《そうぼく》、ハマビシ科の常緑高木、樹脂のアルコール溶液は外傷薬)を服用して錯乱状態に陥り、自分の精気が鳥や蝿や蟋蟀《こおろぎ》の形となって蒸発していった、と書いている。[キュルペ、山下]　これについては『諸学部の争い』本全集18巻四五五頁の訳注(21)、『『永遠平和のために』準備原稿』同18巻四八七頁の訳注(2)参照。

(187)　§43 一三〇頁を参照。

(188)　機知は反省的判断力であるということ。訳注(146)参照。

(189)　ここでいわれている判断力は規定的判断力のこと。訳注(146)参照。

(190)　ホラチウス(訳注(19))『詩学』一一。正確には「veniam petimusque damusque vicissim われわれは互いに許しを求めあい、また与えあう」とある。[山下]

(191)　この表題のもとに以下A、B、Cと三つの節が続くが、この表題が該当するのは最初のAのみである。

(192)　『美と崇高の感情にかんする観察』(一七六四)、第二章の冒頭に「思慮深いことは市長の徳である、とクロムウェルはいった」とある(本全集2巻三二八頁、アカデミー版第二巻二一一頁)。[フォアレンダー]　出典はヒューム『道徳原理に関する探求』(一七五一)と推測される(本全集2巻四六六頁訳注(12)参照)。クロムウェル(Oliver Cromwell, 1599-1658)はイギリスの清教徒革命(一六四二―四九年)の指導者、護国卿。

(193)　ビュフォン Georges Louis Leclerc de Buffon, 1707-88　フランス啓蒙期の博物学者、哲学者。主著『博物誌』のなかで生物進化の考えを述べ、また哲学的には機械論の立場に立った。[山下]

(194)　これが「詭弁を弄する機知」。

(195)　トリュブレ(Nicolas Charles Joseph Trublet, 1697-1770)の『文学と道徳の諸問題に関する試論』(一七三五)を指してい

るのであろう。[キュルペ、ブラント]

(196) ここで『詩におけるスウィフト流へつらいの技法』と挙げられている作品は、正確にはスウィフト(訳注(59))『頓降法あるいは反崇高転法について *Περὶ βάθους s. Anti-Sublime*』(一七二七)といい、これが一七三三年に『スウィフトの最新の詩術、あるいは詩におけるへつらいの技法』と題されて独訳された。[フォアレンダー、山下]　バトラー(Samuel Butler, 1612-80)は王党派の詩人。『ヒューディブラス』(一六六二―七八)はバトラーが当時の清教徒革命時の清教徒に当てつけて書いた風刺詩。

(197) ヤング(Edward Young, 1683-1765)はイギリスの詩人で牧師。一七二五年から一七二七年にかけて『普遍的な情熱 *The Universal Passion*』と題して七篇の機知に富んだ風刺詩を出版した。カント自らここでヤングが牧師であることに引っかけて、ヤングの機知はむしろ規定的判断力(職務)というべきだと軽妙な機知を飛ばしている。本節の出だしを参照。

(198) ジョンソン Samuel Johnson, 1709-84　イギリスの批評家、詩人。このあとのカントの記述にあるように、彼ははじめて本格的な『英語字典』を編集した。晩年イギリスの五二人の詩人を論評した『英国詩人伝』(一七七五―八一)を著わし、その一つがここで触れられている『ウォラーの生涯』である。ウォラー(Edmund Waller, 1606-87)は王党派の詩人、政治家。革命により一時国外に追放されたが、のちクロムウェルに赦されて帰国し、王政復古ののちチャールズ二世(訳注(141))の寵を得た。[山下]

(199) ボズウェル James Boswell, 1740-95　ジョンソン(訳注(198))の友人というよりも愛弟子で、スコットランドの歴史家。『ジョンソン博士伝』(一七九〇)は伝記の模範といわれ、カントがこのあたりで述べているジョンソンに関する逸話はすべてこの伝記に見られる。[山下]

(200) バレッティ Giuseppe Marc' Antonio Baretti, 1719-89　イタリア生まれの詩人、文芸評論家。渡英してロンドンに住み、一時イタリアに帰国したが戻ってイギリスで没した。[山下]

(201) ベーコン Francis Bacon, 1561-1626　イギリスの哲学者、政治家で、未完に終わった『大革新』の第二部として『ノヴム・オルガヌム(新機関)』(一六二〇)を著わし、帰納法の原理を論じた。ヴェルラムは中部イングランドの古都市の名であるが、一六一八年にベーコンがこの町の男爵に叙せられたので、その後彼のことを「ヴェルラムのベーコン」と呼ぶようになった。カントは主著『純粋理性批判』の冒頭の扉に、ベーコンの『大革新』「序」の一部を引用している(B II, 本全集4巻一一頁)。

(202) ハンブルク生まれのブラント(Hennig Brand, 1692頃没)という錬金術師が、一六六九年に乾燥させた尿を蒸留しているうちに偶然燐《りん》を発見したのだが、彼はこれに「冷たい火」という名をつけた。[フォアレンダー]

(203) シュヴァルツ Berthold Schwarz, 生没年不詳　フライブルク出身の修道士。一三一三年ごろ黒色火薬の製法を解明して火砲に応用した。[山下]

(204) アルヘシラス(Algeciras)はジブラルタル近くの海岸にある町。二〇カ月の攻城戦ののち一三四四年にスペイン人がアラビア人から奪取した。[フォアレンダー] つまりこのあたりのカントの叙述には矛盾がある。

(205) ドイツ語でも「天才」はGenieというから。

(206) ここは自分の書いたものの引用。彼は『判断力批判』第四六節の冒頭に、「天才とは、技芸に規則を与える才能(自然からの恵みNaturgabe)である」と書いている(本全集8巻一九九頁、アカデミー版第五巻三〇七頁)。[ブラント]

(207) 「しかし天才のうちの一変種」以下の件りもヴェルナー一派(訳注(2))に対する当てつけであろう。

(208) 前出。訳注(112)参照。

(209) 「これは天才としては」以下のくだりの代わりに、手稿には次のようにあった。「……常に稀な天才である。——しかし普遍的なもの、単に史料的に認識されたものをただ上から掬《すく》いとることを心得ているにすぎない頭脳は、前者〔普遍的な頭脳〕の猿真似である。」[フォアレンダー]

(210) ギリシア神話に出てくる大地(ガイア)と天(ウラノス)から生まれた巨人たち。直後のキュクロプス(Kyklopes)もその一族で、字義通りでは「円い眼(の)」の意味であり、一つ目巨人族のこと。ホメロス(訳注(123))の『オデュッセイアー』第九書にも登場する(前掲訳書、(上)二六一頁以下)。

(211) ハイネッケ(ン)(Christian Heinrich Heinecke(n), 1721-25)はごく早くから精神が発達し、とりわけその異常な記憶力によって大きなセンセーションを起こしたが、四歳で死んでしまった。バラティエル(Johannes Philip Baratier, 1721-41頃)は五歳のときすでに三カ国語を話し、八歳で聖書を原語で理解したが、早くから老衰の顔貌を呈し、二〇歳で死んだ。[フォアレンダー]

(212)　§43一三二頁。なお『判断力批判』第一部「美感的判断力の批判」第四〇節でこれと同じことが述べられていた(本全集8巻一八一頁、アカデミー版第五巻二九四頁)。「第二部」訳注(135)も参照。

(213)　ホラチウス(訳注(19))『書簡集』第一巻第一章第一四番にある。このホラチウスの言葉は§2に引用されていたアベラール(訳注(3))の「たとえ父祖たちがみなそうであったとしても、私はそうしない」という言葉と呼応する。いかにカントが思想の自律を重んじていたかが、これら二つの引用からも伺える。

(214)　この言葉は『啓蒙とは何か』(一七八四)の冒頭「啓蒙」の定義、「啓蒙とは、人間が自分に責任のある未成年状態から跳び立つことである」と同じである(本全集14巻二五頁、アカデミー版第八巻三五頁)。つまりここでいう「内面の革命」とは「啓蒙」のことである。

## 第一部　第二編　快と不快の感情

(1)　(a)は例えば学問から得られる快、(b)は道徳的な快のこと。このあと前者については§62でほんの一言、後者については§64、§65、§66の末尾でごく表面的に触れられるにすぎない。ところが、ここでは「感性的な快」に分類されている「趣味」がのちにBで論じられるにあたっては「一部は感性的で一部は知性的な快」(一八八頁表題)というように定義がずらされ、そこで「知性的な快」についても多少論じられることになる。詳しくは一九一頁を参照。

(2)　ヴェリ伯爵 Graf Veri/Pietro Verri, 1728-99　ミラノの枢密顧問官。その『幸福についての省察』(一七六三)は一七七七年に『快感の本性についての考察』という題で独訳された。カントの引用は独訳の三四―三五、五六、六一、九八頁にある。［キュルペ］

(3)　カント自身若いころはビリヤードに興じ、そこそこ儲けていたという。カッシーラー(Ernst Cassirer, 1874-1945)『カントの生涯と学説』(門脇・高橋・浜田監訳、みすず書房、二七頁)参照。

(4)　こうした考えは、アリストテレスが『詩学』第六章で悲劇の目標は「悼《いた》ましさと恐れを通じた情念の浄化(カタルシス)の達成」にあると規定して以来、今日にいたるまで演劇一般に関する定説となっている。

(5) フィールディングの『捨て子トム・ジョーンズの物語』のことであるが、すでに§25七八頁で述べられていた。「第一部第一編」訳注(69)(71)参照。

(6) 結婚と恋愛感情の消失という二義があることに注意。出典不詳。§33一〇二頁参照。

(7) 「退屈 Langeweile」の原義は「長い暇」であり、これと対照的に「気晴らし Kurzweile」の原義は「短い暇」である。

(8) モードーン卿(Philip Mordaunt)はイギリスの名門出身の青年であったが、二七歳のときパリで(首吊り自殺でなく)ピストル自殺した。カントはこのゴシップを『ルブラン神父の書簡』(一七五一)かアルベルティ(Alberti)『英国人に関する書簡』(第二版一七七四)から知ったらしい。[山下]　これに類した流行として、一九世紀末のロシア貴族の青年たちのあいだに流行った「ロシアン・ルーレット」(回転式ピストルに一発だけ実弾を籠めて、順番にこめかみに当てて引き金を引くゲーム)がある。

(9) カリブ人(Karaibe)は中南米に住むインディアンのこと。カントはこれをアルヘンホルツ(Johann Wilhelm von Archenholz, 1743-1812)の『文学と民族学』第六巻(一七八五)四七九頁から知ったと思われる。アルヘンホルツはドイツの歴史家で、今日でもなおその七年戦争に関する歴史学の著作により著名。[キュルペ]　第二部「性格論」二七三頁でも言及される。このあとの訳注(14)参照。

(10) 『豪華流行新聞』*Journal des Luxus und der Moden*　一七八六年から一八一二年にかけてベルトゥフ(Friedrich Justin Bertuch, 1747-1822)とクラウス(Georg Melchior Kraus, 1733-1806)によって発行された雑誌。[ブラント]

(11) ここの会話も両義的であり反語的である。というのは、当時の馬車による遠足は狭い車中に閉じこめられた上に悪路で尻が痛くなって、耐えがたいものだったからである。最初の会話は表向きは「時間はどこに消えちゃったのかな(もう三時間も経ってしまったなんて)」という意味だが、裏の本音としては「時間はどこに止まっていたのか(あれでもまだたった三時間しか経っていないとは)」という意味である。同様に二番目の会話も表向きは「私たちにとっては時間がとっても短かったわね」という意味だが、裏の本音としては「何て時間は短くなったものかしら(あんなに長く感じられたのにたった三時間だったとは)」という意味である。おそらくカント自身が若い頃の家庭教師時代にこうした体験を何度か強いられたことがあったのであろう(カッシーラー前掲訳書(訳注(3))、三七―三八頁参照)。なお当時の(一八世紀後半の)馬車による遠足の様子については、例えばゲーテ『ヴィルヘルム・マイスターの修業時代』第二巻第四章(山崎章甫訳、岩波文庫、(上)一三八頁以下)参照。カントのこの種の二枚舌については解説の「四」参照。

(12)　一ドイツ・マイルは七・五キロメートル。一ロシア・マイルは一・〇六七キロメートル。ちなみに地理学上の一マイルは七・四二キロメートルで、一イギリス・マイルは一・六〇九キロメートル(これが今日でいうマイル)、一海里は一・八五二キロメートルである。

(13)　ブラントは、これは誰かからの引用ではなく、直前のラテン語のモットーをカントがいい換えたものではないかと推測している。[ブラント]　だとするとここは、カントが自分自身の人生を振り返って語っているところでもあるだろう。

(14)　ここもアルヘンホルツ(訳注(9))『文学と民族学』第四巻(一七八四)九〇一頁の主張を下敷きとしており、それにカントは賛同している。[キュルペ]　アルヘンホルツの記述はブラントに詳しく紹介されている。[ブラント S. 350 f.]

(15)　このあたりも「むら気な launisch」「夢遊病の lunatisch」「諧謔的な launicht」という類似語を取りあげて、言葉遊びをしている。なおバトラーについては「第一部第一編」訳注(196)を、スターンについては同訳注(151)を参照。

(16)　鋭敏さと神経質については§21の最後の段落六九頁で同趣旨のことが述べられていた。

(17)　この§62では「快活な fröhlich」(一八〇頁三行)「諧謔的な launicht」「朗らかな in guter Laune」の三つが近似的に使われている。ところで、普通はこれらの形容詞とは反対の雰囲気を伴う「神信仰(敬虔) Frömmigkeit」という単語がたまたま「快活 Fröhlichkeit」という単語と発音上似ているので、カントはここで駄洒落を飛ばしているのである。「朗らかな神信仰」も一つのオクシモロンというべきであろうか(「第一部第一編」訳注(143)参照)。

(18)　§25の「d〔感覚の〕充足状態に至るまでの漸増」七九—八〇頁。

(19)　このフランス語 Vapeurs の用例として、『美と崇高の感情にかんする観察』第四章に、「奥様はいま、ふさぎ虫です Madame hat Vapeurs.」というフランスでのものいい方が(ドイツ語風に)紹介されており、そこに「(一種のかわいい鬱症 eine Art schöner Grillen)」とカントのいい換えが付されている(本全集2巻三七二頁、アカデミー版第二巻二四六頁)。カントはこのフランス語の単語を、ルソーの『エミール』第四編の次の叙述から知った可能性がある。「民衆は退屈するようなことはほとんどなく、その生活は活動的である。……金持ちにとって大きな災厄となるもの、それは倦怠だ。……とくに婦人は、いまでは仕事をすることも遊ぶことも知らないので、ふさぎの虫 Vapeurs という名の倦怠感にさいなまされている」(前掲訳書(『第一部第一編』訳注(167))、(中)三〇〇頁)。

(20) ここでもカントは、「咎める verweisen」(フェアヴァイゼン)ことを「避ける vermeiden」(フェアマイデン)ことができない、と駄洒落を飛ばしている。

(21) こうした性悪な心理もショーペンハウアーは『倫理学の二つの根本問題』第二論文第一六節で、「悪意 Schadenfreude」(「〔他人の〕災いを喜ぶこと」の意)ないし「残忍 Grausamkeit」という「性格」として論じている(*Sämtliche Werke*, Cotta-Verlag, Bd. III, S. 738 ff. 前掲訳書(『第一部第一編』訳注(48))三二一頁以下)。

(22) 魯迅(1881-1936)の小説『阿Q正伝』末尾を参照。そこでは冤罪のまま町を牽き回される阿Qの周りに喝采を挙げながら処刑場までついてくる群衆のさまが描かれている。魯迅『阿Q正伝・狂人日記』竹内好訳、岩波文庫、所収。

(23) ルクレティウス『物の本質について』第二巻一―四行(前掲訳書(『第一部第一編』訳注(29))、六二頁)。

(24) 『実践理性批判』に即していえば、「最高善」の理念の実現を自分の最高の義務として目指すような人生態度のこと。本全集7巻二八二―二八三頁、アカデミー版第五巻一〇九―一一〇頁参照。

(25) §20六七―六八頁。§20では「味覚」(と嗅覚)について、本節では「趣味」について語られるが、「趣味」も「味覚」も原語は同じ Geschmack である。

(26) ここの〔　〕はカントのもの。

(27) 準理性的な vernünftelnd　この語は§43一三〇頁では「詭弁を弄する」という意味で批判的に使われていた。

(28) ここはアカデミー版では単に「誰も住居を掃除したりしないだろう wird niemand sich sein Haus schmücken」であるが(他にヴァイシェーデル版)、フォアレンダー版の「誰も着飾ったり住居を掃除したりしないだろう wird niemand sich und sein Haus schmücken」を取る(他にカッシラー版、ブラント版)。〔山下〕

(29) 手稿ではこの前後は次のようになっていた。「形式(感官の諸表象のこうした一致)にだけ関係しており、質料(感官の快)とは無関係であり、後者はむしろ感官における感情(刺激)が強い場合にはとりわけ、趣味判断に悖ることがある。――それゆえ趣味とはただ、諸表象の集まりがこのように調和しているか不調和かを美感的に判定する能力なのであり、……。」カッシーラー版の校訂者シェーンデルファーは、ここには錯簡があって、カントの手稿において「表象」という単語が前後する二行の上下同じ箇所に二度出てくるので、浄書担当者か活字工がそのあいだの行をうっかり飛ばしたものと推測している(カッシーラー版五六五頁)。［シェーンデルファー］　訳者も文脈から判断してそのように考える。

(30)　ミルトン(John Milton, 1608-74)はイギリスの詩人。「死」については『失楽園』第二歌(平井正穂訳、岩波文庫、(上)九八頁以下)に歌われている。［フォアレンダー］　のちに「性格論」二九〇頁に彼と彼の妻に関する逸話が出てくる。

(31)　テルシテス Thersites　ホメロス『イリアス』第二歌に出てくるギリシア一の醜男。しかも毒舌家なので、嫌われ者。前掲訳書(「第一部第一編」訳注(64))、(上)五三頁以下。

(32)　「美しい魂」は一つの理念であるということ。加えてこの表現によってイエスを示唆しているのかもしれない。なお「美しい魂」についてはゲーテ『ヴィルヘルム・マイスターの修業時代』第六章「美わしき魂の告白」を参照(前掲訳書(訳注(11))、(中)二六一頁以下)。この純粋な信仰に生きる女性の徹底的に美しい内面の告白は、ゲーテの手によってその偽善性が徹底的かつ巧妙に描かれている(ともすると読者がその辛辣な皮肉にまったく気がつかないほどに)。この著作は一七九五年に刊行されており、カントは一七九六年まで「人間学」を講義していたのであるから、彼はゲーテのこの叙述を読んだうえで話している可能性がある。その場合、果たしてカントは上記のゲーテの手腕を見抜いていたかどうか。テキストからはどちらとも取れる。

(33)　手稿では「魂の美しさ」となっていた。［フォアレンダー］　三行うしろの「魂の善さ」も同様。［シェーンデルファー］

(34)　このラテン語 sapientia は sapio という動詞からきているが、後者は最初は「味わう」という意味だけであったのが、のちに「理解する」という意味にもなった。［山下］

(35)　この「目的」は、〈純粋な道徳の実践〉を意味している。

(36)　手稿には「崇高なものに関しての趣味について」という表題がついていた。［フォアレンダー］

(37)　『人倫の形而上学の基礎づけ』『実践理性批判』によれば「義務の原理」は純粋実践理性による「普遍的な法則定立」から生まれるものであるから、カントはここでこういうのである。

(38)　ここでもカントは、「品がいい Gesittetsein」という単語のなかにはすでに「人倫 Sitte」という言葉が含まれているではないか、と駄洒落を飛ばしている。

(39) このあたりはカッシーラー版ではカントの手稿に基づいて次のようになっている。「こうした特性を構想力によって表象するとすれば、それは外的に直観的な仕方でか、あるいは比量的であって単に内的にのみ直観的な仕方で表象することであるということができる。――ある対象を、あるいは本人自身の人格を、直観的に趣味によって表象する様式は、単に聴覚と視覚の二つの感官にとっての表象様式でしかない」。シェーンデルファーはここにも先と同様の錯簡があって(訳注(29)参照)、二つながら隔字体にされた「intuitive 直観的な(に)」という単語が上下二行の同じ箇所に出てくるため、刊本では浄書者または活字工がそのあいだの一行をうっかり飛ばしたもの、と推測している。[シェーンデルファー]

(40) 「はじめに」第二段落一一頁参照。

(41) 「精神については§57の後半(一六七―一六八頁)を参照。

(42) 美的技芸 schöne Kunst　以下ではこの言葉を単に「芸術」と訳す。これとは別に、文脈によって Kunst(技芸)を「芸術」または「技巧」または「技術」と訳すこともある。

(43) 発明と発見の相違については、すでに§57一六五―一六六頁で詳述されていた。

(44) 軽気球は一七八三年にモンゴルフィエー兄弟(Joseph Michel Montgolfier, 1740-1810/Jacques Etienne Montgolfier, 1745-99)が発明した。なお手稿と第一版ではこのあとに、火薬の発明に関する§57一六六頁の「原注」と同じ内容の文章があった。[フォアレンダー]

(45) ホラチウス『詩学』第五巻三行以下。ホラチウス自身にはこうしたニュアンスはない。[ブラント]

(46) ブラントによれば、カントはヴィンケルマン(Johann Joachim Winckelmann, 1717-68)の影響で、ここで古典主義の立場から写実主義、自然主義を批判しているという。[ブラント]　なおここの「美しい精神 der schöne Geist」は§67一九二頁の「美しい魂 eine schöne Seele」と呼応している。

(47) ヒューゴー・ブレア(Hugo (Hugh) Blair, 1718-1800)はスコットランドの神学者、美学者。しかしこの「狂った散文」という表現はブレアのものでなく、警句家アベル・エヴァンズ(Abel Evans, 生没年不詳)のものという。[キュルペ]「狂った散文 tollgewordene Prose」の英語の原文は「prose run mad(暴走した散文)」。[ブラント]

(48) カントはこの『人間学』と『諸学部の争い』が出版された一七九八年、七四歳であった。ここに限らず少々の自慢話はむべなるかな。

(49) 古代ギリシアのラコニア地方の首都がスパルタであるから、ここはいわゆる「スパルタ精神」と同義である。

(50) 手稿によればこの段落は次の通りであった(傍点部分が現行のテキストと異なる箇所)。「ここから分かることは、贅沢が非難されうるのは本来家庭生活でなく、ただ公共的な生活の方なのであって、だから贅沢で問題となるのは国家市民の趣味上の選択の自由に関する事情をめぐって国家市民が共同体とどのようにおり合いをつけるかという点にある、ということである。贅沢は、自分の容姿や所持品を美しく飾ろうとして(祭り、結婚式、葬式、さらに下って普段の付き合いにおける上品な物腰に至るまで)相手よりちょっとでも優位に立とうと競争するというたわいのない愚行の一つにすぎないのだが、しかしこの競争は各種の技芸に生気を吹き込むという長所をもっているのであって、だからまたそうした浪費が共同体に引き起こしたかもしれない損害をお釣りがくるほど穴埋めしてくれるのである。」シェーンデルファーによれば、この段落全体にも錯簡があるという。それは手稿の原文にFreiheit(自由)とTorheit(愚行)という語尾を同じくする単語が上下二行に重なっていたため、浄書者または活字工がそのあいだの一行を飛ばしてしまい、そのため意味が通らなくなったため第一版で文を手直しし、さらに第二版で現行のアカデミー版、フォアレンダー版にあるように辻褄を合わせたため、という。[シェーンデルファー、山下] 訳者の推測によれば、仮に彼のいうことが概ね正しいとしても、アカデミー版、フォアレンダー版にあって手稿(したがってカッシーラー版)にない部分、すなわち「[国家市民の共同体に対する関係は、][公的な]浪費禁止措置に煩わされる必要などほとんどない」という箇所は、印刷時におけるカント自身による改文と思われる。なお§48一四四頁の「贅沢禁止法」に関するカントの言及を参照。

## 第一部　第三編　欲求能力について

(1) 情念は傾向性の一種だから未来に関わる表象であり、感情ではない。これに対して興奮は感情の一種であって現在の状態に関わる。

（2）　§33一〇二頁、§60一七七頁の二カ所を参照。

（3）　出典不詳。［ブラント］

（4）　§74冒頭二〇六頁。

（5）　前段落の中ごろで、痛恨は興奮である、といわれていたことと齟齬する。ここはカントの杜撰というほかはない。しかし同じ前段落の末尾に、痛恨は「ゆっくりと死をもたらす」（傍点訳者）とあって突発的なものでないとされている訳だから、どちらかといえば痛恨は興奮でなく情念に属する、とカントは考えていたのであろう。

（6）　ブラウン（John Brown, 1735–88）はイギリスの医者。その学説によれば、生命体の本質は刺激興奮性にあって、これが過剰になると過力症という病状を呈し、減少しすぎると無力症〔衰弱〕をきたすという。［キュルペ］

（7）　この語源説はフランスの博覧多識な法学者のサルマシウス（Claudius Salmasius, 1588–1653）がいい出したものだが、今では棄てられて顧みられない。カントはここ以外にもときおり彼を引照している（例えば『諸学部の争い』本全集18巻二四頁、アカデミー版第七巻一七頁）。［キュルペ］

（8）　カール一二世 Karl XII, 1682–1718　スウェーデン王。北方戦争を起こしたが敗れ、のち再挙したがノルウェー遠征中ベンデルの戦いで戦死。軍事的天才ではあったが、「北方の狂人」と呼ばれた。［山下］　このあと二六七頁で、その性格に関して触れられる。

（9）　剛毅 Herzhaft　この言葉は前段落の冒頭で定義されていたが、字義どおりに取れば「心臓が離れない」の意。直前に「血が心臓のあたりで凍える」と書いた（喋った）ので、連想したのであろう。このあとにも心臓のことが言及される。

（10）　徳川家康（1542–1616）も若い頃三方原の合戦で武田信玄に大敗を喫し（一五七二年）、ほうほうの体《てい》で浜松城に逃げ帰ったが、その途中気づかないうちに馬上で排便していたといわれる。

（11）　「心臓をあるべき場所にもっていない das Herz nicht am rechten Ort zu haben」または「心臓がズボンの中に落ちた das Herz fiel ihm in die Hosen」というのは、〈気後れがする〉〈臆病だ〉という意味の諺である。［山下］

（12）　火野葦平（1907–60）の、日本軍の杭州湾上陸作戦（一九三七年）のルポルタージュ『土と兵隊』に同様の記述がある（新潮文庫、三四頁）。

(13)　ラテン語で「足の親指」をhalluxといい、他方「お産の女神」をLuciaという。ただしこの語源説も今日では放棄されている。〔フォアレンダー〕

(14)　二行前の「私にはそれは単なる」以下の一文は、カント生前の刊本では削除されている。〔フォアレンダー〕　カント自身、いい過ぎと自覚したからであろうか。

(15)　四行前の「つまりこうした態度は」以下のこの長い一文は、手稿と第一版では次の段落のあとに独立した段落として置かれていた。また出だしが現行の文と違うほか、途中で文が切れて二文となっていた。訳すと以下の通り。「結局また純粋に道徳的な勇気には、他人から嘲笑される危険を冒してさえも義務が命じる事柄を敢えてなし通すという決心が必要とされるのである。この決心には高次の勇気が要求されるのであって、〔以下現行文と同じ〕」。〔フォアレンダー〕　意味に多少のずれがあるとはいえ、大意に変わりはない。

(16)　ここの二つの語源説も、今日では顧みられない。〔フォアレンダー〕

(17)　§76冒頭二一〇頁の、「痛恨」についての記述を参照。

(18)　ここはフリードリヒ大王(Friedrich II., der Große, 1712-86)のこと。ビュッシンク(A. F. Büsching)の『著名な人々とりわけ学者たちの生涯』(一七八八)、第五巻に収録されている「プロイセン王フリードリヒ二世の性格」四三一頁に出ている逸話である。〔キュルペ〕『人倫の形而上学』でもこのことが言及されている(本全集11巻二九五頁、アカデミー版第六巻四二三頁)。

(19)　キリスト教では自殺は厳禁であって、自殺者は地獄に墜ちるとされていた。墓もろくに建ててもらえなかったことは、シェイクスピア『ハムレット』第五幕第一場の、教会から自殺と見なされたオフィーリアの埋葬の場面を観れば(読めば)分かる(小田島雄志訳、白水Uブックス、二〇七頁)。

(20)　ローラン・ド・ラ・プラティエール Roland de la Platière, ?-1793　フランス革命初期にジロンド党の大臣を務めた。彼が一七九三年一一月一五日に自刃したのは、カントの推測とは違って、今日ではその一週間前に彼の妻の有名なローラン夫人(Jeanne Mamon Roland, 1754-93)がギロチンに掛けられたことに対する悲憤からだったとされている。〔山下〕

(21)　原文では単にin einer konstitutionellenであるが、その後に(二行上にある)Republik(共和制)を補って訳した。アカデミー版の校訂注はここにVerfassungを補っており(「立憲体制の下では」)、カッシーラー版ではZeitが落ちているのではと推測している(「立憲時代には」)。

(22) ネロによって死刑判決を受け、処刑前に自殺する猶予を与えられた者の代表として、カントが本書で引用したり言及しているセネカ、ペトロニウスがいる。訳注「第一部第一編」(80)(107)参照。

(23) バイヤール Pierrre de Bayard, 1476-1524　ルイ一二世(Louis XII, 1462-1515)、フランソワ一世(François I, 1494-1547)等に仕えたフランスの騎士。豪胆と寛容を兼ね備え、騎士の典型とされた。[山下]

(24) デカルト『情念論』第三部参照。そこではデカルトは怒りと恥辱感との対比でなく、怒りの興奮に顔を青ざめさせる型と赤くする型とがあるといい、「怒りによって赤くなる人々は、怒りによって青くなる人々よりも、恐ろしくないのはなぜか」(第二〇〇節表題)と論じる(野田又夫訳、中公文庫、二四七頁)。

(25) ヒューム『エッセイ』(Green & Grose編)、第二巻三八一頁。[キュルペ]

(26) キケロの『トゥスクルム荘対談集』第三巻第三〇節にみえる次の頌句の冒頭を取ってきたものと思われる。「nihil admirari cum acciderit, nihil, ante quam evenerit, non evenire posse arbitrari. 何事にてもそれが起こりしときに驚かず、何事にてもそれが起こらざるうちに、起こり得ずとは考えず」。[引用語辞典]

(27) カント自身のことをいっている。ここでの「叡智」とは「自然の最終目的」としての人間に内在する「創造の究極目的」としての道徳性のこと。したがってここの「賛嘆」は『実践理性批判』「結語」冒頭の、次の有名な言葉にある「賛嘆」に重なる。「二つの事柄について考えることが度重なるほど、また深く考えれば考えるほど、その二つはますます新鮮に、かつますます圧倒的に賛嘆と畏敬の気持ちで心を満たすのであるが、それは私の頭上に輝く夜空と私の内にある道徳法則である」(本全集7巻三五四頁、アカデミー版第五巻一六一頁)。

(28) 手稿重視のカッシーラー版によると、ここは「生命力が、愉快なともいえる疲労感を身体機関を通して全身に拡げるのである」となる。

(29) ここでいわれているペルシア王については未詳。

(30) ここの「生命力の感情 das Gefühl der Lebenskraft」は§16冒頭六三頁の「生命感覚 Vitalempfindung」と同義と思わ

れる。

(31)　アレッキーノ Harlekin(イタリア語で arlecchino)　一六―一八世紀のイタリアの即興喜劇に登場する定番の道化役のパントマイマー。能の狂言に出てくる太郎冠者のようなもの。

(32)　K―g 伯爵夫人　シャルロッテ・アマーリエ・カイザーリンク伯爵夫人(Gräfin Charlotte Amalie Keyserling, 1729–91)のこと。カント自身この家庭とは頻繁に交際していた。［フォアレンダー］　カッシーラー前掲訳書(「第一部第二編」訳注(3))、三五、三八頁を参照。

(33)　オストローク(Ostrog)はウクライナの地名。一七世紀初頭以降ポーランドではオストローク公爵家が支配権を確立するが、形としては「オストロークの叙階」(国会のようなもの)の筆頭人というものであった。この叙階の候補者は、義務としてマルタ騎士修道会の騎士とならなければならなかった。［鈴木道也助教授］

(34)　つまり、誘惑ないし再婚話を受けつけようとせず、の意。

(35)　§76末尾二一一―二一二頁を参照。そこと照らしてもいえるが、ここは文脈からいって原文にある nicht は不要と判断し、そのように訳した。nicht を入れたまま訳すと、次のようになる。「目に涙を浮かべるていどであってもしかし他の性〔女性〕に対して同情を証明することにはならないだろうからであって、……。」

(36)　ゲーテ『ヴィルヘルム・マイスターの修業時代』第一巻第七章(前掲訳書(「第一部第二編」訳注(11))、(上)三七頁以下)参照。そこにはゲーテ自身の若かりし頃の芝居上演にまつわる思い出話が綴られている。この小説は一七九五年に出版されているから、カントが読んでいたうえに、聴講生(読者)も熟知していることを前提にして話されているのかもしれない。同様の事情については「第一部第二編」訳注(32)参照。

(37)　この段落の内容およびカント自身が船酔いを経験したことについては、すでに§29原注(八六―八七頁)で語られていた。

(38)　ここは一七世紀末から一八世紀初頭にかけてフランスで興った文学の質をめぐる「古代人近代人優劣論争」を下敷きにしており、カントは文学でなく学問の分野ではどうであろうかといっている(多少茶化し気味に)。本全集17巻『論理学』三四六頁訳注(99)参照。

(39)　テラッソン Jean Terrasson, 1670–1750　フランスの古典学者、修道院長、パリ・アカデミー会員。『純粋理性批判』

第一版「序文」(A XVIII, 本全集4巻二二三頁)にも引用されている。[フォアレンダー]

(40) このような場面の好例として、ヴェルディ(Giuseppe Verdi, 1813-1901)のオペラ『リゴレット』第一幕を参照。この種の道化については他にシェイクスピアの『リア王』に登場する道化が有名。また『ハムレット』第五幕第一場の、かつての道化ヨリックのしゃれこうべを手にハムレットが語る独白(小田島雄志訳、白水Uブックス、二一五—二一六頁)も参照。

(41) 欲望、傾向性、情念、等についてはすでに第三編「欲求能力について」冒頭の§73の出だし二〇五頁で定義されていた。

(42) 次の§81の出だし二二八頁を参照。

(43) モーム William Somerset Maugham (1874-1965)『人間の絆』の主人公フィリップが陥るミルドレッドに対する自虐的、破滅的な片想いを参照。そこにはこの情念が理性的な詭弁と結託する様子も描かれている(中野好夫訳、新潮文庫、四分冊)。

(44) これはエルヴェシウス(「第一部第一編」訳注(53))の『精神論』第三章第六—八節を念頭に置いたものと推測される。[キュルペ]

(45) ポープ(Alexander Pope, 1688-1744)の『人間論』(上田勤訳、岩波文庫、四四頁)。[キュルペ]

(46) オレンニ・トゥングース族 Olenni-Tungusi　東部シベリアに住む種族。カント『自然地理学』本全集16巻三五八頁(アカデミー版第九巻四〇一頁)の訳注(40)を参照。

(47) 暗にフランス革命を指していると思われる。フランス革命は道徳的な自由概念に導かれた革命である(であるべきであった)というのが、カントの本音だからである。

(48) ルクレティウス『物の本質について』前掲訳書(「第一部第一編」訳注(29))、二二〇頁。さらにカントはシェイクスピア『リア王』第四幕第六場のリアの次の台詞を念頭に置いていた可能性がある。「忍耐せねばならぬぞ。人間、泣きながらこの世に/やってくる、そうだろう、はじめて息を吸いこむとき、/おぎゃあおぎゃあと泣くだろう。……/人間、生まれてくると泣くのはな、この/阿呆どもの舞台に引き出されたのが悲しいからだ」(小田島雄志訳、白水Uブックス、一八六頁)。

(49) §73に「主観の理性によっては制御することが難しいもしくは不可能な傾向性が、情念である」とあった(二〇五頁)。さらに§81出だし二二八頁も参照。

(50) 他人を単に手段としてのみ利用することが批判されているのであって、カントは他人をまったく手段と見なしてはいけないとはいわない。『人倫の形而上学の基礎づけ』第二章、本全集7巻六六頁、アカデミー版第四巻四二九頁を参照。

(51)　のちに§84、85で考察される。なお§80第三段落ではこの種の情念として復讐欲が挙がっているが、これについてはすぐ後の§83で考察される。ブラントは序論(S. 35 f.)でも本論のコンメンタール(S. 393)でもここの「こうした情念」という表現は文脈上不明であって前と繋がらないと述べているが、不明なところはない。

(52)　名誉、権勢、財産とくにお金、がこれに当たる。

(53)　例えば鯉を例にとっていえば、前者の「個別の傾向性」として〈食欲〉を、後者の「その充足に向けられた傾向性」として〈ともかく口をぱくつかせる〉を考えればいい。

(54)　手稿および第一版では「権利欲 Rechtsbegierde について」となっていた。なお「復讐欲」の原語は§80二二七頁では Rachsucht、ここでは Rachbegierde だが、意味に違いはない。なおここはテキストでは「情念としての復讐欲について」とあるが、前後のA、Cのタイトルに照らすと、「情念としての復讐欲の傾向性について」とある方が一貫する。

(55)　随意志が定言命法「君の意志の格率が、常に〔そのつど〕、かつ同時に、ある法を普遍的に制定する際の原理としても妥当することができるよう〔考慮しながら〕行為しなさい」(『実践理性批判』本全集7巻一六五頁、アカデミー版第五巻三〇頁)から逸脱している、ということ。

(56)　世界史的事実としては、例えばイスラエルとパレスチナなど。伝承としては『古事記』『旧約聖書』を見よ。

(57)　手稿によって付けた。刊本にはないが、本節の内容と前後の節題に照らすとあった方がいい。〔フォアレンダー〕

(58)　これについては『判断力批判』「序論」の次の表現を参照せよ。「すべての技術的‐実践的な諸規則(すなわち技巧 Kunst や熟練の諸規則一般、あるいはまた、人間およびその意志に影響力をもつ熟練としての利口の諸規則)」(本全集8巻一七頁、アカデミー版第五巻一七二頁、傍点訳者)。なお『人倫の形而上学の基礎づけ』本全集7巻四六頁および五〇頁、アカデミー版第四巻四一六頁および四一九頁も参照。

(59)　究極目的 Endzweck　本来は純粋に道徳的な意味で使われるが(「はじめに、〔原目次〕」訳注(1)参照)、ここは当人が当初抱いていた意図のこと。

(60)　ストア派のいう「知恵」のこと。「ストア派は、自らの徳を自覚していることが幸福であると主張した。……彼らにとっては、道徳性のみが真の知恵であった」(『実践理性批判』本全集7巻二八六頁、アカデミー版第五巻一一一頁)。

(61)『純粋理性批判』「方法論」の「臆見、知識、信仰」に関するカントの議論(A 820/B 848 以下、本全集6巻)を参照。

(62)「Heuchler(偽信者)」と「Häuchler(溜息をつく人)」は発音が同じである(ホイヒラー)。つまりここもキリスト教の現状に対するきつい冗談ということ。

(63)『ハムレット』第三幕第二場のハムレットの台詞(前掲訳書(訳注(40))、一三七—一三八頁)を参照。

(64)五行前の「——とはいっても」以下の文全体が初版の印刷時に付け加えられた。[フォアレンダー]

(65)プルートゥス Ploutos　ギリシア神話で「富」の神。ギリシア語の「富」に由来する。ヘシオドス(Hēsiodos, 前八世紀後半—七世紀前半)の『神統記』廣川洋一訳、岩波文庫、一二〇頁を参照。

(66)能力 Vermögen　このドイツ語には「力」「能力」の意味のほかに「財産」「富」という意味もある。

(67)ポープ(訳注(45))『道徳論集』第三章三七一—三七四。[キュルペ]　ブラントによれば、カントのこの引用は意訳気味であって、一七七八年に出たポープの独訳選集第四巻一二二頁によると(それを日本語に重訳すると)次の通り。「……そのしたたかなデーモン〔悪魔〕は篠つく雨のなかを降りてきて、百発百中で奴〔の身体〕を深く貫き、すっかり虜にした上で、奴の魂を手中に収めてしまったのであった」。[ブラント]

(68)§45一三五—一三六頁およびそこに付した「第一部第一編」訳注(150)の「愚人主義の仮説」ならびに解説の「六」参照。

(69)熱中による理念 Ideen des Wahnes　これは Wahnidee(狂想、妄想)と同義である。

(70)§60一七七—一七八頁参照。

(71)怠惰、臆病、不実の原語は、順に Faulheit(ファウルハイト)、Feigheit(ファイヒハイト)、Falschheit(ファルシュハイト)。ここは発音の似た三つの単語の言葉遊びによって、座を盛り上げているのである。

(72)カントのつもりでは、これはアテネの政治家兼作家だったファレロンのデメトリウス(Demetrius von Phaleron, BC 350頃-280頃)のことであろう。しかしアディッケス(Erich Adickes, 1866-1928)によれば、カントは古代ギリシアの歴史家ポリュビオス(Polybios, BC 201頃-120頃)の記述(第一八巻第五四節)を念頭においていたと思われるが、それと照合してみると、この話はむしろ遠征のつど神に対する不信心や法を遵守しない心に対して祭壇を設けたというマケドニアの将軍ディカイアル

コス(Dikaiarchos, 約BC200)に該当するという。［アディッケス(アカデミー版第一五巻六三二頁)］

(73)　この［　］はカントのもの。

(74)　ここの原文は文法的に不備であって、キュルペは本書出版一年後の『ゴータ学芸新聞』(一七九九年)における補足を根拠にして、ここに「操っている力 lenkenden Macht」という二語を補った(アカデミー版第七巻三六六頁)。本翻訳ではこの補正を参考にしながらも、カントの意図を斟酌して「操っている」という一語のみを補うに止めた(ドイツ語の文法からするとなお不備が残るのであるが)。ちなみにブラントはキュルペの補足は蛇足だといいながら、原文のままだと文法的に通じないことには口を噤《つぐ》んでいる(S. 399)。

(75)　これについてはシラー『飢えと恋』を参照。［キュルペ］

(76)　ここはとりわけカント特有の、人類に対する、特に当時の世界政治状況に対する(「ルビンの盃」のように意味が反転する)二枚舌的で辛辣な皮肉が籠められた箇所である。二枚舌的というのは、カント自身の道徳理念的な世界史的展望を語りつつ、その裏で当時のヨーロッパにおける対フランス共和制の世界戦争状況への批判を籠めているということである。この点で第二に、今後数世紀に展望される人類の「もはやあと戻りすることのない幸福な状態」といういい回しが、戦争による人類絶滅をも含意していることに注意する必要がある。それは『永遠平和のために』(一七九五)の「永遠平和」には裏に「死」が意味されているのと平行である。だがその悲観主義的警告にもかかわらず、翻ってカントは向こう数世紀のあいだに道徳的理念に基づいて世界市民的共和制が実現する可能性をなおも人々に訴える楽観主義的な姿勢を崩していない。加えて第三に、このへんが人類の性の営みに関する高尚な(?)猥談になっていることも見落とすべきでない(ということはここでカントは、人間の自然的な好色を媒介として悲観を楽観に転じる戦略を採用しているというべきか)。それは「文化、洗練 Kultur」という単語が「開墾」「栽培」「培養」という(いわば裏の、しかし本来の)意味を持っていることをカントが巧みに利用しているところにも伺える(そこで訳文では〔繁殖〕と補った)。ただし第四に、「戦争の最中でさえも」「文化〔と繁殖〕を前進させようとする」という表現には、戦争に必ず伴う兵士による女性集団暴行に対する痛烈な揶揄が籠められていることも見逃せない。カントのこの種の二枚舌については解説の「四」参照。

(77)　本当の幸福という目的 Zweck der wahren Glückseligkeit　これはたしかに感性的幸福を意味するが、その際あくまで純粋道徳(最上善)を貫くことを至上の条件としなければならない、というのがカントの幸福思想である。『実践理性批判』弁証論第二章「最高善の概念を規定する際に純粋理性が陥る弁証論について」(本全集7巻二八四—二八五頁、アカデミー版第五巻一一〇—一一一頁)参照。

(78) ヒューマニズムという心構えないし思考法が「道徳的かつ肉体的な最高善」(本節の節題)としての「人との交際」を実現する媒介である、といわれている。この思想は、『たんなる理性の限界内の宗教』第一編において「動物性」と「人格性」との間に「人間性」が位置づけられていることと密接している(本全集10巻三四頁、アカデミー版第六巻二六頁)。訳注(95)参照。

(79) 自己中心主義(Egoism)については、すでに§2二五頁以下で詳しく論じられていた。

(80) 上品な fein　テキストでは seinen(彼の＝賭けている人の)であるが、手稿および第一版によって feinen(上品な)に改める。[シェーンデルファー]

(81) 出典はチェスターフィールド伯爵(Philip Dormer Stanhope, Earl of Chesterfield, 1694-1773)の『わが子への手紙』(一七七四、死後出版)。「美の女神たち」とはローマ神話のグラーツィア(ギリシア神話のカリス)つまり「典雅、優美、友愛」の三姉妹のこと。「芸術の女神たち」とはギリシア神話の芸術・学問を司るミューズの九姉妹のこと。ここで述べられた原則はカント自身が客を食事に招くときの原則でもあった。[山下]　なお日本人が普通に考えるのと違って、客を招待し長時間をかけて過ごす食事は、遅い昼から夕方にかけてである。カントの習慣もそうであった。

(82) 手稿では単に「都市市民的 bürgerlich」とだけあったのを、印刷時に(カント自身の手によらずに)「国家市民的 staatsbürgerlich」と改められた。[ブラント]　本訳では手稿の表現に戻して訳した。なお、直前で「いわゆる公的な」とあるのは、カント自身が『啓蒙とは何か』(一七八四)で論じた「公的な」を指しており、したがってここは「私が以前そのように呼ぶことを提唱した意味で」公的な、のつもりであろう。

(83) ヴォルテール(「第一部第一編」訳注(139))の「私は君の意見に反対だが、君がその意見を表明する権利は命に賭けて擁護するつもりだ」という有名な台詞の、カント流の転用であろう。ただし上記の台詞はヴォルテール自身の著作などになく、エルヴェシウス(「第一部第一編」訳注(53))の『精神論』が発禁処分を受けた際(一七五八年)にヴォルテールがとった態度がこのようにいい伝えられたものと推測される。後年トーレンタイアー(S. G. Tallentyre)が『ヴォルテールの友人たち』(一九〇七)のなかで紹介し今日に至っている。〔後段は三輪隆教授、古茂田宏教授〕　このあたりの記述には、「公的な」社交の場での政治に関する発言が歪められてヴェルナー一派に伝えられるというカント自身が蒙むった体験が籠められており、彼としてはめずらしく正面から憤りをこめて書いていると思われる。これについては解説の「四」五二八頁の注＊を参照。

(84)　プラトン『饗宴』久保勉訳、岩波文庫、参照。

(85)　出典はギリシアの文人アテナイオス(Athenaios, AD200 頃)の『饗宴の学者たち *Deipnosophistai*』(X 14)といわれている。〔フォアレンダー〕

(86)　この風習は旧約聖書にも読める。例えば『創世記』第二四章のイサク(Isaac)とその将来の妻リベカ(Rebekah)の出会いの場面におけるやりとりを参照。

(87)　にもかかわらずイエスは最後の夜に一つ卓で食事を共にした(「最後の晩餐」)仲間の一人(ユダ Judah)に裏切られ、逮捕・処刑されたという福音書にある話を、ここで聴講生(とヨーロッパの読者)は必ず連想した(する)であろう。例えば新約聖書『マタイの福音書』の第二六章第一七節から第二七章第五〇節を見よ。

(88)　哲学する philosophieren　このカントの造語については『純粋理性批判』「方法論」第三章(A 837/B 865, 本全集6巻)を参照。

(89)　テキストは「それは Es」であるが、手稿と第一版にある「彼は(哲学者は) Er」を採る。〔シェーンデルファー〕

(90)　「究極目的」については「はじめに、〔原目次〕」訳注(1)を参照。一言付け加えれば、晩年のカントは最高善の実現は共和制の下でのみ可能であると考えていた。

(91)　テキストは「として als」であるが、手稿によって「それゆえ also」と読み替える。〔シェーンデルファー〕

(92)　同じことが§79二二一頁に述べられていた。

(93)　誰一人聴いていないということ。この批評から、カントはよくいわれるように音楽嫌いなのでなく、かえって相当に音楽に深い趣味を持っていたとも推察できる。なおすでに§88二四七頁原注に室内楽の演奏への肯定的な言及があった。カントと音楽については解説の「五」参照。

(94)　ここは犬儒派の「潔癖主義 Purism」を茶化しているふりをして、実は当時すでに硬直化していたキリスト教のピューリタニズム Puritanismus を批判している可能性が高い。同じような手口が前にもあったが(「第一部第一編」訳注(28)参照)、犬儒派の評価が逆転している。

(95)　カントのいうヒューマニズムが叡智的な徳と感性的な美ないし安楽との両契機から成立するものであることが分かりやすく示されている。訳注(78)参照。

## 第二部　人間学的な性格論

(1)　本文では「国民の性格」と「人類の性格」とのあいだに、短いながら「人種の性格」が差し挟まれている。

(2)　都市市民的でない nicht bürgerlich　この表現にも、カントにおける自然(ピュシス)と社会(ノモス)の対比が潜んでいる。カントはこれを主にルソーの思想から吸収した。これについては「第一部第一編」訳注(167)、「第二部」訳注(143)参照。

(3)　この文は、本書冒頭「はじめに」の第二段落と(言葉遣いとしては完全に、内容的には概ね)対応している。そこには「生理学的な人間知は、自然が人間をどういう風に形成しているのかの究明に向かうが、実用的な人間知は、人間が自由に行為する生物として自分自ら何を形成するのか〔実用実践〕、または人間になす能力があるがゆえになすべきものは何か〔道徳〕、の研究に向かう」とあった(一一頁)。

(4)　前者が「消極的に善である」といわれていたのに対して、「親切」であるということは積極的に善である、ということ。

(5)　自然素質 Naturanlage　この単語は前段落では「気前」と訳した。非常に接近しているにもかかわらず、二つの用例は文脈上明らかに意味が違うので、あえて異なった訳語を当てた。

(6)　この前後に関しては、カントの二元論の立場を承知しておくと理解がしやすい。すなわちカントは、第一に大きくは叡智界と現象界との二元論に立ちつつ、第二に現象世界に関しても唯物論ないし唯心論のどちらの一元論にも与《くみ》せず、(現象としての)物質の実在とその法則(外感)と、(現象的な)魂の実在とその法則(内感)との並立という経験的身心二元論に立っていた。前者を探究するのが生理学であり(前段落で言及された)、後者を探究するのが経験心理学である(この段落で言及されている)。しかも興味深いことに、前後の叙述から読み取れるように、カントは現象的な身心のあいだの現象的な因果連関を認めている。

これに関連して付言すれば、『純粋理性批判』第一版の「第四誤謬推理論」における有名な「超越論的観念論者は、経験的実在論者でありうる、したがっていわゆる二元論者でありうる」(A 370, 本全集5巻七六頁)という箇所における「いわゆる二元論」は、通常誤って理解されているように叡智界と現象界との(この引用文でいえば「超越論的観念論」と「経験的実在論」との)二元論を意味しているのでなく、「経験的二元論」を意味している(A 379, 本全集5巻八三頁参照)。

(7) 本来は intentio。「第一部第一編」訳注(72)参照。

(8) 一九世紀の後半になってウィルヒョウ(Rudolf Virchow, 1821-1902)が細胞病理学を基礎づけるまでは、この二つの病理学が主流であった。病気になる端緒を体液に見ようとしたのが体液病理学であり、それを神経に見ようとしたのが神経病理学である。[フォアレンダー]

(9) ここでカントは手のこんだ駄洒落を飛ばしている。まず意味上「人間の力でどうにかできる」といっておいて「軽く肩で受けとめる」と受けつつ、他方で発音上「気分転換 Abwechselung(アプヴェクセルンク)」を「肩 Achsel(アクセル)」に引っ掛けている。

(10) お山の大将の warmblütig　この単語は字義的には「温かいないし熱い血の」「血が温かいないし熱い」の意。

(11) 沈着冷静型の kaltblütig　この単語は字義的には「冷たい血の」「血が冷たい」の意。

(12) ここでもカントは語呂合わせの言葉遊びをしている。つまり、以下四つの気質の順にそれぞれ二つずつ合計八つ示される「気質の産物」はすべて語尾が -sinn で終わっている単語である(Sinn はここでは「感性、素質、精神」といった意味)。以下〔 〕内に直訳を示しておいた。

(13) 元来手稿には次のようにあった。

「官庁の役所の中では、胆汁質の人間は――秩序に固執し、
多血質の人間は――いい加減であり、
気鬱質の人間は――几帳面すぎる。」[フォアレンダー]

(14) 手稿では続けて次のようにあった。「すると法律の専門家についても同じようにしてパロディを作ることができよう。」[フォアレンダー]　ここから推察すれば、カントはこのような俗的な「性格判断」を(表向きは本文で)批判しているようでい

て、(本音としては)パロディとしてならその有効性を認めているのであろう。『諸学部の争い』(本全集18巻、アカデミー版第七巻)に照らせば、神学者、法学者に続いて、第三に医者についても同様のパロディが可能と思われる。翻って哲学者についてはどうであろうか。

(15)　彼には一つの性格が備わっている Er hat einen Charakter.　通常は「しっかりしている」「節操がある」「気骨がある」の意。本節全体に関して、第二部冒頭二五五―二五六頁の「性格」に関するカントの論述を改めて参照。

(16)　この段落で「市場価格」「愛好価格」「内的価格」について述べられていることは、『人倫の形而上学の基礎づけ』(一七八五)の第二章に記述されている思想の再述である。例えばそこには「人間の普遍的な傾向性と欲求とに関係するものは、市場価格を持つ。たとえ欲求を前提しなくても、ある種の趣味に、つまりわれわれの心に備わる諸力の、目的を欠いた純粋な戯れに覚える満足に叶っているものは、愛好価値を持つ。しかし何かがその下でのみ目的それ自体でありうるような条件をなすものは、単に相対的な価値つまり価格を持つのでなくて、内的価値すなわち尊厳を持つのである」とあった(本全集7巻七四頁、アカデミー版第四巻四三四―四三五頁)。

(17)　イングランド国王ジェイムズ一世 James I, 1566–1625　一五六七年以来スコットランド国王ジェイムズ六世であったが、イングランド国王エリザベス一世(Elizabeth I, 1533–1603)の死去によりイングランド国王を兼ねることになる(スチュアート王朝の始まり)。王権神授説に与し議会と対立したりした凡王であったが、他方エリザベス女王に引き続いてシェイクスピアの主宰する劇団を庇護したことで有名。カントがここで紹介している逸話は出典不詳。

(18)　シノペのディオゲネス(Diogenēs von Sinope, BC 400/390–328/323)のこと。犬儒派(キュニコス派)の哲学者で、乞食となって放浪し、数々の奇行、奇言で有名。「例の『報告』」とはディオゲネス・ラエルティオス(「第一部第一編」訳注(60))の『哲学者列伝』のこと。シノペのディオゲネスについてはその第六巻第二章で相当詳しく紹介されているが、以下の逸話は第七四節にある(前掲訳書、(中)一七一頁以下)。この逸話に関して細かい指摘を二つ。まず、このあと出てくる「商人」をカントは定冠詞を付けて記述しているので、直前の「仲買人」を指すかのように取られかねないが(カント自身そう誤解していたのかもしれない)、『報告』によればこれはシノペのディオゲネスの主人として名を残したコリントスの商人クセニアデスのことである。次に、カントはクセニアデスの息子を一貫して単数形で表記しているが、ディオゲネスは彼の複数の息子を教育したというのが本当のようだ(訳書、(中)一三五頁)。なお、カントはシノペのディオゲネスについて好意的に触れているが、その最有力な一因として、彼があなたはどこの国の人かと尋ねられたとき、「私は世界市民(コスモポリテース)だ」と答えているところがカントの共感を呼んだから、とも考えられる(訳書、(中)一六二頁)。

(19)　スラ Lucius Cornelius Sulla, BC 138-78　ローマの貴族、軍人。はじめ平民派のマリウス(Gaius Marius, BC 157-86)の部下として戦功を立てたが、のち離反して彼と政争を繰り返し、マリウスの死後独裁官となって平民を弾圧した。［山下］ただしマリウス側もスラの出征中に彼の勢力を謀殺したりしているので、多少はお互いさまである。

(20)　たぶんイエスのことを意味していると思われる。

(21)　「第一部第三編」訳注(8)参照。

(22)　悪を選ぶ(悪魔的な)自由は存在せず(無差別の選択の自由はカントは終始一貫晩年に至るまで認めていなかった)、善を選ぶ自律の自由のみがある、ということ。悪は意志の原理の転倒であり、それは結局は自然傾向性の他律によるのである。このあとの「人類の性格」三一六―三一七頁およびそこに付した訳注(134)参照。また『たんなる理性の限界内の宗教』第二編「人間の支配をめぐる善の原理と悪の原理の戦いについて」(本全集10巻七五頁以下、アカデミー版第六巻五七頁以下)を参照。この論文は、ヴェルナーらによって一七九二年に印刷不許可の処分を受けたいわくつきの論文である。これについては解説の「二」参照。

(23)　これについては§42一二八頁、§46一三八頁およびそこに付した「第一部第一編」訳注(155)を参照。

(24)　一七八九―九〇年の「人間学」の講義録によれば、全文は次の通りである。「noscitur ex socio, qui non cognoscitur ex se. 当人自身からはその人柄が分からない場合でも、交遊仲間からそれが知られる」。［フォアレンダー］『ギリシア・ラテン引用語辞典』の当該箇所から推測すれば、これの出典はCaines' Term Reports第三巻九七番と思われる。もともとは「意味の分からない語は、それと連接している他の語と考え合わせると分かる」という意味であるが、この考え方はホメロス等の詩文の解読のこつに関係していると推測される。［引用語辞典］

(25)　「……場合でも、少なくともその外圧を」以下は、手稿では「……場合には、よくいわれるように、流行から遅れた〔踊らぬ〕阿呆よりも流行に乗った〔踊る〕阿呆であること」とあった。［フォアレンダー］　なお§71「流行の趣味について」一九六頁以下の記述も参照。

(26) そのつど jederzeit　ここは、『実践理性批判』での定言命法「君の意志の格率が、そのつど〔常に〕jederzeit、かつ同時に、ある法を普遍的に制定する際の原理としても妥当することができるよう〔考慮しながら〕行為しなさい」(本全集7巻一六五頁、アカデミー版第五巻三〇頁)のなかの「そのつど〔常に〕」と密接に呼応している。

(27) 性格の創設を一つの理念として考えてみる、ということ。こうした記述は四年前に出版した『たんなる理性の限界内の宗教』(本全集10巻、アカデミー版第六巻)と密接している。第一編「あたかも新たな創造によるかのように一種の再生によって」(六三頁、四七頁)、「心構えにとっての革命」(同)。さらには第二編「回心」(九七頁、七三頁)、「新しい生」(同)。本書の少しあとに出てくる「革命」も同様である。

(28) ここも前年にカントの粘り勝ちに終わった筆禍事件への当て擦りである。最晩年のカントの、現存の宗教界すなわち「見える教会」(『たんなる理性の限界内の宗教』本全集10巻一六二頁、アカデミー版第六巻一二二頁)に対するいっそう開き直った、強烈に辛辣な(しかし相変わらずいい逃れも用意した)戦闘的態度がここにも伺える。解説の「二」参照。

(29) もちろん初めてこれを打破したのが自分なのであって、『人倫の形而上学の基礎づけ』(一七八五)、『実践理性批判』(一七八八)、『人倫の形而上学』第二部(一七九七)の三部作によってそれを果たした、といいたい。

(30) 訳注(16)参照。

(31) 第二部の副題「人間の内面を外面から認識する方法」に呼応している。

(32) 似たような心理状態に関して、「はじめに」一三—一四頁、§4三三—三四頁を参照。

(33) ここはアダムとイヴひいてはイスラエルの民(ユダヤ人)を指しているのでなく、むしろギリシア神話あたりを念頭に置いていっていると思われる。

(34) ホラチウス『風刺詩』第一巻第四詩八五行目。〔フォアレンダー〕

(35) 先行の三つの邦訳は共通して、ここの das Dasein derselben (「それらが現実に存在すること」)の derselben を「人間たちが」と取っているが、「美と醜が」とすべきであろう。読解上特に重大な箇所なので注記した。

(36) 「二つの異種的なもの」とはもちろん「趣味」と「知恵」のことであるが、カントはこの表現によってまた「感性的なもの」と「叡智的なもの」の異種性をも意味させている。これについては「第一部第一編」訳注(95)参照。

(37) ポルタ Giambattista Porta, 1540–1615　ナポリ出身、職業・身分等不詳。ここにあるような話は、その『人間人相術』(一五八〇)の第四章にあるという。［フォアレンダー］

(38) ラーヴァター Johann Kaspar Lavater, 1741–1801　スイス出身の詩人。神秘家として人相術にも長けていたという。［山下］ 彼の人相術に関する見解は、のちにヘーゲル(Georg Wilhelm Friedrich Hegel, 1770–1831)によっても取り上げられる。訳注(44)(46)参照。

(39) アルヘンホルツ(「第一部第二編」訳注(9))『文学と民族学』第四巻(一七八四)、八五九頁に、カントがここで言及している内容が書かれているという。［キュルペ］

(40) カメオ Cameen は、瑪瑙《めのう》、貝殻などの縞模様を利用して浮き彫りを施した装飾品のこと。反対にインタリョ Intaglios は、抉るようにして装飾模様を彫り込んだ宝石のこと。

(41) カントはこのようにスペルを表記しているが、仏語としては rébarbatif が正しい。カントはこれに独語の barbarisch (野蛮な)の第三音節の r をかぶせて、ふざけているのであろう。

(42) これはド・セヴィニエ夫人(Madame de Sévigné, 生没年不詳)がペリッソン・フォンタニエ(Paul Pellisson-Fontanier, 1624–93)の容貌について語ったとされる言葉である。［フォアレンダー］

(43) カルムイク人(Kalmücken)は西蒙古族のこと。『自然地理学』本全集16巻三六二頁および同四三七頁訳注(3)を参照。［山下］ 南太平洋に住むインディアンとはメラネシア人(オーストラロイド)のこと。

(44) カンペル(Pieter Camper, 1722–89)はオランダ人で解剖学者。ブルーメンバッハ(Johann Friedrich Blumenbach, 1752–1840)はゲッティンゲン大学の解剖学および人類学の教授。カントは彼と個人的な親交を結んでいたし、著作でもしばしば言及している(例えば『諸学部の争い』本全集18巻一二一頁、アカデミー版第七巻八九頁、『判断力批判』本全集9巻一〇〇頁、アカデミー版第五巻四二四頁)。カントは彼に宛てた一七九〇年八月五日付けの手紙で、「貴殿のお仕事は私に多くのことを教示してくださいましたが、わけても新しい著作『形成衝動と生殖作用について』(一七八一)は、これまで合一しえないと信じられてきた二つの原理、つまり有機的自然についての自然機械論的な説明様式と目的論的な説明様式との両原理の合一にとって、私がとくに専念している観念にかなり近い関係を具えており、この観念は事実によるこうした確証を必要とするものであります」(アカデミー版第一一巻一八五頁)と書き送っている。[小倉]　この「観念」とはのちの「遺伝子」概念に当たるものであろう。人相術論および頭蓋骨論に関していえば、カントにとってカンペルとブルーメンバッハの二人は、ヘーゲルにとってのラーヴァター(訳注(38))とガル(Franz Joseph Gall, 1758-1828)の位置に相当するともいえるだろう。訳注(46)参照。

(45)　この種の話題は『自然地理学』(本全集16巻)では随所に分散して語られている。

(46)　ここに限らず、前後の人相術と頭蓋骨に関する議論は、このあとヘーゲルによって『精神現象学』(一八〇七)「観察する理性」論中の「人相術論」と「頭蓋骨論」へと位置づけられていく(金子武蔵訳、岩波書店、(上)三一一頁以下)。

(47)　ハイデガー John James Heidegger, 1659-1749　チューリッヒ生まれの歌劇の指揮者で、ロンドンの王立歌劇場の専属指揮者を務めた。[山下]

(48)　ポンス Punsch　ブランデー、ラム酒などにレモン汁、香料、砂糖、水を加えてつくったアルコール飲料。ヨーロッパではちょっとした祝いの集いなどでよく飲む。それぞれの家で少しずつ作り方に違いがあって、おいしいポンスを作ることができるかどうかも、招待側の腕の見せ所であったようだ。

(49)　ここは「また下男の態度が悪いことは確かだとしても、だからといってけしからん奴だと一言でも口にしてはいけないし、思うだけでもいけないのである」とも訳すことができる。その場合暗に、カントの許で長年働いてきた下男のランペ爺さんのことを指していることとなり、するとここは日頃のランペ爺さんの態度について多かれ少なかれ見聞している聴講生の受けを狙った軽口でもあったであろうし、またカントの(自分の主張する純粋道徳に照らした)苦笑混じりの自戒の言葉でもある、と受け取ることができる。ランペ爺さんはカントに約四〇年間仕えたが、晩年勤務態度が悪くなり、ついにこののち一八〇二年に(年金付きで)解雇された。加藤将之『カントの生涯』理想社、参照。なおカッシーラーの前掲書(「第一部第二編」訳注(3))には、この執事に関する記述がない。「第一部第一編」訳注(160)参照。

(50)　この原注に関連して、シェイクスピア『ロミオとジュリエット』に登場するロミオの親友マーキューシオの、第一幕第四場における「マブの女王の夢」の台詞を参照(小田島雄志訳、白水Uブックス、四三頁以下)。彼は醜男と設定されており、俗にいう「顔で笑って心で泣いて」の代表であるが、その心中がここの台詞に爆発しているからである。

(51) この「しかしいうまでもなく」以下の一文は手稿にはなく、印刷時に付け加えられた。カントの細心さが伺える。

(52) フリードリヒ・ニコライ(Friedrich Nicolai, 1733-1811)は有名な啓蒙家。ここは『一七八一年ドイツおよびスイス縦断旅行の描写』(一七八三―九六)、第六巻五四四頁、七五二頁以下に照応する。〔キュルペ〕ドイツは全体的にプロテスタント系であるなかで、南部に位置するバイエルン地方は一貫してカトリック信仰が強固である。

(53) カール・グリム(Johann Friedrich Karl Grimm, 1737-1821)のこと。ここは『ドイツ、フランス、イギリス、オランダを縦断した旅行者による観察報告』(一七七五)、三三四頁に照応する。〔キュルペ〕

(54) クイン Quin, 1693-1766　イギリスの高名な舞台俳優。出典はリヒテンベルク(Georg Christoph Lichtenberg)『人相術について』(一七七八)という。それによればこの言葉はクインが同じ俳優でライヴァルのマックリン(Macklin)についていったものである。〔ブラント〕　カントはそれを承知の上で、文脈上囚人を指す言葉のように見なして引用している。

(55) 「男女の性格」については『美と崇高の感情にかんする観察』(一七六四)、第三章「男女の付き合いに見られる崇高と美の落差について」(本全集2巻三四九頁以下、アカデミー版第二巻二二八頁以下)を参照。そこでも男女の「性格」の違いが詳しく論述されているが、本書と読み比べれば読者はそのあいだに横たわる三〇年余におけるカントの人間観察の深まりに気づくであろう。もちろん本書の元になっている「人間学講義」は一七七二年秋から七三年春にかけての冬学期から開講されたのであるから、「男女の性格」についても(このあとの、同様の事情にある「国民の性格」についても)、当初はこの『美と崇高』における考察に大きく依拠したものであったであろう。

(56) ここでもカントはささやかな言葉遊びをしている。つまり、自然は男性にKraft(力)を、女性にKunst(からくり・技術)を与えたといっているが、Kraft(クラフト)とKunst(クンスト)とが語呂合わせになっている。

(57) おいおい判明するが、カントによれば「人間の手によって、この地上に最高善を実現すること」が本来の「自然の最重要な目的」である。だがそのためにはその前に「人類という種の保存」が必須である、と理解すればいい。

(58) その極端な例が、浮気の現場を見られてもしらを切るあっぱれな女であった。本書§13五七―五八頁参照。

(59) このへんの記述の背景には、カント自身の苦い体験があるのかもしれない。この点でモリエールの『孤客〔人間嫌い〕』(辰野隆訳、岩波文庫)を参照。ちなみに本書でもモリエールの名ははやくも「はじめに」一四頁で言及されていた。「はじめに」

訳注(9)、「第二部」訳注(78)参照。

(60)　例えばレハール(Franz Lehár, 1870–1948)のオペレッタ『陽気な未亡人〔メリー・ウィドウ〕』を観よ。女性のこうした行動パターンと心理は、社会生物学の見地からいえば合理性を有する。つまり高等哺乳動物の雄と雌の間の対抗戦略(雌にとってのESS〔進化論的に安定した戦略〕)としてこれは最有力なものであって、その意味でカントのこの(皮肉に満ちた)洞察は鋭い。社会生物学派による動物の行動に関する考察については、例えばR・ドーキンス『利己的な遺伝子』(日高・他訳、紀国屋書店)、E・O・ウィルソン『社会生物学』(全五冊、坂上・他訳、思索社)を参照。

(61)　ここでもカントは他愛のない言葉遊びをしている。つまり原書で三行しかない一つの文の中に、halten(保つ)という動詞の、①原形、②過去形〔の複数形〕(hielten)、③過去分詞形(gehalten)を、それぞれ①「〔浮気を〕する」、②「〔疑いを〕掛けた」、③「受け取られる」という意味で使い分けている。

(62)　これは有名なクック船長(James Cook, 1728–79)の『クック船長の第三回にして最後の航海　静かな大洋のあとの発見の物語』(一七八九)のタヒチに関する報告第三巻四五―四六頁にある。〔キュルペ〕　クックは一七六八年以降三回にわたり南太平洋諸島、ベーリング海峡の探険航海を行ない、とくに第一回の航海でニュージーランド、ニューギニアがオーストラリア大陸と分離していることを発見した功績は大きいとされている。〔山下〕

(63)　ポンスについては訳注(48)を参照。

(64)　キュルペはここの出典をポープ『道徳論集』第二章二〇九―二一〇頁とする。〔キュルペ〕　ブラントによればむしろポープの全集第四巻(一七七八)、六一頁『人間論』第二七二番の注解に直接の引照箇所があるとし、その箇所を独訳している。〔ブラント S. 443〕　重訳すると次のようになる。「男どもに支配的な情念はいくつもあるのに対して、女性に例外なしに共通している情念は二つしかなく、それは〈愉快にすごすことへの愛〉と〈支配することへの愛〉である。……彼女らは前者はすでに自然から授かっている。……支配こそが彼女らの真の狙いであるが、〔それを目指して〕彼女らが駆使する手段はすべて美〔しさ〕が左右する。」

(65)　つまり先に述べられていたように、それは文化による誘発の産物だということ。本書第二部の冒頭二五五頁で、「性格」は「自然にもって生まれた性格」と「道徳的な性格」に分けられていたが、ここでカントは「女性の性格」を前者、つまり女性は「自然によってどういう風に形成されているか」の意味でいっている(次段落参照)から、このような留保を付けたと思われる。なおここの接続法二式の Wenn-Satz は auch を補って(譲歩節の意で)訳した。

(66) 推定してみた mutmaßlich　この単語は「臆測的な」とも訳される。そこでカントの短論文『人間の歴史の臆測的始元』(一七八六)(本全集14巻、アカデミー版第八巻)を参照すると、カントがこのあたりで「自然の目的」「自然の意図」といっているものは、旧約聖書『創世記』第二章から第四章にかけてのイヴの創造に関する記述と照応していることがわかる。神ヤハウェはアダムを創造したあと、「人〔アダム〕が、ひとりでいるのは良くない。わたしは彼のために、彼にふさわしい助け手を造ろう」といってアダムの肋骨の一本からイヴを創造し、(二人が楽園追放される話に続いて)「人〔アダム〕はその妻イヴを知った〔交わった〕。彼女はみごもってカインを産み、……それからまた、弟アベルを産んだ」とある。

(67) ここでもカントは、「女 Weib は拒む weigernd」と駄洒落を飛ばしている。

(68) 念のためにカントの原文を直訳すると、「あなたに惚れたわという挑発に応じないのは、男にとって不名誉なことのように思われる」となる。

(69) ここの〔　〕もカントのもの。ここに挙げられている『トリデント会議史』は、ヴェネチアの歴史家サルピ(Paolo Sarpi, 1552-1623)の著作(一六一九)である。しかしキュルペがその全八巻を調べても、ここでのカントの引用文は見当らなかったという。〔キュルペ〕　ブラントもこの徒労を繰り返した末、匙を投げている。〔ブラント S. 445〕

(70) ここは次のようにも読むことができる。「この売春組織には、ローマカトリックとプロテスタントの男女が雑婚した場合の家庭における文化よりも、遥かに純粋な〔カトリック教徒だけの〕、教養に満ちた、公認された肉体関係の文化が溢れていた……。」この「二枚舌」もカントの意図的なものであろう。

(71) 女性と書物の関係についてカントは概してからかいの態度を示している。§34末尾一〇九頁、§47一四〇頁参照。

(72) 一七六二年六月一二日付けカント宛のマリア・シャルロッタ・ヤコービ夫人の手紙に「そのときには、私の時計は再びぜんまいを巻かれることでしょう」という思わせぶりな箇所がある(本全集21巻一〇頁、アカデミー版第一〇巻三九頁。そこに付された訳注(2)も参照)。さらにフォアレンダー『カントの生涯』六四頁を参照。〔一部フォアレンダー〕

(73) ミルトン(「第一部第二編」訳注(30))についてのこの逸話は、クロムウェル(「第一部第一編」訳注(192))の死後その子リチャードが世襲的に護国卿に就いたときのことと思われる(リチャードソン(「はじめに」訳注(9)参照)『ミルトン伝』八九頁)。だがアルフレッド・スターン(Alfred Stern)によると、この逸話は偽りだという。[山下]　この逸話の可笑しさは、ミルトンがクロムウェルの秘書だったうえに誠実さを最も大事にする熱心な清教徒であったのに、長年連れ添ったその妻がお構いなしに彼に裏切りを勧めるところにある。

(74)　ソクラテスが妻クサンチッペに悩まされつづけたというのは有名な話である。しかしディオゲネス・ラエルティオス前掲訳書(「第一部第一編」訳注(60))、第二巻第五章一四七―一四八頁には彼女に対する諦めにも似たソクラテスの余裕のある態度が描かれている。ヨブ(Job)は旧約聖書『ヨブ記』の主人公。神ヤハウェと悪魔サタン(Satan)との言い争いが元で、ヤハウェの許可によりサタンが下した数々の苦難によってすべてを失いながらも、頑固にこれに耐えて信仰を守り通した篤信者。ヨブの妻はあるとき全身悪性の皮膚病に罹《かか》った(これもサタンのしわざ)彼に「神をのろって死になさい」というが、彼は「私たちは幸いを神から受けるのだから、わざわいをも受けなければならないではないか」と応える(第二章)。カントはおそらくここを念頭に置いていっているのであろう。なお、ここは原著第一版以来アカデミー版、フォアレンダー版では、あべこべに「ソクラテスの妻も、それからまたおそらくヨブの妻も、それぞれの頑固者の夫にてこずらされたのであったが」とある。ここは手稿に乱れがある箇所であるが、文脈から判断して、手稿を基にしたブラントの改訂の提案(S. 446)を是とし、それによって訳した。

(75)　ヒューム『エッセイ』第二巻第三八三節「愛と結婚について」から。[フォアレンダー]　正確にはヒュームは次のように書いている。「どうしてそうなるのか私には分からないのだが、女性は……夫婦の性生活に関する猥談を聞かされると、例外なくそれを彼女自身に対するセクハラだと受け取るのである」。[ブラント S. 447]　ここは多分カントは伝聞によって書いているのでろう。

(76)　ここの「未婚の者」は文脈上明らかに女性の未婚者を意味しているのに、カントが der Unverheurathete(「男の未婚者」)と男性形でいい表しているのは、はぐらかしないしカムフラージュを狙ったものか。なおここでもカントはきわどい言葉遊びをしている。夫婦生活の「重荷 die Beschwerden」で家事・育児等の煩しさのほかに男性の体重をほのめかしつつ、未婚の者(女性)にはそれは「伺い知れない überhoben ist」(重荷を取りのぞいて軽くしてもらっている、の意)のだ、と。

(77)　この通りの例ではないが、期待した結婚生活が夫の裏切りによって無残に打ち砕かれる例として、モーパッサン Guy de Maupassant(1850-93)『女の一生』(新庄嘉章訳、新潮文庫)の主人公ジャンヌの生涯を参照。

(78)　「元の木阿弥」ということ。例えばボーマルシェ(Pierre-Augustin Beaumarchais, 1732-99)の原作によるモーツァルト(Wolfgang Amadeus Mozart, 1756-91)のオペラ『フィガロの結婚』(一七八七初演)を観よ。ついでにこの話の前段をモーツァルトよりあとから作曲したロッシーニ(Gioacchino Rossini, 1792-1868)のオペラ『セヴィリアの理髪師』(一八一六初演)を観たうえで、両方のオペラの主人公アルマヴィーヴァ伯爵の女性観の変貌ぶりを比較するといい。さらに男性の好色の際限のなさとその末路を描いたモーツァルト『ドン・ジョヴァンニ』(同じく一七八七初演)やモリエールの戯曲『ドン・ジュアン』(一六六五)をはじめとした各種の「ドン・ファン」物語も参照。なお本書「はじめに」でのモリエールへの言及(一四頁)の仕方から判断してカントはモリエールのこの作品を読んでいたかもしれないし、さらにはモーツァルトのこのオペラの評判を耳にしていたとしてもおかしくはない。訳注(59)参照。

(79)　ヴォルテール(「第一部第一編」訳注(139))『スカルメンタードの旅行記』の末尾参照。ただしカントの文は正確な引用ではない。[フォアレンダー]

(80)　ベルトルッチ監督の映画『ラスト・エンペラー』のなかで、幼い主人公宣統帝溥儀《ふぎ》(1906-67)が弟に向かって「朕が望むことは何でもできちゃうのだぞ」と威厳を示す場面がある。そういって彼(「命令する立場に立つ支配者」)は傍らの老臣(「彼の大臣」)に硯の墨汁を飲み干すよう命じ、その命令は即刻果たされたのであった。

(81)　二八九頁参照。

(82)　数段前からこの段落にかけての、人間の計算高さについてのカントの皮肉に満ちた分析は、今風にいえば〈社会生物学〉がいう、ある遺伝子がより多く残る結果をもたらす「ESS(進化論的に安定した戦略)」という観点からの分析に似ていなくもない。社会生物学については訳注(60)を参照。ただし母親と息子とに関する最後の一文は、母親思いであったカント自身の心情の吐露であろう。

(83)　ここも「地上における最高善の実現」のことを示唆している。訳注(57)参照。また「自然の賢知に賛嘆する bewundern」というもののいい方は当然『実践理性批判』の「結語」の有名な出だしを念頭に置いて書かれている。「第一部第三編」訳注

(27)にも示したが、再掲すればそこには次のようにあった。「二つの事柄について考えることが度重なるほど、また深く考えれば考えるほど、その二つはますます新鮮に、かつますます圧倒的に賛嘆 Bewunderung と畏敬の気持ちで心を満たすのであるが、それは私の頭上に輝く夜空と私の内にある道徳法則である」(本全集7巻三五四頁、アカデミー版第五巻一六一頁)。『実用的見地における人間学』のここでの「自然の賢知」は、『実践理性批判』での「私の頭上に輝く夜空」(自然秩序)と「私の内にある道徳法則」の両方を指すと考えられる。

(84)　「国民の性格」については『美と崇高の感情にかんする観察』(一七六四)、第四章「崇高と美についての異なった感情に起因するかぎりでの諸国民の性格について」(本全集2巻三六八頁以下、アカデミー版第二巻二四三頁以下)を参照。そこでもスペイン人、イタリア人、フランス人、イギリス人、ドイツ人、オランダ人、アラビア人、ペルシア人、日本人、インド人、中国人、アフリカ人、アメリカ・インディアン、古代のギリシア人とローマ人について、多彩なよもやま話が繰り広げられていた。なお「国民」と訳した原語は本書ではVolk、『美と崇高』ではNationであるが、この場合意味の違いはない。したがって本書でもこのあと原則として、Volk と Nation をともに「国民」と訳す。なお Stamm は「民族」と訳す。

(85)　プラウトゥス(「第一部第一編」訳注(39))の「皮肉屋と道化」という表現は『穀象虫 *Curcul*』にではなく、『ほらふき兵士 *Miles gloriosus*』『驢馬追い *Asinaria*』『不親切 *Truculentu*』に出てくる。いずれにせよここでもカントの語源説はでたらめであって、canaille というフランス語と canaglia というイタリア語(ともに「下種」の意)はもともとラテン語の「canis 犬」からきており、「犬野郎」というほどの意味である。[キュルペ]

(86)　ヒューム『エッセイ』第一巻二五二頁「国民性について」。[フォアレンダー]

(87)　手稿と第一版では「他人に対して親切にする必要はないと信じているような」とあった。こちらの方が現実判断に近く、刊本の表現ではそれを逆に表現することによっていっそう辛辣さが増しているが、結局は同じことである。

(88)　「天上天下唯我独尊」ということ。以上はもちろん、自分たちはどの国民よりも「礼儀正しい polite」と思っているイギリス人に対する皮肉である。しかし現代ではこの誇り高き地位は、アメリカ合衆国に奪われてしまった。

(89)　のちの三二六頁の分類のうちの「専制政治」に当たる。

(90)　フランス革命のこと。一七九三年エベール派によって「理性の崇拝」が導入され脱キリスト教運動の梃子とされたが、翌年ロベスピエールによって廃止され、それに代わって「最高存在の崇拝」が導入された。

(91) ここでいわれている「他国民」とは、第一義的にはフランス人を指す。二九七頁参照。

(92) ビュッシュ Joh. Georg Büsch, 1728-1800　ハンブルクのギムナジウムの数学教授。商学上の主として貿易に関する一連の膨大な著作を残している。〔フォアレンダー〕

(93) 『新ハンブルク・マガジン』第二号(一七六七)、二五九頁以下の、シャープ博士(Samuel Sharp)の記事を指している。〔キュルペ〕

(94) このあたりは一四―一五世紀の英仏間の百年戦争(例えばエドワード黒太子(Edward the Black Prince, 1330-76)やヘンリー五世(Henry V, 1387-1422)、ジャンヌ・ダルク(Jeanne d'Arc, 1412-31)が活躍した)も念頭にあったであろうが、何よりもフランス革命以降この本が出版されるころ、フランスとイギリスが極度に緊迫した関係にあったことが背景となっている。心なしかここでもカントは共和国フランスの方の肩を持っているように読める。解説の「四」参照。

(95) といいながら、以下スペイン人、イタリア人、ドイツ人についての記述は短くなっていない。

(96) ファンダンゴ Fandango　三拍子のスペイン舞踏の一つで、男女一人ずつが対になって踊る。ギター、カスタネット、タンバリンなどで伴奏される。

(97) 主に新大陸のアメリカへの移住を念頭に置いているのであろう。

(98) フォアレンダー版の脚注にはルソー『社会契約論』第三編第八章と指示されている。〔フォアレンダー〕　そこには次のようにある。「……ナポリでは毎日、金ピカの上衣に靴下なしの身なりの人々が、ポジリッポ〔ナポリの遊園地〕へ散歩に行くのが見られる。このことは住宅についても同じである。大気の害を少しもおそれなくともよいとき、住宅は豪壮という点だけに重きがおかれる。……ところがマドリッドでは、豪奢な客間はあるが、室をとざす窓はなく、寝るところは物置き同然のところである」(前掲訳書(「第一部第一編」訳注(167))、一一五頁)。見られるようにカントは、ナポリの話とマドリッドの話を混同したうえでそれをイタリアに一般化し、さらに不正確に紹介している。講義の際にうろ覚えでしゃべったのをそのまま活字にしたからであろう。

(99) その心は、どちらも薄っぺらである。

(100)　明らかに、世俗権力とバチカンを本拠とするカトリック権力との二重支配を指す。

(101)　多分ここでもカントは(やや高級な)言葉遊びをしているのだと思われる。すなわち、「悟性 Verstand と連動」しているのだから、「あれこれ文句を付ける vernünfteln〔理性を使って詭弁を弄する〕」のでもないし、さりとて「案出する ausdenken〔思考の外に出す〕」のでもないのだ、と洒落ているのである。後者について付言すれば、悟性は思考する denken 能力であるから、その外に出る aus- ことはない、といいたいのであろう。

(102)　ロバートソン William Robertson, 1721-93　スコットランドの歴史著述家。なかでもスコットランドの歴史、チャールズ五世史、アメリカの歴史に関する著作が代表作であるが、これらはすべてドイツ語に訳された。〔フォアレンダー〕

(103)　ここは、一七六九年に独語に訳されたボズウェル(「第一部第一編」訳注(199))の『コルシカ誌』一四三頁に該当する。〔フォアレンダー〕

(104)　暗に王制を廃して共和制に移行することを匂わせている。ここにはドイツでの共和制革命へのカントの淡い期待が籠められている。直後で「専制政治を選び、それでよしとする」ことはドイツ人の「いい面である」といっているのは、もちろんカムフラージュである。そのことは次の段落を読めばすぐわかる。

(105)　ホラチウス(「第一部第一編」訳注(19))『書簡集』第二巻第二書簡。〔フォアレンダー〕

(106)　「理路整然狂」についてはすでに第一部で「狂想」という型の精神病の異名として言及されていた(一五二—一五三頁)。これは自国民であるドイツ人を皮肉っているとともに、カント自身の「理路整然狂」ぶりを自嘲しているとも読める。

(107)　「これらの国民を……構わないだろう」は、第一版では次のようになっていた(手稿もほぼ同じ)。「これらの国民を実地検分と回想録と病後の予測からなるような、数も十分でなく、しかもそれぞれが不確かな項目から特徴づける代わりに、早速〔国民の性格についての〕補論に移ることにしたい」。〔フォアレンダー〕

(108)　カロイエ Caloyer〔仏〕　ギリシア正教の聖バジリウス修道会の修道士たちのこと。

(109)　古代ギリシア人の顔だちの特徴については二七四頁を参照。

(110)　この複文でカントは「再び復興する sich wiederum herstellen」という同じ表現を条件文と主文の両方に使っており、したがってここはほとんど同義反復になっている。これは明らかに駄洒落ないし同時代のギリシア人に対する皮肉を狙ってのことと思われる。なお最初の「復興する」とはルネッサンス(ギリシアの文芸復興)のことを指しているのであろう。

(111)　この段落では、ギリシア人は最初他国民を征服しその後征服され、いずれにせよ国民としては混淆したのに対して、アルメニア人は一貫して他国民と友好的な関係を保ちつつ国民性は保持した、という対照が語られていた。

(112)　ここは自由・平等・博愛を標榜(旗印!)しつつ当時生まれたばかりの共和国フランスの、大陸支配の野望に対する批判でいわれているのではない。というのは、ナポレオンが活躍しはじめて旧守連合に対して反撃に出るのは一七九九年からであって、この『実用的見地における人間学』が出版されたあとだからである。だからここに当時の政治状況に対する批判が籠められているとすれば、それは逆にフランス革命に干渉しているイギリス、ドイツ、オーストリアに向けられていたはずである。解説の「四」参照。なお§33末尾一〇三―一〇四頁の、「自由」「平等」の理念が空想として人々に欺瞞的に働くことへの批判を再度参照せよ。

(113)　カントは人種に関して、一七七五年に自然地理学の「夏学期講義計画・さまざまな人種について」(のちにこれに補筆して一七七七年にエンゲル(Johann Jakob Engel, 1741-1802)編『世界のための哲学者』第二部に収録)(『さまざまな人種』本全集3巻、アカデミー版第二巻)、一七八五年に『人種の概念の規定』(14巻、第八巻)、一七八八年に『哲学における目的論的原理の使用について』(同)を発表しており、関心が高かった。とはいえ本書第二部「人間学的な性格論」の冒頭の「分類」を見れば分かるように、カントには当初この「人種の性格」という節を『実用的見地における人間学』に書きこむ予定はなかった。それにしても論述が簡潔すぎて、なぜカントが急遽、しかもこれほどに短い記述を挿入する気になったのか不明であるし、またこの短文そのものについても厳密なところカントが何を主張しようとしているのか今一つ不明である。

(114)　ギルタナー(Christian Girtanner, 1760-1800)はザクセン・マイニンゲン公国の枢密顧問官。一七九六年に『カントの博物学原理について』を公刊した。[フォアレンダー]

(115)　この節の手稿の末尾欄外に、走り書きで次のようにある。「第一段階/人間はただ単に自然と本能のためだけでなく、加えてまた自由な技芸のためにも創造された動物である/第二段階。」少し離れて「メキシコにおけるスペイン人の見解」。[ブラント]

(116)　この点については『世界市民的見地における普遍史の理念』(一七八四)第四命題で論じられる「非社交的社交性 ungesellige Geselligkeit」「汎通的な対抗関係 durchgängiger Antagonismus」の概念(本全集14巻八頁、アカデミー版第八巻二〇頁)を参照。

(117) 「技術的」「実用的」「道徳的」の三段階については、このあとの訳注(135)および解説の「一」を参照。

(118) モスカティ(Pietro Moscati, 1740-1824)はイタリアの伯爵で解剖学者、パヴィア大学医学部教授。「動物と人間との構造のあいだの肉体的な本質的差異について」という題で、人間が二足で立つのは不自然であり、これが多くの病気の元である、という主旨の講演をした。カントの『モスカティ論評』(一七七一)(本全集3巻三八七頁以下、アカデミー版第二巻四二一頁以下)を参照。[山下]

(119) ギボン Gibbon はマライ半島に住むテナガザルのこと。ここにはゴリラが挙がっていない。現代の進化論、遺伝学、動物学、人類学等の知見を総合すると、人類の系統はまず千万年前後以前にオランウータン、ついでゴリラが分岐したあと、約七百—六百万年前にチンパンジーとヒト科が分岐した。ちなみにチンパンジーとヒトの三〇億対ある遺伝子(DNA のトリプレット)の並び具合を比較すると、その配列の九八・八%が同一であるという。

(120) リンネ(「第一部第一編」訳注(110))は類人猿と人類の類似性を主張し、カンペル(訳注(44))は類人猿は基本的に四足であって人類とは異なるとする。[山下]　カントはこの論争についての情報を本書の出版直前に出版されたルートヴィヒ(Christian Friedrich Ludwig)の『人類という種に関する博物学綱要』(一七九六)という著作から得た。[キュルペ]

(121) すなわち、人間ははじめから直立二足歩行であり、草食動物であり、おとなしい動物であるということ。ただし類人猿がどちらであったとカントが考えていたかは不明。次注参照。

(122) この段落にある疑問は、一つを除いてルソー『人間不平等起源論』(本田・平岡訳、岩波文庫)で言及されている。すなわち、人間は攻撃的かどうか、群居型か独居型か、の二つは本論で、四足か二足かは第三注解で(訳書一三五頁以下)、草食か肉食かは第五注解で(同一四〇—一頁)論じられている。これら四点についてカントはここではすべてルソーの見地に従っている(前注参照)。ただしオランウータンなどの類人猿については第一〇注解で触れられているが(同一六〇頁)、これらが本来四足なのか二足なのかについては言及がない(ブラントが「すべての疑問は」上記のルソーの著作に出ているといっている(S. 474)のは勇み足)。群居型か独居型かに関しては逆にカントは、このあとの「II」三一五—三一六頁では人類には実用的な素

質として社会を築く性向があると論じている。［一部ブラント］

(123) 旧約聖書『創世記』第一章第二六節から第二章のおわりにかけての(禁断の実を食べる直前までの)アダムとイヴに関する記述を参照。またこの段落全体に関しては『人間の歴史の臆測的始元』(本全集14巻、アカデミー版第八巻)を参照。

(124)「泳ぐこと」については『教育学』本全集17巻二六〇頁、アカデミー版第九巻四六六頁を参照。

(125) 直後の二つの段落の叙述から解釈すると、その秘密は第一に、人間の技術的素養は素養としては一種の先天的本能だが、技術としては後天的に習得しなければならないという点にある。ここまでは小鳥の囀りと変わらない(次段落)。しかし第二に、人間の技術的素養は理性が関与することによってその技術を一般化することができるという点で、人間と小鳥とは異なる(次々段落)。

(126) この段落の鳥の囀りに関するカントの記述と問題提起はほぼ正確であって、現代の動物行動学はこれを、ローレンツ(Konrad Lorenz, 1903-1989)らの研究により「刷り込み imprinting」という概念で説明する。「刷り込み」とは動物が生後間もないころ、愛着の対象、自分の属する種の認知、自分が雄雌のどちらであるか、等を身近な動物(普通は母親)を通して「学習」することをいう(その時間帯は種ごとに、また「刷り込ま」れる課題が何であるかに応じてほぼ決まっている)。種ごとに特有な鳥の囀り方もその一つである。誤解していけない点は、これを広く「学習」と呼ぶにしても、そのメカニズムとプロセスは、すべてその種特有の遺伝情報により先天的に決定しているということである。

(127) リンネについては「第一部第一編」訳注(110)および「第二部」訳注(120)を参照。

(128) 現代風にいえば、人類の祖先が七百万年前に類人猿から分岐して(チンパンジーと分かれて)それまでの樹上生活からサバンナに降り、直立二足歩行となったことにより、前肢が解放されて「手」となり、指(先)の器用さが開花した、ということである。このとき手の親指が他の四本の指に対向していることが手の器用さの重要な要素となっているが、この「拇指《ぼし》対向性」はすでに猿の時代に(突然変異の積み重なりによって)形成されていたのであって(枝をつかんで飛び移る樹上の移動に有利)、人類に固有な遺伝形質ではない。

(129) 大脳新皮質と手や指とが神経によってどのように密接に結びついているかは、大脳新皮質の横断面をペンフィールド(Wilder Penfield, 生没年不詳)が描いた、いわゆる「感覚のこびと」「運動のこびと」を参照せよ(例えばセイガン(Carl

Sagan)『エデンの恐竜』長野敬訳、秀潤社、三四―三五頁)。

(130)「文明化 Zivilisierung」は同時に「市民 Zivil 化」を意味するから、カントとしてはこの第二段階に「共和制化」を暗示していると思われる。

(131) ルソー『学問芸術論』(前川貞次郎訳、岩波文庫)参照。そこには例えば次のようにある。「芸術〔技術〕がわれわれのもったいぶった態度を作り上げ……るまでは、……人間の性質〔性格〕が根本的に今日よりよかった訳ではありませんが、ひとびとはお互いをたやすく見抜くことができたので、安心していたのです」(訳書一六頁、〔 〕は訳者)。すぐあとに続く文章でカントは明らかに、ルソーの個体主義的な発想法に対して、「類として」という観点からの議論を対置している。

(132)「究極目的」については「はじめに」訳注(1)を参照。ここでは「究極目的」に触れていることから分かるように、カントはすでに次の第三段階の「道徳化」の話をしている。つまりこの地上に「最高善」を実現し「目的の王国」を築くという人間の使命について語っている。加えて最後の一文からは、理念(この場合「究極目的」の実現)はどこまでも理念にとどまるという『純粋理性批判』以来一貫している理論的主張と同時に、フランス革命の進行状況へのカントの憂慮と期待(それはドイツの共和制への移行の期待でもある)が読み取れる。

(133) ホラチウス(「第一部第一編」訳注(19))『詩学』第五章一六三。〔ブラント〕

(134) ここで人間が本性から悪であるといわれているのはその感性的な性格についてに限ってであって叡智的な性格についてでないこと、したがってカントにおいて人間は叡智的な性格については(自由の主体としては)あくまでも善でしかありえないことに注意。訳注(22)、本文三二〇―三二一頁、三二三―三二四頁を参照。

(135)「洗練化し、文明化し、道徳化すること」(zu cultiviren, zu civilisiren und zu moralisiren)はいま「人類の性格」で論じている人間の「技術的な素質」「実用的な素質」「道徳的な素質」の三つに対応している。この三段階についてはまず『世界市民的見地における普遍史の理念』(一七八四)、第七命題(本全集14巻一二頁、アカデミー版第八巻二四頁)を参照。また§59末尾一七二頁に示されている三つの格率およびそこに付した「第一部第一編」訳注(212)も参照。この三段階区分はカントの人間観、歴史観を貫くものであるが、また概ね「熟練 Geschicklichkeit」「利口 Klugheit」「賢知 Weisheit」の三者の関係に対応する。これについては本書§43一三一―一三二頁、『人倫の形而上学の基礎づけ』本全集7巻四四―四七頁、アカデミー版第四巻四一五—四一六頁を参照。また「人間学」のカント自身の講義草稿に上の三段階をこれら三者に対応させている箇所がある(本巻四二七頁、アカデミー版第一五巻八〇〇頁)。さらにまたこの三段階は、『たんなる理性の限界内の宗教』第一編における「動物性」「人間性」「人格性」の三段階区分とも密接に関連している(本全集10巻三四頁以下、アカデミー版第六巻二六頁以下)。

(136)　ここで「世界市民として」といっているのはカントの冗談であって本当は「動物として満足させる」の意であるとも取れるが、それ以上に深長な意味が籠められているとも読める。つまり世界共和国が実現したら、その構成員である世界市民は職業に携わる前から男女の愛情を実現することができる、という「理念」を仄めかしているのかもしれない。ここにはカント自身の、定職を得る以前にあった苦い体験も背景にあるのであろうか。訳注(59)(72)、解説の「五」を参照。

(137)　「第一部第三編」訳注(66)でも説明したが、「能力 Vermögen」には「財産、資力」の意味もあるから、ここは主に「財産を貯える」の意味である。

(138)　アルキメデス(Archimedes, BC 287頃-212)はシチリア島シュラクサイの人。ギリシアの天文学者、数学者、物理学者、技術発明家で、アレクサンドリアに留学しアリスタルコス(Aristarchos von Samos, BC310頃-230頃)の地動説に与する。梃子、重心、浮力など剛体力学および流体力学の基礎を確立。また積分法の先駆ともいえる積尽法を開発。ニュートン(Issac Newton, 1643-1727)はイギリスの物理学者、天文学者、数学者。$F=ma$ のいわゆるニュートン力学を確立し、今日にいたる物理学の基礎を築いた。微分積分法をライプニッツ(Gottfried Wilhelm Leibniz, 1646-1716)とほぼ同時に別々に開発。ラヴォアジェ(Antoine Laurent Lavoisier, 1743-94)はカントと同時代のフランスの化学者。空気中の酸素と窒素の成分比を立証し、また水の組成($H_2O$)を解明。さらに「質量保存の法則」を樹立して(一七八八年)、化学史の新紀元を画した。

(139)　ラヴォアジェ(前注)がフランス革命の混乱の犠牲となって、一七九四年に断頭台の露と消えたことに憤っている。また第二ポエニ戦争でローマ軍がシュラクサイを陥落させたとき、アルキメデス(前注)がローマ兵士によって過って殺されたこともカントの念頭にあったかもしれない。さらにここには、カント自身が筆禍事件によって哲学的生産活動を抑圧されたことに対する抗議の気持ちも読み取ることができる。

(140)　幸福であることに値する尊厳を体現すること Würdigkeit, glücklich zu sein　通常「幸福であるに値すること」と訳される。しかしwürdigには「値する」のほかに「尊厳をもった」の意味もあること、さらにこの語はカントにとって最重要な術語の一つである「尊厳Würde」に呼応していることから、このように訳した。「幸福であること」は人間の感性的性格に関与し、「幸福であることに値する尊厳を体現すること」(純粋に道徳的であること)は人間の叡智的性格に関与する。人間の「尊厳」については『人倫の形而上学の基礎づけ』第二章、本全集7巻七三頁以下、アカデミー版第四巻四三四頁以下を参照。

(141) ルソー『人間不平等起源論』第二部を参照。そこには例えば次のようにある。「……〔自然状態の〕平等が破られるととともにそれに続いてもっとも恐ろしい無秩序が到来した。つまり、このようにして富める者の横領と、貧しい者の掠奪と、万人の放縦な情念が、自然な憐れみの情とまだ弱々しい正義の声とを窒息させて、人々を強欲に、野心家に、邪悪にした」(前掲訳書(訳注(122))、一〇三頁)。

(142) ここで「懐疑的になる」思想家の一人として、カント自身も含まれていることを見落としてはならない。人間の未来についての淡い期待を、のちにカントは三二三頁で「人間の理性が抱く無力で儚い理念」といっている。三一五—三一六頁およびそこに付した訳注(132)も参照。

(143) 三つの著作とは、順番に『学問芸術論』『人間不平等起源論』『新エロイーズ』を指す。〔フォアレンダー〕

(144) 旧約聖書『創世記』第三章第二四節に登場するケルビム(Cherubim)のこと。アダムとイヴを楽園から追放したあと、神は「いのちの木への道を守るために、エデンの園の東に、ケルビムと輪を描いて回る炎の剣を置かれた」。

(145) 『エミール』第四編に挿入されている(前掲訳書(『第一部第一編』訳注(167))、(中)一二〇—一二〇頁)。

(146) ギリシア神話にある有名なエピソードの一つで、アテネの英雄テセウス(Theseus)が、顔は牡牛で他は人間の姿をした怪物ミノタウロス(Minotauros)を撃つためにこの怪物が閉じこめれている迷宮に進入するとき、ミノス王の娘アリアドネ(Ariadne)がテセウスを救うために授けた導きの糸のこと。アポロドーロス(Apollodōros, 一—二世紀頃)『ギリシア神話』高津春繁訳、岩波文庫、一七四頁参照。

(147) イヴが蛇の甘言に騙されたことの寓意を示唆している(旧約聖書『創世記』第三章第一—六節)。本書二六八頁とそこに付した訳注(22)、三一六—三一七頁とそこに付した訳注(134)も参照。

(148) 学校での宗教の授業が、聖書にあるいろいろな神話的な逸話を話して聞かせ、そこから道徳を教えようとするものであることへの批判。

(149) 新生児の産声は「嘆きの調子」だとするのはルクレティウス(「第一部第一編」訳注(29))とシェイクスピアで、カントは(再度)これに軽く批判を加えている。§82二三二頁の原注におけるルクレティウスからの引用、さらにはそこに付した「第一部第三編」訳注(48)に引用したシェイクスピアからの引用を参照。

(150) §82二三二頁の原注ですでに同じことを述べていた。

(151) ここでいう「悟性の使用に役立つ」「最も内奥の器官」とは大脳のことであろう(現代風に特定すれば、大脳新皮質の前頭葉)。このあたりの仮説から判断すると、カントは(仮説として紛らせているが)人類も類人猿から何段階かを経て進化してきた産物であると、鋭くも考えていた節が伺える。

(152) 「人類の教育」についてはレッシング(Gotthold Ephraim Lessing, 1729-81)の『人類の教育』(一七八〇)とメンデルスゾーン(Moses Mendelssohn, 1729-86)『エルサレムまたは宗教的な権力とユダヤ教』(一七八三)のあいだの論争を踏まえており、カントは前者に親近感を覚えている。[ブラント]

(153) 三一九―三二〇頁およびそこに付した訳注(142)を参照。

(154) アカデミー版、カッシーラー版は初版どおり「性格 Charakter」であるが、フォアレンダー版は手稿に従って「性格の特徴 Chrakterzug」に戻してある。ここは「自分で性格をあつらえるという性格」というように二重に「性格」という言葉が出てくるところに含蓄があると思われるから、初版の「性格」のままとした。

(155) 手稿には最初これに続いて次の文があった。「しかも最後の一世代にいたるまで連綿と世代がつみ重なり、したがって理想的な展望のうちであるにせよ、それでも一人一人の個人としては[人類の使命に]出会う望みを抱くのである。」

(156) 青年期以降のカントが生きた、フリードリヒ大王(「第一部第三編」訳注(18))が統治するプロイセンがその代表。シュレージエン領有をめぐるオーストリアとの三次にわたるシュレージエン戦争(一七四〇―六三年)、イギリスの援助を受けたプロイセンが、フランス、ロシア、スウェーデンの援助を受けたオーストリアと戦った七年戦争(一七五六―六三年)、ポーランドの四分の一をオーストリアおよびロシアと分けあった第一次ポーランド分割(一七七二年)がその代表。ただしその間《かん》逆に、カントの住むケーニヒスベルク地方は一七五八年から六二年にかけてロシア軍に占領された。

(157)　いわゆる力の平行四辺形の比喩である。ブラントによれば、こうした発想ないし喩えはカントの若い頃からのものである。［ブラント］　またここはライプニッツ(訳注(138))の楽天主義的な予定調和説にも関係があるだろう。

(158)　二九八頁の原注によればロシアとヨーロッパ・トルコのことであるが、それだけであろうか。案の定三〇七―三〇八頁にあるカントの記述によれば、ドイツも専制政治状態の一例と判定されている。

(159)　このほかに次の四つの組合せが考えられる。E自由と権力があって法律がない。F自由があって法律と権力がない。G法律があって自由と権力がない。H三つともない。Fはいわゆる「自然状態」であり、他の三つは何らかの意味で人類の集団のありようとしては概念的に矛盾するからカントは取り上げないのであろう。

(160)　王制、貴族制、民主制の三つ。

(161)　イタリア人でヴォルムスの司教であったブルカルド(Burchard, ?-1025)が格言風に編纂した教会法の集大成。カントはここ以外でもレフレクシオーンなどでときおりこれに言及しているが、今日では顧みられなくなっている。［フォアレンダー］

(162)　暗にフランス革命による新憲法(一七九一年)が、まずフランス市民自身によってないがしろにされることのないように、さらにはプロイセンをはじめとするドイツ諸国、オーストリア、イギリス、ロシア等の諸外国の干渉によってフランス共和制が倒されることのないように、という思いを籠めている。直前のIの段落の後半(三二六頁)も参照。

(163)　訳注(116)参照。

(164)　三二三―三二四頁参照。「構成的原理」と「統制的原理」の対照については『純粋理性批判』「二律背反論」A 509/B 537. 本全集5巻二一四頁を参照。このあたりのカントの思想については『世界市民的見地における普遍史の理念』(一七八四)、『啓蒙とは何か』(一七八四)、『人間の歴史の臆測的始元』(一七八六)、『万物の終わり』(一七九四)、『永遠平和のために』(一七九五)(以上五点とも本全集14巻、アカデミー版第八巻)、『人倫の形而上学』(一七九七、特に第一部「法論の形而上学的原理」、11巻、第六巻)、『諸学部の争い』(一七九八、18巻、第七巻)等、カントの歴史的政治的な著作全般を参照する必要がある。

(165)　デミウルゴス Demiurgos　プラトンが『ティマイオス』のなかで、善のイデアに則って宇宙にさまざまな存在者を制作する者として論じている世界制作者としての神であって、したがってユダヤ教、キリスト教のヤハウェの神のような天地創造の全知全能の神ではない(例えばプラトンではデミウルゴスは空間を制作することができない)。カントは『純粋理性批判』

「弁証論」で、神の存在を目的論的・自然神学的に証明しようとしても、それは世界創造者 Weltschöpfer としての神でなくせいぜい世界制作者 Weltbaumeister としての神の存在を証明するにすぎず、神の存在証明としては中途半端である、と指摘している(A 627/B 655, 本全集5巻三一一頁)。

(166) この括弧のなかはカントが印刷時に二箇所語句を加えたため、文法通りに訳そうとすると意味が歪むので(どう歪むかは略)、カントのいわんとすることを汲むことを優先させて訳した。

(167) タイモン(Timon)は紀元前五世紀アテネの伝説的な人間嫌い。プルタルコス(『第一部第一編』訳注(122))の『英雄伝』の「アントーニウス伝」で触れられており(河野与一訳、岩波文庫、(一一)一四九—一五一頁)、ギリシアの風刺作家ルキアノス(Lukianos, 120 頃-180 頃)も対話形式の『タイモン』という作品を残している。シェイクスピアも『アテネのタイモン』で戯曲化を試みた。しかしタイモンが本当に実在した人物かどうかは定かでない。モムス(Momus)はギリシア神話のなかの嘲笑と中傷の神で、ヘシオドスの『神統記』によれば夜の神ニュクス(Nyx)が単独で生んだ子たちの一人で、非難の神とされる(前掲訳書(『第一部第三編』訳注(65))、三二頁)。

(168) 「愚か(頓馬)Torheit」と「浅はか Narrheit」の対比については§49一四五頁を参照せよ。

(169) カントによれば人間には等根源的に感性的性格と叡智的性格の二つの性格が備わっているが、ここはそのうちの前者の契機を指す。これら二つの性格の併存については『純粋理性批判』「二律背反論」(とくに A 532/B 560-A 558/B 586, 本全集5巻二三二—二五二頁)、『実践理性批判』「動機論」(本全集7巻二二七頁以下、アカデミー版第五巻七一頁以下)を参照。

(170) カント自身が本書をはじめとして随所で二枚舌を駆使していることは、どうなるのであろうか。解説の「四」参照。

(171) ここでいう「目的」とは「最高善」の理念のことであり、それが達成されるのは「平和連盟」(「国際連盟」)の結成を糸口として「世界共和国」(『永遠平和のために』本書14巻二七三頁、アカデミー版第八巻三五七頁)を樹立し、地上における「目的の国」が実現した暁の話である、とカントは考えている。

(172) フリードリヒ二世(大王)(『第一部第三編』訳注(18))はプロイセン王(在位 1740-86)。典型的な絶対君主として積極的に領土拡大政策を取った(訳注(156)参照)。他方で代表的な啓蒙君主として振る舞い、ポツダムにサンスーシー宮殿を造り、ヴォルテール(『第一部第一編』訳注(139))、ラ・メトリ(Julien Offroy de La Mettrie, 1709-51)らの文人や学者を招いて交わった。

カントが『啓蒙とは何か』(一七八四)でフリードリヒ大王を讃えていることは有名(本全集14巻二七頁、アカデミー版第八巻三七頁)。ただしその誉め言葉には要注意。訳注(177)参照。

(173)　ズルツァー Johann Georg Sulzer, 1720–79　ヴォルフ学派に属するドイツの哲学者、美学者。おそらくカントはこの逸話をニコライ(Friedrich Nicolai)『プロイセン王フリードリヒ二世と彼をめぐる若干の人物に関する逸話集』(一七八九―九二)から得た。ただしズルツァーがシュレージエンの管区教育長の職に就いたというのはカントの誤解。[以上キュルペ]カントは『純粋理性批判』「方法論」でズルツァーについて言及している。例えば「神は存在する」といった命題についてズルツァーらはもっと直証的な証明が期待できるというが、カントはこれを断固として退けている(A 741/B769、本全集6巻)。

(174)　この宗教観はフォイエルバッハ(Ludwig Andreas Feuerbach, 1804–72)、マルクスによる宗教のイデオロギー批判の先駆ともいえよう(他にヒューム(『第一部第一編』訳注(84))の宗教批判を参照)。またこれはフロイトの「超自我」論とも通じる(例えば『精神分析入門』第三一講、高橋・下坂訳、新潮文庫、(下)二七三頁)。逆に、カントのこのような宗教からの主体性の奪還さえもが、のちにフーコー(Michel Foucault, 1926–84)によって近代人の「主体化」は巧妙な「服従化」(支配の内面化)であった(ともに *assujettissement*)として批判される(『性の歴史I　知の意志』渡辺章訳、新潮社、七九頁)。

(175)　ここもヴェルナー(『第一部第一編』訳注(2))一派に対する当てつけ。直前の「道徳が宗教に先立つ」という思想はカント哲学の骨格をなす。カントによれば、まず「道徳は宗教を……まったく必要としない」(『たんなる理性の限界内の宗教』第一版「序文」、本全集10巻七頁、アカデミー版第六巻三頁)が、しかし「不可避的に宗教におもむき」(同一一頁、六頁)、「この道徳的信仰のみがあらゆる教会信仰のうちで本来の宗教をなすところのものを形成する」(同第三編、一四九頁、一一二頁)。

(176)　フリードリヒ大王がまだ王位に就く前に書いた『マキアヴェリ「君主論」の反駁』(一七三九、このとき二七歳)にある。この著作は翌一七四〇年にヴォルテールによって『反マキアヴェリ』と改題のうえ出版され、世に弘まった。[小倉]

(177)　カントをめぐる筆禍事件はもちろんフリードリヒ大王の死(一七八六年)後の話であるが、このあたりは上記の筆禍事件(一七九四―九七年)に対する責任が遡って大王にもあったとカントが考えていたかのようにも読める。訳注(172)および解説の「四」五二九頁参照。

(渋谷治美)

# 人間学遺稿

(1)　魂の徴候学 Seelen-Zeichenlehre　あるいは「魂の記号学」と訳すべきか。一八世紀には、顔を始めとする身体的表現を通して人の内面を知る技術を学問として成り立たせようという要求が、"Seelenzeichenkunde", "Seelenzeichenlehre" といった名称とともに持ち出されることがあった。人相術への関心も、そうした、知覚可能な表現の解読を通して心身の関連を理解するという野心の、主要な部分だったのである。スイスの詩人にして神秘家ラーヴァター(Johann Kaspar Lavater, 1741-1801)が、一七七五年から七八年にかけて『人間知と人間愛を促進するための人相術の諸断片』を刊行し、多くの批判を浴びたことが知られているが、そうした批判にもかかわらず、カントを含め、一八世紀の後半にも多くの知識人がこの種の学問の可能性に関心を持ちつづけていた。Andreas Käuser, "Die anthropologische Theorie des Körperausdrucks", in *Leib-Zeichen: Körperbilder, Rhetorik und Anthropologie im 18. Jahrhundert*, hrsg. von Rudolf Behrens und Roland Galle, 1993, Würzburg 参照。

(2)　この問題は『実用的見地における人間学』VII, 310 で論じられている。

(3)　隠れた諸性質 qualitates occultae　スコラ哲学において現象の原因を説明するために持ち出された考え。スコラでは、磁石が鉄を引きつけるということや、共感と反感といった現象の根底に、感覚が直接知ることのできないある性質が原因としてひそんでいると説明された。近世において機械論的な自然観が優勢となったとき、「隠れた性質」という考えは単に無知を告白したものにすぎない、と批判された。

(4)　シノペのディオゲネス(キュニコス派)のこと。『実用的見地における人間学』VII, 292-293 の原注を参照。

(5)　この覚書はバウムガルテン『形而上学』の五三〇節へのコメントである。コメントされているバウムガルテンの文章は次の通り。「それを識別するのに最大限に注意を向けられるような特徴のほかに、あまり明晰でない特徴をも含んでいるような表象 perceptio は、複合的表象 perceptio complexa である。複合的な思考のうち、識別するのに最大限に注意が向けられる諸特徴を合わせたものは、主要表象 perceptio primaria と呼ばれ、あまり明晰でない諸特徴を合わせたものは、付随（副次）表象 perceptio (secundaria) adhaerens と呼ばれる。それゆえ、複合的表象とは主要表象と付随表象を合わせた全体である」(XV, 11-12)。カントの覚書と読み比べると、カントが教科書に書かれていることを自分流に修正した上で、いろいろな具体例を添えている様子がよく分る。

(6) いくつかの講義録によると、カントはラブレーを引きながら、次のようなことを言ったようである。「健全な悟性は農夫の食卓に上る牛肉や豚肉のようなもので、他方、愚劣のシチューに頓知のソースが効いたものは、王侯の食卓用である。」アディッケスの注より。

(7) 『実用的見地における人間学』VII, 174 を参照。

(8) すりかえの誤謬 vitium subreptionis は、バウムガルテン『形而上学』の五四五節から五四七節で論じられている（XV, 15)。それによると、誤った感覚表象に三種類あり、一つは、それ自身が感覚である場合、二つめは、実は感覚を前提とした推論であるという場合、最後に、感覚ではない表象が感覚と取り違えられている場合、以上のうちの最後のものが「すりかえの誤謬」の産物である。

(9) ここは「冬には夏よりも」とあるべきところを、カントは間違えて書いたのであろう、とアディッケスは注記している。

(10) 世の中は意見に支配されている mundus regitur opinionibus　諺。いくつかの講義録にもカントによる引用が見られる。XXV, 799, 958, 1355. 本全集20巻五八六頁訳注(51)参照。

(11) 訳注(12)を参照。

(12) 『実用的見地における人間学』VII, 136-137 と共通する例。ルクレティウス『物の本質について』に触発されたものか（『実用的見地における人間学』第一部第一編の訳注(29)を参照)。また、モンテーニュの『エセー』の中にも、似たような話題が登場する。生きているうちから自分の死んだ姿を大理石の墓の中に想像して喜ぶ人々や、逆に葬礼を極端に切り詰めるよう指図する人々を、モンテーニュは笑っている（『エセー』第一巻第三章)。

(13) 『実用的見地における人間学』VII, 194-196 を参照。

(14) 想像点 punctum imaginarium　「虚焦点 focus imaginarius」と同義と思われる。『視霊者の夢』で、カントは、スウェーデンボルクのような視霊者が現実に存在しないものを自分の外に知覚するということがどうして可能なのかを、「虚焦点」という光学のアイディアを借りながら説明しようと試みている。本全集3巻所収『視霊者の夢』第一部第三章を参照。そこでは、「虚焦点」とは、そこに対象が存在し、光を放っているある地点を、表象する者の側から呼んだものであると説明されている。だから、外的なものを知覚しているときには、虚焦点は自分の外部にあるのである。

(15)　超遠視 hyperpresbyta　近視、遠視とならんで、超遠視とでも言うべき眼の疾患が理論的には考えうるというアイディアが、カントに影響を与えた数学者ケストナーの次の著作に見られる。A. G. Kästner, *Anfangsgründe der angewandten Mathematik*, 2. Aufl. 1765, S. 218, *Vollständiger Lehrbegriff der Optik nach Herrn Robert Smiths Englischen mit Aenderungen und Zusätzen ausgearbeitet von A. G. Kästner*, 1755, 4°, S. 372. それによると、この疾患にあっては、屈折させる力がとても弱いために、遠くのものを見るときでも近くのものを見るときでも、眼に入ってきた射線が常に網膜より奥の方で交差することになってしまうだろうという。以上、アディッケスの注より。

(16)　ファイヒンガーは、内容が似ているという点から、この覚書を『諸学部の争い』(一七九八年)のための草稿のようなものだと考えたが、アディッケスは、筆跡やインクの状態からして、この覚書が八〇年代のそれも前半に書かれたものであることは疑いないとする。

(17)　マンボ・ジャンボ Mumbo Jumbo　『自然地理学』IX, 414(本全集16巻三七五頁)参照。カントの説明によると、アフリカのガンビア付近では、マンボ・ジャンボという上着の一種を案山子ないし人形に着せて、女性を驚かすのだそうである。

(18)　この覚書は一見、『啓蒙とは何か』(一七八四年)の準備原稿のように思われるが、アディッケスによると、もっと後の、一七八五—八八年の時期に書かれたものである。内容的にも、カントが人間学講義で語るのを好んだテーマであると言える。

(19)　この覚書に関係した具体的な例が人間学の講義録に見られる。アディッケスがアカデミー版の注で紹介している例を、参考までにそのまま掲げておく。「ゴルドーニやレッシングの戯曲に、この手の機知に富んだ作品がたくさんある。上演中は大いに楽しまされるのに、作品は結末の中に何らかの目的をもつはずだという期待が裏切られたのを知るや、最後には必ず不満にさせられるのだ。というのも、われわれの悟性が実にわがままだからである。」「指揮する悟性 der dirigirende Verstand はすべてを総括せねばならず、それは何の役に立つのか、とか、さて私の目的は何か、とか問わねばならない。多くの人たちが物事をこしらえ、別の人たちがこれを仕上げる。町を作るとか家を建てるといったときもそうで、ある人が設計図を描いて別の人が建設する。喜劇作家たちの場合も事情は同様なのである。彼らは、人物に役を割り当てるときには、その人物に見事に役を演じさせ、内面を表現させることを心得ている。しかし、喜劇をおしまいまで読んでみると、読者は作品全体を見通し、つながりを知ることになるが、しばしばその場合、なぜ作家はこの人物やあの人物を劇の中に登場させたのかがよく分からない。ゴルドーニは喜劇に秀でていて、特に『二人の主人を一度に持つと』がいいが、私は彼の喜劇をしまいまで読むと、作品の見通しを得て、それでは本当の目的は何だったんだろうと問うてみる。すると、これが見つからないのだ。同じように、レッシングも、なるほどいつもたくさんの機知を見せてはくれる。たとえば『自由思想家』ではテオファンがいろいろないいことを言うわけだが、それにしてもなぜレッシングはテオファンにこの役割をあてがったのだろうということが、分からないのである。こうした喜劇作家たちは運用する悟性 der administrirende Verstand はもっていても、指揮する悟性をもっていない。だから、ある者が理解を示して賞賛し、別の者が非難するのを聞いたならば、二重の悟性に訴えさえすればよい[!]」。

(20) カントは、人間の愚かさを嘆いたり怒ったりして人間嫌いになるよりは、笑う方がよいという考えを、「笑う人」デモクリトス Dēmokritos（前460頃-370頃）に託してしばしば表明している。アディッケスが挙げている講義録からの一例。「……人の欠点を忌み嫌うよりは、彼に道化の帽子をかぶせてやる方が、ずっとよいし、また有用である。なぜなら、笑いものにされるほどおそろしいことはなく、それくらいなら、すべての人を敵にまわす方がましだ、とわれわれは考えるものだからである。それゆえ、ヘラクレイトスであるよりはデモクリトスである方がよい。つまり、世の中を癲狂院のように見て、人間の愚かさを笑う。といっても自分を棚に上げてはいけない。こうすれば、われわれは万人の友であり続け、人間のあらゆる愚かさを笑い、それでいながら人間を愛することだろう。」覚書一四二五（後出）も参照。

(21) 食事を忘れたニュートンについての詳細はやはり講義録に出てくる。アディッケスが注で紹介しているくだりを掲げておこう。「とても忙しい学者たちは、しばしば、意図せずしてぼんやりしている。たとえば、ニュートンが友人の訪問を受けた。この友人が食堂に入ったところ、食べ物の入った、覆いのかぶせられた器を見つけたので、ニュートンを試してやろうと思い、中身を全部たいらげてしまった。――ニュートンが入って来ると、友人は散歩に行こうと誘った。ニュートンは、よかろう、しかしその前に食事をさせてほしいと言った。しかし、器の中に何もないのが分かると、もう食事はすんでいたのだと思い、それを忘れていた自分を恥じて、友人に言うには、「何しろ僕ら学者はひどく忘れっぽいものでね。」」

(22)「感性的認識の学」という意味での「美学 aesthetica」という学を自律した部門として設けたのはバウムガルテンである。彼の『美学』(一七五五年)以来、この言葉が一つの学科の名前として定着した。カントが教科書として使っていた『形而上学』の五三三節では、aesthetica は次のように定義されている。「感性的に認識し、表出する仕方に関する学は、美学(下級認識能力の論理、優美と文芸の哲学、下級認識論、優雅に思考する技術、理性の類比物に関する技術)である」(XV, 13)。

(23) ラモー Jean-Philippe Rameau, 1683–1764　フランスの音楽家。音楽の魅力はハーモニーに由来するのであって、メロディーから来るのではないという考えを表明し、メロディーこそ音楽の魅力の源であるとするルソーと対立した。ラモーによれば、さまざまな音の軽快な継起は耳を楽しませるだけだが、ハーモニーは魂に直接効果を及ぼす。ハーモニーはメロディーの母である。他方、ルソーが『百科全書』の項目その他でこれに反対して言うには、対位法の発明によって音楽は力強さを失ったのであり、また、純粋なハーモニーの美など学者にしか分からない不自然なものである。ルソーの側からすると、ハーモニーの魅力の方が間接的だということになろう。カントは直接ラモーの書いたものを読んだのではなく、ルソーの主張を通してラモーの考えを知ったものと思われる。以上アディッケスの注より。

(24) ハーピー Harpy, Harpyie　醜い女の顔と鳥の身体をもつ伝説の怪鳥。ギリシア神話に由来する。

(25) エルトマンによれば、この覚書でカントの批判の対象になっている人物たちは、ハーマン、ヘルダー、ヤコービ、シュロッサーらであるという(E版, II, S. 11ff.)。しかし、この種の覚書(本訳書では他に八九六、九二一a)は七〇年代のものであることに疑いなく、したがって、ハーマンそしてとりわけヘルダーが念頭に置かれているものと考えるべきだ、とアディッケスは言う。

(26)『判断力批判』V, 277f.(本全集8巻一五八頁)でも同じことが論じられている。

(27) パウヴ Cornel. de Pauw, 1739–99　オランダ人。一七六八―六九年に『アメリカ人に関する哲学的探究、あるいは人類史のための興味深い報告』(全二巻)を出して以来、各方面からの批判に答えながら、エジプト人、中国人、ギリシア人などについての報告を出し続けた。フリードリヒ二世がベルリン・アカデミーと自分の宮廷に迎えようとしたが、実現せず。ド・パウヴへの批判者の中にはヴォルテールもいた(Voltaire, Lettres Chinoises, Indiennes et Tartares à M. Pauw par un Béné-

dictin, 1776)。以上、アディッケスの注による。

(28) ビュフォン Georges Louis Leclerc Comte de Buffon, 1707–88　フランスの博物学者で、『博物誌』(1749–1804) の著者。唯物論的、進化論的主張がパリ大学神学部から告発されて検閲の対象となった。『実用的見地における人間学』§55 (VII, 221) を参照。

(29) アカキア博士 Doktor Akakia　ヴォルテールが使用した筆名。彼はアカキア博士の名で当時のベルリン・アカデミーの院長であったモーペルチュイを揶揄した。一連の文章は『アカキア博士とサン＝マロ生まれの男の物語』(*Histoire du docteur Akakia et du natif de Saint-Malo*, 1753) にまとめられている（モーペルチュイはサン＝マロの生まれであった）。それらの中の一つ、「法王の医師アカキア博士の毒舌」(Diatribe du docteur Akakia, Médecin du Pape) を、フリードリヒ大王は一七五二年、焚書にした。以上、アディッケスの注より。

(30) 訳注(25)を参照。この覚書でも、やはりハーマン、ヘルダーといった人々が念頭に置かれていると思われる。

(31) 物の表面から宙に舞い散ったエイドーロン (*εἴδωλον*, pl. *εἴδωλα*) なるものがわれわれの感覚器官を刺激することで知覚が成立するという、デモクリトス、エピクロスらの説を、カントはここで念頭に置いているのだとアディッケスは注釈している。しかし、「構想力の偶像 ein Idol der Einbildungskraft に抗して」とカントが言うときに、直接エイドーロン説を批判しているとまで読むのは、不自然のようにも思われる。

(32) 第五王国とは、アッシリア、ペルシア、ギリシア、ローマの次に来ると考えられた、キリストが千年にわたって支配する至福の王国（いわゆる千年王国）のこと。カントは『脳病試論』で、まぬけが増えて、そのうちに第五王国を作ろうとするのではないかというホルベア（ノルウェーの詩人、作家、哲学者）の予言に触れている。本全集2巻三九三頁 (II, 263)、ならびに該当箇所の訳注を参照。

(33) カントはここで、ラーヴァターの『人間知と人間愛を促進するための人相術の諸断片』（一七七五―七八年）を念頭に置いていると思われる。本訳注(1)を参照。

(34) キュクロプスの比喩については、『実用的見地における人間学』§59 (VII, 226–227)、『論理学』「緒論」(IX, 45. 本全集17巻六三頁) も参照。なお、このキュクロプスの比喩を手がかりとしたカントの人間学の研究として、坂部恵「人間学の地平」

(『理性の不安』勁草書房、一九七六年、所収)を参照されたい。

(35)　神智学 Theosophie　宗教的信仰によってすべての知識を神に関連づけて、より高い認識に到達しようとする神秘的、思弁的な試みの体系。キリスト教と結びついた神智学には二つの系譜があり、ベーメ、スウェーデンボルク、ヴァイゲル、ハーン、エティンガーといった西方の神秘家たちと、ソロヴィヨフ、ブルガコフ、ベルジャーエフら、ロシア神秘主義の系譜とである。なお今日では、特に、一九世紀にブラヴァツキー夫人によって始められた神智学を指すことが多い。

(36)　ライプニッツは、一六六七年、ニュルンベルクに滞在していた錬金術結社(薔薇十字団)を訪ねてその会員となり、さらに秘書役として重用された。『フランス、ドイツ、イタリア、オランダその他の有名な学者たちの伝記のための逸話集』(*Anecdoten zur Lebensgeschichte berühmter französischer, deutscher, italienischer, holländischer und anderer Gelehrten*, 1764)第七巻によると、若くて好奇心に満ちたライプニッツは、薔薇十字団に関心をもち、入会させてもらいたいと考えたが、錬金術師たちの関心を惹くためには独創的な言葉遣いをしなければならないと聞かされていた。そこで、自分の乱雑な書きものを急遽集めて、不明瞭で乱暴なスタイルの文章を用意した。これが会の責任者によって皆の前で読み上げられるや、会員たちはそこに知恵の隠されていることを感じ、ライプニッツは本物の錬金術師になるに違いないと考えたという。カントはこの話を読んだものと思われる(アディッケスの注)。

(37)　覚書七七一、八九六などと並んで、この覚書も同時代の神秘主義的スタイルの著述家たちを揶揄していると考えられる。しかし、ここに挙げられているような「錬金術師というか道士の言葉」は、アディッケスによれば、ヘルダーやハーマンの中に出てくるわけではなく、むしろ、ヤーコプ・ベーメの著作を思わせるという。なお、「アルケウス」(Archäus)は、医者で神秘思想家でもあるファン・ヘルモント(J. B. van Helmont)が、生命をつかさどる生気の呼び名として用いており、カントはそれを念頭に置いているのであろう。

(38)　木星の衛星の食から光の速度を算出したのは、デンマークの天文学者レーメル(Ole Christensen Römer, 1644–1710)である。彼は、木星の衛星の食の周期が地球と木星の間の距離に依存するというカッシニの発見にもとづいた研究を行い、一六七六年、光速度の有限性とその大きさを発表した。

(39)　心の動因 elateres animi　バウムガルテン『形而上学』六六九節で導入される概念。同書六九〇節では、これを、感性的な動因である「刺激 stimulus」と知性的な動因である「動機 motiva」に分けている。

(40) 心身の結合については、カントはバウムガルテンの『形而上学』七三三—七三九節へのコメントとして、人間学の講義でしばしば論じたらしく、本書後出の講義草稿(覚書一四九一)にもその一端を窺うことができる。この問題を講義する際、カントは、ガウビウスの『医学の問題としての心の統御についての二つの学術講演』(Gaubius, *Sermones II academici de regimine mentis, quod medicorum est.* 第一講演は一七四七年、第二講演は一七六三年に出た。その後版を重ね、一七七六年にはブールハーヴェ(A. K. Boerhaave)によって増補されたものも刊行される)に出てくるさまざまな例を、話の材料としてふんだんに活用している。以上アディッケスの注より。

(41) ギリシア語 *ἐνορμῶν* とその後に続くラテン語の文は、ガウビウスの講演に出てくる表現から構成されたもの(Gaubius 前掲書, 2. Aufl. S. 35–37, S. 40–41, 3. Aufl. S. 24–26, S. 27–29)。「エノルモーン *ἐνορμῶν*」ないし「ホルモーン *ὁρμῶν*」という言葉は、「駆り立てるもの」という意味で、ヒポクラテスに由来し(Hippocrates, *epidem.*, 1. 6, s. 8)、ガレノスに受け継がれた概念。一七—一八世紀には、医学用語として重要な役割を果たした。ファン・ヘルモント、ブールハーヴェらの著作で扱われている。ただし、今日の医学で用いられている「ホルモン」という名称は、同語源ではあるが、一九〇二年にベイリスとスターリングによって提唱されたものである。

(42) lubitus と arbitrium は、ともにバウムガルテンの『形而上学』七一二節前後に登場する概念だが、ここではくだけた訳語をつけておいた。バウムガルテンの説明では、lubitus(好み、願望)とは、おのれの行為をなぜ別様ではなくこのように決定するのかについての認識で、予見、予感、快・不快、刺激、動機などによって構成される。lubitus にもとづいて欲したり避けたりする能力が arbitrium(恣意、選択意志)であるという(XVII, 134)。

(43) ハイデガーはドイツの音楽家。『実用的見地における人間学』第二部の訳注(47)を参照。

(44) この言葉は、アディッケスの注によると、プルターク、ゲリウスによって伝えられ、もとはペリクレスにさかのぼることのできる言葉であるという(Plutarch, *Regum et imperatorum apophthegmata*, p. 186 C, *De vitioso pudore* 6 p. 531 D. さらに Gellius, *Noctes Atticae* I 3, 20)。

(45) ペルシウス(Persius, *Sat.* V 151)に由来する言葉。

(46)　理想社版カント全集第一四巻の坂部恵の注によると(五六五―五六六頁)、シュトゥルツ(Helferisch Peter Sturz, 1736–79)は、ドイツの著作家。レッシングの友人として劇論にすぐれ、また、外交官としてイギリス、フランスに旅して『一旅行者の手紙』を出版する他、多彩な著作活動を見せた。ヘルティ(Ludwig H. Chr. Hölty, 1748–76)はドイツの抒情詩人。「ゲッティンゲン詩社」に属したが、肺患のため早逝。アプト(Thomas Abbt, 1738–66)はドイツの通俗哲学者、著作家。ハレ、フランクフルト・アン・デア・オーデルの各大学の哲学教授。レッシングの後を継いで『文芸通信』の刊行に協力し、将来を嘱望されたが、早逝した。

(47)　「この男が悪者でないとすりゃ、創造者は読める筆跡で字を書かれないことになる」と続くはずの文だが、途中で切れている。これはある俳優の発言で、『実用的見地における人間学』VII, 302で取り上げられ、論評されている。

(48)　オイラー(Leonhard Euler, 1707–83)のこの思いつきは、その著『ドイツのある王女に宛てられた自然学と哲学からのさまざまな主題に関する書簡』(一七六〇―六二年)の中で語られている。

(49)　アカキアについては、本訳注(29)参照。

(50)　カントはフランスの天文学者バイイ(J. S. Bailly)に賛同してこのように言うのである。バイイは、高地アジア(チベット、モンゴル)が人類発祥の地であるという諸家の説に賛成するだけでなく、タタールの土地のおよそ北緯四九度あたりに、はるか昔、高度な文明があって、そこから多くの教養や学問が中国、インド、ペルシア、カルデアに伝わったという考えを提示している。カントはこの考えが気に入っていて、自然地理学講義の中で繰り返し批評している。以上、アディッケスの注より。

(51)　ヘラクレイトスは泣く哲学者、デモクリトスは笑う哲学者として知られている。カントは『美と崇高の感情にかんする観察』でも、ヘラクレイトスのように同情の涙にくれる人に対して、やや低い評価を与えている。II, 216. 本全集2巻三三四頁。なお、本訳注(20)参照。

(52)　『実用的見地における人間学』§87 (VII, 276)を参照。

(53)　「自然発生 generatio aequivoca」とは、生物が生物でないものから発生するという考えで、一七世紀にレディ(F. Redi)によって、一九世紀にはパストゥールによって、実験的に否定された。「一義的発生 generatio univoca」は、同種のものから同種のものが発生するとする考えであり、自然発生説の対極に立つものである。一八世紀には両者の対立が、後成説・前成説の対立や種の可変性をめぐる議論と相俟って激しく議論されていた。こうした問題に対するカントの論評については、『判断力批判』第八〇節(本全集9巻九四頁以下)を参照。

(54)　アディッケスによると、この覚書は『理論と実践』(VIII, 307 ff.)の準備原稿か『諸学部の争い』(VII, 79 ff.)の準備原稿と思われたが、当初、筆跡からは判定できなかったので、ここ(A版第一五巻)に収められることになった。しかし、彼はその直後の考証にもとづいて、『諸学部の争い』の準備原稿であろうと結論づけている。

(55)　Th. Bartholini, "*Acta medica et philosophica Hafniensia*"という医学雑誌にボリキウス(Borrichius)が寄せた報告に出てくる話であるという。以上、アディッケスの注より。

(56)　ガウビウスについては、本訳注(40)参照

(57)『実用的見地における人間学』§32 (VII, 179)を参照。

(58)「デカルトの質料的観念」とは、『視霊者の夢』でのカントの説明によると、想像を行うとき脳の神経繊維と神経精気の一定の運動が随伴して生じており、この運動のことを言うものであるという。この運動は、感覚印象が神経内に引き起こす運動と似ているとされる。本全集3巻二七〇—二七一頁(II, 345)と、該当箇所の訳注を参照。

(59)　ヨウシュチョウセンアサガオ Stechapfel, datura strammonium　ナス科の植物で熱帯に生育する。葉と種子にアルカロイドのヒヨスチアミンを含み、鎮痛、鎮痙、鎮咳薬に用いられる。花は麻酔作用が強い。日本では、近似種のチョウセンアサガオ(datura metel、中国名「曼陀羅華」)が江戸時代に輸入され、「キチガイナスビ」と異名をとった。

(60)「ヒヨス」はやはりナス科の植物で、ヨウシュチョウセンアサガオと同様、ヒヨスチアミンを含み、同種の薬効、毒性がある。「ナペル」はトリカブトの一種。『実用的見地における人間学』§52 (VII, 216-217)を参照。

(61)　ナポリではシロッコという南東風が吹くと、誰もが気だるくなり、活動する意欲がなくなる。カントは、彼が自然地理学の講義で用いたブライダン(P. Brydone)の旅行記を、ここでも念頭に置いているのであろう。アディッケスの注より。

(62)　シュタルケが公刊したカントの講義録によると、ルソーとスウィフトという二人の異能の人が死後に解剖されたとき、頭の中に多量の水が発見されたという。カントは、これらの人物において独創的才能と病的性質が共存しているという逆説に興味を示すとともに、次のようなコメントで結んでいる。「以上の経験が示しているのは、狂気の原因は脳の中にあって、それ

への対処としては物質的な手段だけが使えるということである。とはいえ、狂想家が快癒したという例はまだ知られていない」(XXV, 1010-1011)。

(63)『実用的見地における人間学』§79 (VII, 264-265) を参照。

(64) サナダムシは、人間の外の棲息領域にも他の動物の中にも見出されないので、人類の最初の両親の中に既にいたものに違いないと考えた学者たちがいる、とカントは『たんなる理性の限界内の宗教』の中で述べている(VI, 40. 本全集10巻五三頁)。

(65)『実用的見地における人間学』第二部AⅢ(VII, 292)を参照。

(66) アディッケスは、この最後の「ない」(nicht)を削除しないと意味が通らなくなる、ゆえにここはカントの書き誤りであろう、とする。

(67) この断片はA・ヴァルダによって発見されたもので、本来は覚書一五九の前に置かれるべきものであるが、このA版の編者アディッケスの目に触れるのが遅かったために、覚書集の中ではなく、このように講義草稿の位置に置かれることとなったという。

(高橋克也)

# 解説

渋谷治美
高橋克也

# 実用的見地における人間学

本書『実用的見地における人間学』の成り立ち、および本書がカントの批判哲学全体のなかに占める位置、等については、このあとの『人間学遺稿』解説に譲り、ここでは、本書を読むにあたって必要となる幾つかの語句ないし事情を確認すること(一、二、三)、および、出版から二百年以上後代を生きるわれわれが本書に接する場合、どのあたりにカントの真意を読み取ることができるかについて、訳者の私的な視点を試論として提供することにしたい(四、五、六)。

## 一　書名について、とりわけ「実用的見地」について

本書の題名 „Anthropologie in pragmatischer Hinsicht“ を日本語にする場合、『実用的見地における人間学』と訳すことは定着している(語感としてやや硬い感じがするが)。しかしカントのこの書物に初めて接する読者は、「実用的見地における」という形容句に(強弱の差はあれ)例外なく戸惑いを覚えるであろう。このうち「何々の見地における」とは「何々の視点から見た」「何々の観点から叙述した」の意である。また「人間学」とは差当ってごく自然に、「〈人間とは何か〉を学問的に体系的に記述している書物」と受け取っておけば問題ない。したがって問題は、「実用的見地」とは何か、「実用的 pragmatisch」とはどういうことかにある。そこで最初に簡単にこの

点について確認しておこう。なお以下では、『実用的見地における人間学』を単に『実用的人間学』ないし『人間学』と略することがある。

本書を一頁目からひもといていけば自明のように、実はカント自身「はじめに」の冒頭の三段落で、「実用的見地における」とはどういう意味かについて丁寧に述べている(本書一一—一二頁)。そこでは、まず(1)人間とは文化(陶冶・洗練)を通して自己教育していく地上に生存する理性的生物であると認識すること(カントはこれを「世界知」と呼び換えている)が実用的人間学の目標であること、ついで(2)自然は人間をどういう風に形作ったかを探求する「生理学的な」人間学との対比でいえば、「実用的な」人間学の特徴は、人間は自由の主体として自ら何を形成し何をなすべきかの究明にあること、さらに(3)人間を「世界市民」と見なす視点にこそ実用的人間学の真髄があること、が表明されている。

たしかにこの視点はその後の本書に一貫しており(たいていの場合「はじめに」はおわりに書かれるものであるから、当り前ともいえるが)、そのことはカントが本書のクライマックスの「人類の性格」論で、人間を実用的見地から認識するとはどういう意味かを広狭の二面から説明している箇所からも確認される(三一三—三一七頁)。まず人類は技術的な素質、実用的な素質、道徳的な素質の三つの素質をもつ点で、他の動物たちと際立って区別されることが述べられる。そのうち二番目に位置する「実用的な素質」とは、最初の技術的な素質から結果する「洗練〔文化〕」を通して「文明化〔市民化〕を促進していく」素質として把握されている。これが狭義の「実用的」の意味である。その先に第三に、人類全体の道徳化が(永遠の)課題として人間に課せられている。これら三つを一括してカントは、「人間は自分に備わった理性によって、一つの社会のうちで同じ人間たちとともに生活するように、そしてその社会のうちで技術と科学によって自分を洗練化〔文化化〕し、文明化〔市民化〕し、道徳化するように使命づけられている」(傍点カント)と述べる(三一七頁)。そしてこれが「人間の使命に関する実用的な人間学の観点からの総括」(傍点渋谷)であるといわれているところから判断すると、「実用的」とは広義には、技術、社会、道徳の三段階、三局面の全体を含む形容詞としても使われていると理解することができるであろう。ちなみに人類がこぞって「世界市民」となる(これが「実用的人間学」に寄せたカントの希望であった)のは、いうまでもなく第三の道徳化の段階においてである。またここで、「はじめに」の冒頭三段落で述べられていた「実用的人間学」の三つの任務(右に(1)、(2)、(3)でまとめた)は個々別々のものでなく、実は同じ一つのことを三様にいい換えたものである、ということが明らかとなる。

人類の歴史を過去から未来に向けて通時的に、技術的段階(文化)、社会形成段階(文明)、道徳的段階(世界市民)の三段階として把握すること、それはまた、人類はどのような歴史段階においても共時的に、(自然を道具と見なす)技術的契機、(自他の人間性を道具と見なす)社交的契機、(自他の人間性を目的自体と見なす)道徳的契機の三つの契機からなると把握することでもあるのだが、こうした人間観・歴史観は批判期のカントに一貫したものであった。ここではその証しを一例だけ確認してみよう。『人倫の形而上学の基礎づけ』(一七八五)の第二章で、カントは命法に「熟練の規則」と「利口の忠告」と「道徳性の命令」の三種類があることを確認したあと、これらについて次のように述べる。「また第一の命法は技術的(技芸に関わる)命法と、第二の命法は実用的(幸福に関わる)命法と、第三の命法は道徳的(自由な振る舞い一般に、つまり人倫に関わる)命法と呼んでもいいだろう」(本全集7巻四七頁、アカデミー版第四巻四一六頁以下。訳文は渋谷、以下同様)。カントはさらにここの「実用的」の語にわざわざ原注を付けて次のように述べる。「……実用的とは、歴史が人々を利口にする時代、つまりどうしたら人間は自分の得になることを前の時代に生きた人間よりもいっそう巧みに、あるいはせめて彼らと同じていどに巧みに企て実行することができるかを歴史が人々に教え諭すような時代、そういう時代として叙述される一つの歴史を形容する言葉である」(幾分自由に訳した)。ここにいわれる「実用的」は、狭義のそれであることは明らかである。だからこれはまず、人類の全歴史の展開のうちの(中間の)一段階をさしていると理解して構わないが(通時的理解)、加えて人類史のどの段階であっても、歴史をそのような観点から叙述した場合の形容詞であると受け取ることもできるだろう(共時的な三契機のうちの一つ)。やや横道に逸れるが、右の引用文のなかにも、「せめて彼らと同じていどに」のあたりに人類全体に対するカントの辛辣な皮肉を嗅ぎとることができるであろう(昨今の世界情勢に照らせばいっそうのこと)。忘れてならないのは、この『基礎づけ』を執筆していた頃は、カントはすでに一〇年以上にわたって毎年「人間学」を講義してきており、ちょうど講義の調子も一番油が乗っていた時期であったであろうということである。ともあれ『基礎づけ』における「実用的」のこの定義がそのまま花開き結実したものが『実用的見地における人間学』すなわち本書にほかならない、とさえいうことができるであろう。

## 二　カントをめぐる言論弾圧について

本書がまだ滑りだしたばかりの第二節(以下§2のように記す)で、「ペンの自由をあれほどにも切実に叫ぶ」という表現にぶつかるが(二五―二六頁)、これはカント自身のことを指している。本書が出版された当時(一七九八年)のドイツ語圏の思想界、読書知識人にはあまねく(しかし非公然に)知れわたっていた事実であるが、ここでカントがこういうのには次のような事情があった。

啓蒙君主と謳《うた》われたフリードリヒ大王(Friedrich II., der Große, 1712-86)が一七八六年に没したあと、大王には子供がなかったため甥のフリードリヒ・ヴィルヘルム二世(Friedrich Wilhelm II., 1744-97)がプロイセンの王位を継承した。彼はもともと大王と異なり啓蒙思想を忌み嫌っていたので、王位に即いて三年後に勃発したフランス革命にも当然のごとく反感を抱いた。ヴェルナー(Jean-Christoph Wöllner, 1732-1800)はフリードリヒ大王に「当てにならぬ陰謀好みの僧侶以外のものではない」と評された人物で、大王の在世中はうだつがあがらなかったが、新国王ヴィルヘルム二世の信任を受け、大王在世中の法務大臣で宗務、文教行政を兼務していたツェードリッツ(Karl Abraham von Zedlitz, 1731-93. カントが『純粋理性批判』を献呈した相手)のあとを襲って法務大臣に就任し、同じく宗務、文教行政も兼務することになった。ヴェルナーは就任六日後の一七八八年七月九日に宗教勅令、同年一二月に検閲令をあいついで発布し、検閲を強化した。さらにフランス革命の勃発後その影響が自国に及ぶことを王とともに恐れて、一七九一年四月には宗教勅令を強化し、思想的出版物に対する直接的検閲制度を布いた。その結果、翌年六月にカントの論文「人間の支配をめぐる善原理と悪原理との戦いについて」が印刷不許可とされた。そこでカントはこの論文を第二編として収録した『たんなる理性の限界内の宗教』(本全集10巻)を、プロイセン当局の検閲を受ける必要のないイエナ大学哲学部の検閲を受けたうえで、一七九三年三月に出版した。これがまたヴェルナーを刺激したからか、おそらく一七九四年に入ってから、現在の『諸学部の争い』第一部の基本稿が検閲により印刷不許可とされた。さらに決定打として同年一〇月一日付けでカントは、宗教に関する一切の講義と著述とを禁止するという、ヴェルナーが副書した王からの勅令を受けることになった。* だめ押しとしてヴィルヘルム二世が死ぬ直前に、カントの新しい論文(のちに『諸学部の争い』に第二部として収録される)が雑誌編集者の手違いにより検閲に出され、(禁止令を受けたあとだから当然、宗教についてはほとんど論じていない論文であるにも拘らず、フランス革命擁護の真意が見抜かれたからか)印刷不許可とされた。結局カントはヴェルナーにより、上記の禁止令以外にも、前後して三回印刷不許可の処置を受けたことになる。——しかしこの禁止令は三年後、ヴィルヘルム二世が死んだ一七九七年の一一月に解除された。以上がカントをめぐる言論弾圧の概要である。

＊ カントはこの勅令を「国王陛下のきわめて忠実な臣民として」恭しく受けとめ、以後宗教に関しては講義であれ著作であれ公けにはいっさい意見表明を断念する旨を宣言した。この宣言がカントのしたたかな二枚舌であったことについては、このあと解説の「四」で述べる。

本書『人間学』はこうした顚末のほとぼりが冷めない翌一七九八年に出版されているから、カントは随所でしつこいほどに(同じく同年に満を持して出版された『諸学部の争い』と同様に)ヴェルナー一派に対する辛辣な皮肉、当てこすりを飛ばしているのであるが、§2のここがその第一弾である。大事な点は、カントが自らに被ったこの言論弾圧を執拗といえるほどに糾弾するのは、単にうっぷん晴らしという意味に止まらず(それもたしかにあるだろうが)、人類史を貫く歴史観に関わる射程をもっており、照準はずっと先に当てられていたということである(この点についてはこのあとの、「カントの二枚舌」に関する解説「四」を参照されたい)。＊

＊ この項を書くにあたっては、理想社版カント全集第一三巻『歴史哲学論集』小倉志祥訳の訳注ならびに解説を参照した。なおこの事件については、併せて本全集18巻『諸学部の争い』「序文」および訳者解説、同10巻『たんなる理性の限界内の宗教』の訳者解説を参照されたい。

## 三　人間の自己対象化的性格について

本書§4でカントは、自分を自分が観察することの困難さから説きおこして(この話術の巧みさには舌を巻く)、節の最後になってそれは内的経験というものが観察を原理的に拒むからだ、と論を結ぶ。だがさらにそこに原注を付して、これが純粋統覚と経験的統覚との意識の二重性の問題であることを明かす。実はここの議論はカントの哲学のなかでも大変に難しい(おそらく最も難解な)箇所である。そこで読者の理解に資するために、ここでカントの意識論の全体像を簡潔に再構成してみよう。

さて一つの試みとして、カントの意識論を旅物語風に書き改めると、次のようにいえるだろう。すなわち人間は、(1)まず悟性的叡智的存在者として「単に私が存在することだけ」(『純粋理性批判』B157)を叡智的に意識するが(純粋統覚)、それは純粋に形式的な働きであって無内容なので、(2)ついで人間は感性的経験的存在者として内的感官に降りたって、時間の流れのなかで自分を内的に経験しようとするが(経験的統覚)、ここでもまだ具体的な経験を意識(認識)することができないので、(3)最後に外に向かって外的諸感官に助けを求め、「私の外にあって空間のうちにある」(同B274)外的現象(具体)によって、つまり外的経験に依存して、私が現象の世界のうちでどのように存在するか(生きているか)をようやく意識(認識)することができるのである。もういちどこの旅程を簡潔に示せば、(1)悟性における純粋統覚→(2)内官における経験的統覚→(3)外官における外的経験認識、となる。この認識成立論を理解するうえで重要な点は、(1)(2)(3)の旅程は重層的に積み重なっていく、ということである。つまり、(2)の時点で(1)は消え去るのでなく、かえって(2)を根底で支えており(悟性が内官を触発することによって時間意識ないし構想力が生まれる)、したがって同様に、(3)の外的経験も実は(1)の純粋統覚と(2)の内的な時間意識に支えられている、とカントは論じる。*

＊ 以上のうち(1)→(2)については主に『純粋理性批判』「純粋悟性概念の超越論的演繹」論、(2)→(3)については主に、『純粋理性批判』「原則論」冒頭の「図式論」、「原則論」に第二版になって書き加えられた「観念論論駁」、その「観念論論駁」の文言の若干の訂正と補遺のために第二版の「序言」末尾に付された原注、による。

見られるように、この意識(の成立)論はそのまま私の「経験」(現実の人生)の成立の過程の叙述となっている。つまり、私はどのようにして世界に向かって経験の旅に出るかが語られている(人生と旅の関係については「はじめに」一三頁および訳注(6)を参照)。結局カントは批判哲学の確立の第一歩として、人間の人生経験を世界認識の成立に重ねあわせて、あるいは認識が人生そのものであると解明したのであった。人間のこの存在論的に根源的な性格を、仮に「自己対象化的性格」と命名しておこう。

だがわれわれはカントのこの自己対象化的性格論から、もう一つ重要な主張を読み取ることができるし、読み取らなくてはいけない。つまりこの旅程を(3)→(2)→(1)と逆にたどると、それは私にとっての「経験の対象」(世界)の成立の過程となっているのである。ここで対象とは、経験において認識されてくれるもののことである。せっかく認識の旅に出掛けても、向こうから認識されてくれるものが出迎えてくれるのでなかったら、その旅はいつまでたっても徒労のままであろう。人間が世界に向けてどのように経験を開いていくのかに関する最奥の機密の解明は、同時に、世界が私にとってどのようにして認識されてくれるかについての解明でもあるのだ。旅は往復することによってはじめて完結する、つまり必要十分条件を満たす。カントはこの二つの過程の逆向きの重なりあいを次のようにいい表す。「経験一般の可能性の諸条件は、同時に、経験の諸対象の可能性の諸条件でもある」(A158/B197)。これを試みにくだいて訳しなおすと、「そもそも人間にとって経験というものが成立することを可能にしてくれる〔アプリオリな〕条件はいろいろあるけれども、これらの条件はみんな同時に、世界のなかにあるさまざまな事物や事柄が〔いましがた成立するといったばかりの〕その人間の経験の対象となってくれ、それによって客観的な認識が成立することを可能にしてくれる条件でもあるのです」となる。

以上の事情は、『純粋理性批判』の第二版で書き加えられた「観念論論駁」(B274-279)で証明される「定理」の主語の二重性からも読み取ることができる。「定理」は次のような命題であった。「私本来の現実存在を端的に、しかし経験的に規定されて意識することは、私の外の空間における諸対象の現実存在を証明する」(B274, 本全集4巻三二三頁)。この命題の主語はいうまでもなく「私本来の現実存在を意識すること」(以下Sub.と略)であるが、奇妙なことにそれが二つに分裂して表現されている。すなわち、「それを端的に意識すること」(以下RAと略)と「それを経験的に規定されて意識すること」(以下EAと略)とである(傍点渋谷)。前者は、以前に「演繹論」で「単に私が存在することだけ」を意識すること(B157)といい表わされていた事態にほかならない。ところで端的に意識するとは純粋に意識することを意味し、これに対して、経験的に規定されて意識するとは不純に意識することを意味するから、たしかに二つの主語は同じもののいい換えなどではなく、異種的なものとして分裂している。その二つが(一見無造作に)「しかし」という接続詞で結びつけられて、その主語の全体(「私本来の現実存在を意識すること」)が「私の外の空間に対象が現実に存在すること」(以下Ob.と略)を証明する、というのである。カントはこの定義を示したあと、ただちに、どうして「Sub.がOb.を証明する」のかを証明する議論を展開している(いわば二重証明)。その際重要なのは、なぜ純粋な意識が不純な意識と一体とならざるをえないのか、そこに介在する「しかし」の意味合いをつかむことである。細かい議論を省いて結論だけを示せば、主語のうち第一の契機のRAは「純粋統覚」を、第二の契機のEAは「経験的統覚」を意味している。したがって二つの契機が「しかし」で結ばれるのは、先に示した(1)から(2)への旅立ちの不可避性を示していたのであった。そして「Sub. が Ob. を証明する」というところに、(2)から(3)へのさらなる旅の継続の不可避性が示されているのである。このように、カントは倦まずたゆまず人間の根源的な自己対象化的性格を語り明かそうと努めたのであった。

大事な点は、この過程を経て人間はたしかに現象世界において経験と認識を積み重ねることが保証されたと(カントとともに)安心することができるとしても、振りかえってみれば、最初の、経験のしがらみを脱却した叡智的な存在者としての純粋な私が本来どのような存在の仕方をしているのかはけっして認識することができない、と(カントとともに)諦めなければならないということである。これはまた、人間が己れの本来的存在から不可避的に「疎外」されることを意味しており、疎外は人間存在にはじめから根源的に存在構造的に纏わりついていることを示しているのではないか。――話がいささか『人間学』からはみ出てしまったかもしれない。

## 四　カントの二枚舌ないし三枚舌について

このあとの『人間学遺稿』の解説にも紹介されるように(五四八頁)、またカント自身が本書の「はじめに」で自負しているように(一五頁原注)、カントの「人間学講義」は「自然地理学講義」とともに、その自由闊達な講義口調で市民を含めた聴講生に評判がよかったという。その理由として、話題になっている事柄の誰をも納得させる合理的な分類や解剖、意表を突く鮮やかな例示、古今東西の文学や文献からの該博な引用などとともに、あいだに掛け言葉、語源詮索などの言葉遊び、地口、駄洒落、皮肉・あてこすり・茶化しなどの手をカントがふんだんに駆使したからでもあろうことは、本文を読めば自ずと判明する。ここではそのうちの「二枚舌ないし三枚舌」を取り上げて、この手法に籠めたカントの思いは意外に深刻なものだったことを指摘したい。

まず本書における(二枚舌一歩手前の)掛け言葉を使った駄洒落の代表的な例を確認しよう。「はじめに」でカントは、これから人間学という旅に出掛ける事前準備として「常に大局的な知識が局地的な知識に先行する」ことを確認する(一三頁)。そこに付した訳注(7)で述べたように、ここでの「局地的な知識 Lokalkenntnis」には「酒場談義」の意味が籠められていた。酒場で仕入れる情報は一面的で主観的に誇張されたものが圧倒的に多いから、旅に出掛ける前の情報としては信頼がおけず、それよりもっと客観的で大局的な知識を得ておかなければならないというのである。だが、すでにこの例においてカントの掛け言葉のさらに裏に、狭い自国のなかで語られる他国や世界の情勢に関する情報は一面的であるから鵜呑みにするのは危険である、という真意を読み取ることができるのではないだろうか。時あたかも隣国のフランスにおいて共和主義革命が現在進行形で展開しており、そのフランスと帝政プロシアとは敵対関係にあるなかでの発言として受け取った場合、この発言は相当に真剣味を帯びたものであることが分かるであろう。* いわば二重の二枚舌、二枚舌に紛らわせたさらなる禁句の隠蔽(という表明)である。あるいは三枚舌というべきかもしれない。これは(マルクスが「歴史上の大事件は繰り返す、一度目は悲劇として、二度目は喜劇として」といった**のと逆に)最初の二枚舌でにやっとさせておいて、一瞬間をおいてその先に潜む二枚舌に気づいた者には、一転して慄然とした思いをさせる手法である。――だが読者のなかには、ここに引いた例をそこまで解釈するのは深読みにすぎるのではないかという疑念をもつ方もおられるであろう。それでは次の箇所はどうであろうか。

＊　本書と同時平行で出版された『諸学部の争い』の原注に、ここでの駄洒落と(裏表の関係で)あい呼応するかのように、以下のような記述がある。「……中傷的誹謗者たちは……こうした無邪気な居酒屋政談 Kannegießerei を国家を危険にさらす改革熱、ジャコバン主義、暴徒化だといいふらすことに努めた」(本全集18巻一一八頁、アカデミー版第七巻八六頁)。前後の文脈から明らかなように、これはカントがフランス革命への共感のゆえにヴェルナー一派から反政府的と中傷された事実があったことを匂わせる記述である。カント自身には酒場に出掛けて政治について怪気炎を挙げる習慣がなかったことは確かだが、彼が自宅や他に招かれたかした社交の席でしばしばフランス革命擁護の熱弁を揮ったことがヴェルナー一派に伝わった(密告された?)のであろう。ともかくある見解ないし認識を狭く(局地的に、酒場風に)受け取るのでなく、大局的に理解し判断するように、といっている点で、二つの記述に籠めたカントの真意は一致する。また本書二四六―二四七頁、およびそこに付した「第一部第三編」訳注(83)を参照。

＊＊　カール・マルクス『ルイ・ボナパルトのブリュメール十八日』冒頭。

未成育者の心の弱さについて論じている§48の末尾で、カントは「最後にまた、成育状態に達して久しくても、浪費家の場合国家の手によって市民としては未成年状態に戻す措置をとるという事態が発生しうるのであって、例えばこの浪費家が法律上は成年に達したあとも、自分の財産管理の面で悟性の脆弱さを露呈してしまい、その点で彼がまだ子供である、ないし白痴同然であることがばれてしまう、といった場合である。しかしこの件に関しての判断は人間学の領域外の話である」という(一四五頁)。これはこれで、種々の禁治産者の話として読めば理解のいくありきたりの議論である。だがこの文言の裏にはカントのとんでもない真意(政治状況によっては国家反逆罪にも当たるような)が籠められていることは、「第一部第一編」訳注(165)で明らかにした。それをもう一度ここで確認してみよう。

裏の意味に沿って訳すと次のようになる(カントがここで使っている鍵となる単語の一つ一つが表裏どちらにも取れる意味をもっているのだが、それについてはいっさい省略する)。「最後にまた国事に関してさえも、ある浪費家の場合成育状態に達して久しいとしても、市民として未成年状態に戻ってしまうという事態が発生しうるのであって、例えばこの浪費家が法制上王位を継承したあとも、自分の統治能力の点で悟性の脆弱さを露呈してしまい、それによって彼がまだ子供である、ないし白痴であることがばれてしまう、といった場合である。しかしこの件に関してのこれ以上の批判は人間学の関知するところでない。」これがフリードリヒ大王の死後にプロイセン王位を継いだ大王の甥フリードリヒ・ヴィルヘルム二世を指すこと(王位継承時は四二歳)、「これ以上の批判」は『人間学』が出版された直後に公刊された『諸学部の争い』に任されていることについても訳注で指摘した。解釈を補うとすれば、その人物が「王位を継承したあとも、自分の統治能力の点で悟性の脆弱さを露呈してしまう」(傍点渋谷)というのは、啓蒙に反感を示しフランス革命を嫌悪するフリードリヒ・ヴィルヘルム二世の姿勢をほとんど直接に指した言葉である。それは、「汝自身の悟性を使用する勇気をもて！　これこそ啓蒙の標語である」(傍点渋谷)という、『啓蒙とは何か』(一七八四)の冒頭のカントの言葉と照らしあわせてみれば明白である(本全集14巻二五頁、アカデミー版第八巻三五頁)。惜しくも去年(一七九七年)死にたもうた先王の愚王にあらせられては、この勇気がお欠け遊ばしていた(それも天性から)、という訳である。

だがしかしこの辛辣な批判は、単純な二枚舌では済まない。つまり単にこの王が同じく愚昧な臣下(ヴェルナー一派)を通して自分に及ぼした言論抑圧に対するあてつけにすぎないのではない。その射程はさらに人類史的見地からのフランス革命の肯定的評価とその共和制の擁護にまで及んでいたはずである。裏返していえば、フリードリヒ・ヴィルヘルム二世は王位に即くべきでなかったのであり(その点でフリードリヒ大王にもなにがしかの責がある)、彼が死去したいまとなってはプロイセンも王制を廃止して共和制に移行するべきである、というもう一枚の舌(主張)が見え隠れするのである。だがこの点は、(またもや)上の引用箇所からだけではそれほど明らかなことではないではないかといわれるかもしれない。そこで、『人間学』の解説としてはいささか越権行為となることを承知で、この点での「これ以上の批判」(三枚目の舌)を任されていると見なすことのできる本書の姉妹編『諸学部の争い』の性格について、簡単に触れてみよう。

まずカントが原理的な共和主義者であったことを、この書によって確認しよう。『諸学部の争い』第二部のある原注でカントは次のようにいう。人間は「彼の随意志の形式的原理に従って、国民が共同に立法的であるような統治形式より以外の他の統治を……要求するべきではない」(本全集18巻一一九頁、アカデミー版第七巻八七頁)。つまりこれは、文明化(市民化)の段階から道徳化へと飛躍しようとする現代(一八世紀後半から一九世紀にかけての時代)にふさわしい統治形態は、共和制しか考えられないという主張である(共和制については本書三二六―三二七頁以下を参照)。この点は彼の批判哲学全般から判断して至極当然の立場選択といえよう。するとここからまた至極自然に、フランス革命の擁護という政治姿勢が導かれる。『諸学部の争い』からの先の引用の少し前で、暗にフランス革命を指して、カントはこの事態は「道徳的により善い状態への進歩を希望させるのみならず、すでに(条件つきではあるが一定範囲内で)そのような進歩である」と評価する(一一六頁、アカデミー版八五頁)。

これら二つを確認したところで、『諸学部の争い』全体の三枚舌をまとめると次のようになるだろう。第一に、一見するとこの書が扱う問題が神学部・法学部・医学部の上級三学部と下級学部としての哲学部とのあいだの学問的テリトリーの争いにあって、カントは両者の学問的平和共存を、つまり棲み分けを提案しているにすぎないと見せ掛けつつ(一枚目の舌)、第二にその裏に、とりわけ自分の年来の理性宗教の主張(これ自体が啓蒙の産物)をめぐっての言論弾圧に対して、悟性的啓蒙の立場からの厳しい弾劾を対置し、言論出版の自由を高唱しているのである(二枚目の舌。ついでにどさくさに紛れて、自分の理性宗教論があくまで正しいことも念押しする)。とはいえこの最初の二枚舌は読者にとって相当に見え透いたものに映ることも確かであろう。ともあれここまでは学問的な議論であった。

だが第三に、これよりも巧妙にカムフラージュされた本音として、この書は当面するヨーロッパ世界に迫っている戦争の回避と永遠平和を訴えている(三枚目の舌。『永遠平和のために』本全集14巻、アカデミー版第八巻参照)。しかしこの時点で戦争を回避せよと訴えることは、実質上はフランス共和制を周りの反動的列強の軍事力で潰したりしないようにせよという主張を意味した。それはまたなぜかというと、カントにとって人類の道徳化、道徳的改善を目指すにはまず共和制の普遍化が要求されるからである。この真意はもはや(哲学に支えられているとはいえ)露骨に政治的な立場表明というべきであろう。以上が『諸学部の争い』に伺える学者生命を賭けたカントの真剣な三枚舌(細かく数えると五、六枚舌)である。

詳しい論証はいっさい省かざるをえなかったが、右の把握がおよそのところ的を射ているとすれば、先に戻って、本書にあるフリードリヒ・ヴィルヘルム二世へのあてつけという二枚舌の裏に、さらに王制の廃止、共和制への移行という主張(三枚目の舌)が隠れていたとする推測にも、あるていどの市民権が与えられるであろう。

ついでに付言すれば、『諸学部の争い』は二枚舌の宝庫である。まず序文から早々にカントは、先年宗教に関する言論出版の禁止という王の勅令を「国王陛下のきわめて忠実な臣民として」厳格に守るとした宣言(先にも引用)は、実は二枚舌であったと自ら明かす。「私はこの表現をも慎重に選んだのであるが、それは私がこの宗教審理における私の判断の自由をいつまでも断念するのではなく、ただ国王陛下が生存しているかぎりは断念するためであった」と(一六頁、アカデミー版一〇頁。傍点カント)。この件《くだり》をはじめて読む読者は、カントの(悪)知恵に拍手喝采するどころか、たいがいは唖然とし、下手をすると彼の道徳的誠実さに対して懐疑をすら抱きかねない。またこの他、先にカントの共和思想の証拠として引用した箇所の直後で、カントは革命を否定し(有名な話であるが)、プロシアの君主制を擁護する(一一九頁、アカデミー版八七頁)。理由は、革命は手段として道徳的でないから(これは本音であろう)、またプロシアの専制支配は実質的には共和主義の精神に依拠してなされているからだという(こちらは怪しい)。不用意な読者はここで、なるほどカントはフランス革命に反対であったし、政治的には王制支持の保守派だったのだと早とちりする。ところが右の舌の根(!)が乾かないうちにカントは節を改めて、現在フランスで進行中の政治過程を暗示しつつ、「この出来事は革命の現象ではなく」道徳的原理の進歩を示すものであるから是認される、といってのける(一二〇頁、アカデミー版八七頁)。時間差を利用した二枚舌というべきであろうか。このほかこの書では(『たんなる理性の限界内の宗教』(本全集10巻、アカデミー版第六巻)とともに)旧新両聖書に関して、例えば『創世記』第二二章にあるアブラハムのイサク殺し(未遂)についての解釈など、ふんだんに二枚舌が駆使されている。——政治的態度に関していうと、カントの共和思想は言論弾圧よりも前の一七八〇年代後半からフランス革命の勃発を挟んで顕著になっていたと見ることができる。とすれば翻って、カントがヴェルナー一派によって言論の自由を抑圧されたのも、単に彼の斬新な宗教論が理由だっただけでなく、知識人階級に相当の影響力をもつ高名なカントの政治的立場がプロシアおよびドイツ全域に広まることを恐れての、時の権力としては当然の措置だったのではないか、つまり王もヴェルナーもカントがいうほどには愚昧ではなかったのではないか、とも思われてくるのである。*

＊　フランス革命についての評価はヴェルナー体制の下では当然いっそう慎重にカムフラージュされる。『理論と実践』(一七九三)第二編(本全集14巻二〇一頁以下、アカデミー版第八巻二九九頁以下)、『人倫の形而上学』(一七九七)第一部「法論」の「結語」(本全集11巻二三〇頁以下、アカデミー版第六巻三七二頁以下)を参照。そこでは政治体制の変革は革命によらず、改革によるべきだと主張される。さらには『永遠平和のために』(一七九五)付録Ⅰの原注(本全集14巻二九五頁、アカデミー版第八巻三七二頁)を参照。

振り返ってみれば、カントにとって若いころから二枚舌は自家薬籠中のレトリックであった。とするとこれは、彼の天性の性格に根ざす文体なのであろうか。それは皮肉たっぷりな『視霊者の夢』(一七六六。本全集3巻、アカデミー版第二巻)のことを思い起せば頷くことができるし(この書は全編が二枚舌ともいえる)、『純粋理性批判』(一七八一。本全集4・5・6巻、アカデミー版第三・四巻)でさえも例外でない。それは他でもない、第二版の序言にある「信仰に席を空けるために知識を制限しなければならなかった」という有名な台詞である(4巻四三頁、B XXX)。当時の読者の多くは、また現代にいたるまでも大多数の読者は、この文言を、敬虔なキリスト教信仰を擁護するためにカントは自分の批判哲学を、可能的経験の成立に関する議論の範囲内に自己規制した、と読むだろう。だがこのクリスチャニズムへのリップサーヴィスの真意は、「自分の理性宗教、道徳的信仰を世に確立するために、旧来の独断的神学（これも知識ではある）に鉄槌を加えた」という意味なのだ（そして理性宗教とは人間の理性に対する信仰であって、神信仰ではない）。*

＊　これ以外にも、『永遠平和のために』のタイトル自体が「死してここに永眠す」という墓碑名の転用であって、カントはこれによって人類の死滅を匂わせているという周知の警鐘もこの例に加えることができる。「第一部第三編」訳注（76）参照。

なおいうまでもなく、『人間学』においてもここで取り上げた二ヵ所以外に、随所で二枚舌の手法が駆使されている（例えば「第一部第二編」訳注（11）、「第二部」訳注（49）を参照）。さらにその他については、読者自らの眼で発見していただきたい。

## 五　『人間学』の構想の総合性と体系性

一方で、本書はただ雑然と漫談が続いているばかりである、という印象をもつ読者がいてもおかしくない（『人間学遺稿』解説五五〇頁に紹介されているゲーテの本書の評価を参照）。それは、本書が肩の凝らない、一般市民も含めた入門的な講義を基にしているという事情からすると、むしろ当然な印象であろう。他方、話題の源泉の点で、本書が総合性を特徴とすることも一目瞭然である。取り上げられる題材は天文学・物理学・化学・生物学・動物行動学などの自然科学、精神医学を含めた当時の最新の医学、古今の文学作品や絵画・音楽などの芸術、歴史・政治・宗教に関する該博な知見、さまざまな哲学的学説からとってこられており、これらがカントの実地の見聞と融合して、そのときどきの主題に即しつつ自在に、つまり総合的に語られている。これに加えて、講義（著作）の章立てが認識論から感情論へ、次に情念論へ、最後に性格論へと展開しており、それらが総じて道徳論へと収斂《しゅうれん》する体系になっていることも見易い特徴である。ではカント『人間学』のこうした総合性、体系性はどこに由来するのであろうか。

比較的知られた話であるが、カントはのちに『諸学部の争い』(一七九八)を献呈することになるゲッティンゲン大学神学部教授シュトイトリン(Carl Friedrich Stäudlin, 1761-1862)に宛てた一七九三年五月四日付けの手紙のなかで、自分の純粋哲学の課題は、「私は何を認識することができるか」(認識論)、「私は何をなすべきか」(実践論)、「私は何を望むことが許されているか」(宗教論)、最後にこれらを総括して「人間とは何か」、の四つの問いにまとめることができると表明している(本全集22巻、アカデミー版第一一巻四二九頁)*。これをわれわれは第一に、カント自身の知的経歴を(経歴の順に)回顧したものとして読むことができる(そう読まねばならない)。また第二に、カントの批判哲学の全体の構想を示したものとして受け取ることができる。

* これらの問いのうち前の三つは、すでに『純粋理性批判』「方法論」に提示されていた(A 805/B 833、本全集6巻)。また本巻『人間学遺稿』解説五五二頁以下を参照。

まずカントの一生の知的営みをたどってみると、たしかにその軌跡は先の三つの問いの順番に対応している。若いころは天文学、物理学などの自然科学を探究し、それを基盤として批判期に入って最初に認識論(その裏に自己対象化論)を確立し、ついで実践論(道徳論)を論じたあと、芸術論をはさんで最後に宗教論に至るが、これは(芸術論の位置づけを除いて)概ね右のはじめの三つの問いに順に該当することは明らかである。ではこれらのすべてを総括する第四の問い「人間とは何か」は、カントの生涯のうちどの知的営為に対応するであろうか。答えはいうまでもなく、彼のすべての研究活動、著作活動に対応するというのが正解である。しかし同時に、そのなかでも年来続けてきた「人間学」講義こそがこの「人間とは何か」という問いに応答しようとした営みであったと見なすことも許されるであろう。本講義では第三の問い「宗教とは何か」が他の二つに比して希薄なのは否めないが、＊全体としてまさに「人間とは何か」を主題としているからである。だとすればこの書を『(哲学的)総合人間学』と呼びかえることも十分に可能だと思われる。

＊ とはいえ本書でも、カントの理性宗教の見地からの既存の宗教に対する批判は、陰に陽に随所で語られている。ほんの一例を挙げれば§5のPuritanismusを当て擦った箇所、§12、§43等がある。

結局第一にカントの学問的営み全体が総合的かつ体系的だったのであり、また実践的(「広義の実用的」、本解説の「一」五一九頁参照)かつ人類史的だったということができる。第二に、そうした事情と特質がそのまま構成と内容に反映しているのが『人間学』の講義と著作だったといえよう。訳者としてはとりわけ、この「総合人間学」の基底に自然科学が位置づけられている点を重視したい。

一つ見すごせないのは、右の四つの問いのなかに芸術(「美とは何か」)が位置づけられていないという事実である。いい換えれば、この問いの一覧を見るかぎり『判断力批判』(一七九〇)の芸術論がどこにも位置づけられていないように見える(『判断力批判』のもう一つの主題である自然目的論は、第二の問いの実践論に包摂される)。ここは『判断力批判』の解説ではないので、論証抜きでこの点での訳者の仮説を示すに止めるとすれば、実は美の問題は『人間学』とともに第四の問い、すなわち「人間とは何か」に対応すると考えられるのではないだろうか。どうやらカントは、「目的のない合目的性」(『判断力批判』本全集第8巻一〇七頁、アカデミー版第五巻二四一頁)という概念を媒介として、人間とは芸術である、と考えていたように訳者には思われるからである(これについての詳しい議論は別の機会を待つこととする)。

——このように見てくると、『人間学』が単に総合的なだけでなく体系的な叙述となっていること、そのなかに自然科学も芸術もふんだんに語られていることは、カントの自覚的な学問的構想だったことが確信されてくる。そのように理解してこそはじめて、この講義を長年だれにも強制されることなく自主的に開講してきた深い自負、最晩年にいたってようやくこの講義を自分の知的哲学的営みの最後を飾る集大成(の一つ)として出版することを決意するに至ったという、この書に寄せるカントの万感の思いが得心されるのではないだろうか。

ここで『人間学』の総合性(ヴァラエティに富んださま)をいくつかの話題に即して確認してみたい。

まず音楽についてである。いつの頃からか、カントは音楽についてはそれほど趣味が深くなかった(というよりも苦手であった)というのが定評となっている。しかし本当にそうだったのだろうか。本書でカントが音楽に触れている箇所は全部で一七箇所(!)あり、そのほかに暗に音楽のことを念頭におきながら芸術について語っていると思われる箇所が一箇所ある。まず、自分の書いた詩、奏でる音楽、描いた絵がいくら拙くても他人の評価など一向に気にしないという「美感的なエゴイスト(自己中心主義者)」に触れた§2二七頁をはじめ、音痴を話題にしている箇所が三箇所ある(他に§22、§28)。これらはひょっとしてカント自身のことを語っているのであろうか。そうではあるまい。それは、教会のパイプオルガンによる幻想曲の即興演奏のさまを克明に描写した§5三六―三七頁*や、食器のがちゃつく音とか銘々勝手におしゃべりしている声で雑然としている宴席の傍らで室内楽を演奏させる習慣の趣味のなさに憤っている§88二五〇頁などから明らかである(他に§30九二頁参照)。

* 「第一部第一編」訳注(26)にも記したが、これとまったく同じ音楽体験については『純粋理性批判』でも触れられていた。

第二版の「誤謬推理論」におけるメンデルスゾーン(有名な作曲家メンデルスゾーンの祖父!)に対する反駁の箇所に付せられた原注を参照(B 415 Anm., 本全集5巻一一一頁原注、アカデミー版第三巻二七一頁原注)。

これらの箇所から判断すると、たしかにカントは相当に音楽鑑賞体験を積んでおり、かつ聴き手としてのセンスが高かったと思われる。そのカントが、音楽とは「いわば(概念をいっさい抜きにした)むき出しの感覚の言語」であると述べているのは傾聴に値する(§18六五頁)。こうして見てくると、§64で「単なる感官の享楽でなく芸術を嗜みつつ、しかもそれに加えて、自分が(趣味の洗練された人物として)こうした快感を味わうことができるということに満足を覚えるといった場合」と語るとき(一八五頁)、これはカント自身の芸術鑑賞体験の話であり、しかも主要には音楽について語っているのだと確信できるのである。

次に、カントの女性評について。女性に関する記述は「男女の性格」論にだけでなく、それ以前にも随所に読むことができる。そこにうかがえるカントの女性評価も軽妙洒脱で面白く、彼が硬い哲学の議論だけでなく、こうした俗的な人間観察にも長けていたことが感知できる。読み手によってはそこに彼の女性蔑視を見るかもしれない(例えば§48一四三―一四四頁)。しかしたとえそれが否定されえないとしても、今日まで続く男性による男性優位のイデオロギーの平均値を超えるものでなく、むしろ女性への辛辣な皮肉のなかにさえもこの性に対するこよなき優しさが籠められていると読むこともできる(例えば「男女の性格」論の冒頭(二八二頁))。カントが(何だかんだと批判を加えていても)結局は人間を愛していたことは間違いないが、その人類の半分を占めるからという理由による以上に、彼は女性を愛していたと思われる。

ところがその彼がついに結婚せず一生独身で過ごしたことは事実であり、したがって子供を儲けていないことは

(多分)確かであろう。* しかし本書から判断するに、若い頃に一人前の青年として、かつ人並み以上に碧眼の美男子だった彼に異性体験がなかったようには思えないのだが、如何であろうか。本書には随所にカント風の猥談が鏤《ちりば》められているが、単なる堅物がこうまで際どいながら絶妙に一線を越えない猥談を語ることができるはずがないからである(例えば§5三七頁とか§80二二七頁)。** 他面、女性も混じった講義の場でこうした話題をけっこう臆面もなく繰り返すカントのメンタリティの秘密を、フロイト的精神分析の手法によって読み解くことも可能と思われる。しかしそれを試みるまでの用意は訳者にはないので、この点は読者の自由に任せることにしたい。

* 結婚せず子供を生まない(儲けない)、という格率が、「君の意志の格率が常に同時に普遍的立法の原理として妥当しうるように行為せよ」という道徳の定言命法(『実践理性批判』本全集7巻一六五頁、アカデミー版第五巻三〇頁)に反するのではないか、したがってカント自らが率先して道徳を破っているのではないか、という疑問はだれしもが抱くのではないだろうか。たしかにこの原理を人類全員が(普遍!)ひとときに自分の格率として採用したならば、一世代であっという間に叡智的生物たる人類が地上から消滅してしまうだろうからである。この疑問にカントは何と答えたのであろうか。一つの可能的な答については、本解説のこのあとの五四五頁の注を見られたい。

** この点で一七六二年のヤコービ夫人からカントに宛てた手紙(このときカントは三八歳)を参照(本全集21巻『書簡集I』一〇頁)。またそこに付された訳注(2)および本書「第二部」訳注(72)を参照。

Spielというドイツ語がある(名詞。動詞はspielen。英語のplay)。本書ではほぼ一貫して「戯れ」「戯れる」と訳した。しかしこの単語はその他に「遊び」「ふざけ」「演技」「芝居」「演奏」「賭けごと」「試合」などの意味がある(さらには「からかう」「弄ぶ」など)。お気づきのように本書にはこの Spiel ないし spielen という単語が頻出する。つまり本書の総合性の一端をこの「戯れ」という単語が「演じて」いるのである。例えば天候の戯れ(§35

一一〇頁)、記号にまつわる構想力の戯れ(§39追記(一二二頁))といった具合に。そこにはこれらの事柄を半分ふざけて捉えてみせるというカントのユーモア精神、サーヴィス精神が指摘できるだろう。だが後半になると、「自然の戯れ」に関する記述が多くなる。例えば§86では、人間が賭けごとに夢中になること自体が、もとはといえば自然が人間を弄んでいる仕業なのだという(二四〇―二四一頁)。これはそれまでのものいい方でいえば「神の摂理」といい表わされていた事態を指している。この、神の摂理が消えて(大は生物進化史から小は天候の戯れまで)世界が全体として「自然の戯れ」として記述される、という特徴は何を意味しているのであろうか。*

＊　ダーウィン以前であるにもかかわらず、事態的にはカントが生物の変容を進化論的に捉えていたことについては、例えば三一四―三一五頁原注を参照。なお「第二部」訳注(151)も参照。

思うに「戯れ」の本質は二つあるであろう。まずそれは、何かしっかりした目的の「ためにする」行為ではなくて「それ自体を楽しむ」行為である。他方そこには何らかのルールがあるだろう。ルールは合目的的である。つまり戯れは「目的のない合目的的な」行為である。第二に、たとえルールに基づいた確率の大小があるにせよ、「戯れ」には偶然性が本質的な要素として働く。賭けごとや試合の勝ち負けは時の運、生「演奏」には乗るか反るかの真剣味が伴うのだ。だとすれば、カントはたして、一方で世界と人間をめぐる諸事象は例外なしに可能的経験を成り立たせている諸原則に則って現象する、つまり総じて経験は因果的に必然である、と主張するとともに、他方で、同時にすべては偶然でもある、といいたかったのであろうか。だとすると、この世界全体に関するユーモアは反転して苦い味を醸すだろう。偶然とは、それがそうでなければならない理由に欠けるところがある、そうであらねばならない根拠が結局はない、ということを意味するからである。人類にしても個々人にしても、ここにこのように生きる根拠、正当な理由を見つけることはできず(語る＝騙ることはできても)、単にそのように「戯れている」、より正確にいえば自然によって(自ずと)そのように「戯れさせられている」にすぎない、と。

だが、これは一種のニヒリズムではないだろうか。これについては、次節の後半に譲ろう。

## 六　『人間学』の射程——ニヒリズムの方へ

本書の後半は「性格論」に充てられている。ここでも個人の内的性格から説きおこして男女の性格、国民の性格、(「人種の性格」を短く挿んで)人類の性格へと展開しており、前節で確認したばかりの総合性、体系性が伺える。いい換えれば、「性格論」でカントがいいたかったこと、いな本書(本講義)全体で主張したかったことは、個人の性格についてでも男女や国民の性格についてでもなく、(これら三つの面白さに比べるとそれほど面白いとも思えない)類としての人間の性格についてであった訳である。だがしかし大事な点は、その議論の射程は最後に位置する「人類の性格」で終っている訳ではない、ということである。『人間学』は「人類の性格」論で完結しているのではないのだ。というのは、カントは(言葉のうえでは明確にでなくとも)読む者には明らかに、宇宙の他の天体に(多い少ないは不明だが)必ずや生存するはずの他の叡智的存在者たちの性格と比較して「人類の性格」を論じているからである(例えば三二八頁を参照)。他の天体の知性的存在者の道徳性の実現の仕方や程度に比べて、われわれ地球に住む住民は類としてどのような性格を備えているのであろうか、人間はすべての知性的存在者のあいだに立ったとき恥ずかしくないていどの内面と社会と歴史を築いてきたであろうか、これから築く展望をもっているであろうか、と。この悠久な人間存在論は、何といっても彼の若いころの天文学の研究から導かれた宇宙観を背景としたものであろう(本全集2巻、アカデミー版第一巻所収の『天界の一般自然史と理論』におけるいわゆる「カント・ラプラス星雲説」を参照)。すると実は『人間学』は総合性、体系性を保ちつつも、その体系は閉じているのでなく、したがって本書は未完成のまま未来に向けて、あるいは広大な宇宙に向けて開いたままになっているのではないだろうか、と気づかれてくる。

だが開かれているのはそうした時間・空間のかなたへ、だけではない。カントの生涯をかけた「人間とは何か」の探究は、他方で読者の内面に向かっても開かれているはずだ。幾世代にもわたって(人類の死滅まで)本書が読み継がれていくと仮定した場合、その幾世代もの読者は本書からなにがしか「人間とは何か」というカントの呼び掛けに触発されると期待することができる。このように「人間とは何か」についての、世代を越えて連綿と継承されていく全人類史的な思索へと、つまり人類史を貫く思索の連帯へとカントは呼び掛けているのではないか。——だがこの呼び掛けはもはや一つの立派な「信仰への誘《いざな》い」である。

実はこの信仰への誘いはさりげなく、すでに本書の「はじめに」の末尾に記されていた。その段落を再掲してみよう。「体系的に企画され、しかも実用的な観点から……平易に書かれた人間学には、読者世論にとっての利点があるのであって、つまり……読者は人間の個々の何らかの特性を自分のテーマとして取り上げ、その観察結果を人間学を構成する部門のなかに提供しようとする気になるのである〔総合性〕。こうして人間学の研究は、一方でこの専門ではアマチュアの皆さんのあいだにも自ずと広まっていき、他方でその計画の統一性〔体系性〕のゆえに次第に一つの全体像へと統合されてくることになる」(本書一五頁、傍点および〔　〕渋谷)。

この、全人類が連綿と「人間とは何か」の解答をどこまでも豊かにしていくことが、とりもなおさずこの地球上での「最高善」の成就という理念に近づいていくことでもあるという「信仰」が、カントの理性宗教、道徳宗教の本質だったのではないかと、訳者はこの訳業を通してようやく思い至るようになった。だが、通常の宗教的信仰に限らず、こうした「理性的な」信仰も、信仰であるからには明白な論理的証明からどこまでも逃れる。そのことはカント自身も自覚していたはずだ。するとこの共同作業のいく先はどうなるであろうか。『人間学』の未完の射程がもつ余韻はどのような響きを醸すであろうか。

§12に、ユダヤ教の煩瑣な律法を「多忙な無為 eine geschäftige Nichtstuerei」と呼んで茶化すところがある(五三頁)。そこに付した訳注(47)でも指摘したが、これに似た表現は『諸学部の争い』第二部にも出てくる。人類は今後の歴史に道徳的な善への進歩を望むことはできず、いつまでも善と悪とのいたちごっこに終始するにきまっているとする「愚人主義 Abderitismus」を紹介する箇所である。彼らのいうところによれば、善と悪とに関しては「多忙の愚かさ geschäftige Torheit」「虚しい多忙 eine leere Geschäftigkeit」(つまりギリシア神話の、永遠の罰として繰り返し岩を山頂に運び上げ続けなければならないシシュフォスに課せられた運命)が人類の性格であり、人間は「単なる道化芝居 ein bloßes Possen*spiel*」(傍点とイタリックは渋谷)を演じているにすぎない——(本全集18巻一一二頁、アカデミー版第七巻八二頁)。もちろんカントは「最高善」を地上に実現する希望を信じる「理性宗教」の立場から、この「愚人主義」の人間観を批判する。だがその直後に、悪から善への「進歩の課題は経験を通して直接には解決されない」(項目「四」の題*、傍点渋谷)ともいう。それは「厳密な理論」による命題だからだ(同一二一頁、八八頁)。

* そういいながら、カントは論を「人類のこの道徳的傾向を証明する現代のある出来事について」(項目「六」の題、傍点渋

谷)へと戻し、かなり露骨にフランス革命を支持する議論を展開する。本解説の「二」で触れたように、最初にこの論文が単独に印刷されようとしたときヴェルナー一派によって発行禁止とされたのも頷ける。

問題ははたして人類がこぞって「世界市民」として振る舞い、「永遠平和」を実現し、その結果いつの日にか地上に「最高善」を実現することができるかどうかである。右に見たようにカントはこの点で、「理論」上は楽天的である。しかし「経験」上は悲観的である。その結果再び理論的に提唱されるのが「理性宗教」である(純粋実践論も一つの理論である)。すなわち、この地上にいずれ「最高善」が実現する日が到来すると信じうるために、あたかも(霊魂の不死と積極的な自由とともに)神がいましまし、かつ人間に善に見合った幸福を授けてくださるかのように、神の現存在を理念として要請する、という心的態度を人々に求めるのである。

だがこの信仰は再び三たび、「経験」的には信じきれないものを残しつづける。このように考えてくると、カント自身案外「愚人主義」が語る人類の性格を否定しきれていなかったのではあるまいか、と思えてきはしないであろうか。人類の営為は「虚しい多忙」であり「単なる道化芝居(道化の戯れ)」(傍点渋谷)にすぎない、と。ところで同じ『諸学部の争い』第二部の後段でカントは、道徳の進歩を語ることができるのも人類が絶滅しないかぎりでの話である、と条件を示す(同一二二頁、八九頁)。ということは、カントは地球規模の「可能的経験」の一環として、人類死滅の可能性を想定していたと見ることができる*(自然科学的素養を基礎とする彼としては当然のように)。だがそれにしても、本書の二四三頁にある今後数世紀のうちに全地球上に共和制が実現するであろうという希望の語りかけを見てもわかるように、カントは読者(聴講者)に人類の明るい未来を信じるよう弛《たゆ》まず呼びかける。ひょっとしてむしろ、彼にとって経験的な観測の悲観と理論(理性)的な信仰の楽観とは逆接(だがそれにしても)なのでなく、順接(それだからこそ)の関係にあったのであろうか。

＊　前に述べた、カントが一生独身で通したことへの道徳的疑問(五三九頁)に対して、案外彼は「人類が滅びて何が悪い」と返答したであろう、と想像すると面白い。

カントは本書のある箇所で、神信仰にも「朗らかな神信仰」というものがあるように、死にも「朗らかな死」というものがありうると語っていた(一八三頁)。するとわれわれはカントの『人間学』のかなたに、カント風の〈「朗らかな」ニヒリズム〉を遠望することができるかもしれない。*

＊　「第一部第二編」訳注(17)参照。

## 訳文について

本書の訳文の息が非常に長いことに読者は気づかれるであろう。実はこれがカント自身に特有な文体である。訳者は翻訳に際して、コマ(,)につづくwenn〔……の場合〕やdenn〔というのは〕などの接続詞、関係代名詞、関係副詞に導かれた文節については前後を続けて訳すこと、コーロン(:)の箇所もそのまま文を続けること、逆に文を切るのはプンクト(.)とゼミコーロン(;)の箇所に限ることを原則とした。先行訳のようにもっと文を短くすることも可能であるしそれにもよさがあると思うが、上の原則によって訳すことにより〈カントその人の思考のうねり〉を少しでも日本語に移すことができるのではないか、と考えたからである。なお、さらに徹底してゼミコーロンの箇所でさえも訳文を切らない文体が考えられるが、訳者の直感ではゼミコーロンを打つ際にたしかにカントの思考は一息ついており、したがって日本語としては句点(。)を打つのが適当と考えた。以上は訳文の形式に関わる原則である。

他方実質的な面で訳者が心掛けたのは、まず、カントが同じことを日本語で講義したとすればどのような口調で話したであろうかと想像しながら、その口調をできるかぎり再現しようとしたという点である。*　おそらく例えば、各話題の出だしは厳かに、事例を用いるころから次第にくだけた調子で、ときに最後は思い切って脱線気味に話したのではないだろうか（随所に配された「余談の数々」など）。次に、（先にも触れたが）カントのこの講義は快テンポのゆえに好評を博したといい伝えられている。そうした味を少しでも再現することも今回の翻訳の任務の一つであろうと自認して、訳文に工夫を加えたつもりである。

＊　それゆえ理想をいえば文末を「です、ます」調にしたかったのであるが、本全集の方針に従って「である」調を採った。

反面、本書は講義のためのメモを基にしているためか、その性格が残存して記述が簡略にすぎ、ほとんどまるでカント本人（と実際に講義に参加していた聴講生）にしか読解できない暗号で書かれたような箇所も散見された。こうした場合には、あたかもいったん微分された方程式を再び積分するかのような、あるいは水中花を水に浸して花開かせるかのような工夫が必要とされた。――翻訳を進めるにあたって、訳者にとってこれら三つの点に一番の醍醐味があった。

## 先行訳について

本書の邦訳はこれが四度目である。まず戦前の一九三七（昭和一二）年に岩波書店のカント著作集の一巻として坂田徳男氏の手による初訳が出版された。この翻訳は戦後一九五二（昭和二七）年に改訳されたうえで岩波文庫として再登場した（その際篠田英雄氏の助力を得たという）。ついで一九六六（昭和四一）年に理想社のカント全集第一四巻として山下太郎氏の翻訳が出版された（「人間学遺稿」の翻訳は坂部恵氏の担当）。さらに一九八三（昭和五八）年に河出書房新社の〈完訳・世界の大思想2「カント」〉に塚崎智氏の訳が収録された。

今回自分で全訳してみて、坂田氏の初訳の偉大さがよく理解できた。ただし仕事を進めるうえで一番お世話になったのは、山下氏の翻訳であった。いずれにせよお二人の先達のご苦労と木村・相良の独和辞典（博友社）がなかったら、今回の翻訳は不可能だったであろう。三つの偉業に同等に感謝したい。とはいえ、今回の翻訳にあたって一から徹底的にテキストを読み解く姿勢を貫いたことはいうまでもない。その結果(僭越ながら敢えて記すことを許していただくと)、理想社版の翻訳を基準にしていえば、文法の解釈、先行詞の取り方、熟語のニュアンス、文脈の把握等、山下氏の訳文と異なって訳した箇所は三百余箇所となった。こうした異同は学問の熟成の一里塚として氏も諒とされると確信している。ただ、それらのなかに私の方の思い違いがどのぐらい含まれているかが心配である。なお〈世界の大思想〉の訳はほとんど山下氏の訳文を踏襲したうえで若干日本語の通りをよくしたものであると判断されたので、今回参照するに至らなかった。

このささやかな訳業を、恩師の小倉志祥先生に捧げる。

(渋谷治美)

# 人間学遺稿

## 一　『実用的見地における人間学』の成立ならびに『人間学遺稿』について

カントは、推定によると一七七二―七三年の冬学期から、老齢のため大学の教職を退くことになった一七九六年まで、「人間学」と題された通俗的で親しみやすい講義を続けた。その内容をカント自ら推敲し、一七九八年に著作として世に出したものが、本巻に収められた『実用的見地における人間学』(以下『人間学』と略す)である。これは、『諸学部の争い』とならんで、生前にカント自身の手によって公刊された最後の著作ということになるが、内容はそれまでの二〇数年の仕事が元となったものである。また、その間に書き溜められたものは、覚書や講義草稿の形で残っており、本巻ではそれらから比較的まとまった内容のものを抜粋し、『人間学遺稿』として訳出した。遺稿からは、なるべくまとまりがあって意味の取りやすい箴言風の断片を選んだが、他方では、くどくならない範囲で、カントの試行錯誤を窺わせるような走り書きの類もいくらか取り上げてみた。カントの人間学講義を知る手がかりとしては、このほかに、聴講者が筆記したノートが複数存在しており、それらは最近アカデミー版カント全集第二五巻として公刊された(一九九七年)が、本巻では扱っていない(本全集20巻にその一部分を収録)。

『人間学』も『人間学遺稿』も、三批判書を補足するような興味深い具体例や、自由なエッセー風の考察からなっている。それと言うのも、『人間学』「はじめに」でも述べられているように、学校で何かを学んだ者が世の中を見、世の中で生きるためにもつべき「世界知(世間知)」というものを育成することが、人間学講義のねらいだったからである。同じねらいをもった通俗講義としてカントが講じていたのが「自然地理学」であり、いずれも大学の講義としては、歴史上カントが初めて行ったものである。自然地理学は、おそらく一七五六年の夏学期に始まり、一七七二—七三年冬学期から人間学がそれに付け加わった。これらの講義の性格について、カントは、一七七五年夏学期自然地理学講義のための公告として発表した『さまざまな人種について』という論文で、次のように説明している。「この世界知はほかで得られた学識や技能の一切に実用的なものを賦与するのに役立つものである。これによって、学識や技能は単に学校に対してだけでなく、生活に対しても役立つものになり、学業を終えた生徒は、これによって彼の使命の舞台へ、すなわち世界の中へ導かれるのである。」その世界知には自然と人間という二つの対象があり、自然を扱うのが自然地理学、人間を扱うのが人間学である。カントは、これらのうち自然地理学を夏学期に行い、人間学を冬学期に行うことに決めた、と告げている(Ak, II, 443. 本全集3巻四一五頁)。

その人間学は、バウムガルテンの『形而上学』という学校哲学の教科書を用い、その「経験的心理学」の巻を参照しつつなされた講義だったが、今われわれの前にある著作から窺えるように、豊富な事例によって生気を与えられた、カント自身の人間論であった。講義の評判はよく、聴講者には、学生ばかりでなく一般の人々も加わっていたようである。カントの伝記を著したヤッハマンは次のように伝えている。「分り易い、しかも極めて面白い知識を与えたのは人間学および自然地理学の講義で、またこれには聴講者も最も多かったのでした。ここではあの高遠な思想家は感性界を歩き回って、人間と自然とを独創的な理性の炬火で照らし出しました。カントは人間および自然に関する深い知識の刻印を帯びた明敏な洞察を、機知と創意に充ちた話しぶりでもって講述しましたので、聴講者達はすっかり魅了されてしまいました。人間と自然とを見る新しい眼を与えて貰って喜んでいる青年達と並んで、司法兼行政顧問の肩書をもったモルゲンベサーその他のような博学多識の実業家達が席を占め、しかも十分な心の糧を得て満足している様は、見ていても何となく愉快なものでありました」(Jachmann, SS. 32-33. 邦訳三八頁)。

このように評判の高い講義であったから、その内容が著作として公刊されることを人々が心待ちにしていたのも無理のないことであった。人間学の講義が終了したのは一七九六年春で、翌年の一七九七年の『新ドイツ・メルクール誌』(*Der Neue Teutsche Merkur*)に、四月一二日付のケーニヒスベルクからの通信として、カントが同年中に『人間学』を出版するだろうという予告が出る。同年の秋には、ビースターが、一七九七年九月二〇日付の手紙で、カントに次のように書き送っている。「読書界はあなたの人間学を最大の喜びをもってお迎えするでしょう。人々はもうずっと前からそれを見ることを渇望していたのですから、あなたがこれを今年中に印刷に付されるのは素晴らしいことです。」それより少し後には、一一月五日付の手紙で、ティーフトゥルンクが、「読者はあなたの『人間学』を待ちこがれていますが、これはすぐに出版されるでしょうか」と尋ねている。しかし、同年中には出版は実現せず、『人間学』が印刷されて市に出されたのは、一七九八年一一月のことだったと推定される(Brandt, S. 30)。この書物はカント学徒の間には非常な満足をもたらした。同年一一月二五日付の手紙でキーゼヴェッターはカントに賛辞を送っている。「あなたの『諸学部の争い』と『人間学』とは私に限りなく大きな喜びを与えてくれました。後者は私に、私があなたの口ずからの講義を拝聴したときの幸福な時間をたびたび思い出させてくれます。それは私にとって永遠に忘れられない時間となるでしょう。」また、カントの弟子レーマンの一七九九年一月一日付の手紙によると、ゲッティンゲン大学のリヒテンベルクおよびブルーメンバッハ両教授も大変満足を覚えたとのことで、両教授は、自然地理学の出版も差し控えないようにカントに頼んでくれ、そうでないと読者の損失はあまりにも大きいだろう、と言ったという。

しかし、他方では『人間学』に失望した読書人たちもいた。例えば、文豪ゲーテにとっては、この書物は「あまり気分を引き立たせるものではな」かった。「人間がいつも病理的な状態において」扱われていることが気になったのである。確かに老大家の明敏さは失われていないものの、多くの箇所が偏狭で保守的である、とゲーテは言う。「賢者はまぬけという言葉をこんなに頻繁に使うものではない」し、天才と才能、そして詩人たちを、邪魔者と見ているのもよろしくない。その他の芸術についても、カントは何も分かっていない。女性や諸国民の性格描写も、著者の長い人生経験に比してあまりに浅薄である(Malter, SS. 335–337)。また、シュライヤーマッハーは、カントのこの著作が瑣末な事柄の寄せ集めに終わっていて、実践的目的に導かれた人間本性の哲学的・経験的な研究という狙いを満たしていない、と書評の中で批評し、特に、カントが自由意志と自然的決定論との関係について満足な説明を与えていないことに失望している。女性や諸国民の性格描写の軽はずみぶりを非難している点は、ゲーテと同様である(Malter, SS. 338-343)。

『人間学』は親しみやすい書物だが、個人的な思いつきの寄せ集めにすぎないといった非難がなされるのも事実である。確かに、心の病気の煩瑣な分類は、学術的伝統を踏まえた語法によってなされたものではないし(Brandt, S. 41)、さまざまなタイプの人間に対する批評は、よく練られた哲学というよりは、カント個人の性格や人生観を表していると言った方がよいかもしれない。それでは、この作品は、カントの哲学の中では付録のような意義しかもたないものなのであろうか。人間学講義と『人間学』はカントの哲学全体に対して、何か独自の貢献をしてはいないのだろうか。以下では、カントの批判哲学の中で見たこの著作の意義、ならびにカント人間学の今日的意義について述べたい。

## 二　批判哲学と人間学

### 「人間とは何か」の問い

カント自身が人間学に対して与えている体系上の位置づけは、決して首尾一貫したものではない。『純粋理性批判』の中の「純粋理性の建築術」の章で開陳されているカントの体系構想では、人間学は、純粋な哲学ではなく、経験的哲学として、哲学の応用的部門に属するとされている。正確に言えば、純粋な哲学の中にも予備学としての「純粋理性批判」、そして実質的な部門として「自然の形而上学」、「人倫の形而上学」の二つがあるのだが、以上のうち、「自然の形而上学」に対応する応用的部門として「経験的自然学」というものがあり、「経験的自然学の付属物」が「人間学」であるというのである(A 849/B 877)。また、『人倫の形而上学の基礎づけ』では、「実践的人間学」というものがあるとされ、こちらは自然の形而上学ではなく、人倫の形而上学に対応する経験的・応用的部門と考えられている(IV, 388-389)。

いずれにしても、これらの箇所では、人間学は応用的な哲学と位置づけられているのである。しかし、カントは、少なくとも後の時期には、人間学を自身の哲学を総括するようなものとみる考えももっていた。そのことがはっきり表れているのが、『イエッシェ論理学』(本全集17巻所収『論理学』)「序論」の中の、一七九〇年代中頃のカントの考えを反映していると思われる有名な箇所である。そこでは、まず、「学校概念」に従う哲学と「世界概念」に従う哲学という、『純粋理性批判』でも行われていた区別があらためて提示される。「学校概念」に従う哲学が、理性認識を知識として体系化したものでしかないのに対して、「世界概念」に従う哲学は、人間理性の究極目的についての学、世界市民のための哲学であり、これなしには哲学は専門知識やテクニックでしかない。この「世界概念」に従う哲学というのは先に出てきた「世界知」とは異なって、哲学の全部門を包括するような広いものを指すようである。さて、カントは言う。「このような世界市民的な意味での哲学の領野は、以下の問いへと帰着させることができる。

一、私は何を知りうるか。
二、私は何をなすべきか。
三、私は何を望むことが許されるか。
四、人間とは何か。

第一の問いには形而上学が、第二の問いには道徳学が、第三の問いには宗教が、第四の問いには人間学が答える。だが、根本的には、以上のすべては人間学に数え入れることができるだろう。最初の三つの問いは最後の問いに関連するからである」(IX, 24-25. 本全集17巻三四―三五頁)と。これらの問いのうち、最初の三つは、『純粋理性批判』でもすでに提示されていたものである(B833)。その後に、それらと並びつつ、同時にそれらを総括する第四の問いが新たに加わったということになる。その一番根本的な問いに答えるものが「人間学」だというのだが、一体これは、カントが通俗講義として講じていた「人間学」のことなのであろうか。一七九三年五月四日付シュトイトリン宛のカントの手紙は、そうした問いにイエスと答える内容となっている。というのは、そこでは、やはり件の四つの問いが並べられた後、最後の「人間とは何か」に関して、「私はこれについてすでに二〇年以上、毎年講義を続けてまいりました」と説明されているからである。

こうした、カント自身による評価の揺れ動きは、不審であると言わざるをえない。「人間とは何か」という問いにすべての哲学的問題が帰着するというのは理解できる点であるが、人間学講義がわれわれに残したものは、あくまでも「実用的見地における」人間学であり、カント哲学の画竜点睛をなすほどの探究の徹底性を備えたものとは見えないのである。(『人間学』「はじめに」の原注で、カントは、自らが行ってきた自然地理学と人間学の講義を「純粋哲学」に数えているが、そのことはこの著作の「実用的」という性格を実質的に変えはしないだろう。)ただ、人間学講義が批判哲学のテーマ全体を覆うような網羅性を備えていることは事実であり、ある固有な観点からカント哲学を総括していると言えるような面も確かにある。そこで、批判哲学全体との関係に注目したとき、人間学講義にどのような特徴があるかを考えてみることにしよう。

第一に、三批判書が論じている三つの能力すべてを人間学は扱っているが、三批判書とは異なって、アプリオリで客観的な原理に即してではなく、「心 Gemüt」という一つの主観的な原理に関連させながら説明している。カントの超越論的哲学や道徳哲学がその存在を前提としている人間の「諸能力」を、人々が身近に実感できる経験に引きつけ、そこにどのような形で現象しているのかという見地から説明してくれるのである。悟性や構想力、快・不快の感情、欲求能力が、個々人の資質や主観的状態の中でどのように健全に、あるいは歪んで、そしてしばしば病的な倒錯の形態において、活動するかが倦むことなく観察、分類されている。カントは、ここではつねに、波立ち騒ぐ「心」の性質を認識することと、それを健全に保つ可能性を探るという視点から人間を見ているのである。

第二に、後半の人間学的性格論まで含め、人間学は全体として、人間の中の悪への性癖や善性を実社会でのさまざまな敵対的、親和的諸関係の中に捉えてゆこうとするものであり、そのような社会の中で人間が自己を「開化し、市民化し、道徳化する」ことによって「自己を人間性に値するようにする」ことがどのようにして可能となるのかを問う、歴史哲学的な関心にもとづいたものである(『人間学』「第二部」「E 人類の性格」VII, 324–325)。歴史とは、超感性的な道徳原理と、感性に動かされている人間の、その二つを結ぶ本当の意味での人間的現実の世界である。カントにとってそれは「世界市民(Weltbürger)」としての素質をもち、世界市民となりつつある人間の世界にほかならない。「実用的」人間学とは、世界市民としての人間の自己形成ならびに、相互形成の知恵を集めようとするものであると言ってよいだろう。

それでは、以上の二つの特徴は、どのような関連を互いに有しているのだろうか。錯覚や妄想など、心のさまざまな病的状態に関するいささかくどいとも言える分類と警告は、世界市民の哲学にとってどのような意義をもつのか。実用的人間学の思想が具体的に見えてくるのは、おそらく、この点に注意を向けたときなのである。

## 仮象批判としての実用的人間学

言うまでもないが、批判哲学とは、人間が仮象に陥りやすい存在であると認識し、その仮象から真正の認識を区別することを意図したものであった。そのために、感性的経験を離れてしまった理性が陥る形而上学の仮象を批判する、「純粋理性批判」という作業から始められねばならなかったのである。一方、人間学もまた、さまざまな仮象を問題にしている。空想に耽溺したり、神秘の光を直観したと思い込んだり、あるいは心気症に悩んだりといった話が、これでもかとばかり、執拗に取り上げられている。有徳であるといううぬぼれも目敏く指摘される。いずれも、『美と崇高の感情にかんする観察』(一七六四)、『脳病試論』(一七六四)、『視霊者の夢』(一七六六)以来、『たんなる理性の限界内の宗教』(一七九三)、『人倫の形而上学・徳論』(一七九七)などに至るまで論じつづけられているテーマである。『純粋理性批判』が感性的経験から遊離した「純粋理性」の陥る仮象を論じているのだとすれば、これら一連の著作と人間学は、感性的な能力の仮象、より正確には(眼前にないものを感性的にイメージする力としての)構想力の仮象を論じ、仮象批判を下から補完しているのだと言えないだろうか。幻想を見るのは、抽象的な思弁を弄ぶ純粋理性だけではない。感性的存在であるがゆえに人間が陥る仮象も、それに劣らず根が深いということである。理性の仮象と構想力の仮象がどう関係しあうのかは明らかではないが、仮象批判という点で、人間学が批判哲学の主要部分と深く結ばれていることは、疑いえない。

特に、人間学での仮象批判は、自分の心の外に世界が実在することを疑う観念論者に対して『純粋理性批判』が行っている論駁と、よく似た問題意識の上に立っているように思われる。内的経験は常に「私の外」にある物についての経験と結びついていなければならない、さもないと、「私の内」の出来事についての経験は信頼できる客観的な経験とは言えないだろう、というのが『純粋理性批判』の「観念論論駁」におけるカントの議論であった。実用的人間学もまた、「私の外」なるものに準拠していない自分だけの心の世界が一人歩きし、肥大するさまを、いろいろな病態に即して論じているのだと言えないだろうか。たとえば、夢想や霊感は外的経験を無視した内的感覚であると説明されている(『人間学』§24)。だから、『人間学』によってわれわれは、観念論批判が講壇哲学上での み意味をもつのではなく、「私の外」を認めないさまざまな意味でのエゴイズムの危険に対する警告でもあり、神秘的直観の内容を吟味なしに盲信する宗教上の狂信を批判する作業にまでつながっているということが分るのである。一言で言えば、自己意識の考察に始まる心の病理解剖は、自分一個の世界に没入することへの強い誘惑が存在することを指摘し、その危険性を説くことを通して、真に啓蒙された人となることの必要性と指針を論ずるものにほかならない。

カントの規則正しい生活は有名だが、それは「私の外」なる大地と太陽が刻む時間(『純粋理性批判』B277-278)に準拠することで自己を明晰に保とうとする知恵であったにちがいない。「朝早く起床できるように夜早く就眠して構想力を抑制するのは、精神の摂生にとって必要であり、またはなはだ有益な規則である」(『人間学』§33)、とある通りである。

また、食卓での社交のもつ効用が、健康面でも道徳の面でもカントにとって不可欠であったことは、言うまでもない。社交におけるコミュニケーションは、「私の外」なる他の人々と時を過すことで、内的世界の自家中毒を予防するものであった。人は、それぞれの職業、地位の枠内で自分の行っていることが普遍的な価値をもつ、と自惚れやすい。学者という人種は特にそうした単眼的な偏狭さに陥りやすく、カントはそういう人種を一つ目の巨人「キュクロプス」と呼んでいる。そして、そういう人々には「特製の眼をもう一つつけ加えてやらないといけない」（覚書九〇三）という。これは、自分の「外」にも目を向けることで、「悟性と理性の自己認識」（同）を推し進めよということである。カントの実生活での戒めと、形而上学批判という学術上のテーマとが、一つのこととして見事にまとめられている箇所であると言ってよかろう。

かくて、実用的人間学は、カントの思想の真の通奏低音であり、目的地でもある「啓蒙」の、その必要性と可能性を、「心」の解剖を通して論じたものであったと言うことができる。

## 自律の処方箋としての実用的人間学

仮象から覚醒する努力は、また、空想や情欲に翻弄されることなく、自己自身の立てた原則に従って自己を形成してゆく努力と表裏一体の関係にある。実用的人間学は、自己形成という積極的な相においても理解されなければならないだろう。

単に一つの自然、一つの所与としか考えられないものとしての人間は、したがって、ここではそれほど重要性をもっていない。『人間学』の「はじめに」で、カントは、実用的見地における人間知を生理学的見地における人間知から区別して、次のように言っている。生理学的な人間知は、「自然が人間をどんなものにしようとしているか」を論ずるが、実用的な人間知は、「人間が自由に行為する存在者として、自分自身をどんなものにしようとし、あるいはすることができ、またすべきであるか」ということを探究するものであると(VII, 119)。

カントがこのように断っているのは、もちろん、「人間学(anthropologia)」という語が生理学的な人間探究を指すために用いられることがあるのを念頭に置いてのことである。この語は、一六世紀から学術用語として用いられるようになり、学校形而上学とも数学的自然科学とも異なった分野として成長していった。この過程で、「人間学」は生理学的、心理学的に人間を説明する学としての性格を明確にし、心身の関係や自然界における人間の位置などをテーマとしていたようである(Marquard, 1965, S. 211 f., 225)。カントの人間学もこうした流れから発しているわけだが、しかし、彼の意図は少なくとも生理学のような学校的な知としての精緻さを目指すものではなかった。

実際、一七七二年にプラトナー(Platner)が世に出した『医師および哲学者のための人間学』(*Anthropologie für Ärzte und Weltweise*)に関して、カントは自分のやり方はそれとは違うということをヘルツ宛書簡の中で述べている。「プラトナーの『人間学』の御批評を拝見しました。……この冬には二回目の人間学の私講義を致しますが、私は今ではこの講義を大学の正科目にしたいと考えています。しかし私の計画はまったく異なったものです。私がもっている意図は、人間学によってすべての学問の源泉、人倫・技能・社交・人間を形成し統御する方法、したがってあらゆる実践的なものの源泉を開示することです。その場合私は、人間本性一般の変容の可能性の第一根拠よりも、現象およびその法則をより多く求めます。ですから、身体の諸器官がどのように想念と結合するかというその仕方についての精密な、しかし私の眼には永遠に空しいものであると見える研究は、まったく省かれます」(ヘルツ宛一七七三年末。本全集21巻七八—七九頁)。このように、カントのねらいは、現象の根拠を探究することにではなく、現象の法則を自己形成のために活用することにあったのである。『人間学』「はじめに」の先に引用した箇所でも、「頭脳のうちに残存する印象の痕跡」のことを「デカルト風に」詮索することが問題なのではない、と告げられている。そうした出来事についてはわれわれは「傍観者(観客)」であり、これを自分の意図どおりに操作できるわけではない、と。これに対して、たとえば想起能力をよくしようというときに、記憶にとって助けや妨げになるものが何であるか分かれば、これを活用することができる。そのような知識が「実用的人間学」に属するというのである。

もちろん、心身の結合や脳についてカントは無関心だったわけではない。心身結合の問題は『人間学遺稿』の中で、幾度もとり上げられている。ただ、そうした問題に対するカントのアプローチの仕方は、これを「傍観者」として研究する解剖家の立場においてではなく、むしろ、当事者として自分の心身とどのように付き合うかという形のものであった。だからこそまた、思考したり知覚したりする「魂」という原理を想定する「心理学」とも、違った問題意識によるものであると言われるのであろう(本書所収の「一七八〇年代の講義草稿」、ならびに『人間学』§14)。

この当事者としての自覚にもとづく心身の健全さの維持が、カントの終生の関心事であったことは今さら強調するまでもないが、『人間学』推敲の時期にもカントは特別その問題に注意を払い、また、これを哲学的な問題であると考えていた。というのは、一七九七年三月のフーフェラント宛の手紙で、カントはフーフェラントの著書『長寿法』(*Makrobiotik*, 1796)を受け取ったことに関して礼を述べ、道徳的素質は人を鼓舞する力をもつという著者の考えを、自分の『人間学』に生かすつもりであると書いているからである。続く手紙で、カントは、自分自身の養生法に関する考えをまとめて送ることをフーフェラントに約束したが(同年四月一九日)、一七九八年一月にまとめられたその書簡形式の論文は、「単なる決意によって自己の病的感情を克服する心の力について」と題されていたのである(『人間学』§50原注でもその内容が言及されている)。この論文はすぐ後に『諸学部の争い』第三部に取り入れられることになった。そこでの基本思想は、自分の感情を自分自身が与えた原則によって支配する「理性の力」で生活様式を規定するとき、養生法は哲学的であるということである(VII, 100-101)。当事者としての心身への関わり方とは、決意と原則の力によって自己を律することを根本とするものであることが分かるだろう。「自由に行為する」存在としての人間が問題であるということの、これは好例である。

同じ思想は、『人間学』の大きな題材の一つである「性格」という概念の中にも、よく表れている。カントの考えでは、性格をもつということは、本来、何らかの自然的性質をもつということではなく、原則をもって生きる人であるという意味だからである(『人間学』「第二部」「A　個人の性格」「Ⅲ　心構えとしての性格について」VII, 291-292)。「あれこれの性格をもつ」と言われる場合にはその限りではないが、「性格をもつ人である」と端的に言われる場合には、その人は自然の産物であるだけでなく、すでに自由の産物としてもみなされているわけであり、それだけですでに、讃嘆に値するのである。このように、「実用的」人間学は、道徳や理性が感性的存在としての人間とどう切り結ぶのか、そうした媒介の次元の問題に光を当てる性質のものである。

こうしたカントの意図の独自性は、生理学や心理学だけでなく、ドイツ観念論の思弁的哲学と比較してみることによっても、際立たせることができるだろう。たとえば、ヘーゲルは『エンツュクロペディー』第三部「精神哲学」の中で、「人間学」をその第一部門に置いているが、人間学はヘーゲルにとって、まだ「自然」に束縛されていておよそ精神として目覚めていないような心を扱うにすぎない(三八七節)。かかる不完全な学であるために、そこでは、諸能力はばらばらに論じられ、心身の結合をどう説明するかという問題も放置されてしまっているという。これに対してヘーゲルの思弁哲学は、精神が自己に目覚め、自己が一般的で普遍的なものであると自覚するとき、心身の異質性も、そしてまた他者との相克も、ともに克服されて真に自由となる、と説くものである。

カントの人間学は、ある面では、ヘーゲルのこのような要求と共通する問題意識にもとづいていると言うことができる。つまり、個人の内部の分裂であれ、人間同士の分裂であれ、人間におけるさまざまな分裂が社会と歴史の中で克服されていくための手がかりを与えるという課題である。けれども、決定的に異なっているのは、カントは人間の自由というものを人倫の完成の中にではなく、最終的な答えがまだない状態の中で人間が自分の方向を定めてゆく、その力の中に見ているという点である。心身結合の仕組みを解明することが問題でないのと同様、カントにとっては、人間の本性が善かどうかという問題も、断定すべき事柄というより目標設定に属する事柄であった(『人間学』「第二部」「E　人類の性格」VII, 324)。カントが繰り返し立ち戻る「普通の悟性」、「健全な悟性」、また「健全な理性」といったものは、そのようにまだ「途上」にある存在としての人間が唯一所有している拠り所なのである。

実用的人間学は、有限な存在である人間にとっての自律の必要性を示し、その具体的な処方箋を健全な悟性と経験的知恵から聞き取ろうとするものである。こう考えると、この「実用的」性格は、よく体系化された哲学と比べた場合、ある意味では長所であると言うこともできる。人間は、自分個人の運命も人類の運命も、当事者としてこれを担っているのであって、哲学体系はこの実践を肩代わりしてくれるわけではないのである。主体性と自律の哲学であるカントの哲学が、最後にこのような非体系的な著作を世に送り出して「経験」という肥沃な低地を指してみせたことは、ある意味では自然なことであり、われわれはそれに対して苦情を言うべきではないだろう。

## 三　カント人間学の今日性

ところが、有限なる人間理性の自律というカント的な思想は、二〇世紀には、新しいタイプの批判に晒されることとなった。ニーチェが先鞭をつけた、西洋近代のヒューマニズムに対する批判がそれである。人間への問いを重要な哲学的テーマとすることや、理性の力による自己統御を重視すること自体、西洋近代に特有の偏見にもとづく態度である、といった批判が二〇世紀の特に後半に生まれてきたのである。たとえば、後期のハイデガーは、人間ではなく「存在」の語りかけに耳を傾けるべしと説き、フランスの構造主義、ポスト構造主義の思想家たちもまた、人間理性中心主義的な人間観と世界観を手厳しく批判した。西洋哲学はキリスト教形而上学の呪縛を離れた後も、人間理性への素朴な信頼と、そこに世界解釈の根拠を置こうとするような偏見から逃れ得ていなかった、というのである。

ここでは、ミシェル・フーコーの『言葉と物』(一九六六)における人間学批判にだけ触れておく。フーコーによれば、「人間」が学的問いの対象として特別の重要さをもつようになったのは一八世紀、カントの時代からでしかない。カントの頃から、人間は、主体でありながら世界の中でたえず自らの有限性にぶつかり、そのため思考へと駆り立てられている存在であると自覚することとなった。そして、「人間」がクローズアップされ、人間に関わりさえすればすべての真理の本性が解き明かされるだろう、という探究姿勢が定着したという。だがそれは、カントがそこから抜け出したと自負する「独断のまどろみ」にも似た新しい偏見、「人間学のまどろみ」の始まりであった、というのである(『言葉と物』邦訳三六三頁)。フーコーのこの批判以後、人間学を陳腐な、あるいは抑圧的な企てとみなす風潮が生まれた。

けれども、このような西洋近代批判の中で、要するに「人間学」の何が悪いと考えられたのかは、必ずしも明瞭ではない。『言葉と物』は、単に、「人間」というテーマは最近発明されたにすぎない以上遠からず消えるだろうと冷たく予言するだけである。フーコーが他の著作で展開している権力論は、近代的人間理性が、人間を特定の標準に適合すべく管理、訓育するような権力装置と結びついていたと論ずる。なるほど、そのような装置を動機づけるものがカントの人間学の中にないとは言えない。それにまた、カントの覚書の中には、アジアの人間を一段低く見るような考えも見出され、今日のわれわれから見ると、カントの見識が近代ヨーロッパの自文化中心主義に制約されていたことを認めざるをえない。女性蔑視に溢れているという批判が出てくるのもまた当然である。だが、「人間とは何か」という問いが哲学にとって重要であること、ならびに、人間が陥る仮象を人間自身の知力と意志で克服するという課題の重要性に対しては、いわゆる「西洋近代」への幾多の批判を通じても、真に説得力ある反論が出たとは言えないように思われる。

実は、フーコーとカント人間学の関わりは、もっと早くからのものである。フーコーは『人間学』の仏訳者であり、『人間学』への長文の序論も書き残している。その内容は、カント人間学の中に「経験的なもの」の復権を見、遺稿『オプス・ポストゥムム』での新しい企てにつながるような、「経験的なもの」に肉薄した超越論的哲学の可能性を見ようとするものである。そこでは、特にカントの人間学に批判的であるわけではない。ただ、フーコーによれば、人間学は批判哲学に寄生した副次的な形でしか提示されえないという教訓をこそ、カントから受け取るべきであるのに、その後の哲学は、人間学的なものを哲学の基盤たる自立した領域とみなした(「現象学的還元」や「世界-内-存在」の思想)。それが新たな仮象である、というのである。もっとも、この場合にも、それが仮象であるという理由はあまり明確にされてはいないのであるが(以上、Foucault, 1961 ; Ferrari, 1997, pp. 159–171)。また、後期のフーコーは啓蒙哲学の価値を再認識するとともに、自己の鍛練という古典古代の倫理に関心を寄せることとなる。

してみると、「人間学のまどろみ」といった批判は、確かに「人間」というテーマを相対化し、その小ささを笑うことを可能にしてくれる清涼剤の効果をもっていたかもしれないが、だからといって、カントがその著作と実生活を通して提起した、当事者として自己をどう用いるかというごく基本的な問題を、棄却させるほどの根拠を有するものではなかったのではないだろうか。理性の名の下に人間を管理、訓育するような権力の哲学であるという非難も、当たっていない。支配されるために受ける訓育と、支配を受けずに「自分の足で立つ」ための人間形成とは、混同されてはならないものだからである。特定の職業や特定の国という立場に自分の判断を預けてしまうことは、いかにも簡単であるし、そのうえ今日ならば、感覚的な欲求を即席で満たす商品の氾濫が、人の心を依存的にしている。これに対して、原則をもつ(つまりは性格)ということは、当面の必要や立場にふり回されたり埋没したりせずに、長いスケールで自己と人間を見る力を培う、その意味で「もう一つの眼」をもつことにつながるだろう。「実用的見地における人間学」という考えがもつ価値は、減ずるどころか増しているように思われる。

なお、人間学遺稿の抄訳としては、すでに理想社版カント全集第一四巻での坂部恵氏の優れた試みが存在しており、抜粋の方針に関しても、また訳文の面でも、大いに参考にさせていただいた。道徳や歴史哲学に関係した遺稿は、M・カスティヨによって仏訳されており(Castillo, 1990)、本訳稿と重なるところは少ないが、裨益された。

## 参考文献

Brandt, Reinhart, (1798), *Kritischer Kommentar zu Kants Anthropologie in pragmatischer Hinsicht*, Felix Meiner Verlag, Hamburg.

Castillo, Monique, (1990), *Kant et l'avenir de la culture*, Presses Universitaires de France.

Ferrari, Jean (ed.), (1997), *L'année 1798 : Kant sur l'Anthropologie*, Vrin.

Foucault, Michel, (1961), *Introduction à l'Anthropologie de Kant*, Thèse complémentaire pour le Doctorat ès Lettres. ソルボンヌ大学図書館およびフーコー・センター(Centre Michel Foucault, 9, rue Bleue, 75009, Paris)にて閲覧可能。

Foucault, Michel, (1966), *Les mots et les choses*, Éditions Gallimard. ミシェル・フーコー『言葉と物』渡辺一民・佐々木明訳、新潮社、一九七四年。

Hinske, Norbert, (1966), »Kants Idee der Anthropologie«, in Heinrich Rombach (ed.), *Die Frage nach dem Menschen : Festschrift für Max Müller zum 60. Geburtstag*, Verlag Karl Alber, Freiburg/München.

Jachmann, Reinhold Bernhard, (1804), *Immanuel Kant geschildert in Briefen an einen Freund*, Bruxelles, 1968. 木場深定訳『カントの生涯』理想社、一九七八年。

Malter, Rudolf, (1980), »Anhang II«, in Immanuel Kant, *Anthropologie in pragmatischer Hinsicht*, Felix Meiner Verlag, Hamburg.

Marquard, Odo, (1965), »Zur Geschichte des philosophischen Begriffs "Anthropologie" seit dem Ende des achzehnten Jahrhunderts«, in *Collegium philosophicum*, Basel und Stuttgart, 1965.

Schmidt, Claudia Maria, (1999), *Kant's Transcendental and Empirical Anthropology of Cognition : the Acount of the Cognitive Faculties in the Anthropology from a Pragmatic Point of View and the Critique of pure Reason*, UMI Dissertation Services.

山下太郎・坂部恵『カント全集』第一四巻(理想社、一九六六年)「解説」。

Van de Pitte, Frederick P., (1971), *Kant as Philosophical Anthropologist*, Martinus Nijhoff, The Hague.

(高橋克也)

## は



## ひ

## そ

数学者　150, 248
崇高　191
崇高な(もの) erhaben　63, 191, 193, 194, 198, 201, 266, 304, 378
スカリゲル　107, 169, *449*
『スカルメンタードの旅行記』　292
スコットランド(人)　58, 112
スターン　136, 182, *454*
『捨て子』　78
ステントール　69, *443*
ストア派(の) stoische Schule/stoisch　79, 88, 208
頭脳／頭 Kopf　11, 38, 41, 42, 133, 136, 143, 144, 166, 168-172, 179, 182, 200, 202, 224, 351, 384, 389, 399
スペイン(人)　73, 207, 303
『スペクテイター』　93
スミス, アダム　144, 411, *455*
スラ　267, *481*
すり替え Subreption　349
ズルツァー　330, *502*

せ

生 Leben　79, 188, 382, 383　⇨人生*, 生命*
　生存可能　312
　生存様式　231, 313
　生存欲求　178
性(的) Geschlecht　98, 143, 230, 243, 249, 282, 291, 292, 409　⇨セックス
　——の解放　288
　——の喜び　378
　——本能　318
　——欲　292, 319
性格 Charakter　14, 89, 138, 182, 200, 203, 255, 258, 264-270, 273, 274, 277, 278, 281, 282, 284, 286, 290, 294-298, 300-302, 304, 305, 308-312, 315-317, 324, 327-331, 401-404, 424, 425
　——形成　267
　——診断　272
　——描写　255, 264, 298, 300, 310, 325
生気　164, 191, 200, 204, 209, 221, 226, 248, 258, 347　⇨活気づけ
正義 Gerechtigkeit　413, 417　⇨不正
性向／性癖 Hang　60, 74, 75, 77, 196, 226, 241, 260, 261, 275, 278, 297, 307, 315, 317, 324
政治(的) Regierung　102, 209, 331, 345, 403　⇨統治
　専制——　307
　——術　89
　——体制　298, 305, 308
性質　57, 97, 265, 266, 268, 272, 283
誠実　32, 118, 128, 137-139, 270, 426
聖書　79, 106, 118(聖なる書物), 144, 156, 352　⇨『旧約聖書』
聖職者　58, 88, 131, 140, 144, 270
精神(的) Geist　58, 68, 167-169, 198, 201, 239, 257, 274, 276, 297, 300, 304, 307, 310, 382, 383, 404, 423　⇨心, 心霊*, 魂, 霊魂*
　美しい——　201
　自由——　299
　自立——　296
　卓越した——　167, 168
　奴隷——　229
　無——　152
　——麻痺　152
　——錯乱　153
精神異常 Verrücktheit　134, 135, 150, 152, 153, 155, 157, 158, 160　⇨狂気
精神異常者 Verrückter　114, 135, 365　⇨狂人*
精神科医　206, 207
精神薄弱　277
精神病　99, 133
精神病院　100, 134, 152
贅沢　70, 178, 203, 204, 289
　——禁止法　144, 203
　——三昧　184
　——品　103
正当化　48, 50, 51, 284

⇨刺激，自己触発
職務　161, 162, 164, 199, 200, 202, 264, 305　⇨仕事
食欲　399
如才ない　41, 61, 136, 261, 313, 421
女性 das weibliche Geschlecht　60, 88, 109, 121, 134, 143, 146, 152, 156, 163, 167, 183, 184, 222, 223, 238, 247, 276, 282-293, 299, 318, 362, 407-409　⇨女，婦人
触覚　64, 315
庶民　101, 105, 108, 163, 196　⇨民衆
書物　38, 108, 140, 156, 179, 289　⇨本
所有欲 Habsucht　230, 233, 235, 236, 239, 369
ジョンソン，サミュエル　163, 164, *459*
シリア　75, 139
思慮　258, 262　⇨賢知，知恵
——分別　89
——深い　161, 185, 186
司令官　130, 161, 217, 261　⇨将軍
神学 Theologie　358
人格 Person　23, 91, 143, 190, 196, 233, 249, 275, 316, 331, 397
神学者 Theolog　387, 420
『新機関』　165
心気症(の) Hypochondrie　100, 102, 133, 148, 182, 319, 352, 366　⇨鬱質
神経　12, 63, 89, 148, 224, 381
——突起　64
信仰 Glaube　58, 139, 270, 281, 331, 360
真実 Wahrheit　14, 61, 102, 108, 167, 199, 238, 293　⇨真理*
信者　53, 58, 131, 144, 281
人種　12, 310, 328-331
神聖(な)　139, 158, 220, 246
人生 Leben　79, 82, 86, 99, 109, 110, 122, 132, 149, 177, 178, 180-184, 188, 200, 215, 216, 232, 250, 292, 313, 369, 399　⇨生*，生命*
親切　61, 225, 256, 259, 296, 299, 301
身体(的)／体 Leib/Körper　62, 88, 112, 134, 159, 187, 206, 212, 220, 224, 250, 257, 276, 282, 310, 376, 381, 391, 392, 422, 423　⇨肉体
——感覚　63, 148
——構造　323
神託　42, 50, 113　⇨霊感
『神託の書』　114
神智学 Theosophie　388
神秘(的)　112, 122-124, 156, 168, 380　⇨霊感
——説　115
神秘家　38, 365
進歩　111, 124, 283, 313, 328-330　⇨歴史
真理／真 Wahrheit　25, 46, 76, 118, 126, 164, 171, 290　⇨真実*
心理学(的) Psychologie　34, 43, 46, 74, 102, 150, 186, 215, 257, 428
人倫(的) Sittlichkeit/Sitte　195, 215, 306, 386, 427　⇨道徳
人類 Mensch/das menschliche Geschlecht　86, 121, 144, 229, 238, 243, 255, 282, 286, 287, 294, 309-312, 314, 315, 316, 319-321, 323-325, 328-331, 369, 402, 415, 419　⇨人間
人類愛　299
心霊 Geist　363, 385　⇨霊魂*，精神*
親和(性) Affinität　93, 96, 97, 106

## す

随意志(的) Willkür　48, 56, 93, 95, 111, 114, 116, 119(随意的), 234, 316　⇨意志，選択意志*
不随意(的)　95, 140, 423
スイス(人) Schweitz　99, 417
睡眠　80, 81, 83, 102, 115, 116　⇨眠り
熟睡　81
推理／推論　35, 36, 130, 151, 180
スウィフト　60, 61, 162, *442*
スヴェーデンボルク　118, *451*
数学 Mathematik　26, 78, 136, 359, 372, 387

——思想　292
——な浮気　284
——奔放　230-232, 234
——論　114
シュヴァルツ修道士　166, *460*
習慣(的) Gewohnheit　14, 52, 55, 122, 123, 148, 159, 162, 189, 202, 205, 213, 219, 227, 241, 247, 256, 273, 281, 344, 413, 425　⇨慣習
宗教(的) Religion　53, 88, 113, 118, 130, 131, 140, 163, 169, 209, 264, 281, 303, 306, 309, 322, 330, 331, 345, 347, 355, 381, 410
宗教家 der Geistliche　416
宗教裁判　304
執着　132, 183, 184, 215, 227, 235
主観 Subjekt　34, 35, 43-45, 52, 53, 56, 67, 69, 70, 82(主語), 104, 151, 160, 168, 189, 190, 195, 205, 210, 211, 226, 227, 240, 242, 263, 265
人間——　265, 267
主観的 subjektiv　46, 51, 52, 63, 67, 72, 96, 134, 154, 159, 190, 240, 256, 271, 272
熟慮 Überlegung　40, 45, 50, 88, 205, 206, 208-210, 212, 227, 306　⇨反省
熟練／熟達 Geschicklichkeit　30, 52, 110, 127, 132, 181, 192, 193　⇨技巧, 技能*
守護神 genius　354, 399
守護霊 daemon　42, 50, 135, 168, 307, 354　⇨霊感
主人 Herr　87, 96, 127, 192, 193, 298, 415
主人公　292
手段 Mittel　65, 106, 127, 145, 200, 216, 233, 236, 241, 292, 313
受動性(受動的) Passivität　43, 48, 265, 317
趣味 Geschmack　25, 75, 156, 174, 179, 185, 188-198, 201, 203, 204, 226, 245, 247, 271-274, 285, 290, 299, 304, 306, 378, 382-384, 419　⇨嗜好, 味覚*
——人　48
——仲間　268
情感 Empfindsamkeit　372, 383
将軍　99, 128, 130, 131, 213　⇨司令官
称賛(者)　200, 229, 261, 264, 302, 306　⇨尊敬
正直／公明正大　395, 403, 426
常識　85, 126, 133, 158　⇨健全な悟性, 共通感覚
小心　213　⇨小胆
小説　14, 109, 199
招待客　123
招待主　245　⇨主人, 晩餐会
小胆　212-214, 219
冗談　68, 87, 146, 249, 259, 260, 275, 277, 283　⇨機知, 洒落
情緒 Gemütsstimmung　74, 206, 228, 241, 260　⇨気分*
——感覚　63
象徴(的) Symbol　41, 90, 118
衝動 Triebfeder　14, 68, 99, 178, 181, 218, 224, 232, 236, 243, 272, 318
性交——　226
商人　139, 156, 266, 302, 309, 417　⇨商売
大道——　169
——精神　297
情念／情欲 Leidenschaft　58, 60, 101, 182, 205-208, 211, 226-228, 230, 232-238, 240, 244, 261, 368, 392, 423
商売　136, 171, 237, 240, 266　⇨商人
——関係　318
上品(な)　197, 201, 204, 245, 247, 287, 300　⇨洗練
性分 Sinnesart　255, 256, 259, 271, 297, 300　⇨心構え*
食事　148, 189, 192, 245, 247, 248, 301, 393, 399
食卓　247-249
——仲間　246, 248
触発(する) affizieren　43-45, 62, 63, 66, 68, 69, 73, 178, 188, 256-258, 391

⇨思索
自由——　292
——態度　184
思想家　320
躾け(る)　56, 196, 225, 269, 307, 312, 315　⇨教育
実践 Praxis　248
可能的——　109
実践的 praktisch　25, 28, 42, 43, 52, 127, 129, 203, 228, 235, 240, 255, 256, 268, 291, 294, 316, 348, 356, 390, 420
道徳——　163
——人間学　115
嫉妬／妬きもち　78, 99, 177, 284, 290, 291, 293
実用的な pragmatisch　11, 12, 15, 37, 95, 181, 198, 255, 291, 313, 315
実用的(な見地における)人間学　12, 37, 276, 297, 317, 427, 428
室内楽　247, 250　⇨音楽
『失楽園』　191
『詩におけるスウィフト流へつらいの技法』　162
死神　37, 319
支配　238, 282, 285-287, 293　⇨権力, 統治
——権　262, 284, 291, 415
——力　281
支配者　293, 345, 408
芝居 Spiel　11, 12, 149, 305　⇨遊び*, 演劇*, 戯れ*
自発性 Spontaneität　34, 43, 45
事物 Ding　12, 120, 146, 153, 230, 233, 315　⇨物質, 物体
自分自身　31, 80, 88, 119, 131, 132, 146, 154, 171, 172, 181, 185, 190, 261, 265, 266, 270, 312, 317, 331　⇨自己
思弁(的) Spekulation　43, 47, 153, 343, 348, 357, 358
司法 Gerechtigkeit　418
——の案件　364
市民(的) Bürger　88, 139, 143, 271, 295, 306, 318, 321, 323, 325-327, 330
⇨国民
地球——　330
——化　315, 317
——的未成育　143
——法　284, 295
市民社会 bürgerliche Gesellschaft　325, 414
使命 Bestimmung　315-321, 324, 325, 328
社会(的) Gesellschaft　190, 282, 281, 286, 312, 317, 323-325, 328, 378, 416
⇨社交*
上流——　41, 299
——関係　315
——状況　234
——生活　143
『社会契約論』　320
社交(的) Gesellschaft　54, 60, 66, 69, 72, 73, 87, 91, 96, 97, 129, 140-142, 167, 195, 197, 203, 223, 225, 240, 244-247, 251, 266, 277, 287, 381　⇨交際, 社会*
——仲間　89, 178, 179, 192, 226, 265
社交界　37, 163, 280
シャープ博士　302, *491*
洒落　68, 162, 214, 251, 300　⇨機知, 冗談
駄——　106, 137
種 Spezies　98, 287, 312, 316, 323
——の保存　243, 282, 286, 294, 312, 314, 318, 322, 323
自由(な) Freiheit　11, 29, 41, 48, 52, 56, 69, 103, 111, 114, 119, 140, 161, 163, 173, 190-192, 202, 204, 208, 217, 227, 229, 231, 233, 238, 255, 282, 292, 296, 298, 299, 305, 309, 313, 316, 317, 321-323, 326, 376, 383, 390, 393, 413, 421
外的——　232
内的な——　182
ペンの——　25
——勝手　247
——気儘　247

199, 200, 202, 269, 307 ⇨詩人
死 Tod/Sterben 38, 80-82, 94, 115, 121, 179, 191, 215, 282, 344, 371
——者 120, 210, 353
死ぬ sterben 123, 149, 183, 185, 280, 368 ⇨臨終，自殺
幸せ glücklich 69, 88, 111, 230, 258, 261, 291, 293 ⇨幸福
シェイクスピア 101, *432*
ジェイムズ一世 266, *480*
自我 das Ich 23, 24, 35
視覚 64-66, 71, 72, 84, 112, 196, 377
自覚 Selbstbewußtsein 133, 217, 316 ⇨自己意識*
時間 Zeit 45, 46, 48, 60, 73, 76, 102, 104, 109, 120, 130, 175, 178-181, 205, 206, 366, 372
——直観 83
識別(力) 132, 133, 188, 311, 315
試金石 27, 158, 159, 270
死刑 115, 151
——囚 187
刺激(性) 70, 86, 87, 95, 181, 208, 257, 260, 317 ⇨触発
自己 Selbst ⇨自分自身
——愛 234, 282
——完成 312, 313
——形成 317
——決定 205
——催眠 179
——触発 369
——保存 302
——満足 60, 153, 263
自己意識 47 ⇨自覚*
思考(する) Denken 28, 32, 34, 35, 41, 43-45, 48, 49, 69, 74, 82, 85, 92, 97, 125, 133, 134, 149, 161, 194, 219, 329, 344, 399 ⇨考える*
——状態 73
——能力 154, 160
——法 128
——法則 152
——方法 320
——様式 173
——力 141
嗜好 63, 68-71, 84, 99, 192 ⇨趣味
嗜好品 80, 86
自己中心主義 Egoism 25, 27, 245 ⇨エゴイズム*
仕事 102, 132, 135, 136, 141, 145, 148, 180, 181, 242, 248, 251, 261, 262, 268, 280, 293, 295, 318 ⇨職務，労働
思索 97, 181, 203, 248 ⇨思想
自殺 149, 178, 215-217
事象 Sache 115, 120, 127, 153
詩人 Dichter 48, 92, 103, 113, 134, 136, 147, 199, 200-203, 229, 232, 269, 307, 416 ⇨詩
自制(心) 60, 204, 229, 323
自然(的) Natur 11, 13, 14, 32, 60, 64, 68, 78, 87, 88, 94, 95, 100, 112, 115, 119, 126, 127, 133, 137, 145, 147, 153, 157, 167-171, 178, 181, 184, 201, 208, 209, 213, 220, 222-224, 229, 230, 234, 240-243, 250, 255, 256, 262, 265, 269, 271, 272, 275, 279, 281-283, 286-288, 294, 297, 309, 311, 312, 314, 315-320, 322, 324, 325, 328, 368, 378, 382, 399, 404 ⇨本性*，素質
超——的 58, 112, 113
反——的 80, 86, 112
非——的 59
不——な 94
——原因 11
——の意図 286
——の才 165
——の体系 161
——の目的 286
自然状態 80, 283, 314, 316, 318-320, 322, 326, 413
自然人 230
自然素質 Naturgabe 160, 256, 267, 294, 315, 323, 324 ⇨素質*
自然本能 398
思想 Gedanke 56, 65, 68, 85, 96, 119, 159, 160, 163, 201, 202, 245, 247, 248

## さ



## し

幻想 Illusion　56, 57, 61, 74　⇨空想，夢想
建造物 Gebäude　373
原則 Grundsatz　34, 130, 135, 137, 138, 182, 213, 220, 228, 247, 255, 256, 262, 265, 268-270, 290, 299, 300, 324, 330, 347, 363, 379, 402, 424, 425
　最上——　139
　実践的——　162
賢知 Weisheit　131, 132, 313　⇨思慮，知恵*
　自然の——　294
建築術 Baukunst　419
権利／法権利 Recht　144, 231, 232, 234, 235, 284, 287, 291, 347, 358, 360, 421
　弱い者の——　143, 222, 284
原理 Prinzip　27, 42, 130, 153, 154, 165, 167, 172, 173, 182, 195, 198, 208, 217, 227, 228, 233, 244, 248, 267-269, 272, 286, 301, 308, 313, 323, 324, 327
　構成的な——　328
　最高——　327
　実践——　268
　統制的な——　328
　理性——　297, 312
権力　120, 235, 240, 326, 408　⇨支配

## こ

恋 Liebe　177, 207, 224, 225　⇨愛*，恋愛*
　——に夢中 verliebt　365, 366, 384
恋心　289
恋人　99, 101
恋患い　156
行為(する)／行動　54, 120, 130, 181, 206, 313　⇨活動，振る舞い
幸運(の女神) das Glück　368, 403
後悔　184, 207, 218
『豪華流行新聞』　179
公共(的)　203, 304
　——建造物　305
公共体　203
交際　13, 61, 219, 228, 261, 288, 299, 306, 315　⇨社交
　——仲間　245, 288
合成　39, 40, 45, 263, 329　⇨結合
　拡張的——　98
　数学的——　98
　力学的——　98
構想力 Einbildungskraft　33, 37, 62, 83-87, 90-93, 96-98, 100-103, 106, 107, 109, 115, 116, 122, 135, 140, 142, 152, 160, 167, 174, 187, 190, 191, 196, 198, 199, 224, 240, 354, 385, 392　⇨想像
　再生産的——　119, 127, 140
　生産的——　90, 91, 101, 190, 307
交替　75, 77, 78, 81, 134, 242
幸福 Glückseligkeit　27, 30, 99, 145, 188, 200, 209, 210, 231, 243, 244, 262, 317, 319, 323, 324, 327, 346, 368, 370, 375　⇨幸せ
　——主義者　27, 28
　——論　130
興奮 Affekt　14, 67, 81, 95, 115, 134, 140, 149, 159, 160, 177, 182, 205, 211, 214, 218-220, 222, 224, 225, 230, 231, 245, 251, 261, 274, 277, 278, 283, 304, 394, 422　⇨情念
公平な観察者　379
高慢 Hochmut　41, 55, 135, 146, 156, 237, 397　⇨自惚れ，尊大
公明正大　⇨正直
合目的的 zweckmäßig　170, 322, 324　⇨目的
『穀象虫』　295
国民 Volk/Nation　28, 103, 114, 118, 121, 125, 139, 168, 169, 255, 276, 281, 295-299, 303, 305-310, 318, 326, 327, 331, 410-412　⇨市民，民衆，民族*
　——性　297, 309
　——精神　308
心 Gemüt　34, 56, 57, 60, 62, 63, 68, 72, 74, 75, 78, 83, 88, 89, 96, 101, 102, 115, 119, 125, 131, 134, 136, 140, 141, 147,

欺瞞者　59, 237
義務 Pflicht　27, 52, 79, 137, 150, 173, 183, 195, 197, 214, 217, 223, 246, 265, 283, 285, 294, 316, 325, 402
逆説　26, 162, 406
――趣味　27
客観 Objekt　34, 43-45, 65, 67, 125, 126, 154, 157, 189, 205, 211, 227, 233　⇨主観，対象
客観的 objektiv　46, 51, 63, 67, 72, 97, 134, 240, 271, 272　⇨主観的
嗅覚　64, 67-71, 84
――器官　68
究極目的 Endzweck　118, 119, 130, 236, 248, 316, 321　⇨目的
宮廷(人，風)　197, 226, 270, 280, 299, 355
『旧約聖書』　118, 139　⇨聖書
キュクロプス　170, *460*
教育 Erziehung/instruction　137, 266, 312, 315, 317, 320, 323, 345, 421　⇨躾け
教育する ziehen　413
狂気 Tollheit/Gemütsstörung　113, 133, 134, 148-150, 152, 154, 155, 160　⇨狂乱，精神異常
郷愁　352, 370
狂信(的) Schwärmerei　380, 389　⇨夢想*
狂人 Verrückter　114, 134, 135, 152, 212　⇨精神異常者*
狂信家 Schwärmer　354, 355, 365
強制 Zwang　413, 417
行政 Administration　418
狂想 Wahnsinn　134, 135, 150, 152, 153, 155, 235, 240　⇨妄想*
共通感覚／共通感官 sensus communis /Gemeinsinn　41, 50, 85, 154, 158, 159, 325　⇨健全な悟性，常識
強度　75, 76, 79, 80, 209
恐怖 Furcht　63, 75, 82, 86, 99, 149, 179, 193, 210, 211, 213, 287, 423　⇨恐れ*
――心　187, 236, 238
――説　33
教養 Bildung　31, 179, 250, 288　⇨陶冶*
享楽／享受 Genuß　60, 178, 184, 185, 188, 203, 242, 292, 376, 378, 379　⇨楽しみ*，満足*
狂乱 Unsinnigkeit　134, 152, 207　⇨狂気，錯乱
共和制　216, 321, 327
虚栄(心)　27, 197, 214, 397
ギリシア(人)　114, 115, 274, 309, 412
古代――　113
――神話　192, 328
キリスト Christus　415　⇨イエス
キリスト教　251, 297, 309
ギルタナー枢密顧問官　310, *493*

## く

クイン　281, *485*
空間(的) Raum　34, 48, 93, 130, 154
――直観　83
空虚 leer　78, 85, 179, 353
空想(的) Phantasie　83, 93, 101-103, 105, 109, 121, 224, 240, 352, 368, 388　⇨幻想，夢想
――病者　134, 148
偶像(崇拝)　59, 118, 131
空想家 Phantast　83, 355, 365
愚行 Torheit　89, 136, 197, 228, 237　⇨愚かしさ*
愚者 der Narre　353, 354
薬　70, 149, 160, 227, 228
苦痛 Schmerz　78, 149, 174-176, 178, 179, 181, 183, 185, 186, 188, 193, 203, 210, 219, 232, 370, 378, 382
クック　285, *486*
愚鈍 unklug　134, 198, 264　⇨愚か
苦悩　186, 211, 213, 215, 263
クラヴィウス　136, *454*
『クラリッサ』　76
クリスティーナ女王　128, *453*
クロムウェル　290, *458*

# 索　　引

・原語は哲学用語についてのみ示す．原則として一つの原語に一貫して同じ訳語を充てるようにしたが，ときに同じ原語に異なった訳語を充てた場合，逆に異なった原語に同じ訳語を充てた場合がある．
・人名については，原綴，フルネーム，生没年，簡単な事跡等を紹介した訳注の頁をイタリック体で示す．
・書名，紙名は『　』で示す．
・関連項目を⇨で示す．原語が同じ項目は * で示す．

■岩波オンデマンドブックス■

カント全集 15　人間学

2003年11月27日　第1刷発行
2017年2月10日　オンデマンド版発行

訳　者　渋谷治美《しぶやはるよし》　高橋克也《たかはしかつや》

発行者　岡本　厚

発行所　株式会社　岩波書店
〒101-8002　東京都千代田区一ツ橋2-5-5
電話案内　03-5210-4000
http://www.iwanami.co.jp/

印刷／製本・法令印刷

ISBN 978-4-00-730569-6　　Printed in Japan